JN255864

〈語学教師〉の物語

日本言語教育小史

第一巻

塩田 勉

書肆アルス

『＜語学教師＞の物語』第一巻

正誤表

ページ	【誤】	【正】
1	通詞	通事（通詞、通辞とも）
	中濱万次郎	中濱萬次郎
3	二の前	二の舞
30	白鳳時代（645〜710）	飛鳥時代（6 世紀末〜710）
	平安時代（794〜1192）	平安時代（794〜1192 頃）
31	鎌倉時代（1192〜）	鎌倉時代（1192 頃〜）
174	明石家さんま	堺正章
	お坊さまの訳	お坊さまの役
224	小月	正月
305	森有礼	森有礼（禮）
318	河野一郎	河野與一
331	宿望	宿坊
355	それまでに二度	これまでに二度
360	社会福祉課	社会生活福祉課
396	ディドロ(1751〜1772)	ディドロ(1713〜1784)
401	大量殺戮兵器による	大量殺戮による
440	＜質量＞	＜質料＞
452	ソ連が参戦し、原爆が投下されるまで	原爆が投下され、ソ連が参戦するまで

＊以上、お詫びして訂正します。（著者・編集部）

序文

本書の主旨を手短かに述べておきたい。大学の語学教師であったわたしは、勤務していた半世紀の間、一般教養の〈語学教師〉に対する必ずしも芳しくない評価や扱いに接する機会が少なくなかった。たしかに、〈語学教師〉は、専門科目の教員に比べて、アイデンティティや存在感の希薄なところがある。何か理由でもあるのだろうか。そんな疑問をもったわたしは、『魏志倭人伝』から「日本国憲法」に至る歴史の中に、〈語学教師〉に帰されて来たまちまちの謂れ(いわれ)や因縁、存在理由や特性を探ってみたいと思うようになった。〈語学教師〉とは、いかなる事情のもとに出現し、どのような変化をとげてきた存在なのか、日本の歴史・文化文脈から梳り(くしけずり)出してみたいと考えたのである。

〈語学教師〉は、昔から、たしかに影が薄かった。古代において、辛うじて〈語学教師〉として認められるのは、「訳語(をさ)」と呼ばれる通詞にすぎない。訳語(をさ)は、古代官僚組織の最下位で、『日本書紀』などを蚤(のみ)取りまなこで探さなければお目にかかることのできないマイナーな存在である。「大宝律令」によって、中国語教育が行なわれ、通詞養成もなされはしたが、〈語学教師〉として名を留めた人物は希で、中世になっても〈語学教師〉と名乗った人物は、ほとんど見出すことはできないほどである。実際に〈語学教師〉の仕事を果たしてくれたのは、日本や中国の仏教僧たちや彼らに便宜をはかった中国の商客であった。むろん彼らは、自分たちが〈語学教師〉だなんて考えたこともなかったであろう。
だが、戦国時代になると、ザビエルを先頭にイエズス会の司祭や修道士たちが、ルネサンス人文主義の成果である古典ラテン語文法を携え、キリスト教布教のために乗り込んできた。彼らは、キリスト教布教という明確な目的をもち、「ラティオ・ストゥディオールム（学事体系）」というイエズス会のカリキュラムに基づいて語学教育を実践した。日本人修道士たちも〈語学教師〉となってヨーロッパ人司祭や修道士に日本語を教えた。現代の〈語学教師〉に近い存在が戦国時代に初めて登場したのである。だが、キリシタン語学は、半世紀を越えるころから弾圧をこうむり江戸初期までに姿を消す。それでもイエズス会が播種した西洋思想や科学技術は、禁教後も姿を変えて江戸文化の土壌に染み込み、新しい〈語学教師〉の到来をもたらした。

江戸中期、明の滅亡により朱子学者たちがこぞって亡命してきた。幕府公認の朱子学が刺激され、朱子学研究に必要な口語中国語が脚光を浴び、中国語会話ブームが知識人たちの間に流行し、亡命学者や黄檗宗寺院の中国僧などが、中国語会話の〈語学教師〉を務めた。他方、長崎の出島では、オランダ人を〈語学教師〉とする通詞たちが蘭語習得に励んでいた。しかし、海外の機密情報収集方でもあった通詞たちは、庶民の〈語学教師〉となってオランダ語を教えたりはしなかった。民間の杉田玄白らが独学でオランダ語を学び、『解体新書』を世に問うたのは、蘭語〈語学教師〉の誕生をうながす事件であった。前野良沢、中川淳庵、その弟子たちの蘭学〈語学教師〉がここから育っていった。

他方、中国語会話を重視した荻生徂徠、朝鮮外交を引き受け朝鮮語と中国語の語学教育にも務めた対馬藩の雨森芳洲、漂流民としてロシアで暮らし、ロシア語をマスターして帰国した大黒屋光太夫、アメリカに渡って英語の達人となり、ペリー来日のときなど裏方の通訳となった中濱万次郎（ジョン万次郎）など、幾人かの優れた〈語学教師〉も現われた。

しかし、やがてロシア人が姿を現すようになり（ラクスマン、ゴロヴニン、レザノフ）、オランダ船を騙って、迎えに出たオランダ人を人質にとり日本に薪水や食料を要求したイギリス船フェートン号も現われ、軍艦を引き連れて幕府に開国を迫るペリーなど、ヨーロッパ列強の外圧が顕著となってくると、アヘン戦争の二の前だけは踏みたくない幕府は、開国に踏み切らざるをえなくなった。それを機に、生きのよいチョンマゲ・インテリたちは、欧米視察や留学のため大挙して渡航しはじめた。「万延元年遣米使節」（一八六〇）として訪米した咸臨丸には、勝海舟、中濱万次郎（ジョン万次郎）や福沢諭吉以下、七十七名の維新知識人たちが乗り込んでいた。彼らがアメリカの国会や造幣局、鉄道その他、圧倒的な文明と科学技術の実状を視察して帰国すると、怒濤のような西洋の思想と科学技術の流入が起こり、明治政府は、国家予算の三分の一を割いて「お雇い外国人」を雇用、欧米の諸知識・諸科学の直輸入につとめた。「お雇い外国人」は、延べ六千人に及び、明治期前半は、欧米人が新知識や技術を原語で伝授する〈語学教師〉の役割を果たした。維新エリートたちは、欧米語で新知識を吸収し、答案も欧米語で書き、教師とは、曲がりなりに、欧米語で意思疎通した。エリート知識人たちは[1]、欧米視察のため派遣されたり留学させられたりして、帰国後、様々な分野のリーダーとなった。この時代は、キリシタン語学の時代に次ぐ、〈語学教師〉の物語のハイライトとなった。

　明治後半になると、洋行帰りの帰国生たちがパリパリの欧米語を伝授して知識や技芸を広める一方で、洋行経験も外国語運用経験もない純ジャパ教員たちが語学教育を担うようになり、一般庶民の語学教師となったが、外国語教育は、交渉現場から乖離した受験や資格試験の学習が主流となって開化期の精気を失い、現場では「役に立たない語学」を教える〈語学教師〉が幅をきかすようになっていった。『吾輩は猫である』の苦沙弥先生は、そんなダメ教師第一世代を象徴している。新知識・新技術に対する燃えるような好奇心と知識欲、未知の国に踏み込もうとする抑えがたい冒険心と気概を漲らせていたエリートの第一世代は、もはや〈語学教師〉よりも諸分野の指導者として活躍をはじめ、語学教育の現場からは姿を消し、海外視察や留学経験のない、純ジャパ〈語学教師〉が、受験や資格試験の番人となっていった。

その後太平洋戦争が起こり、英語は敵性言語と見なされて敬遠され、〈語学教師〉は、片隅でひっそり暮す暗い時代になったが、敗戦と同時に、パタン・プラクティスを掲げた構造主義言語学の教授法が押し寄せ、「パタン、パタン、と草木もなびく」、「カムカム英語」が席巻した。しかし、サンフランシスコ条約以降、その熱も冷め、占領軍が溢れていた終戦直後の世相が去ると、現実の運用機会を失った英語は、受験語学や資格試験の中にまどろみ、その状態は、四半世紀以上つづいて「役に立たない英語」という評価が定着した。文科省は、覇気のない〈語学教師〉をどやそうと、外国人ATを導入したり、企業人など国際経験豊かな人材を教育現場に送り込んだりして、プレッシャーをかけたが、外国人教員は人気があったものの、伝統的純ジャパ教員は、十年一日のごとく英文和訳や英作文に受験文法を教え、運用面は敬遠されつづけた。最近、大学受験にヒアリングが取り入れられたり、英語で授業する学部が現われたりして、運用面にも多少の変化が見られるが、新しい時代の〈語学教師〉像は、まだ、現われてこない。

ところで、〈語学教師〉の仕事には、ほとんどあらゆる領域、人生の諸事万端が関わってきて、他の専門分野のように、明確な境界や対象設定ができない。例えば、宗教家や政治家は、明瞭な輪郭をもった職分で、他と区別される本質を具えているが、〈語学教師〉となると、生業の芯となる特質が広く変化に富み曖昧で、簡単に定義付けることができない。〈語学教師〉は、「何でも屋」であって「何者でもない」、そんな曰く言いがたいところがある。そうした状態で、〈語学教師〉の歴史を辿ろうとすれば、未知の時代や文脈において〈語学〉と係わりをもった現象や事象に余すところなく触れなければならなくなる。〈語学教師〉の素性を探る試みは、必然的に、アマチュアリズムとディレッタンティズムに陥らざるをえなくなる。それにもかかわらず、大方の叱正を覚悟の上で、関係する未知の領域に踏み込み、とりあえず、地味で見えづらかった〈語学教師〉の姿を可視化する、文化史的な冒険をして見たいというのが本書のもくろみである。それが、これからの新しい〈語学教師〉像形成に役立てば、と願うからである。

そこで、本書は、〈語学教師〉の記述法を、次のように定義づけてみた。すなわち、言葉と人間の係わり合い、言葉に関係するもろもろのことがらを、互いに切り離さずに総合的、有機的に観察して記述する。また、一般的、抽象的ではなく具体的、個別的な歴史・文化文脈に絡めて、人間と言葉との関係を摑もうと試みる。〈語学教師〉は、言語の知と語感・語芸の感性を撚(よ)り合わせながら、時代の社会・文化・宗教が求める最前線の知や情を掬い取って移植し、その命を受け止めて育て、実践し、自国民や外国の民に伝える、そういう言葉の職人としての仕事ぶりを辿り記す。こうして〈語学教師〉の仕事を眺めると、様々な要素が絡み合う大きな構図に繋がっていることが見えてくる。

二十一世紀に入って国際情勢は混乱を極め、紛争は絶え間なく、語学教育も何をめざすべきか見えにくい状況が続いている。そんな時、〈語学教師〉や、外国語教育に関心のある読者のみなさんとともに、〈語学教師〉とは何であり、何をなすべきなのか、過去を振り返りながら、一緒に考えてみるよすがに、本書がなればと願っている。

塩田　勉

注

1　例えば、開化期のリーダーたちを生れた順に列挙すると、岩倉具視(いわくらともみ)（一八二五〜一八八三）、西周(にしあまね)（一八二九〜一八九七）、中村正直(なかむらまさなお)（一八三二〜一八九一）、木戸孝允(きどたかよし)（＝桂小五郎、一八三三〜一八七七）、福沢諭吉（一八三五〜一九〇一）、井上馨(いのうえかおる)（一八三六〜一九一五）、榎本武揚(えのもとたけあき)（一八三六〜一九〇八）、澁澤榮一(しぶさわえいいち)（一八四〇〜一九三一）、黒田清隆(くろだきよたか)（一八四〇〜一九〇〇）、福地桜痴(ふくちおうち)（一八四一〜一九〇六）、伊藤博文(いとうひろぶみ)（一八四一〜一九〇九）、大山巖(おおやまいわお)（一八四二〜一九一六）、新島襄(にいじまじょう)（一八四三〜一八九〇）、中江兆民(なかえちょうみん)（一八四七〜一九〇一）、東郷平八郎(とうごうへいはちろう)（一八四

八～一九三四）、北里柴三郎（一八五三～一九三一）、高峰譲吉（一八五四～一九二二）、原敬（一八五六～一九二一）、浅井忠（一八五六～一九〇七）、内村鑑三（一八六一～一九三〇）、森鷗外（一八六二～一九二二）、新渡戸稲造（一八六二～一九三三）、岡倉天心（一八六三～一九一三）、津田梅子（一八六四～一九二九）、長岡半太郎（一八六五～一九五〇）、夏目漱石（一八六七～一九一六）、南方熊楠（一八六七～一九四一）、鈴木梅太郎（一八七四～一九四三）、野口英世（一八七六～一九二八）などが居る。

他方、鹿鳴館の華と云われた井上武子（井上馨夫人、一八五〇～一九二〇）や、陸奥亮子（陸奥宗光夫人、一八五六～一九〇〇）、大山捨松（大山巌夫人、一八六〇～一九一九）、杉本鉞子（一八七三～一九五〇）などの女性たちも欧米で身につけた素養を、文化的〈語学教師〉として広めることに貢献した。

〈語学教師〉の物語

——日本言語教育小史

第一巻

＊

目次

序文　1

I　上代――飛鳥時代

Ⅱ 上代――奈良時代

Ⅲ 中古――空海

Ⅵ 中古——円珍・成尋(じょうじん)

Ⅷ 中世――道　元

一　宋史に残る日本僧――道元 388

『東征伝絵巻』遣唐使船
唐招提寺所蔵

*

Book designed by
Yasuaki Ihara

I 上代——飛鳥時代

一　はじめに

1 〈語学教師〉の没落

大体人は好さそうだが、数ばかり多くて、投票のときにだけ威力を発揮する木偶（でく）の坊の集団、といったところが、よその科の教授から見た語学教師であろうか。[1]

東大教養学部のドイツ語教授辻理（ひかる）は、東大紛争のころ、こう自嘲的に述懐した。『大辞林』によれば、「でくのぼう」とは、「役に立たない人。気のきかない人。人のいいなりになっている人。また、そのような人をののしっていう語」、と定義されている。「Weblio 類語辞典」[2]を覗くと、類義語も、たんと載っていて、でくのぼうには、こんな意味があるのか、と今更のようにショックを受ける。当然、これは、辻理個人が喩えたのであって、世間が語学教師をこんな風に眺めていることにはならない、と考える世人もいるであろうが、大学で〈語学教師〉を務めた人間なら、研究費やサバティカルの差別など、切実な思いをした人は少なくないはずである。こうした語学教師蔑視をなくし、語学教員の地位の向上のために、例えば、早稲田大学の語学教育研究所（前身、語学教育研究室）が、一九五九年、中村浩三、古川晴風、川本茂雄らによって創設された、とご本人たちから伺っている。
「でくのぼう」とは、曰く、「役立たず・能無し・のろま・ぐず・ぼんくら・鈍感・能天気」、「半人前・無能・はんぱ者・ろくでなし」「無駄めし食い・落ちこぼれ・はみ出し者・半端者・寄せ集め・金食い虫」、「穀つぶし・お荷物・日陰者」、「昼あんどん・ぼけナス・おたんこナス・へっぽこ・添えもの・有象無象・ウドの大木・ポンコツ・へたれ・ダメンズ・ダメ男・だいこん・捨て牌・腑抜け・ぐうたら」、「無気力・無感動・根性なし・意地なし・気概なし・意欲なし・やる気なし」の「力の抜けた・力のない・どんくさい・要領の悪い・血のめぐりの悪い・キビキビしない・すがれた・クズ同然の・相手にされない・低体温の・くたびれた・売れない・うだつの上がらない」奴……であると。

辻が自嘲的に〈語学教師〉をこれほどまで蔑んだことには、何か理由があるのであろうか。そもそも、〈語学教師〉とは、日本の歴史の中で、どのような役割を果たしてきたのであろうか。そこに、通底する本質が見出されるとしたら、それは、どのような内実をもっているのであろうか。自身〈語学教師〉であった私は、かねてから抱いていたこうした疑問に対する答を見出そうと、歴史の中に消え去ったり、〈語学教師〉とは別の職種や経歴に紛れて〈語学教師〉としての活躍が見えなくなってしまった人々が果たした仕事ぶりを掘り起こして記録にとどめ、現代の〈語学教師〉の歴史的、文化的アイデンティティに明瞭な輪郭を与えたいと願って、この論考を書き起こした。世の一般読者、〈語学教師〉の方々に、気楽に読んでいただけるように、『魏志倭人伝』の世紀から現代にいたる〈語学教師〉像の変遷と進化を俯瞰する、ある種、絵巻物あるいは「物語」を書こうとすることが本論のもくろみである。別言すれば、近代になって歪曲・萎縮させられ、麻痺させられてきた〈語学教師〉の本来的機能を、歴史の中から掘り起こし、現代に蘇らせ、改めて〈語学教師〉とは何であったのか、考察したいのである。

とりあえず、文明開化の空気が残る明治期に、〈語学教師〉がデクノボーに成り下がった瞬間を、誰よりも早く活写した漱石の『吾輩は猫である』から説き起こそう。

中学のリードル教師珍野苦沙弥は、中学の「第二讀本」の一文を名文だと称して翻訳し、迷亭に向かって、「禪坊主が大燈國師の遺誡を讀む様な聲を出して讀み始める」[3]

ケートは窓から外面を眺める。小兒が球を投げて遊んで居る。彼等は高く球を空中に擲つ。球は上へ上へとのぼる。暫くすると落ちて來る。彼等は又球を高く擲つ。再び三度。擲つ度に球は落ちてくる。何故落ちるのか、何故上へ上へとのみのぼらぬかとケートが聞く。「巨人が地中に住む故に」と母が答へる。「彼は巨人引力である。彼は強い。彼は萬物を己れの方へと引く。彼は家屋を地上に引く。引かねば飛んで仕舞ふ。小兒も飛んで仕舞ふ。葉が落ちるのを見たらう。あれは巨人引力が呼ぶのである。本を落とす事があらう。巨人引力が來いといふからである。球が空にあがる。巨人引力は呼ぶ。呼ぶと落ちてくる」[4]

迷亭は、「それぎりかい」「むゝ、甘いぢやないか」「いや是は恐れ入つた。……」「君にして此伎倆あらんとは、全く此度といふ今度は擔がれたよ、降参々々……凄いものだ。恐縮だ」、そう苦沙弥先生のデクノボーぶりをおちょくっている。苦沙弥先生は、「さうほめてくれると僕も乗り氣になる」、と「飽迄も疳違ひをして居る」[5]

苦沙弥先生は、一九〇五年（明治三八）ころ、すでに「語学教師」という道具に成り下がって、権威も中身も奪われ、がらんどうの張りぼてになっていた。しかし、そういう自分に気付いていない。苦沙弥先生の周りにいる迷亭や寒月は、大学の研究者らしい。しかし、苦沙弥先生自身は、専門の講義は持てない、しがない「語学教師」にすぎない。にもかかわらず、「第二讀本」に、大真面目に訳をつけ披露せずにはいられない。苦沙弥先生の虚勢を漱石はほろ苦く嗤っている。自分の専門を教える器量も社会的地位もない苦沙弥先生は、エピクテトスだ、アンドレア・デル・サルトだと振り回して見せる。しかし、真実、理解したり読みこなしたりする能力はない。それでも、自分は、高い教養をもった「専門家」だと思いたがり、そう見られるように腐心している。実は、現代の読者が思い浮かべるのは、苦沙弥先生に代表される、限りなく貧しく、救いようなくおめでたい、あの「語学教師」の姿であるに違いない。漱石は、百十年も昔に、「語学教師」の負の範型を完成させていたのである。

なお、本論で、「語学教師」と〈語学教師〉と書き分けているのは、偏見に歪められた「語学教師」と、本然的な〈語学教師〉とを区別するためである。

2 〈語学教師〉とは何者なのか？

しかし、ここで、ふと疑問が湧く。歴史に登場する純国産の〈語学教師〉もしくは「母語以外の言語も使って仕事をした人々」[1]たちは、多くは本業が政治家であったり、キリシタン修道士や仏教僧、学者や儒者、医師や商人であったりしたから、近代の〈語学教師〉に近い外国語関係者は、「訳語(をさ)」や「通事」以外に見出すことはできない。外国語の学習教科書編集、外国語学校設立、外国語カリキュラム作成などを行なう〈語学教師〉は、キリシタン語学に貢献したイエズス会会士たちを除くと皆無であった。イエズス会の〈語学教師〉たちも、会の教育体系「ラティオ・ストゥディオールム」[2]に基づいて、キリスト教普及のために語学教育を実践したに過ぎないから、本来的〈語学教師〉であったわけではない。もしかしたら、歴史的背景や文化的事情とは関係なく、〈語学教師〉の存在自体に、本来的にアイデンティティを獲得しがたい、影の薄さというか、存在感の稀薄さが具わっていて、それが、〈語学教師〉蔑視の淵源となっているのではないか？　そこで、本論は、とりあえず、外国語の知識を活用して多岐にわたる領域で活躍し、そのかたわら、外国語の学習・教育・啓蒙、外国の言語と文化の伝播にたずさわった、目立たない〈語学教師〉の存在を、まず触知できる形にしつつ考察を進めていくことにした。その過程で、本質的に独立した職業とはなりがたい、影の薄さが現われてくれば、その理由や消息を明らかにしていこうと考えた。そうした作業の過程で、いわゆる影の薄い〈語学教師〉概念の、常識的外延をはるかに越えた、文化的・思想的・宗教的・言語的特性を、〈語学教師〉像に詰め込むことになるに違いない。そうした意味で、歴史の中の〈語学教師〉によって、現代の〈語学教師〉像は「異化」されることになろう。異化された〈語学教師〉と、蔑視される苦沙弥先生型「語学教師」との落差は、おそらく中世に筆がとどくころには、不安を覚えるほどの違いに達し、過去の精神遺産を詰め込まれた〈語学教師〉像は、飛行船さながらに膨れ上がりパンク寸前の状態となるであろう。そして、いわゆる〈語学教師〉の影の薄さは、〈語学教師〉の本質をなす、何らかの特性の顕れであることが、明らかになろう。直観的には、それは、〈ネガティヴ・ケイパビリティー〉[3]とでも名付けることのできる、陰の能力なのではないか。各時代の〈語学教師〉の存在には、すぐ忘却され、継承もされず、定義もしがたい、一過性に伴う困難性がある。ある種、ウラ稼業的で、家事や育児、下働きやシャドーワークに通う陰画のようなこの仕事の捉えがたさを、歴史と文化の地層に探り、定義付けてみたい。〈語学教師〉には、弱点とされる専門性の欠如や、いわゆる影の薄さがあり、〈リードルの教師〉〈木偶の坊〉、〈パンキョー風情〉などと否定的な言辞で語られて来た。しかし、逆に言えば、そこに歴史的多層性・多義性という〈語学教師〉稼業の謎めいた核心が横たわっているとも言える。以上のような認識をもって、筆を進めていくことにしよう。

それでは、〈語学教師〉が教える〈語学〉とは、そもそもいかなる代物で、〈語学教師〉とは、いかなる対象を扱う人種なのか、とりあえず定義を試みなければならない。かつて、私は〈語学〉をこう定義付けた。[4]

「語学とは、言葉と人間の係わり合いを対象とする学問である。」

〈語学〉の方法は、芸の認識と学の認識との相互媒介による。

〈語学〉の存在理由の一つは、言葉に関係するもろもろのことがらを互いに切り離さずに研究しようとする総合性と有機性にある。他のいかなる分野も、言葉の特定の側面にしか係らないのに対し、語学は、言葉をめぐる全側面を考察の対象とする。それが、単なる雑学的寄せ集めでないことは、対象を言葉と人間の関係という観点から系統的に追求することによって保障される。

第二に、語学は、人間と言葉との関係を、一般的、抽象的にではなく、具体的、個別的に研究する。ある時代の言葉と人との関係を考証して再建し、現代のある国民と言葉の関係を記述する作業は語学の仕事の一部であるが、それを、歴史的具体性を持って特定する点に特色がある。

第三に、語学は、人間への回帰を志向する点に意義がある。言葉にまつわる学問の多くが、具体的人間関係、人間的細部の切り捨てから出発するのに対し、語学は、そこへの回帰をもって出発点とする。現代の人文科学は、具体性と個別性を捨象した結果、理論的整合性は持てるようになったが、現実から遊離して生命力を失ってしまった。語学は、現実に密着して、その分析と体系づけを志向し、人間的要素の復権を図ろうとする。

語学は、今まで、諸学の間に自己を分散させていた。今は、そのばらばらな四肢を拾い集めて一つの体にもどしてやる必要がある。一つになった語学に命を吹き込むのは、生きた語芸である。

「語学は、人間と言葉との関係を、一般的、抽象的にではなく、具体的、個別的に研究する」と定義付けたのは、ここで考えている〈語学〉が、理屈だけのものではなく、人間の理知や感情が振れる全幅を、詳しく理解し表現するものだ、という意味を込めたからである。宣長ではないが、〈語学〉は、「世の中に有リとある、よき事あしき事、めづらしきことをかしきこと、おもしろき事あはれなる事などのさまざま」や、「とやかくやと、くだくだしくめゝしく、みだれあひて、さだまりがたく、さまざまのくまおほかる物なるを、……さるくだくだしきくまぐままで、のこるかたなく、いとくはしく、こまかに」汲み取り、他者と遣り取りする技なのである。[5]

本論で云う〈語学教師〉とは、以上のような意味の〈語学〉にたずさわる人々を指す、と私は考えている。この定義にも、〈語学教師〉概念にやどる捉えがたさを解明する鍵が隠されている。それは、〈語学教師〉が、関係性という直接経験の埒外の事柄を対象としながら、それを、具象的なレベルで〈レアーリアや言語として〉記述する自己矛盾の中に身を置いている、という事実である。詳しくは最終章で論じることにする。

3　無くてはならぬ、というわけでもない——包装・通訳・〈語学教師〉

〈語学教師〉の影の薄さを表象化するために、二つの例えを引き合いに出してみよう。包装と通訳である。影の薄さの本質を暗示する、〈媒介性〉とか〈ネガティヴ・ケイパビリティー〉に係わりがある例えである。世の中には、無くてはならぬ、というわけでもないが、無いといろいろ不調法だったり、生活の張りが失せたり、心が貧しくなって世界が輝きを失う、そんな類いの事柄がある。例えば、包装。上品なクッキーが、セロファンの袋に入れられ、小さな箱に五、六枚セットにされ、白い包装紙で小気味よく包み上げられ、赤いリボンを掛けられている。セロファンも箱も紙もリボンも、クッキーを食べるためには邪魔な代物で、子供だと、ばりばり破いてクッキーに突進し、むしゃむしゃ食べておしまいである。しかし、物心がつき、恋の切なさを知る年頃ともなれば、鮮やかなリボンと純白の紙に包まれた箱の裡には、どんなお菓子が隠されているのだろうと、期待にときめく瞬間を識るようになる。娘さんなら、赤いリボンをほどくとき、腕時計をはずしたり髪をほどいたりする一瞬に似た感覚を味わうかもしれない。男の子なら、愛する女の帯、今ならボタンやホックを外す刹那の鼓動にかよう切なさを、ふと覚えるかもしれない。そうやって紙を脱がせ、最後を守るお洒落な箱の中身を露にする、一連の動作——関口文法でいう「単回遂行相動作」[1]が、可憐なサテンリボンや清潔な包み紙や、お洒落な化粧箱によってアクセントを付けられ、お菓子へのときめきを高めるように設計されている。そうした商品を消費する究極の瞬間を演出するのが包装デザインである。そこには、包み方や製紙技術、リボン製造、箱の寸法や大きさに関するノウハウ、それにカラー・コーディネーションなど、プロの経験と技、知識と美学が詰め込まれている。だが、包装を解いてしまえば、大抵の場合、使われなくなった材料は、燃えるゴミに分類され、捨てられ、忘れられ、消え去る運命にあるだろう。

とりあえず無くてはならぬものでありながら、一場の登場の後は、跡形もなく消え失せる類いの物事は、他にいくらでもある。例えば、通訳。同時通訳者のトップと云われる長井鞠子は、六四年のオリンピックを皮切りに、あらゆる分野の会議通訳を、年間、二百回もこなす。「そのときその場で出たものにスパッと答えなきゃいけないっていう意味では格闘技だっていうことにつながるわけです。その言ってることはちゃんと受け止めて、あたしがちゃんと聞き手に渡してあげるわよ、だから、どんといらっしゃいと思っているだけです」[2]。通訳ブースのガラス越しに、話し手の面体（めんてい）を見据えながら、長井は、話し手の心の揺らぎに己を同調させ、その情熱や意図が己に憑依（ひょうい）したかのごとく、話者のボディー・ランゲージまでなぞりながら、話し手の思いを届ける。あらゆるジャンルの国際会議の通訳を務めるために、議題の内容、発言者が属する機関や仕事の背景、会議で議論される分野の概略、専門用語、そこで浮上しそうな評価や尺度をピタリと言い当てる単語や熟語を下調べし、膨大な資料を読み込む。国際シンポジウム「福島の復興に向けた情報共有とコミュニケーション——人間の安全保障の視点から」（二〇一四年二月三日）では、波江町の町長が、渾身の思いを挨拶に込めた。そこに繰り返される「ふるさと」という言葉が英語の'hometown'では心に届かない。長井は、じっくり考えたあげく、'Beautiful Namie as our home'という訳語に辿りついた。出席した外国人の学者たちは、福島の人々の故郷への思いの深さが理解できた、と好意的な反応を示した。

通訳者長井は、ある学問分野の専門家ではない。あらゆる分野にまんべんなく浅くかかわって、全体を眺望することはできるが、ある一点だけを深く掘り下げて論文を書くような専門家とは異なる。専門知識というよりは一般知識、あるいは大学で云う一般教養的知識を活用する裏方は、専門家とは呼ばれず、あの人には専門がない、と否定的に評価されることが多い。現皇后は、英語とフランス語が堪能で、通訳を必要としないそうだし、宮澤喜一元首相も立派な英語を使いこなせたというから、通訳は、いつでも必ずなくてはならぬという訳でもない。そういう点で、〈語学教師〉と似た、非専門性を余儀なくされる類いの職業らしい。通訳の他にも、化粧師、納棺師（おくりびと）、着付け、ヘアメイク、メイキャップ、ネイリスト、マッサージ師、エステ師、料理人、ドアマンに案内嬢、ロビー・マネジャー、役者とかミュージシャン、画家に漫画家、詩人や作家、噺家に漫才師、ゆるキャラにチンドン屋、犬猫の美容師とか猫のノミ取り屋さん、大方の政治家や役人、中間ピンハネ業者等々、無くても済む渡世はいくらだってある。その内のひとつに、〈語学教師〉も入るのではなかろうか。

〈語学教師〉の本質については、本論の最後で論じる予定である。ひとまず、序説は、このへんにして、本論に入りたい。

二　外国語教育史の基本的方法——語学も世につれ変化する

外国語教育は、言語や文化を異にする民族が出会う界面に必然的に生じる、情報格差を平準化しようとする欲求から起こる文化現象で、人類の言語が分岐した太古から、多様な形で存続してきた。異質の言語が出会う場面には、異文化接触、遠い他者への関心、発達した地域から未発達の地域への文化の流入、文化の支配、相互干渉、融合や反発など、複雑な現象が生じ、その背景・事情によって、外国語教育の現れ方も千差万別である。語学教育は、生活上の必要や歴史的理由から起こるもの、支配層のレベルで、様々な政治的、経済的、宗教的な理由から活性化されるもの、その中間形態などがある。また、近代的外国語教育が一般化する前の時代をたどるには、支配層が政治・経済・宗教的な理由から、組織的に行なった留学、外交、交易、教育などの文書や記録、または、文芸、歴史、日記などにおける言及を、当時の政治・経済・宗教的文脈と関連付けながら考察するほかない。つまり、長い間、外国語教育は、新制度や新技術の導入や学習、移民や在日外国人と日本人との交流や共同作業をとおして実現されてきたのであり、外国語教育として、自立した体系を備えるようになるのは、大陸との交流が始まってから約一千年も後のことである。

教場における独立した外国語教育よりは、大陸からの渡来人から様々な技術を学んだり、官僚が外交文書作成や書類の分類保存などを、渡来人を先生として学んだり、共同作業をしながら外国語を学んだわけで、外国語の本質と外国語教育の目的を明瞭に自覚して、外国語教育のプログラムを組むようになったのは、中世末期のキリシタン語学にはじまる。それまでは、語学といっても、諸事万端の学びとセットにして学ばれたのである。

そういう意味で、古代からの外国語教育史を研究しようと思えば、言語にかかわる歴史、文化、宗教、政治などの諸事万端にある程度通じていく必要がある。同時に、外国語教育には、対象国の歴史的事情や背景も含まれてくるので、幅広く事柄をとらえて論じる必要もある。そのため外国の視点からの記録や、日本と外国との交流史を世界史の文脈に係わらせながら意味づける作業も必要となる。外国への日本人留学生、外国からの文化伝播者などの事跡を、歴史・文化背景に浸しながら吟味することになる。

この主題に関する通史的先行研究は、一時代に限った文献を除くときわめて少ないので、とりあえず扱ってみたい項目を列挙してみる。

(1)『魏志倭人伝』のころ

いわば、先史時代で『魏志倭人伝』による。

(2)聖徳太子と大宝律令が敷いた道

白鳳時代（六四五～七一〇）。渡来人たち、『古事記』、万葉仮名、遣隋使、聖徳太子、『三経義疏』、「十七条憲法」、『大宝律令』（七〇一）の「学令」。

(3)『日本書紀』が伝える日中、日朝交流

奈良時代（七一〇～七九四）。『日本書紀』、「風土記」、仏教僧の記録、鑑真など渡来僧、遣唐使。

(4)空海と紫式部

平安時代（七九四～一一九二）。空海『文鏡秘府論』「綜藝種智院式幷序」『性霊集』、最澄、遣唐使、円仁『入唐求法巡礼行記』、『続日本紀』、五山文学、『懐風藻』、『和漢朗詠集』、『源氏物語』と渤海使節。

(5)禅僧が残したもの

鎌倉時代（一一九二～）と南北朝時代（一三三六～一三九五）。道元など中国に留学した禅僧たち、道元『正法眼蔵随聞記』、無本覚心の伝えた『無門関』、五山文学。

(6)キリシタン語学

室町時代（一三九六～一五七〇）と安土・桃山時代（一五七一～一六〇〇）。

ポルトガル、スペイン人によるラテン語教育などの教科書、『日本文典』『日葡辞書』、イエズス会の教育原理「ラティオ・ストゥディオールム」、オラショ、『ドチリナ・キリシタン』、『懺悔録』、ソンヒギョン『老松堂日本行録』、イルマンやパードレによる記録、ローマ教皇に宛てた報告書、天正年間少年使節の記録。

(7)蘭学の時代

江戸時代（一六〇一～一八六七）。幕府の情報語学としての蘭語と『和蘭陀風説書』、幕府洋学の学習書、辞書、民間の洋学独立宣言としての『解体新書』、『蘭学事始』（杉田玄白）、大槻玄沢、国学者荻生徂徠、本居宣長などの言語に対する見識を示す思想、ロシア語に通じた大黒屋光太夫、江戸末期の洋学所、蕃書調所の記録、藤原惺窩「吉田素庵への言葉」、ヘボン、ハリス、黒船、ポンペ、シーボルト、ロッシュなど幕末来日外国人、咸臨丸乗組員、福沢諭吉などの知識人、明・清貿易。

(8)お雇い外国人と明治のパイオニアたち

明治時代（一八六八～一九一二）。文部省の教育政策、英学、明治初期の留学生とお雇い外国人たちの、明治中期から後期にかけての留学体験者たちの言論。明治・大正の翻訳、鷗外、漱石、津田梅子、福沢諭吉、新渡戸稲造、岡倉天心などの明治知識人。

(9)柔道と禅と弓術

大正時代（一九一二～一九二五）。ヘリゲル『日本の弓術』、受験英語、パーマー、鈴木大拙、嘉納治五郎、小泉八雲、斎藤秀三郎、南方熊楠。

⑽受験語学と敵性語学

昭和時代（一九二六〜一九八九）。昭和初期の直接法、幣原喜重郎、斎藤博、岩崎民平、西脇順三郎、白州次郎、関口存男、太平洋戦争中の敵性語学としての欧州語、英語教育論争。

⑾教養英語没落とトーフル差別主義

昭和敗戦後（一九四五〜一九八九）。英語ブーム、ベビーブームと受験英語の繁栄、英語教育論争、英語が下手な日本人、戦後の外国語教授法、日本語のリハビリと帰国生。

⑿英語帝国主義と言語権宣言

平成時代（一九八九〜）。ポストコロニアリズムと英語帝国主義論（「マケラリ報告」）、単一言語主義と一神教、多言語主義と多神教、言語差別と言語権宣言、沖縄アメリカ軍基地がもたらした推定一万件の強姦事件、京都議定書、イラク参戦、ＢＳＥ、ＷＢＣ、テレビの吹き替えや字幕にみる民族・階級差別、教養学部解体と教養なき日本人の再生産、文科省の「英語が使える日本人」、英語教育の低年齢化論争、グローバル化による戦争と文化破壊、平和のための外国語教育、翻訳のための能力とは。

このリストは、暫定的なもので、膨らますことも削ることも可能である。論述がこのとおり運ぶかどうかもわからないが、概観したい事柄を暫定的に並べてみた。

三　日本最古の〈語学教師〉たち

1　『魏志倭人伝』――先駆者たちの痕跡

二、三世紀のころの日中国交流を伝える資料は、文字のなかった日本には存在せず、中国の魏の国史に倭人の記録『魏志倭人伝』が存在するにすぎない。岩波文庫版を見ると、中国語教育がなされていた間接的証拠を見出すことができる。[1]

すなわち、「使訳通ずる所三十国」（三九）、「その使中国に詣るや、皆自ら大夫と称す」（四五）、「景初二年［三年の誤、西暦二三九］六月、倭の女王、大夫難升等を遣わし郡に詣り、天子に詣りて朝献せんことを求む。大守劉夏、吏を遣わし、将って送りて京都に詣らしむ」（五〇）、「その四年［西暦二三四］、倭王、また使大夫伊声者……八人を遣わし……」（五二）、「その八年［西暦二四七］、太守王頎……倭の女王卑弥呼、狗奴国の男王卑弥弓呼と素より和せず。倭［の］載斯烏越等を遣わして郡に詣り、相攻撃する状を説く」（五三）などの箇所である。

「使訳通ずる」とは、通訳が通じる地域を意味し、それが約百国の内三十国を算えた、という。その他の箇所も、日本から役人を派遣し朝献したり、卑弥呼に関わる内乱の様子を報告している。『魏志倭人伝』には短いながらも古代日本人の風習、振舞、社会の規律や秩序、自然や動植物などの具体的記述があり、日本語と中国語を解した人間の存在は疑えない。使節も八人という数が記されている（五二）から、まとまった数の通訳や外交官のような随員が、文字をもたなかった古代日本にも存在したことは確かで、渡来人と日本人の間に、中国語、朝鮮語、日本語などを相互に学んで、有史以前、すでに外交報告が可能なほどのレベルに達していたと推定できる。

想像をたくましくすると、「その会同・坐起には、父子男女別なし。人性酒を嗜む。大人の敬する所を見れば、ただ手を搏ち以て跪拝に当つ」（四八）、とあり、母系制社会の遺風を色濃く残しているから、実社会では事実上の通訳や先生をした女性もいたのかも知れない。日本側も中国から使節を京都に迎えている（五〇）から、接待ができる程度の中国語力をもった話者は、当然、存在したことだろうし、そうした接待役は、渡来人の師弟や、彼らから口移しに中国語を学んだ日本人であった可能性がある。小国日本から中国へ派遣された日本人の祖先が、自分は「大夫」だと称したという一節は、文化先進国の言語を学んだ役人などの自負を表わしているであろう。日本史の最初に登場するこうした使節を、あえて〈語学教師〉とよぶなら、以後も圧倒的にそうであったように、外国語学習は、隣人との交流のためというよりは、先進国の優れた技術や文化を吸収するために存在し、その外国語話者、外国語識字者は、先進国民族の文化と自己を同一化して国を導くリーダーとしてふるまったようである。

この後、応神天皇の頃（五世紀前半）、王仁が「千字文」という、中国語（漢文）教育の最初の教科書ともいうべき文献をもたらし、皇太子の教育係を務めたり、中国の宋や梁に遣使を送ったり、百済と交流したりした。その遣使の名前や時代は、『日本書紀』[2]にかなり頻繁に現れる。

2　中国王朝国書——日本古代の外交官の記憶

卑弥呼がいた時代から「十七条憲法」（六〇四）まで数百年が経過するが、大陸との交流はその後も活発化した。五世紀をとおして、晋や宋に遣使、朝貢がなされ、六世紀になると、朝鮮半島に出兵して任那に日本府を置いたから、当然、中国語や朝鮮語を解する渡来人や渡来人系官僚や通訳、もしくはその下で外国語を覚えた日本人の官僚や通訳が存在したに違いない。

『後漢書倭伝』は『魏志倭人伝』を踏襲しているが、『宋書倭国伝』には、五世紀のころ日本から中国に倭国王（天皇）からの遣いが送られ、奉献した、と伝えている。名前が特定できない天皇もいるが、たとえば、四四三年に、「倭国王済、使を遣わして奉献す」（六二）とあり、注によれば、王とは、十九代允恭天皇か、十八代反正天皇のことらしい。また宋の順帝（第八代最後の天子、四七七〜七八年在位）のころ、日本の使節は、上表文で、倭国が、東の毛人（蝦夷、アイヌ）を五十五国、西の衆夷（熊襲、隼人など）を六十六国征服したこと、高句麗が日本の海外遠征の障害になっていることなどをかなり詳しく述べている（九二〜九四）から、中国語の外交文書作成能力をそなえた渡来人系官僚や通訳が、五世紀後半に活躍していたことは明白であろう。

そして、『随書倭国伝』になると、「新羅・百済、皆倭を以て大国にして珍物多しとなし、並びにこれを敬仰し、恒に通使・往来す」（七〇）とあり、六、七世紀には、朝鮮半島の隣国から一目おかれる国にまで成長したことをうかがわせる。ちょうどそのころ日本では、聖徳太子が、遣隋使を派遣していた。『随書倭国伝』によれば、六〇七年に、小野妹子を遣わして朝貢した、という。『随書』はこう伝えている。

使者いわく、「聞く、海西の菩薩天子、重ねて仏法を興すと。故に遣わして朝拝せしめ、兼ねて沙門数十人、来って仏法を学ぶ」と。その国書にいわく、「日出ずる処の天子、書を日没する処の天子に致す、恙なきや、云

云」と。帝、これを覧て悦ばず、鴻臚卿にいっていわく、「蛮夷の書、無礼なる者あり、復た以て聞するなかれ」と。（七一）

3　『日本書紀』——古代〈語学教師〉たちの面影

この逸話から、いろいろなことが見えてくるが、その話に移る前に、日本側史料である『日本書紀』の伝える大陸との交流を瞥見しておきたい。古いところから順に、交流の記録をとどめる箇所を抜き書きしてみる。

異俗も譯を重ねて来く。海外までも既に歸化きぬ。[1]（中略）
冬十月に、依網池を造る。
十一月に、苅坂池・反折池を作る。[2]
六十五年の秋七月に、任那國、蘇那曷叱知を遣して、朝貢らしむ。[3]

ここから崇神天皇の御代に通訳つきでやって来た渡来人が帰化し、池の造営をふくむ土木工学の技術を伝えたことがわかる。任那との朝貢もしている。これらの通訳養成機関の記録はないが、家族や部族単位で、口移しに、異国の言語を学んだものであろう。

四十六年の春三月の乙亥の朔に、斯摩宿禰を卓淳國［現在の慶尚北道大邱付近］に遣す。[4]

神功皇后のころに百済との通交が初めて始まったことがわかる。

十五年の秋八月の壬戌の朔丁卯に、百濟の王、阿直伎を遣して、良馬二匹を貢る。即ち輕の坂上の廐に養はしむ。……阿直岐、亦能く經典を讀めり。卽ち太子菟道稚郎子、師としたまふ。……「如し汝に勝れる博士、亦有りや」とのたまふ。對へて曰さく、「王仁といふ者有り。是秀れたり」とまうす。時に上毛野君の祖、荒田別・巫別を百濟に遣して、仍りて王仁を徵さしむ。其れ阿直伎は、阿直伎史の始祖なり。
十六年の春二月に、王仁來り。則ち太子菟道稚郎子、師としたまふ。諸の典籍を王仁に習ひたまふ。通り達らずといふこと莫し。所謂王仁は、是書首等の始祖なり。[5]

古代日本の政府が、百済から馬や馬の飼育法とセットで中国の古典や漢字を受容している様子がわかるが、そのノウハウをもたらした阿直岐は、知識人でもあり中国語の経典が読めたので、さっそく太子のための優れた中国語教師の紹介を頼んでいる。その結果、王仁が翌年来日し、日本の語学教育の最初の教科書といってもよい「千字文」をもたらした。こうして識字層知識人が日本政府に迎えられ、「ふみのおびと」という書記官のようなポストも与えられた。古代日本語では「経典」や「典籍」が「ふみ」、「博士」は「ふみよみひと」、読み方を教えた「師」は「ふみよみ」、そうした文書を読むスキルを備えた集団「書首」は「ふみのおびと」と呼ばれ、「ふみ」が、中国語の経典、教養、知識を意味し、その職能は、すべて「ふみ」と総称されていた。したがって、「ふみよみ、ふみよみひと」の王仁は、中国語教育のために来日した古代お雇い外国人の最初の〈語学教師〉であったことがわかるし、その後の外国語教育が、そうした子孫がつくる集団（部や姓）によって引き継がれていったものと推定できる。

三十七年の春二月の戊午の朔に、阿知使主・都加使主を呉に遣して、縫工女を求めしむ。爰に阿知使主等、高麗國に渡りて、呉に達らむと欲ふ。……呉の王、是に、工女兄媛・弟媛、呉織、穴織、四の婦女を與ふ。[6]

これは、縫工女という職人が来日した記録で、後進国への技術供与派遣の先駆的な例である。古代日本における外国語教育は、こうした職人や技術者による技術伝承の現場で、労働や仕事を通して実践されたのであり、必ずしも教室で外国語教育が行なわれたわけではないことが想像される。この事情は、明治初期に、延べ六千人にのぼるお雇い外国人たちのほとんどが、技術や新知識を伝授・訓練する人材で、〈語学教師〉ではなかった事情を思い起こさせる。


元年の春正月の庚戌の朔甲子［十五日］に、……［欽明天皇に］二の男・一の女を生れませり。長［長男］を箭田珠勝大兄皇子と曰す。仲［次男］を譯語田渟中倉太珠敷尊と曰す。

二月に、百濟人己知部、投化［帰化する］けり。倭國の添上郡の山村に置む。今の山村の己知部の先なり。……

八月に、高麗・百濟・新羅・任那、並に使を遣して獻り、並に貢職脩る。秦人［秦氏配下の帰化人］・漢人等、諸蕃の投化ける者を召し集へて、國郡に安置めて、戸籍に編貫く。秦人の戸の數、總べて七千五十三戸。[7]

六世紀には、朝鮮半島の諸国との交流がきわめて活発であったことが伺えるし、渡来した朝鮮人たちは、厚遇されて定住したように見受けられる。


六月に、内臣を……遣して、百濟に使せしむ。……

秋七月の辛酉の朔甲子に、……蘇我大臣稲目宿禰、勅を奉りて王辰爾を遣して、船の賦を數へ録す。即ち王辰爾を以て船長とす。因りて姓を賜ひて船史とす。今の船連の先なり。[8]

航海技術も朝鮮系の渡来人から学んだが、かれらに「ふねのふびと」という姓をあたえている。ここでも、識字層の渡来人が、中国語文書の作成や管理を行なう書記兼司書のような仕事に従事していたことが察せられる。「ふひと、史」とは、もともと、古代朝鮮で、記録・文書をつかさどった役人を意味し、渡来人に与えられた「かばね、姓」であった。つまり渡来して文筆担当者になった朝鮮系の人々は、馬の飼育や航海術などの技術者であって、彼らの高い教養と識字能力が買われて、中国語の読み書きを教えたり、文書管理業務に就いたりしたのであろう。明治時代、漱石の習ったケーベルが哲学やギリシア・ラテン語を東京帝国大学で教えながら、音楽教育の基礎を築いたり、岡倉天心や嘉納治五郎などに英文学を教えたフェノロサが、東洋美術の研究者でもあったという事情に似ている。文明開化期に渡来した技術者や職人は、受け入れ国の知識人よりも、新しい学問についての教育水準が高く、技術者や職人の立場を越えて、先進文化の紹介者、教育者の役割を引き受けたのである。

丙辰［十五日］に、天皇、高麗の表疏［国書］を執りたまひて、大臣に授けたまふ。諸の史を召し聚へて、読み解かしむ。是の時に、諸の史、三日の内に、皆読むこと能はず。爰に船史の祖王辰爾有りて、能く読み釋き奉る。[9]

この一節からも、造船・航海の技術者集団の出身者が、中国語文書の解釈者として「ふひと」と呼ばれていたこと、彼らは、もとは造船・航海技術者集団であったから、王辰爾も「ふねのふびと」と呼ばれていたことがわかる。外交や学問的交流、技術伝授の現場で仕事をする、役人や僧侶は、中国語や朝鮮語をかなり解したであろうが、そうでない場合は、誤解も生じたし、なんとなく勘働きでしのいだ、と思わせるエピソードも『日本書紀』には見出せる。

俄ありて、家の裏より來る韓婦有り。韓語を用て言はく、「汝が根を、我が根の内に入れよ」といひて、即ち入家去ぬ。[10]

注によると、「韓語を翻訳した文で、他人をはばかって真意をそれとなく伝えたことばだ」とある。

冬十一月に、新羅の弔使等、喪禮既に闋みて還る。爰に新羅人、恆に京城の傍の耳成山・畝傍山を愛づ。則ち琴引坂に到りて、顧みて曰く、「うねめはや、みみはや」といふ。是風俗の言語を習はず。故、畝傍山を訛りて、うねめと謂ひ、耳成山を訛りて、みみと謂へらくのみ。時に倭飼部、新羅人に従ひて、是の辭を聞きて、疑ひて以為はく、新羅人、采女に通けたりとおもふ。乃ち返りて大泊瀬皇子に啓す。皇子、則ち悉に新羅の使者を禁固へたまひて、推へ問ふ。時に新羅の使者、啓して曰さく、「采女を犯すこと無し。唯京の傍の山を愛でて言ししくのみ」とまうす。則ち虚言を知しめして、皆原したまふ。是に、新羅人、大きに恨みて、更に貢上の物の色及び船の數を減す。[11]

「采女」について、注はこう述べる。「令制では諸郡の少領以上の一族から形容端正なものを貢上して後宮に仕えさせるのであるが、大化以前から国造などの地方豪族が、一族の女子を采女として貢上する習慣があったらしい」（上掲書、四〇八頁）。奈良の「耳成山・畝傍山」を正確に発音できなかった新羅の弔使たちが、天皇の後宮の女性と通じたと誤解されて厳しく詮議された。それを恨んで国交が冷え込んだ、という。こうした具体的なレベルの逸話が伝わっていることは、かなり、活発に、中国や朝鮮の言葉が、中央政府の回りで耳にできた証となろう。中国語には敬意をいだいていた古代日本人も朝鮮語には「サヒヅリ」という、ある種、差別を感じさせることばを使っていた点も見逃せない。

序説なので、詳しいことは省くが、聖徳太子が始めた遣隋使、後には、遣唐使は、名前を見ると、「ふひと」「あやひと」など、渡来系の氏族出の子弟がかなり交じっている。何代も日本にいると、本国人話者としての知識や言語も錆ついてくるから、文書管理や外交文書作成の責任のあった集団や中国語の古典や仏典を教える学者や僧侶は、子孫や朋輩に留学させたのであろう。後に登場する最澄なども渡来人系だと言われている。

4 聖徳太子の貢献

聖徳太子は、歴史上有名な人物だが、辺鄙な東洋の小国にありながら、当時の国際的な学問の流れがよく見えていた人物だった。彼の作といわれる『三経義疏』は、「維摩経」「勝鬘経」「法華経」に注釈をつけた解説書で、中国語の経典をよく理解し、独自の観点から訳読的な注釈をつけた点で、注目される。テキストに接近し理解し注釈する態度は、ある意味で、〈語学教師〉の先駆としてとらえることができる。

当時、中国で盛んだった仏教は、大乗仏教であった。原始仏教の釈迦の教えは、性別、地位、在家出家、年齢を問わず、だれでも悟る資格をもっている、とする革命的な教理であった。しかし、ヒンズー教の影響の強い差別社会のインドでは、「三従」[1]、や「五障」[2]という、女性の宗教的平等性を制限する小乗仏教に変質した。しかし、数百年後、いわば、本来の革命的な平等性に回帰する大乗仏教という宗教改革が起こり、当時の中国はその最中にあった。日本でも長い間、仏教は性差別的な宗教であると思われてきたが、最近の研究では、元祖釈迦の教えは、徹底した平等主義に基づき、男女差別をしなかったことが判明している。[3]

聖徳太子は、大乗仏教による宗教改革の意気を感じ取り、もっとも平等で民主的な経文を選びとって注釈し日本の宗教思想の礎を築いた。『三経義疏』で聖徳太子が注目した部分を中心に、三つの経典を瞥見してみよう。

『維摩経』は、古代インドのヴァイシャーリー市に住む世俗の資産家、維摩詰（ゆいまきつ）の書いた経典である。中村元はこう解説する。ヴァイシャーリー市では、「貴族たちによる共和政治が行なわれ、住民たちは伝統にとらわれぬ最も自由主義的な思想をいだいていた。こういう環境において、伝統的な教理や戒律にとらわれている小乗仏教の修行者たちを、維摩が詰問して、……完膚なきまでに論難追究してかれらを畏縮せしめ、その後に真実の真理を明かしてかれらを指導するという筋書きになっている」[4]。

釈迦は、性差別や階級差別の著しかったヒンドゥー教の支配する古代インドで、あらゆる差別を撤廃する革命的な教えを説いた。パウロも民族差別や、伝統的な戒律でかんじがらめになっているユダヤ教徒たちに、「もはや、ユダヤ人ギリシア人もなく、男も女もない。あなたがたは皆、キリスト・イエスにあって一つだからである」（「ガラテヤ人への手紙」三章二八節）と、革命的な教えを説いた点でよく似ている。とぼけた対応で、差別的なペリシテ人たちをキリキリ舞いさせる福音書のキリストには拍手をおくりたくなるが、「維摩経」で、コチコチの小乗仏教徒を手玉にとった維摩の語り口も、福音書のキリストを彷彿とさせる。

例えば、七章では、女性である天女が教えを説く場面がある。性差別主義者のシャーリプトラが「あなたはどうして女身を転じて男の身とならないのですか?」と聞く。すると天女は、シャーリプトラを女性に変えてしまって問い返す。「どうして女身を転じて男の身とならないのですか?」そしてこう付け加える。

シャーリプトラさま。もしもあなたが御自分の〈女人の身〉を転ずることができるなら、一切の女人もまた女身を転ずることができるでしょう。あなたが実は女でないのに女人を現わされたように、一切の女人もまたそれと同じです。かれらは女身を現わしているけれども、実は女ではないのです。だからこそ、仏は、一切のものは男に非ず、女に非ず、と説きたもうたのです。[5]

この一節からもわかるとおり、『維摩経』は、性別や階級を超えた自由の観念を教えた経典であった。古い経典がきわめて近代的な観念を提示していることに驚かされる。おなじ近代性は、『勝鬘経』にも見出せる。五章で、勝鬘夫人は「如来蔵」について説いた。サンスクリット語で「タータガタガルバ」と呼ばれるこの概念は、次のように説明されている。

こう申せば、ひとは〈如来蔵〉とは異教でいう〈アートマン〉、自我と同じではないか、と思うかも知れませんが、〈如来蔵〉は決して、かれらのいう〈アートマン〉〈存在〉〈生命〉〈個人存在（プドガラ）〉のような実体ではございません。〈如来蔵〉は、そのような実体概念にとらわれる人々や、前にのべたような顛倒した見方でけがされている人々、ないしは、仏教の説く〈空〉の原理について心が混乱し、誤解している人々にとっては、理解の及ぶところではございません。〈如来蔵〉は、真実の教えを生み出す根元、如来の〈法身〉そのもの、世間的価値を超越した存在、本性として清浄な存在でございます。[6]

これは、だれの心身の中にも備わっている〈仏性〉、神秘主義的に遍在する、生得的な権利のような概念で、生得権の根拠となる。〈如来蔵〉の「蔵」とは、「忠臣蔵」などでいう「蔵」で、そこにあるものが詰まっている状態を指す。忠臣蔵には忠臣たちがつまっているわけである。つまり、俗事に汚れて見えにくくなってはいるが、精神の底には仏性の座である〈如来蔵〉があり、そこからだれでも「真実の教えを生み出す」ことができる。そういう生まれついての源を、万人がもっている、と勝鬘夫人は主張するのである。

中村元はこう解説する。「……われわれの現実の日常生活がそのまま理想的境地として現わし出されなければならぬ。理想の境界はわれわれの迷いの生存を離れては存在し得ない。空の実践としての慈悲行は現実の人間生活を通じて実現される。この立場を徹底させると、ついに出家生活を否定して在家の世俗生活の中に仏教の理想を実現しようとする宗教運動が起るに至った。その所産としての代表的経典が『維摩経』なのである。『勝鬘経』も同様な路線に沿って成立したものなのである」[7]。聖徳太子が目をつけたこの二つの経典は、自由や生得権などの斬新な観念において、高い理想主義がきわめて現実的な認識と結びついた特異な形を示していたことがわかる。

他方、『法華経』には、「火宅の比喩」という有名なたとえ話があった。福音書でもキリストは、よく「譬えをもって語られた」とあるが、仏典にも譬えが多い。「火宅の比喩」はその白眉であろう。

それは『法華経』の三章に出てくる。あるところに資産家の家長がいて、大邸宅に住んでいた。邸内には数百もの命あるものが暮らしていた。ある日、その邸宅が火事になった。あるじが帰ってくると、家が燃えていて、中ではたくさんの子供たちが遊びたわむれ、だれひとり火事に気付かない。火事だ、逃げろ、と叫べば、パニックを起こして、助かるものも助かるまい。恐怖で身動きできずに焼け死なないように全員を救う方法はないか。主人は、子供たちにこう呼びかけた。

子供たちよ、お前たちが玩具にして遊べば、きっと楽しくて、いままで見たこともないようなすてきなもの、いろいろな色が塗られ、種類もいろいろあり、それがもらえなければきっとお前たちはあとで後悔するようなもの——たとえば牛の車、羊の車、鹿の車（の玩具）など、お前たちが（ほしいと思って）望んでいたもの、美しく、愛らしくて、きっと気に入るもの——それらをすべて、お前たちが遊ぶようにと、屋敷の外の門のところに私は置いておいた。さあ、お前たち、こちらへきなさい。この屋敷から外へ走って出てきなさい。そうすれば、お前たちのだれが何を求め、何をほしがろうとも、それをみなに私はあげよう。早くそれをもらうために、こちらへ走って出てきなさい。[8]

誘いに乗って、子供たちが、無事、外に逃れることができたとき、主人は、次のように言った。

私は、これらの子供たちに他の（劣った）車を与えるようなことはやめよう。それはなぜかといえば、これらの子供たちは、すべて私の息子であり、すべて私にとっては愛すべきもの、意にかなったものである。しかも、私にはそのような大きな乗り物はいくらもある。そして、これらの子供たちを、私はみな平等に考えるべきで、不平等であってはならない。また、私には多くの（宝）蔵や（宝）庫があって、すべての人々にでも、このような大きな乗り物を与えることができる。しからば自分の子供たちに（与えるの）はなおさらのことである。[9]

言うまでもなく、主人は釈迦、子供たちは衆生である。注目すべきことは、主人は、子供たちに上から命令を下すのではなく、子供たちが自発的な意志をもって、自分の判断で屋外に出ていくように仕向けたこと、つまり自発性の尊重、と徹底した平等性である。「大きな乗り物」とは、大乗仏教の原意となった譬えである。

話を戻すと、聖徳太子は、自由を説いた『維摩経』、生得的権利を説いた『勝鬘経』、自発性と平等性を説いた『法華経』を選び取って、中国語で理解し、自分の解釈を加え、中国語で注釈書を書いた。この文化的な選択は、後世の日本の教育・文化・宗教観の底流となる重要な事件であった。それは、日本的平等性、民主性、自発性、内発性などを尊重する思想の礎となっただけではなく、言語教育史の観点からも外国語で書かれた高度な内容を深く捉えて解釈を加え、外国語をもって注釈をつけた点で、最初期における〈語学教師〉の原型像と見なすことができよう。

今ひとつ聖徳太子が秀でていた点は、太子が、『三経義疏』のいたるところで、「わたしの考えは少し異なる」

「……と本義にいう。……しかし疑問に思えるのは……だからわたくしの考えは」「しかしながら……よろしくない。だからわたくしの解釈ではない」「しかしいまはこれを用いない」[10]等々、自主独立した日本の研究者として、自信をもって、テキストに対したことである。

つまり、聖徳太子は、思想の内容においては、「自由」「生得権」「平等」「自発性」を唱えた驚くほど近代的な仏典を選び取って広め、研究・教育態度において自主独立を貫いた点で、〈語学教師〉の祖型とも呼ぶにふさわしい人物だったと言えよう。こうした認識がもっともよく示されているのは「十七条憲法」である。そこにはこうある。

こころのいかり〈忿〉を絶ち、おもてのいかり〈瞋〉を棄てて、人の違うことを怒らざれ。人みな心あり。心おのおの執るところあり。かれ是とすれば、われは非とす。われ是とすれば、かれは非とす。われかならずしも聖にあらず。かれかならずしも愚にあらず。ともにこれ凡夫のみ。是非の理、詎かよく定むべけんや。あいともに賢愚なること、鐶の端なきがごとし。[11]

昨今、大学の旧文学部は、「国際」「多文化」「異文化」「コミュニケーション」などを冠する学部・学科に改組され、謳い文句には、異文化交流、異文化理解、国際交流が頻出する。しかし、七世紀初頭、聖徳太子が、「憲法十七条」の第十条に掲げた内容は、文化や思想の相対性、他者に対する異文化理解の重要性をすでに先取りしている。中国や朝鮮系渡来人、いわゆる「今来手伎」が政府の機構に入り、文字通り異文化間交流と理解が急務であった事情が、ここから読み取れるかもしれない。同じく十七条にはこうある。

それ事はひとり断むべからず。かならず衆とともに論うべし。少事はこれ軽し。かなずしも衆とすべからず。ただ大事を論うに逮びては、もしは失あらんことを疑う。ゆえに衆と相弁うるときは、辞すなわち理を得ん。[12]

ここにも仏教が教えた平等性が滲み出ていて、時代を超えた一条となっている。

5 外来〈語学教師〉今来手伎たち

当時の日本政府は、明治開国のころによく似た、外国人教育指導者の大量受け入れをおこなっていた。日本は、後進国であったから、大陸から学ぶべき新技術、新学問は魅力に満ち、日本の学僧、学者、官僚、知識人や職人たちは、熱心に学び取ったに違いない。

今来手伎が伝えたのは、「膨大な資料、技術、思想、制度であり、それらの内には、鉄、製鉄や鉄器製造技術、鉄の武器や甲冑、馬具、新農業技術とやり方、石器、竈、金銀精錬技術、石材接合技術、絹の織り方、文字、山城の築城技術、弩と呼ばれる十字形弓、仏教と仏教建築、部、姓、律令、官位制などの治世の方法」である。[1] おそらく、酒、醤油、味噌、豆腐など日本料理に欠かせない食材や調味料、文具、製紙技術と紙、造船技術と航海術、灌漑・築城・都市計画に関する土木工学や技術の他に、文書管理、外交文書作成、図書管理、国史編纂などの手法、天文学、暦法、数学、中国の伝統的諸学（儒学をはじめとする古典的諸学）、通訳・翻訳の技術、作詩法、雄弁術、文体論、など中国語による文章作成法、学校、施療院、寺院、政府省庁などの建設・運営に関する経験知を、日本人は、大和・奈良・平安時代にかけて、大陸から来た知識人や僧侶、職人たちから貪欲に学び取った。

後述するが、明治十年頃まで、日本では約百校の公立学校が開かれたが、教員はほとんど西洋人で、全科目が英語を中心とした西欧語で行なわれた。明治政府は、お雇い外国人教師たちに日本人教師の約三倍の給料を支払い、当時の国家予算の三三パーセントを彼らの給与に当てた。すでに述べたように、古代日本の文化輸入事情も明治初期の状況に酷似している。古代日本政府は、例えば、航海技術や造船技術に長(た)けた今来手伎たちに姓(かばね)を与えたが、彼らはしばしば、船人(ふひと)とよばれた。他の中国系渡来人には、「漢人(あやひと)」というおくり名もよくつけられた。

　以上の事情から理解できるように、古代日本の技術や文化交流の現場は国際色ゆたかで、日本人官僚・僧侶・職人たちは中国人や朝鮮人の知識人・僧侶・職人たちを指導者としながら、新技術・新知識の吸収に余念がなかった。つまり、外国語教育は、仕事や労働の現場で、口頭のやりとりをとおして実践されたであろう。外国語学校や外国語科目として、言語を生活から切り離して教えたり学んだりするのはもう少し後になる。当然、そこには、異文化間の誤解や確執も生まれたはずである。外国人である朝鮮系の一族が政府に優遇されれば、恨む日本人官僚も出てきただろうし、いじめられた渡来人も存在したであろう。そうした、中央政府の周囲にわだかまる、国際的な確執や怨嗟を考慮すると、「十七条憲法」は、異文化コミュニケーションという現代の問題にも通底する本質を顕してくる。「人みな心あり。心おのおの執るところあり。かれ是(ぜ)とすれば、われは非とす。われ是とすれば、かれは非とす」という十条の思想は、のちに、レヴィ・ストロースが、南アメリカの原住民、カドウェオ族やナンビクワラ族と生活を共にしたあと到達した、徹底した文化の相対性思想に通うところがあって興味ぶかい。

　聖徳太子の衣鉢を守り続けてきた法隆寺に、代々、仕えてきた宮大工の一家に、いつのころからか伝わった口伝がある。法隆寺の五重塔修理や薬師寺の塔の再建を果たした人間国宝の宮大工、西岡常一は、『木に学べ』のなかで、門外不出だった口伝を、後継者がいないために初公開した。むろん、口伝は、文体から察するに、法隆寺建立よりずっと後に成立したのであろうが、そこに古くから法隆寺の関係者に伝えられてきた古代人の知恵を感じ取ることができる。奈良薬師寺で催される花祭り、花会式(はなえしき)に献上される造花も、代々、二家に伝え守られてきた技術によるというから、おそらく法隆寺宮大工の口伝もそうした筋合いの遠い記憶を残していると思われる。その冒頭にはこうある。

神を崇めず、仏を拝せずして堂塔伽藍を口にすべからず。[2]

日本の言語教育は、仏教や土俗的信仰と深いところで繋がっている。法隆寺の宮大工の口伝の冒頭に、こうした一条があることは自然であろう。「住む人の心を離れた住居なし」という一条も、在家仏教の精神を、寺院や神社を建てる現場に応用した思想であろう。

さらに、古代の国際的作業現場から生まれた経験知を伝えているのではないかと思われる項目に次のような一条がある。

木の癖組は人の心組[3]

この前に「堂塔造営の用材は木を買わず山を買え」[4]という条項があって、これを、西岡は次のように説明している。

木には癖があります。その癖は環境によって生まれるんですな。いつも同じ方向から風が吹く所にはえている木は、その風に対抗するように働く力が生じてきます。それを木の癖というているわけや。その癖を上手に組めというこっちゃ。右ねじれと左ねじれを組み合わせれば、部材同士が組み合わさって、動かんわけでしょ。右ねじれと右ねじれを組んだら、ぎゅーっと塔が、回っていくっちゅうことや。[5]

つまり、それぞれの部材が、どこの斜面に生えて育ち、どの部材がどの方向にねじれるか、木の素性を知って組み合わせるには、木をばらばらに買うのではなく、山全体の地形や風向き、その影響を受けた成育状況までセットにして買わなければならない。山全体を知らなければ、部材をうまく組み合わすことができない。

部材がもつそうした個性をならして均一化するのでも矯正するのでもなく、互いが活きるような構成を見出すのが、棟梁の器量と工夫である。それは、そのまま人事にもあてはまるから、「木の癖組は人の心組」となる。異なる文化や風習、個性を背負って工事現場に集まってくる工人たちを、各々の個性や特技が活きるように、独創的な人員配置を編み出すことが必要だ、と説いているのである。口伝は、続けてこう述べる。

工人の心組は工人への思いやり[6]

西岡は解説する。

工人の心を組むにはどうしたらええかっちゅうことは、棟梁が工人への思いやりがなくてはいかんということです。こいつは言うこときかんからあかん。これでは職人があつまりませんさかいな。どんな人でも受け入れて、そして思いやりちゅうのは、この人は至らん人やけれども、三年の間に立派な宮大工に仕立ててあげましょう。そういう心をもって接してやらんと心はかよわんちゅうことや。[7]

したがって、棟梁の心得としては、

百工あれば百念あり。一つにする器量のない者は、自分の不徳を知って、棟梁の座を去れ。[8]

諸々の技法は一日にして成らず、祖神達の徳恵なり。[9]

とあり、西岡は、こう付け加える。

さまざまな技法、癖組みとか山の土質を知るとかいうことがありますが、それは一日でできるものではない。神代からずっと体験を積んだ結果こうなったんやから、自分がそれをマスターしたからというて、自分が偉いんではない。遠い祖先からの恩恵をうけているんやから、祖先を敬えということですな。それとここでいう技法は技術とはちがいまっせ。

技術というもんは、自然法則を人間の力で征服しようちゅうものですわな。わたしらのいうのは、技術やなしに技法ですわ。自然の生命の法則のままいかして使うという考え方や。だから技術といわず技法というんや。[10]

西岡の口伝には、聖徳太子が、『三経義疏』や「十七条憲法」で説いたのと同じ精神がみなぎっている。建築でも人づくりでも、異質の他者を尊重し、部材や人間に内在する己とは異なる声に耳を傾けながら、謙虚に労働する心がけである。

この口伝には、かつて国際的な異文化交流の現場であった、奈良の堂塔建設現場の経験知と、大乗仏教の教えにある、自由、生得権、平等性、自発性などに対する尊重の念が反響しているように思えてならない。

自由な発想と現実的な柔軟性を併せ持っていた聖徳太子は、文化先進国の中国に、定期的に留学生を送る遣隋使の制度を創始した。それが、中国の国史である『隋書』にあったエピソードである。

西岡の『木に学べ』は、宮大工としての修業にも触れているが、そこに現れた教えは、技法の習得が、仏教の悟りにも通う、自得・自発の道であって、棟梁は、弟子の自発的精進を見守りはするが、あれこれ命令したり縛ったりせず、自分で会得させるために待つのである。弟子の自発的な認識や覚悟の深まりが技法を習得させるから、悟るまでに何年かの見習うための時間との付き合いが必要になってくる。自由や生得権や内発性を重んじる大乗仏教のこの考え方は、日本文化の隅々にまで滲みわたっていくが、言うまでもなく、外国語教育の現場でも、そうした精神が指導原理となっていった。

（二〇〇八年八月三一日）

注

一　はじめに

1　〈語学教師〉の没落

1　辻瑆「ああ、語学教師」、『中央公論』第八一巻、三号、三五二頁。

2　(http://thesaurus.weblio.jp/content/ 木偶の坊)、アクセス日、二〇一四年三月一日。

3　『吾輩は猫である』（岩波書店、一九六五年一二月）、六二頁。

4　同右、六二～六三頁。

5　以上、同右、六三頁。

2　〈語学教師〉とは何者なのか？

1　ある漱石研究家・日本文学者のN・Mさんが、本稿の〈語学教師〉をこう表現されたので、使わせていただいた。

2　「ラティオ・ストゥディオールム」とは、イエズス会が、一五九八年に制定した学習体系。イエズス会は、この要項を全世界のイエズス会の学校で用いて、統一的な教育を行なった。

3　「ネガティヴ・ケイパビリティー」は、イギリスの詩人ジョン・キーツが、シェイクスピアの芸術的創造原理を定義付けたことば。完結した、世界の諸事万端をこぎれいに刈り込んで、合理的な枠組みに嵌め込むのではなく、矛盾にみちたありのままの世界を受容し了解する能力を指す。

4 「『語学』とは何か——英語を中心として」『早稲田フォーラム』第一六号、（早稲田大学、一九七七年二月、一九七六年一一月二二日脱稿）、四五～五七頁。

5 本居宣長、中村幸彦校注「源氏物語玉の小櫛」『近世文學論集』『日本古典文學大系』第九四巻（岩波書店、一九六六年一二月）、九二、一一七頁。

3 無くてはならぬ、というわけでもない——包装・通訳・〈語学教師〉

1 関口存男『不定冠詞』第3章参照。『冠詞：意味形態的背景より見たるドイツ語冠詞の研究』全三巻の内の第二巻（三修社、一九六〇年五月～一九六二年九月）。

2 「NHKプロフェッショナル仕事の流儀　世界のVIPが指名‼〝同時通訳〟の魔術師」（二〇一四年三月三日放映）。および、『伝える極意』（集英社、二〇一四年二月）参照。

二 外国語教育史の基本的方法——語学も世につれ変化する

三 日本最古の〈語学教師〉たち

1 『魏志倭人伝』——先駆者たちの痕跡

1 以下の引用は、石原道博編訳『新訂 魏志倭人伝・後漢書倭伝　宋書倭国伝・随書倭国伝——中国正史日本伝（1）』（岩波文庫、一九八五）により括弧内に頁を示した。

2 坂本太郎、家永三郎、井上光貞、大野晋校注『日本書紀』上下巻『日本古典文學大系』第六七、六八巻（岩波書店、一九六七年、一九六五年）による。以下括弧内に巻と頁を示す。

2 中国王朝国書——日本古代の外交官の記憶

3 『日本書紀』——古代〈語学教師〉たちの面影

1 前掲『日本書紀』上巻、巻第五「崇神天皇十二年の条」、二四八頁。
2 同右、「崇神天皇六十二年の条」、二五三頁。
3 同右、「崇神天皇六十五年の条」、二五三頁。
4 同右、巻第九「神功皇后摂政四十六年」(西暦、三六六年)、三五二頁。
5 同右、巻第十「應神天皇十五年の条」(西暦、三四六~三七五年)、三七〇~三七二頁。
6 同右、巻第十「應神天皇三十七年の条」、三七八頁。
7 前掲『日本書紀』下巻、巻第十九「欽明天皇元年の条」(五五二年)、六四~六五頁。
8 同右、巻第十九「欽明天皇十四年の条」、一〇四頁。
9 同右、巻第二十「敏達天皇元年の条」、一三三頁。
10 同右、巻第二十「敏達天皇十二年の条」、一四二頁。
11 前掲『日本書紀』上巻、巻第十三「允恭天皇四十二年の条」、四四九~四五〇頁。

4 聖徳太子の貢献

1 「三従」とは、女性は、若いときは父親に、成人しては夫に、老いては子供に、従え、という教え。
2 「五障」とは、女性には、女性は修行しても、梵天王、帝釈天、魔王、転輪聖王、仏にはなれない、五つの障害があるとの教え。
3 植木雅俊『仏教のなかの男女観』(岩波書店、二〇〇四年三月)。
4 中村元編『大乗仏典』(筑摩書房、一九七四年三月)、四二三頁。
5 同右、三五頁。
6 同右、一九〇頁。
7 同右、四二三頁。

8　松濤誠廉他訳『法華経』『大乗仏典』第四巻（中央公論社、一九七五年）、九三頁。
9　同右、九五頁。
10　中村元「解説」『聖徳太子』『日本の名著』第二巻（中央公論社、一九七〇年）、八〇頁。
11　同右、四一〇頁。
12　同右、四一一頁。

5　外来〈語学教師〉今来手伎（いまきのてひと）たち

1　William Wayne Farris, *Ancient Japan's Korean Connection*, pp.1-22.
2　西岡常一『木に学べ――法隆寺・薬師寺の美』（小学館、一九八八年）、二二七頁。
3　同右、二二八頁。
4　同右、二二八頁。
5　同右、二二八～二二九頁。
6　同右、二二九頁。
7　同右、二二九頁。
8　同右、二二九～二三〇頁。
9　同右、二三〇頁。
10　同右、二三〇頁。

II

上代——奈良時代

一　はじめに

1　遣唐使の時代区分[1]

西暦六〇〇年頃から遣隋使として始まり、九世紀まで中断をはさみながら二百年以上継続した遣唐使は、外国語教育史のみならず、日本文化史一般にとっても、きわめて重要な意味をもっていた。遣唐使は、大別すると三つの時期に分けられる。

第一期は、第一次（六三〇）から第七次（六九〇）まで、朝鮮半島において高句麗・百済・新羅が対立関係にあり、対立を利用して朝鮮半島を直接支配しようとした唐と、朝鮮半島への影響力温存をはかる日本（倭国）との間に政治的・軍事的緊張がみなぎっていた時期にあたる。六六三年、日本は唐と新羅の連合軍に完敗、朝鮮半島から撤退した。その後、高句麗が唐に滅ぼされると、日本は三十年間、遣唐使を中断する。一種の冷戦状態で、日本は大陸の出方を固唾をのんで見守った。

第二期は、三十年の断絶のあと再開した七〇二年から七七七年までの時期で、七〇二年、則天武后が周朝を起こすと、日本は、二十年に一度、唐に朝貢するようになり、日唐関係は安定期に入り、多くの実りをもたらした。唐は、日本を「蕃夷（ばんい）」（野蛮人）あつかいしたので、「遣唐使たちはたとえ唐帝より国書を与えられても、その国書の書式がわが外交の理想と背馳するので、朝廷に進めずにこれを握り潰すのを慣例とし」、「わが国書を唐帝に捧呈して彼の機嫌を損ねることを考慮し、国書を携えなかった」[2]という。外務省が勝手に密約を結んで国会にも報告しない越権行為は、飛鳥時代から始まっていたことになる。

第三期は、七七七年と八三八年の最後の遣唐使の二回だけからなる時期である。派遣間隔も間があき、文化的に自己充足レベルに達した日本は、唐への依存度を弱め、国風文化への傾斜を深めていった。

2　遣唐使の構成

遣唐使は、大阪市住吉区にある住吉大社を守護神とし、『延喜式』に「遣唐の船居を開く祭」があり、出港に際して「唐に使を遣はす時の奉幣（ほうへい）」と題する祝詞があげられた。[1]「奉幣」とは、神への供え物のことである。『延喜式』によれば、当時の遣唐使船の人員構成は次のごとくで、数人の留学生が、ボートで海を渡るようなイメージとはほど遠い大規模なものだった。[2]

使節　大使
　　　副使
　　　判官
　　　録事
　　　史生（書記官）

雑使（庶務）
傔人（従者）

通訳

訳語（唐語通訳）
新羅奄美等訳語

船員

知乗船事（船長）
船師（機関長）
柂師（操舵手長）
挟杪（操舵手）
水手長（水夫長）
水手（水夫）

技手

主神（神主）
卜部（占い師）
医師
陰陽師（天文担当・天気予報官）
画師（映像記録者いわばカメラマン）
射手（ガードマンのような存在）
音声長（儀仗・音楽隊長）

音声生（儀仗・音楽隊員）
船匠（船大工）

技術研修生

玉生（ガラス・釉細工師）
鍛生（鍛金師）
鋳生（鋳金師）
細工生（木竹工師）

留学者

留学生（長期留学生）
学問僧（長期留学生）
傔従（そば仕えの従者）
還学僧（短期留学生）
請益生（短期留学生）

遣唐使船には、使節の官僚や通訳、留学生などの他に、宗教関係者、技術研修予定の職人たち、技手、楽隊員、工兵のような職人、防衛要員などを含む大集団が乗り込んでいたのである。技手たちのなかには、卜部という、鹿の骨を灼いて行なう占いを担当する者もいた。陰陽師は、易占いもしたが、天文・気象の専門家、航海士と予報官もかねていた。画師はいわばカメラマン、射手はガードマン、音声長らは、楽隊・儀仗兵のようなものだった。技術研修生は、中国のテクノロジーを学ぶ技術者集団であった。留学生は、中国学と学問僧の長期留学生、中国学の請益生と還学僧である短期留学生とに分かれていた。使節は、外交使節として、家柄、学識、風采の優れた人物から天皇が選んで任命したが、第一期のころは、犬上、吉士、高向など、中小氏族や渡来系氏族出身者が多かった。最初は、語学力や背景知識に優れた帰化人が遣唐使に選ばれたのである。しかし第二期になると、粟田、多治比、大伴、中臣、藤原、石上、石川、平群、佐伯などの名家の子弟も選ばれるようになった。唐文化が中上層の支配層にも浸透し、後で述べるように、大学寮に支配層の子弟が入学して中国語音で漢籍を学び、寺院を通じて仏教文化も広まると、唐へのアクセスが純ジャパ氏族の子弟にも開けていったからである。

乗組員には通訳も配属された。当時、「訳語、やくご、をさ」、「通事、つうじ」と称された通訳官には、中国語や新羅語のみならず、奄美言葉の担当者も含まれていた。通訳たちは、渡来人の子孫であったり、渡来人に仕込まれた日本人であったりしたことは、音博士の記録などから推測できる。こうした公的通訳の他に、私的な通訳を雇う場合もあり、例えば、最澄は弟子の義真を通訳として同行させ、唐に留学している。

3　留学生の横顔

短期留学生は、明経請益生（みょうぎょうしょうやくしょう）として入唐した者が多く、例えば、中国人が国語辞典として使う『切韻（せついん）』を持ち帰った伊予部家守（いよべのやかもり）などがいた。それまでの漢和辞典は、部首引きの『玉篇（ぎょくへん）』が主流であったが、『切韻』は、中国語音で引く最初の辞典だった。八〇四年のことである。明経請益生家守は「公羊伝（くようでん）」や「穀梁伝（こくりょうでん）」の注釈を学んだが、明法請益生の秦大麻呂（はだのおおまろ）や大倭小東人（やまとのあずまひと）は、律令学に関する細部の疑問を明らかにして帰国した。つまり、短期留学生は、特定の研究課題をもって派遣され、帰国後すぐに留学の成果を文書化して提出し、政府のために役立てたのである。短期留学の学問僧も、宗教上の疑義を質すために入唐し、その解答だけではなく、請来目録として、膨大な仏典や注釈書などを持ち帰った。短期留学者たちは、最澄のように通事を使用した場合もあるが、大学寮で、中国音とその意味を学習しており、学問や宗教上の事項は、原語でかなり理解できたものと思われる。

長期留学者は、二十年から三十年間唐に在住し、唐王朝の官僚として出世したり、唐の女性との間に子供をもうけたり、客死したり、殺害されたり、さまざまな運命に遭遇した。ほとんど中国の帰化人に等しくなる者も多かった。長期留学者の典型としては、阿倍仲麻呂（あべのなかまろ）と吉備真備（きびのまきび）があげられる。二人とも七一七年に入唐した。仲麻呂は、唐の大学に入学、科挙にも合格して、「左春坊司経局校書（さしゅんぼうしけいきょくこうしょ）（皇太子付書物校正係）」に任じられた。七五二年帰国が許されたが、難破してベトナムに漂着、そこの知事となり、七七〇年、唐で没した。十六歳で唐に渡り、半世紀以上、在唐のまま一生を終わった知識人だった。

帰国はかなわなかったが、仲麻呂が日本に帰ろうとしたときに、唐屈指の詩人であった王維は、別れを惜しんでこう歌った。[1]

積水不可極　折り重なる水は極まりなく、
安知滄海東　青い海の東は思い描くこともできぬ。
九州何処遠　日本の島々ははるかどこにあるのか。
万里若乗空　万里の行程はただ「空」に乗ずるがごとくであり、
向国惟看日　故国の方角にはただ太陽だけが見える。
帰帆但信風　帰りの航海はただ風まかせ。

王維は、危険な海を越えて遠い祖国に帰ろうとする仲麻呂を思いながらこれを書いたが、この詩のとおり仲麻呂の帰国船は遭難してベトナムに漂着する運命をたどる。

李白は、遭難を聞き、死んだと思った仲麻呂を追悼して「哭晁卿衡（ちょうけいこうをこくす）」を詠んだ。[2]

日本晁卿辞帝都
征帆一片遶蓬壺
明月不帰沈碧海
白雲愁色満蒼梧

日本の晁卿（ちょうけい）は帝都長安に別れを告げ、
君の志を載せた船の帆は蓬萊（ほうらい）をめぐった。
明月のような君は青い海に沈み帰らず、
はるか南の蒼梧（そうご）山にかかる白雲は愁いに満ちている。

阿倍仲麻呂が唐一流の文学者たちによって惜しまれたことは必ずしも知られていないが、留学生たちが選りすぐりの人材で、国境を越えて評価されたことを伺わせる。最近、中国で墓と墓碑が発見され話題になった井真成（せいしんせい）なども唐で愛され重用され夭逝した遣唐使留学生の一人である。

他方、真備（まきび）は、唐に一六年滞在し、鴻臚寺（こうろじ）で学を修めたあと、留学生の手当のありったけを書物に換えて帰国した。後で触れる漢籍や仏典収集の基礎づくりに大いに貢献したのである。

こうした長期留学者は、帰国するとすぐ大学寮の助（次官）や東宮学士に任じられたから、中国語教育にもそのセミ・ネイティヴ・スピーカー並の運用能力をもって貢献したに違いない。

他方、長期留学僧たちには、道昭（どうしょう）、道慈（どうじ）、玄昉（げんぼう）、円仁（えんにん）などがおり、道昭は、インドから帰ったばかりの玄奘三蔵（げんじょうさんぞう）（六〇二〜六六四）に師事した。玄奘は、六二七年、唐を出発してインドに入り、インド各地を訪ね、六四五年に帰国して、サンスクリット語仏典の忠実な漢訳を試みつつあった。遣唐使の学僧であった智通（ちつう）、智達（ちたつ）なども、幸運にも玄奘に直接学ぶことができたから、日本は、玄奘が苦労して中国に持ち帰ったばかりのほやほやの経典の原典写本や訳本写本を日本に持ち帰ることができたのである。玄昉なども最新訳を含む五〇四六巻の経典をもたらし、それがきわめて正確な写本であったため、後の写経事業の基となった。

こうした学問僧は、中国語とサンスクリット語になじみ、帰国後、寺院において、そうした外国語の知識の伝授にも努めたはずである。後に渡唐前の空海が、中国語やサンスクリット語を、唐招提寺でかなりの程度学ぶことができたのもこうした学僧たちが培った外国語教育の蓄積によるものであろう。時代は、少し先走るが、八〇四年の遣唐使で渡唐した、僧霊仙（りょうせん）は、般若三蔵が「訳主」となって行なっていたサンスクリット語原典からの仏典漢訳事業に、日本人スタッフとして空前絶後の参加を許された天才だった。般若三蔵は、アフガニスタンで生まれ唐の皇帝から認められた優れた学僧である。玄奘三蔵がインドからもたらしたサンスクリット語経典を底本として訳し直された仏典は、「新訳」と呼ばれ、その漢訳にたずさわった学僧には「三蔵」という尊称が与えられた。「訳主」とは、そうした翻訳事業で、サンスクリット語を音読する責任者を意味し、鳩摩羅什、真諦、不空金剛、それに玄奘なども、代表的な三蔵法師であった。しかし、霊仙は、日本人として、唯一「三蔵」の称号を送られた学僧となる。「新訳」の経典の巻首には、「訳場列位」という、共同翻訳従事者の名簿があり、霊仙が、サンスクリット語の文章を一句ずつ漢訳しそれを記録する、「筆受（ひつじゅ）」と「訳語」という役目についていたことが判明している。[3] 中国語とサンスクリット語の両語にこれほど精通していた人物は、空海を除いて霊仙しかいない。日本のサンスクリット語学の祖のような人物である。サンスクリット語の梵字は、いまだに卒塔婆に書かれており、真言密教の中に呪文として定着しているが、唐においては、西域やインドとの学問的交流があり、サンスクリット語を解する外国人の学僧が在唐し、遣唐使の留学生もそうした唐人以外の外国人僧にサンスクリット語を学ぶ機会が十分にあった。

ちなみに霊仙は、日本人としては前例のない皇帝直属の「内供奉（ないぐぶ）」に任じられるに至ったが、優秀すぎた才能が唐人の嫉妬を買い毒殺されてしまった。この事件は、中臣鎌足の長男で、六五三年に十歳で唐に留学し、非凡な才能が百済人の妬みを買い、六六五年に毒殺された定恵（じょうえ）を思い起こさせる。メタミドホス入り餃子に古い文化的伝統を感じて溜め息が出てしまうような話である。

ついでに付け加えれば、遣唐使が唐の女性との間にもうけた混血児たちにも、さまざまな運命が待ち受けていた。僧弁正は、七〇二年に入唐したが、囲碁の名人であったことから、玄宗の愛顧を受けて還俗し、唐の女性との間に息子秦朝元をもうけた。ハーフの朝元は、七一七年の遣唐使船で来日し、ネイティヴ・スピーカーの能力と経歴を評価されて中国語の指導者として朝廷に仕えた。

阿倍仲麻呂の傔従であった羽栗吉麻呂は、翼と翔をもうけた。翼は七七七年の遣唐使に録事として活躍、翔は二十五年ほど日本で暮らしたが七五九年に帰唐したあと二度と日本には戻らなかった。

藤原清河の娘、喜娘は、父親を唐で失い遣唐使船で来日しようとしたが、難破して数日間漂流したのち、南九州に漂着したものの消息を絶っている。

4 書物の伝来

留学生たちが、寝食も忘れて吸収と筆写に努め、留学費用を切り詰めて購ったのは、漢籍と仏教経典であった。日本の留学生たちがどれくらい膨大な漢籍や仏典を持ち帰ったかは、九世紀末に編まれた『日本国見在書目録』や僧侶たちの請来目録から見当がつく。前者によると、写本は千六百、巻数にして一万七千巻弱になる。これを「盛唐時代の宮廷の漢籍リストである『旧唐書』経籍志と比べると、種類だけで五割強が揃っていたことになる」[1]という。英文学の基本文献を挙げているジョージ・ワトソンの書誌の五割も早稲田大学図書館は充していないことを思えば、これは驚嘆に値する充足率である。遣唐使時代の学僧や知識人の書籍収集は、漢籍や仏典に対する体系的理解と深い尊崇の念に裏打ちされており、蔵書構成の均整や網羅性の徹底度は、早稲田大学図書館の英文学書を凌駕していたと言っても過言ではない。同館には、収書対象の学問領域そのものに通じ、文献蒐集と蔵書構成の充実に使命感をもつ〈サブジェクト・ライブラリアン〉が不在だからである。

この点で銘記されるべきことは、例えば、空海は、密教の奥義を極め、恵果からインド伝来の密教の正統を継承し、基本的仏典を全て授かって帰国したが、空海以後に唐に渡った学僧たちも、請来されてない仏典や、新訳の経典に、日頃から目を光らせ、ダブルチェックを怠らず、日本における仏典の蔵書構成の充足に努め、網羅的で欠落のない経典蔵をつくるために、まめに渉猟して経典を写し、購い、持ち帰った。基本文献を網羅するという組織的な信仰心と学問的情熱に支えられた、何世紀にもわたる努力は、文明の本質をなす属性であるが、現代で言えば、ライブラリー・サイエンス、あるいは図書館学の方法にも通じる学問のインフラである。

シャルルマーニュが、優れた司書兼大学者であったヨークのアルクウィンをアーヘンに招聘して、写字生団を組織させ、写本を分類・蓄積し保存に努めたところから、滅びかけたギリシア・ラテン文献が辛き命をもうけて蘇ったように、また、フィレンツェ・ルネサンスが、メディチ家の構築したサン・マルコ図書館を抜きにしては語れないように、さらに、フランス革命直後に革命委員会が全仏の貴族の蔵書をパリに集めて再配分し、市民図書館の礎を作ったように、図書館の蔵書構成の吟味と網羅的収集作業は、文明そのもの、狭義には人文学や語学教育の核心をなす尊い営みである。日本の遣唐使の時代に、聖徳太子が蔵書を夢殿に集めて公開したり、石上宅嗣（いそのかみやかつぐ）（七二九〜七八一）のように、私宅に私設の文庫芸亭（ふみくらうんてい）を設けて公開したのも、遣唐使たちの情熱的な収書活動と無関係ではなかったであろう。

外国語文化と自国文化の最前線にいて、日本を代表する〈語学教師〉でもあった遣唐使留学生たちは、中国語やサンスクリット語のテキストの読解、解釈、翻訳を行ない、選別し、筆写して、輸入する、いわば外国語文化選別輸入者であった。日本に欠けている基本文献を捜し出しては筆写し、もしくは留学金を写字生に支払って筆写させ、収集・保管して、日本に無事持ち帰った彼らの情熱は、中国語の古典や現行本、中国語による注釈書、中国語への翻訳書などを通して、中国語を日本に根付かせ、日本文化の基底を形成することに深く貢献した。

飛鳥から奈良、平安時代の留学者たちの文化的選択眼は、日本が、儒教や仏教を深く受容したけれども、道教には比較的冷淡であったこと、宦官制度は模倣しなかったこと、漢字だけに依存せず、他のどのアジアの国よりも早く、独自の表音文字である仮名を発明して、階層と性別を超えて識字率と表現力を高めたことなど、特筆すべき判断を行なっている。仮名の創出は早く、万葉仮名は七世紀半ばの木簡にあったことが最近発見されており、十三～十四世紀のベトナムのチュノム（字喃）、十五世紀の朝鮮のハングルに比べ、数百年も先立つ発明であったことは記憶されてよい。その発明が、文字による表現可能性を広く解放し、『万葉集』『源氏物語』『枕草子』など世界的な文学的達成をもたらしたことは、あらためて認識されるべきであろう。そして、仮名の発明の背景には、中国語を学びその特色を弁え、外国の地名やサンスクリット語の単語を、漢字音だけを用いて表わした中国人の知恵を、創造的に発展させて、日本語を記録できる仮名を生み出した、〈語学教師〉であった僧侶や知識人がいたことも忘れられない。

二　日本で初めての大学

1　大学寮の設立

さて、話は多少前後するが、こうした留学生たちは、最初はどのようにして中国語と出会い、それを学んだのであろうか。

奈良時代に入る直前、日本は、中国から学んで、官僚を養成する大学（大学寮）を設立した。そのために、『大宝律令』（七〇一）の中に「学令」をもうけ、カリキュラム、教授法、学習指導要項に当たる内容、大学への入学・科・休暇・試験などに関する規定が定められた。ちなみに「律」とは刑法、「令」は、行政法・訴訟法・民法などを指し、「学令」は、『大宝律令』の「令」の巻第四の第十一に分類されていた。[1]

まず、「令」巻二の「職員令」の中に、「大学寮」の人員構成が記されている。今の理事会にあたる執行部は、「頭一人。助一人。大允一人。少允一人。大属一人。少属一人」、計六人から構成され、教員は、「博士一人。助教二人。音博士二人。書博士二人。算博士二人」で、計九人、職員は「使部二十人。直丁二人」で二十二人からなり、学生は四百人、算術の学生の算生三十人とされた。博士は「明経博士」、助教は「すけはかせ」、書博士は「てかきのはかせ」、音博士は「おむはくじ、おんぱかせ、こえのはかせ」などと呼ばれた。

入学資格は、「五位以上の子孫、及び東西の史部の子を取りて為よ」と定められていた。東西史部とは、「五～六世紀頃の帰化人の子孫で、代々文筆の業務を職とし、多くは史の姓を有した諸氏。大和と河内に多く居住し、大和の東漢直や河内の文首がその中心的存在であった」[2]、とある。前回、明らかにしたように、帰化人の技術者や知識人は、「今来才伎」と呼ばれ、書記や文書管理の官吏となり、遣隋使や遣唐使の留学生に加わり、古代の外国語教育を支えた者が多かったが、「学令」では、学生の入学資格を優先的に与えており、いわゆる「帰国子女枠」のような制度が飛鳥時代から存在したのである。

次に、「初め学に入るときに、皆束脩の礼行へ。其の師には各布一端。皆酒食有り。其れ束脩を分ちて、三分は博士に入れよ。二分は助教に入れよ」と定めている。「脩」とは「乾肉」、「束脩」は「束ねた乾肉」のことで入学時の師への贈り物を意味した。

カリキュラムは、「周易、尚書、周礼、儀礼、礼記、毛詩、春秋左氏伝……孝経、論語」など、もっぱら中国の古典が中心であった。これを、飛鳥時代の日本人は、ほとんど外国語として学習した。「学令」に記された教授法からそれは判かる。

2　「学令」が定めたメソッド

凡そ学生は、先づ経の文読め。通熟して、然うして後に義講へよ。[1]

学生は、最初、音博士について音読・暗誦できるように訓練を受けた後、博士・助教の講義を聴いて意味を知る。

音博士とは、『日本書紀』「持統五年九月条」（六九一年）に初めて登場する。

> 九月の己巳の朔壬申に、音博士大唐の續守言・薩弘恪、書博士百濟末士善信に、銀、人ごとに二十両賜ふ。[2]

「續守言」は、「鬼室福信らが百済で獲た俘虜。薩弘恪は後に大宝律令制定に加わ」ったいずれも唐人である。「唐人を音博士としたことは、これまで日本に広まっていた華中、揚子江下流地方の音（いわゆる呉音）に対し、華北における隋・唐の標準音（いわゆる漢音）を教育するためと思われ」[3]る、と校注者の青木和夫は述べているから、「学令」メソッドでは、まず、中国人や帰化人の音博士が生の発音で素読を行い、学習者はそれをリピートして習熟・暗誦ができるようになるまで、テキストの意味の説明、別言すれば、訳読をしてもらえなかった。

七三四／五年に、袁晋卿が帰国する遣唐使船で来日した時、弱冠十八～九歳であったが、当時、日本政府は、漢籍を長安・洛陽音で読むように切り替えようとしていたため、袁晋卿はただちに「大学寮の音博士に任命され、晩年には、大学頭にまで登った。途中、日本姓を与えられ、清村宿禰［別資料には清内、どちらが正しいかは不明］となっ」[4]た、という。その後、音博士には、袁晋卿の直弟子の日本人（清内氏の者）がまず登用され、だんだん、日本人による音博士再生産も可能になったらしい。[5]

さて、中国語原音で暗誦が完成すると、博士または明経博士もしくは助教が、エクスプリカシオン・ド・テクストを行なった。四百人を三人で担当したから、一人、平均、百三十人余りの学生に講義をし、次のような頻度で考査を行なった。

> 旬毎に一日休假放せ。假の前の一日に、博士考試せよ。其れ読者試みむことは、千言の内毎に、一帖三言 試みよ。講者は、二千言の内毎に、大義一条問へ。惣べて三条試みよ。二通せば第と為よ。一通し、及び全く通せ

ずは、斟量して決罰せよ。年の終毎に、大学の頭、助、国司の藝業優長ならむ者試みよ。試みむ者、一年に受けたらむ所の業を通計して、大義八条問へ。六以上得たらば上と為よ。四以上得たらば中と為よ。三以下得たらば下と為よ。頻りに三下ならむ、及び学に在りて九年までに貢挙に堪へずは、並に解き退けよ。[6]

つまり、十日毎に休息日を与えるが、その前日に一千字（注も含む）毎に、「一帖三言」すなわち、千字中一箇所三字を虫食いにして、空で答えさせるテストを行い、二千字毎に、一箇所訳読させる試験を行なったのである。今流に言えば、週末花金は試験、翌日はホリデーだった。それが三問出題される。二問通れば及第、一問しか通らないと、たぶん、居残り授業とか、宿題とか、なんらかの罰「けちばち」をこうむった。期末になると、課題が八問課され、六問以上正解なら、今でいう優、四問以上が良、三問以下だと可で、可ばかりとって、無駄に九年を過ごす者は退学させられた。徹底した暗記主義で、司法試験や会計士の試験さながら、役人の子弟も楽ではなかったのである。

ついでに付け加えれば、五月と八月には十五日ずつの農繁期の休暇があり、「田假」と呼ばれた。また、今流にいえば、マージャンをしたり、携帯で遊んだり、ナンパにうつつをぬかしてサボり、それが高じて百日に達すると退学処分を食らった。ただし、琴を弾き、弓を射ることは許された。けっこう厳しかったのである。後に、空海などが不登校になり、ヒッピーさながらの生活を送ったのも無理からぬところであったのかもしれない。

「学令」を読むと、現代のシャドーイングの源流となる「素読」法や、穴埋め問題など、今でも受験界で通用している方法が千三百年前に確立していたことが分かる。テキストを、所々、虫食いにして穴埋めさせる出題パターンがこんな昔からあって、今でも健在なのには驚かされる。

3　中国語教育の成果を示す詩華集

ちなみに、当時の大学寮のスタッフたちは、どの程度中国語ができたかを示す文献はいくつもあるが、『懐風藻』（七五一）に「大學頭従五位下山田史三方。三首」なる漢文があって、「秋日長王が宅にして新羅の客を宴す」には、「清談振發して、貴賤を窓鶏に忘る」[1]とある。つまり、「秋の日、長屋王の邸宅で新羅の客（新羅使の一行）を酒宴にまねいた」、「高尚な話（清談は老荘を論ずることをもいう）が盛んにおこって」「身の貴賤を忘れて清談にふけ」[2]ったという。漢詩を作り交換しているから、彼らは、中国語で会話もしたことが分かる。漢字文化を共有する両者は、中国古典の知識を肴にして盛り上がったに違いない。大学の学長にあたる大學頭は、むろん、原音で中国語の古典を諳んじていたであろう。

『懐風藻』は、中国語教育の成果を示す日本人による漢詩アンソロジーの嚆矢をなすもので中国語のクリエイティヴ・ライティング教育の骨頂を示している。この後、詩華集は、『凌雲集』（八一四）、『文華秀麗集』（八一八）、『経國集』（八二七）と続き、空海は、中国語書き方マニュアルである『文鏡秘府論』（八二〇）を著わしている。

中国語による詩作は、かなり中国語音に通じていなければ不可能である。詩作に用いられた五言絶句と七言絶句は、起句・承句・転句・結句、いわゆる起承転結をなす四行からなり、その文字の配列には、厳密な韻律があった。

よく知られているように、中国語には、平声、入声、上声、去声という四声がある。平声は落語家が「えー、毎度ばかばかしいお噺で……」というときの「えー」のように平たい口調、入声は「ええーっ？　ウソ！」というような「ええーっ？」の上がり調子の発声、上声は「えー、そうです、えーっ、ほんとうですか？」というときの「えー」と、「えーっ」を繋げたような抑揚で、最初下がり調子、後半上がり調子となる声、去声はため息をついて「えー、もうやめます！」などと力を抜く「えー」みたいな下がり調子の発音である。

それぞれの漢字は、この四つのアクセントのどれかに属していて、平声の発音を持つ漢字は平韻と呼ばれ、それ以外の上声・去声・入声はひとからげに仄韻（そくいん）と呼ばれた。五言絶句の韻律は、例えば五言絶句仄起式の詩形の場合、一行目の最初の二文字は仄韻、次の二文字平韻、最後の文字は仄韻、更に二行目は、最初三文字が仄韻、次の二文字は平韻で、五文字目は、四行目の最終文字と韻を踏まなければならない、などという頭の痛くなるような規則があった。これはほんの一例で、他にも詩形はいくつもあり、漢字の使い方が細かく決められていた。「平仄（ひょうそく）が合わない」とは、漢詩のプロソディーから派生した慣用句である。

しかし、平安時代の知識人たちは、大学寮で中国語音をたたき込まれていたし、中国の古典にも通暁していたから、不自由を感ぜずに漢詩を創作し、詩華集を編むことができた。

三 「言霊信仰」以降

1 音博士が生まれた背景

飛鳥から奈良、平安の支配階級の子弟が受けた中国古典教育は、意味が分かっても分からなくても、音博士のあとからリピートして暗誦できるまで繰り返すものであった。十日で千字程度だから、一日百字程度を、徹底的に朗読させ、その後で博士が講釈をするというパターンであったが、言語教育史的に見ると、ここに興味深い事実が現れている。それは、たぶん『古事記』などの口承文学や、多くの中国渡来僧などから学んだ漢訳経典を、同じように中国音で棒読みしたこと、やがて現れる密教の山伏なども、ほとんど訳の分からないサンスクリット語呪文を、何度も何度も唱えながら修業に励んだことなどと連関するであろうが、日本では、古来、意味が分からなくても、やんごとない、ありがたい言葉を、脳裏に染み込むまで繰り返して唱えると霊験が顕れると信じる風習があった。それは仏教上陸以前からの神話的風土に深く根を下ろしていた「言霊信仰」とも関わりがあるかも知れない。「言霊信仰」は、名を呼べば、実物が現れる、と信じるもので、死者の名を呼べば、死者が蘇る、とする。今でも、芥川龍之介の話をするときに「芥川ではないが……」などと前置きするのは、古い信仰に遠く繋がる「お祓い」をしているからである。

ところで飛鳥時代の今来才伎などの渡来人は、明治期のお雇い外国人たちが、先進文化の華であったように、有り難く頼もしい文化の導き手であったに違いないから、文化の故郷から来た音博士が、切れば血の出るような生の発音で中国古典を読み上げれば、お経さながらありがたく響いたに違いない。ジャパニーズ・イングリッシュしか聞かずに育った私のような世代が、大学に入学して初めて、ネイティヴ・スピーカーの謦咳に接し、中学で習った「サンキュウー」が、「キュッ」としか聞こえないことや、「ホット・チョコレート」が「ハッチョ」になることに他愛なく感激したような、ナイーヴな感覚を飛鳥の学生たちももっていて、師たる音博士の顔を仰ぎ見たことであろう。本国人話者は、テキストがよく理解できたから、内容に即したメリハリをつけ、故郷の文化に対する誇りと愛情をもって、聴く者の腑に落ちる朗読をして、後進国の子弟たちの教導に努めたはずである。渡来僧の中国人やインド人の読経を、慈雨のごとく受けとめ、乾いた土のように吸収していった古代日本人の心は、中国語原音の響きを、ありがたく承ったはずである。

日本政府も、遣隋使や遣唐使が始まり、文化交流の中心が南から北に移るにつれて、中国が多言語国家であり、当面の文化の担い手である隋や唐が、中国の中心的な言語となっていることに気付かされたかも知れない。それが、呉音から唐音への、中国語教育の国策転換として現れた。それは、スエズ運河出兵の失敗以降、急速に萎んでいくイギリスの英語から、中近東覇権の後継者となっていくアメリカの英語に、戦後日本の文部省が、抜目なく切り替えた状況に通うところがある。昭和二十年代に英語教育を受けた中学生は、パキパキのブリティッシュ・アクセントを手本として教育を受けており、昭和三十年代まで「カレント・トッピクス」というNHKの英語ニュースは、ダグラス・ブッシュとかデイヴィド・フレンドというイギリス人が読み上げていた。朝鮮戦争が起きてしばらくすると、手本とする英語はアメリカ英語に切り替わっていった。

日本の漢字の音読みは、ある読み方が、広大な中国のどの地域、中国史のどの時代から、それぞれ導入されたかによって変化する。例えば、「明」と「行」という二つの漢字の例をあげると、呉音を表わす熟語には、「明日、明星、明朝、明晩、明礬、明経」、「行者、行列、行幸、行政、行商」などがあり、それぞれ、「みょう」「ぎょう」と発音する。漢音から入った単語には、「明快、明言、明治、明暗」、「行使、行動、行進、行程」などがあり、同じ漢字が漢音では「めい」「こう」と発音された。唐音になると「明朝（みんちょう）、明史（みんし）」、「行灯（あんどん）、行火（あんか）、行在（あんざい）」などという読みが入り、「明」は「みん」、「行」は「あん」となった。他方、純粋和音であれば、訓読みとなって「明障子（あかりしょうじ）」、「明放（あけはなし）」「行く（ゆく）」、「行ない（おこない）」などと発音した。

当時は、中国の当代音をリアルタイムで中国語通訳や中国語教育に反映できるほどコミュニケーションが迅速ではなかったから、漢字の発音に、時間差や地域差がグラデーションとなって残った。それを組織的に更新する必要があって、音博士という日本独自の制度が導入されたのである。

言語の輸入先の地域や時代が、語彙に痕跡を残すことはよくあることで、英語もノルマン・コンケストの直後は、ノルマンディー方言のフランス語の影響下にあったが、やがて、パリ方言が文化の中心となって、イギリスを支配するフランス人もパリの発音に準じた。そのため、ノルマン・フレンチとパリジャン・フレンチの発音が同義の単語を二分させ、結果として、'royal: regal' 'warrant: guarantee' 'yard: garden' など、同じ語根が別の単語となって英語に残った。呉音と唐音のようなものである。

2　素読のルーツ

「学令」の方法は「素読」と呼ばれ、これ以降、日本の中国語教育（漢文教育）の基本となっていくが、二十世紀になって、同時通訳養成法の「シャドーイング」として脚光をあびることになる。漢文は、後に、訓点法が発明されて、返り点とか一、二点などを、中国語テキストの行間に書き込んで語順を日本語式に転倒させ、原文にはない日本語固有の活用語尾や助詞を片仮名で加筆して、本来、外国語である中国語を、擬似日本語として読解する方法を編み出した。その訓練の際、訓点を入れない「白文」を、意味を理解する前に、読み下して朗読する訓練が行なわれた。これが素読である。

日本には、漢籍の輸入と踵を接して、膨大な量の仏典が輸入された。元はサンスクリット語やパーリ語の仏典を、日本人は、中国人の僧侶が漢訳したテキストで読んだが、その読み方は、訓点法を使わず、頭から、中国語順のまま音読みで読み下した。経典を斉唱する「声明、しょうみょう」は、今でも古刹にのこり、昔の経典の唱え方を今に伝えている。現代も仏式の葬式で僧侶が唱える「お経」は、訓点法によって語順を日本風に変えることはせず、頭から漢字音を読み下す流儀がとられている。

例えば、「般若波羅蜜多心経（はんにゃはらみったしんぎょう）」の「舎利子。色不異空。空不異色。色卽是空。空卽是色」は、読み下せば、「舎利子よ、色は空に異ならず、空は色に異ならず。色はすなわちこれ空、空はすなわちこれ色なり」、となるが、お経は、「しゃりし。しきふいくう。くうふいしき。しきそくぜくう。くうそくぜしき」、と「音」の棒読みで「訓」の入り込む隙はない。中国語の音を日本語化して、語順は変えずに、発音しているのである。[1]

こうした意味は分明ではないが、ありがたいお経を繰り返し唱えるという文化的習慣は、真言密教で唱えるサンスクリット語の「御真言」にも現れている。例えば、平等院の不動明王の御真言は、「のうまくさーまんだばーさらなん。せんだんまーかろしゃな。そわたや、うん。たらた。かんまん」、と唱えるべし、と書かれている。

その他、「念仏」も意味の分からない言葉の反復を尊重する習慣を広めたであろう。天台密教の円仁が遣唐使として留学した際、仏教が弾圧された当時の唐の寺院で、人々がしきりに「念仏」を唱えていた。その姿を見て、円仁は帰国後、日本にも「念仏」を定着させた。念仏を唱えると極楽に行けるという素朴な信仰に支えられ、意味は分からなくてもありがたい真言を繰り返し朗誦する習慣は、抵抗なく日本の風土に根を下ろした。それが「学令」で制度化された「素読」を定着させたのではないか、と私は考えている。
現代の「シャドーイング」と素読の関連は、後の章にゆずるが、この経験的な方法の発見と制度化は、日本言語教育史上における手柄であったと言っても過言ではない。「門前の小僧習わぬ経を読む」風土にして初めて可能になった教授法である。

3　『古事記』序文に現われた古代〈語学教師〉の認識水準

知識人や政府のレベルの公文書や外交言語は、中国語であったから、何か注を付けたり、記録を取ったりするときは、純正中国語から、ジャパニーズ・チャイニーズまで、いろいろなレベルの中国語文が混在していた。また、日本語は、文字言語ではなく、表現手段としては、口承しかもたなかった。それを、中国語という外国語の表記システムを応用して、曲がりなりに、記録しようとする果敢な試みに挑戦したのが太安万侶であり、それを命令したのは女帝の元明天皇であった。その時の苦労を、太安万侶は、「古事記の序」で次のように記している。

然れども、上古の時、言意並びに朴にして、文を敷き句を構ふること、字に於きて即ち難し。已に訓に因りて述べたるは、詞心に逮ばず、全く音を以ちて連ねたるは、事の趣更に長し。是を以ちて今、或は一句の中に、音訓を交へ用ゐ、或は一事の内に、全く訓を以ちて録しぬ。即ち辭理の見え叵きは、注を以ちて明らかにし、意況の解り易きは、更に注せず。亦姓に於きて日下を玖沙訶と謂ひ、名に於きて帶の字を多羅斯と謂ふ、此くの如き類は、本の随に改めず。[1]

天命を受けたものの、文法も音韻も体系的に異なる大和言葉を、漢字を使ってどう表記するか、難問に太安万侶は頭を抱えたに違いない。彼は、『日本書紀』の編纂にも携わった知識人で、膨大な歴史的記録や、直近のニュースなどを、中国語で克明に記録できた有能な官僚であった。しかし、大和言葉を漢字化する作業は前代未聞の試みであり、水と油のように異なる媒体を調和させ、折り合いをつけて、ひとつのテキストに練り上げるには、様々な発明と工夫が必要であった。

4　万葉仮名の発明[1]

漢字の音だけを外国語音転写に用いる方法は、すでに古代中国人が、サンスクリットの固有名詞や日本の固有名詞を写すときに使っていた。『魏志倭人伝』に出てくる日本の地名や国名は、いわば、一種の万葉仮名であると言えなくもない。万葉仮名は、『法華経』の陀羅尼（だらに）や『切韻』の反切（はんせつ）を示す文字から選ばれている。陀羅尼とは、梵文（サンスクリット語文）を翻訳せず、原音で唱えるもので、摩訶不思議な霊力を顕すと信じられた呪文で、真言、陀羅尼、明（みょう）などとも呼ばれる。真言密教の寺院に参拝すると、固有の真言が、カナ書きで、正面に掲げてあったりする。『般若心経』の結びの、「ギャテイギャテイ　ハラギャテイ　ハラソウギャテイ　ボジソワカ」（往ける者よ、往ける者よ、彼岸に往ける者よ、彼岸に全く往ける者よ、さとりよ、幸あれ）[2]、がその例である。

固有名詞、つまり姓名や地名の表記に、漢字の音を用いる例は、四世紀中葉から見られた。和歌山県橋本市の隅田八幡宮人物画像鏡銘に「意柴沙加宮、おしさか」の例があり、五、六世紀になると大和地方のみならず、地方にも広まっていった。

やがて、地名や人名のみならず、一般語彙の表記も漢字を用いて行なう努力がなされた。漢字の音を使って日本語音に当てる「音仮名」と、漢字の意味を日本語音で表現する「訓仮名」とに分かれた。音仮名は、万葉仮名の大部分を占めたが、技術上の難問も潜在していた。それは、中国語原音にある閉音節（撥音や入声音）で終わる音節である。日本語は原則母音で音節が終わるから、音節から語尾の母音を取ったような中国語音をもつ漢字を音仮名として用いると座りが悪い。そこで、母音を添えて音節を表わそうとした。つまり「信濃、しな‐の」とか、「憶良、おく‐ら」のように日本語の二音節を一字で表わしたり、「甲斐、か‐い」の「か」のように韻尾を省略して単音節のように扱ったりした。

訓仮名も表音文字として用いられているから、音仮名に本質は似ているが、その表音性は、漢字音を直接取るものではなく、漢字の表意性を活かした表音文字である。「垂乳根、たらちね」などは、漢字の意味を活かして表音化した例である。音仮名と訓仮名は、かなり手際よく棲み分けられ、音読みか訓読みかの混乱を最小限化する努力が払われていた。

清濁音の書き分けは、『古事記』や『万葉集』では不徹底であったが、『日本書記』では厳密化した。なお、橋本進吉が古代日本語に母音が八個あったことを発見したが、それらもむろん万葉仮名によって書き分けられていた。

さらに、ことばの表記には、幾つかのパターンがあり、専門家によって次のように分類されている。

1　表音表記

(1)　保登等芸須（ほととぎす、音仮名）＝［鳥のホトトギス］
(2)　夏樫（なつかし、正訓仮名）＝［懐かし］
(3)　甘嘗備（かむなび、音訓仮名交用）
(4)　十六（しし、義訓仮名）

2　表意表記

(1)　天（あめ、正訓漢字）

(2)　丸雪、疑（あられ、か・らし、義訓漢字）

3　表語表記

(1)　過所（くわ（しょ）、表語表記）

4　表意 ＋ 表音

(1)　話礼（かたれ、表意＋表音）

　蟻通（ありがよふ、表意＋表音）

5　表音表意兼帯表記（部分的表音表意兼帯表記（斜体の部分）を含む）

(1)　孤悲（(久草)）。（こひ・くさ、音仮名）

(2)　虚蟬（(之鹿)）。（うつせみ・しか、訓仮名）

(3)　薄垂、為便（はだれ／すべ、音訓仮名交用）

つまり、古代人たちは、かなり融通無碍に漢字の音と訓を活用して、音韻体系も連想も異なる日本語語彙を転写しようとした。万葉仮名が、一面、判じ物のような性質をもっていたのはこのためである。しかし、万葉仮名は、中国語と日本語に対する言語的意識の高い古代の〈語学教師〉たちが、音韻的、意味的に、両言語の折り合いをつけようとした現場であって、当時の〈語学教師〉の言語意識の最前線を伺い知ることができる貴重な資料である。

これを見ると中国語の音だけを借りて、日本語の口承テキストを転写したわけではなく、日本語化した和化漢文をこしらえて、日本語として読ませる工夫も見てとれる。中国語を日本語として読む、というのは、例えば、英語で、'etc'を、ラテン語風に'et cetera'を「エト・ケテラ」と読まず'and so on'と読んだり、'viz.'あるいは'videlicet'を「ウィデリケット」と読まずに、'namely'と読み慣わすことに似た工夫である。

万葉仮名において、例えば、「カ」音を表わすのに用いられた漢字は、「加、架、迦、賀、嘉、可、哥、珂、訶、甲、汗、香、箇閑・蚊鹿」など多数あり、ほかの字音も一音一字ではなかったが、音仮名と訓仮名との漢字の棲み分けを発明したり、表にあるように、中国語の音と意味を臨機応変に利用し、中国語音と意味のセットも、場合によっては、意味だけ、もしくは、音だけを借用したり、「恋水」と書いて「なみだ」と読ませたり、「八十一」で「くく」とするなど、「義訓」という判じ物のような用字法も案出したから、場合によっては、中国語と日本語のバイリンガル・パズルのようなものになった。ちなみに義訓は、現代にも生き残り、「未通女、おとめ」、「頁、ページ」、「麦酒、ビール」、「短艇、ボート」、「生命、いのち」などたくさんある。マンガやメールなどで、「本気、マジ」とかも。

なお、『古事記』『万葉集』は、中国の揚子江下流地方の呉音を用いた万葉仮名を多用したが、『日本書記』では、唐の都、長安地方の、北方音に基づく仮名に切り替えられた。したがって、『古事記』と『日本書記』の両方の編纂に携わった太安万侶は、『大宝律令』で音博士を導入して、呉音から唐音へ組織的に切り替えた時代に生きた言語の専門家（〈語学教師〉）でもあった点で興味深い。彼は、独自の判断で、日本古来の神話の表記を、漢や魏の字音に依拠して行い、『日本書記』の表記では、唐の字音に従ったわけである。

先行文学が皆無もしくは、素朴な残欠くらいしかない場合、先進文化の言語を参考としながら、表記したり、文字を起こしたりするパイオニアは想像を絶する苦労を強いられる。英文学でも古典古代の文献の豊かさを一度忘れた中世を抜け出したルネサンスの知識人は、英語文献の貧しさや綴り字の不統一などに苦しみ、試行錯誤を続けながら、近代英語を鍛え上げていった。例えば、ジョン・スケルトンは、英語の素朴さに行き詰まるとラテン語文を混ぜたり、古い詩法の枠に無粋な当時の英語の語彙を無理に詰め込もうとしたりした。キャクストンは、標準語もなく、各自勝手な綴りで書いている英語に、なんとか統一正書法をもたらそうと悪戦苦闘した。しばらくたって、サミュエル・ジョンソンが独力で、英語語彙を英語で定義づけた画期的な辞書を編纂して、近代英語のゆらぎを落ち着かせたが、日本では、そうした努力はかなり早い時期から自覚的に追求されていたことになる。

スケルトンは、英語の貧しさとラテン語の豊かさに悩まされたが、太安万侶も、日本語の素朴さと漢字の豊かさの落差に戸惑いながら、二つを繋げる表記の道筋を探った。そういう意味で、太安万侶は、日本語の特性を初めて自覚的に眺め直した〈語学教師〉であったと言ってよいであろう。『古事記』の序文には、当時の〈語学教師〉の認識の最高到達点が示されていたのである。

（二〇〇八年九月一〇日）

注

一　はじめに

1　遣唐使の時代区分

1　遣唐使に関係する節は、東野治之『遣唐使』（岩波書店、二〇〇七年一一月）、森公章『遣唐使と古代日本の対外政策』（吉川弘文館、二〇〇八年一一月）、佐伯有清『最後の遣唐使』（講談社、二〇〇七年一一月）他を参考にした。特に、東野治之の文献から示唆を受けた。上記の文献については、以下、作者の姓と頁数のみ記す。

2　森克己『遣唐使』（至文堂、一九六六年一一月）、七六頁。

2　遣唐使の構成

1　『古事記・祝詞』『日本古典文學大系』第一巻（岩波書店、一九五八年）、四五〇頁。

2　東野、一〇三頁。

3　留学生の横顔

1　上垣外憲一（かみがいと）『日本文化交流小史』（中央公論新社、二〇〇〇年四月）、九二～九三頁。

2　同右、九三～九四頁。

3　東野、一二七頁。

4　書物の伝来

1　東野、一五八頁。

二　日本で初めての大学

1　大学寮の設立

1　以下、井上光貞他校注『律令』（岩波書店、一九七六年一二月）に基づく。

2　同右、二六二頁。

2　「学令」が定めたメソッド

1　『律令』、二六四頁。

2　坂本太郎他校注『日本書紀』下巻『日本古典文學体系』第六八巻（岩波書店、一九六五年七月）、五一〇頁。

3　『律令』、五二〇頁。

4　東野、一四一頁。

5　森、一〇三頁。

6　「学令」、前掲『律令』、二六四頁。

3　中国語教育の成果を示す詩華集

1　『懐風藻・文華秀麗集・本朝文粋』『日本古典文學大系』第六九巻（岩波書店、一九六四年六月）、一一六～一一七頁。

2　同右書注、一一六～一一七頁。

三　「言霊信仰」以降

1　音博士が生まれた背景

2　素読のルーツ

1　中村元・紀野一義訳註『般若心経・金剛般若経』（岩波書店、一九六一年九月）、八頁。

3　『古事記』序文に現われた古代〈語学教師〉の認識水準

1　前掲『古事記・祝詞』、四七～四九頁。

4　万葉仮名の発明

1　井手至「万葉仮名」、佐藤喜代治編『漢字と仮名』、『漢字講座』第四巻（明治書院、一九八九年二月）、二三五～二五五頁参照。

2　中村元・紀野一義訳註前掲、一三頁。

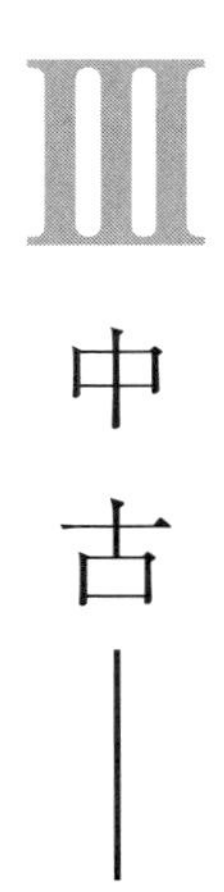

III 中古——空海

一　はじめに

1　薬師寺と唐招提寺

四月の花祭りがくると奈良の薬師寺で花会式(はなえしき)が行われる。この法要は、奈良時代から続く行事で、春の穏やかな風光につつまれた薬師寺を訪れると、かきつばた、百合、梅、菊など、この上なく洗練されて華やかな造花が、薬師如来、日光菩薩、月光菩薩の三尊に献じられている。造花ということばから連想される不自然さやどぎつさが不思議なほど感じられず、金堂は、明るく軽やかな彩りの花群(はなむら)にかこまれ、訪れる者を優しくつつむ。造花は、十二世紀のころから、草木の染料で着色して丁寧に造られ、当近隣の二家が、代々、造花造りを請け負ってきた。薬師如来は、その名のごとく病気や薬を担当し、病で悩むものを受け入れ無料で治療してくれるありがたいご本尊様だから、昔から庶民に親しまれてきた。そのせいか寺の雰囲気も開放的で、僧侶たちも気軽に参拝者に接して言葉を交わしている。

薬師寺の東塔は、日本最古の木造建築の一つだが、それと対を成す西塔ははるか昔に焼失した。そればかりではない。金堂、中門、回廊、大講堂など、東塔を別にすると、伽藍はあらかた焼失し、建設当時の姿をとどめるのは、長い間、東塔のみであった。しかし、薬師寺に脈うつ庶民的な精神は、二十世紀になっても失われず、一九六〇年代から登場した高田好胤が写経勧進による募金を思いつき、写経を広めながら驚くべき額の勧進を達成して、一九七六年の金堂を皮切りに、回廊の一部、大講堂、西塔、中門の再建に成功した。

　中でも一九八一年に完成した西塔は、初回の記事で紹介した西岡常一棟梁の采配のもと、厳密な考証と復元作業が行われ、奈良時代の美しい塔の姿を蘇らせている。そこを訪れた者は、連子窓に塗られた「青」や門扉と柱を染めている「丹」色（紅柄色）の鮮やかさ、要所要所に打ち込まれた化粧金具の輝きに息を呑む。言うまでもなく、「青」は「青丹」と呼ばれ、万葉集で「青丹よし奈良の都は咲く花の薫うがごとくいま盛りなり」と歌われた、あの枕詞の「青丹」で、一三〇〇年前の平城京の「薫うがごと」き彩りを今に伝えている。青は青葉の青である。青丹も紅柄も、もとは大陸から伝わった。紅柄は酸化鉄の粉で、アルタミラ洞窟の壁画にも用いられ、インドのベンガル地方で産出したことから、〈べんがら〉と呼ばれるようになったらしい。京都の町家の格子戸などはいまも紅柄で染められている。そういういわばハイカラな染料が一三〇〇年前の薬師寺の塔を彩っていたことになる。

　再建されたばかりの西塔の瑞々しい紅柄と青丹から、われわれは、現代よりはるかに細やかな奈良・平安の色彩感覚を想像することができる。『源氏物語』などを読めば分かるように、衣服には重ねの色があり、返歌を送る巻き紙や短冊の細やかな色の使い分けから心の襞を読みとり合った時代、人々が命名した色彩の多様さには圧倒される。例えば、紅柄に近い系統には、「茜色」「韓紅花」「臙脂色」「深緋」「真朱」「蘇芳香」「赤紅」「小豆色」「猩々緋」「珊瑚珠色」「紅樺」「紅鳶」「紅檜皮」「渋柿色」「照柿」等、明度、彩度、色相に応じた微妙な区分があった。そんな時代に、色を知り抜いた匠たちが撰んだ青丹と紅柄は、伽藍を引き締めつつも、匂い立つような情感を漂わせずにはいなかったであろう。色の記憶は、大陸で写し取られ、日本の季節や空気に馴染ませながら、大和の絵皿に移され独自の色調を深めていったのである。

　目を洗われるような浄らかな色彩と開放的な空気が漂う薬師寺の境内を出て、玉鉾の道をポコポコ歩いていくと、唐招提寺（とうしょうだいじ）に出る。そこは、薬師寺の穏やかで開けぴろげな雰囲気とは打って変って峻厳たる空気に満ち、僧侶の姿もなく、しんと静まり返っている。庫裏（くり）の奥には今も昔と変わらず勉学や修業に励んでいる気配があって、それが沁み出してくるような静寂があたりを領している。鑑真和上（がんじんわじょう）が、戒壇をもうけ、経文を講じた信仰と学問のメッカとなった寺院だけに、発祥当時の気分が今なお伽藍や堂宇に漲っているようだ。当寺は、和上をはじめ、国際色豊かな修行僧が集い、世界に通じる道を厳しく追及した学堂でもあった。唐招提寺は、唐から来た鑑真和上の寺を意味し、さらには、サンスクリット語「四方」を意味する「チャトゥルディシャ」に中国音を当てた名称であった。[1]薬師寺が国内に向けて開かれた慈悲の寺であったとすれば、唐招提寺は、唐やインド、さらに西域のヒマラヤのふもとの国々の人々まで受けいれた国際的学術交流と宗教実践のために開かれた寺院であった。空海のころは目の青いソグド人僧もここに居たのである。

　境内の奥へ足を伸ばすと、広い寺領の片隅に一基の墓が佇（たたず）む袋のような地所があって、そこに鑑真は眠っている。芭蕉が「若葉して御めの雫ぬぐはゞや」と詠んだ鑑真和尚の木彫は、老僧のリアルな風貌と、その高い精神性が一つになって見る者の心を打つ。

　鑑真が開いた唐招提寺では多くの僧が漢訳仏典を学び、サンスクリット語に触れ、全国に散っていった。かなり高齢になってから来日した鑑真と、僧侶たちが日常的に意思疎通した言語は、音博士と明経博士に叩き込まれた中国語だったはずである。会話ができなかった場合でも、中国語の筆談なら彼らは不自由しなかったであろう。

　一三〇〇年経っても変らない雰囲気を残す薬師寺と唐招提寺は、今回論じる空海が、その巨大なヴィジョンの中に二つながらに吸収した仏教文化の大衆性と超越性あるいは民衆性と国際性を、今なお、目に見える形で伝えていると言えそうである。

2　空海伝説

日本の〈語学教師〉の原型となったのは、まず聖徳太子であったが、太子に続く巨人は空海である。むろん、〈語学教師〉の物語を形づくったのは、無数の名もなき僧侶や官吏、知識人や現場の職人たちであったのだが、時代の節目に居合わせて、古い文化の渕となりながら、新しい文化を消化して新しい水源となったのは、並外れた能力に恵まれ、人々に敬愛され、師と仰がれた天才たちであった。聖徳太子も空海も、抜群の中国語能力と国際的センスに恵まれ、最先端の大乗仏教や密教の本質を、誰よりも早く正確に理解し、独自の解釈や総合を加えて、日中両文化の良き浸透膜の役割を果たした。自由寛闊で囚われのない精神の持ち主だった彼らは、手にした文化財である新知識、経験知、資料などを、惜しみなく開放した。異文化の、最も信頼できる解説者兼実践家であった点で、空海も、太子も、〈語学教師〉の理想型を成したといえる。この規模の巨人はめったに現れるものではないが、空海は、まさにそういう規模の巨人で、そのことは、聖徳太子に劣らぬ彼の人気が証明している。

空海の人気を如実に示すのは、千六百箇所以上の土地に残る伝説で、それは、布教して回った空海に発した井戸や泉にまつわる挿話である。昔、ある村で水が不足し、遠くから水を運んでこなければならず、砂漠の民のように水が貴重品であった。そこへ通りがかった旅の僧が一杯の水を所望し、村人は、快く貴重な水を供した。心を動かされた僧は、立ち上がると杖で地面をはっしと打つ。すると、地中から、滾々（こんこん）と清水が湧き上がる。旅僧は、弘法大師であった、という伝説である。

空海は四国の讃岐（さぬき）（香川県）の人だが、私の住む埼玉県所沢市にまでこの伝説は伝わり、所沢バージョンは、こうなっている。

昔、一人の旅僧が所沢村に回って来ました。そしてとある一軒の家に立ち寄り、「のどが渇いて大変困っているので、どうか水を一杯下さい。」と頼みました。

するといた機織りをしていた娘は「それはお困りでしょう。冷たい水を汲んで来ますから少しお待ち下さい。」と言って出かけましたが、なかなか帰ってきません。長いこと待っていると、ようやく娘が帰ってきました。「どうもお待たせしました。さあどうぞ沢山おあがり下さい。」と水を差しだしました。

旅僧はいかにも旨そうに飲んで、茶碗を返しながら、「ずいぶん暇がかかりましたが、どうしたわけですか」と尋ねましたところ、娘は「ここは水が不便で、井戸が遠くの方にあるので水汲みに大変時間がかかります。」と答えました。

そこで旅僧はその水利の不便なのを哀れに思い、持っていた杖で、浅くても良い水の出る井戸の位置を三ケ所指し示して、どこともなく立ち去りました。そこで土地の人たちが力を合わせてその教えられた場所を掘ると、二メートル足らずで水が出てきて、どんなに日照りが続き、ほかの井戸の水が涸れても、この井戸の水は涸れることはありませんでした。

後になって先の旅僧は弘法大師であったことがわかり、人々はその恩を忘れないように井戸の近くに祠を作くり(ママ)弘法大師を祭りました。そして毎年八月二十日、二十一日にはにぎやかにお祭りが行われています。[1]

昔から所沢は、水利が悪く、水汲みをする嫁が大変なので、「所沢には嫁にやるな」とか「所沢の火事は土で消す」とまで言われていた。一九三七年に上水道が敷設されるまで、水利の悪さに苦しめられた土地柄である。そうしたところからこの伝説も生まれたのであろう。この井戸は、「三ツ井戸」と呼ばれ、傍らにお堂が立ち、今でも大切に保存されている。そばには、「弘法の湯」という銭湯まである。

伝説の核心には、空海が日常的に庶民の生活に関わり、彼らから期待される社会奉仕活動を行っていた事実がある。例えば、それは、土木工事の監督責任者として、恒常的に水不足に苦しめられていた讃岐に多くの溜池をつくり、そのうちのひとつの「満濃池（まんのういけ）」は、日本最大の溜池となって今なお健在である。ゼネコンでもない空海がなぜ大規模な土木工事の先頭に立ち千三百年後にまで名を残せたのか。そうした側面を含めて、空海の肖像を素描してみよう。

3 『三教指帰（さんごうしいき）』序文

空海は、七七四年に四国の讃岐に生まれ、幼名を真魚（まお）と云った。弘法大師も「マオちゃん」なんて呼ばれた幼年時代があったかと思うと微笑ましい。二十四歳から仏教者として空海を名乗るが、中国で密教の灌頂を受けて遍照金剛（へんしょうこんごう）という密教名も与えられた。「弘法大師」は、死後、八十六年たってから、醍醐天皇が下賜した称号である。

父親は、地域の貴族で、代々、郡司を勤め、行政や学問の分野に人材を輩出した上級役人の家柄であった。当然のことながら、神童の誉れの高かった空海は、『三教指帰（さんごうしいき）』の序文によると、十五歳のとき、伊予親王の侍講（たいこう）（個人教師）であった母方の舅阿刀大足（おじあとのおおたり）のもとに預けられ、京都で中国の古典を学んだ。十八歳になると京の大学寮に入れられ、学令に定められた明経道を専攻した。世の中には、記憶力のお化けのような天才がいて、タルムードを諳んじてしまうユダヤ系学者フロイトとか、レオ・シュピッツアー、アウエルバッハなど、一見したテキストや、一聞した話をビデオ・カメラさながら記憶してしまう人物がいる。「電子計算機の理論設計序説」を一九四五年に書いたノイマンも日本の南方熊楠も、シェイクスピアを全文諳んじていたというが、空海もまさしく、そうした〈フォトグラフィック・メモリー〉の持ち主であったらしい。大学に入ったころ、空海は、一人の僧侶に会い、『虚空蔵菩薩求聞持法経（こくうぞうぼさつぐもんじほうきょう）』を教えられ、以下のように諭された。これは、七一八年に遣唐使の道慈（どうじ）律師が日本に伝えた経文で、インド僧善無畏三蔵によって漢訳されたものである。

『三教指帰』の序は次のように記している。ちなみにこの書は、空海が二十四歳のときに著わした、いわば出家遁世宣言だが、後に五十七歳のとき『十住心論』で展開した弁証法的思想比較方法論の原型がここにある。したがって、空海の基本姿勢が鮮やかに述べられているので眺めておきたい。

「この経典の教えるとおりに、虚空蔵菩薩の真言を百万回となえれば、あらゆる経典を暗記し、理解することができる」（漢字書き下し文、「若し人、法に依つて此の真言一百万遍を誦ずれば、即ち一切の教法の文義暗記することを得と」）と説いてあった。そこで、私はこれは仏様のお言葉であるから間違いはないと信じて、木を擦って火を出すときのように、少しも怠ることなく、阿波の大滝岳にのぼり、土佐の室戸崎でこの教えの修業に励んだ。すると、谷はこだまし、明星があらわれるなど、この経典に説かれている現証があり、奇蹟があった。[1]

ここに古来の典型的「素読法」につながる、意味を超越した暗誦と反復が、「真言」という新しい言語観をまとって登場している点に注目したいが、詳しくは後で述べる。虚空蔵菩薩の真言とは、「ノウボウアキャシャキャラバヤ・オンアリキャマリボリソワカ」で、「華鬘蓮華冠をかぶる虚空蔵菩薩に帰依する」という意味のサンスクリット語だという。しかし、真言の後半は解釈不能という説もある。真言密教には、インドの古代言語を意味は問わずに唱える修行法があるが、それは、意味を考えるまえに言葉の魂を信じて繰り返す素読法の伝統に不思議と馴染んだようだ。いわば、大脳皮質よりは、小脳や肉体にことばを覚え込ませる流儀で、宗教的な信と繋がる実践法である。興味深いことは、この尋常ならぬ集中によって、精神の限界が破られ、常識を越えた能力を獲得できたことである。毎日十四時間唱えたとしても百万回に達するには百日かかる勘定である。しかし、空海は、それをためらわずに実行した。

また、当然、真言を反復すれば、自己鎮静効果や自己催眠効果が働きはじめることは想像に難くないが、そのアプローチは、後に触れるロザノフの「サジェストピーディア」[2]などの潜在意識を活用した教授法にも通うところがあって興味深い。

空海は、生来、優れた能力をもっていたから、十代のころ、「学令」が定めた中国語原音と日本語訳を「ダブル・トラック」で暗唱するうちに、中国語を自家薬籠中のものとしてしまい、遣唐使として中国に上陸するやいなや、資格不十分と門前払いを食わせた唐の官僚たちに、鮮やかな中国語の訴状を書いてアッピールし、いったん、拒否された入唐を、あっと言う間に撤回させる離れ業をやってのけた。このエピソードは、空海が、虚空蔵菩薩の真言による集中法によって、いやが上にも学習能力を高めていたことを物語っている。空海は、続けて、こう述べる。

それ以後、私は名誉や財産に対する欲望がなくなった。そして、人々の集まる都や市場を離れたところで生活することを朝に夕に切望した。軽やかな衣、肥えた馬といった贅沢な暮しを見ると、あれは水の流れのようにすぐさま消えてゆく哀れなものだと思い、また不具者や、つぎはぎのみすぼらしい衣を着ている人を見ると、どういう因縁でこうなったのかと、気の毒になった。このような様子を見るにつけても、私は出家したいと思った。ところが、親戚の人たちは、私の出家することに対して、社会に対する義務、仁・義・礼・智・信を果すことも、君に忠、親に孝を尽すこともできなくなるといって、反対した。そこで私はこのように反論した。「鳥は空を飛び、魚は水の中を泳ぐように、人間はみな同じではない。であるから、人々を導く教えに、仏教もあれば、道教も儒教もある。浅いとか深いとかがあるが、すべて聖者の教えである。その一つに入れば忠孝に背くはずはない」と。[3]

空海は、山中や劈頭で、百万回真言を唱えるという異常な集中力を発揮した結果、若くして、ある種の悟りに達したらしい。つまり、我欲とかエゴとか、利己的な地平を突き抜けた処に立って万物を眺めようとする境地である。そのとき、鳥は鳥、魚は魚であるように、どんな生き方をする者であれ、また、どのような思想・宗教の持ち主であれ、それぞれの人間には思い寄れる方というものがあるから、人は、みな同じように扱うことはできない、そう空海は悟った。そういう立場から、改めて生を振り返ると、我欲や物欲、党派性や階級的偏見に固執することは、些事の中の些事、小事の中の小事となって、問題ではなくなる。そして、どんなにひねくれた人間に対しても深い愛情と理解が整ってくる。

> 私には一人の甥(おい)がいる。彼は心がねじれ、昼といわず夜といわず狩猟や酒や女にうつつをぬかし、いつも博奕(ばくえき)［双六や囲碁による博打、塩田注］をするなどの、やくざな暮しをしている。こういう生活になったのも環境が悪いからである。[4]

空海の思想的萌芽が現れていて興味深いのは、若者の不良化を環境のせいだと見ていること、さらに、この問題を、甥の蛭牙公(しつがこう)、主人兎角公(とかくこう)、儒教キャラの亀毛(きもう)先生と、道教キャラの虚妄士(きょぶし)、仏教キャラ仮名児(かめいじ)の鼎談で弁証法的に論じさせている点である。「ヒルの牙」とか、「ウサギの角」とか「カメの毛」といった内容は、実在しないものの代名詞で、この対話で、空海が仏教に帰依しながら、儒教や道教を対等・平等に扱っているところが、真言百万回の結果到達した囚われのない姿勢の現れ（国際性）として興味深い。また、後に、五十五歳になって、日本初の自由私立校「綜藝種智院(しゅげいしゅちいん)」を開設したとき、仏教だけに囚われない、総合的な教養カリキュラムを組み上げたことや、環境に恵まれない貧しい家庭の子弟もへだてなく入学できるように、無料の完全給食制を創案したことも、若い頃から空海の心に培われてきた思想の実践としてきわめて興味深いものがある。

空海が、若い頃、大学の形式的、観念的な学問を放棄し、山中で厳しい修行をしながら、衆生を救う宗教実践を心がけるようになった背景には、郡司を務める父親が、中央の官僚とは違い、地方で土にまみれて働く農民の苦労を直接知る立場にあったことと無関係ではないであろう。地方の郡司は、災害や病気に苦しむ貧しい民と、国家維持のための厳税の矛盾を、切実に知ることができたからである。

4 唐招提寺のソグド人

さて、二十歳前後から、遣唐使として入唐する三十一歳まで約十年間、空海は、半ば失踪人、半ば住所不定のヒッピーのような暮らしぶりで、資料も少なく、吉野の金峰山(きんぷせん)、四国の石鎚山などの荒行中、『大日経』の密教経典に出会ったらしいことは、『三教指帰』の序文から察せられるが、それ以上詳しいことは判然としない。

しかし、密教経典の『大日経』は、七三九年ころ、玄昉(げんぼう)がもたらし、正倉院の「写経目録」に名が見えている。空海が出会う約六十数年前に舶載されており、初めてそれに着目したのが空海であった。[1] そして、はっきりとは分からないが、密教という新しい経文のテキストを探し当て、紐解(ひもと)いて見たものの要領をえず、そこから、中国へ留学して真理を極めたいという願いをいだくようになった空海は、三十一歳のとき遣唐使に加わったらしい。

唐招提寺には、鑑真が、七五四年、日本に連れて来た八人の外国人の弟子のひとりに安如宝(あんにょほう)(七三一〜八一五)がいた。「安」という姓は、西域のソグド人を指し、如宝もソグド人だったらしい。楊貴妃(七一九〜七五六)につつを抜かして国を傾けた玄宗皇帝に対し反乱を起こした安禄山も父親がイラン系のソグド人(母親はトルコ系突厥(とっくつ))で「安」を名乗っている。ソグド人という耳慣れない民族は、今のペルシャ人で、唐代中国では、「胡人」と呼ばれた。「あらえびす」といわれ、唐にとっては異邦の民で、唐三彩の陶像では髪を際立つように結い上げ、長い鼻梁と面長の風貌をもった異相の人物たちが典型的な胡人を表している。二十三歳で鑑真に伴われて来日した如宝は、碧眼の胡人だったようだ。

如宝は、鑑真が没して三十年後も、日本に残り、東大寺で具足戒を受け、下野国薬師寺に住み、その後、唐招提寺に復帰して境内管理に心をくだいた。空海が、この如宝とコンタクトがあったという証拠に、『性霊集』第四巻三十三に、「大徳如寳が爲に恩賜の招提の封戸を謝し奉る表」という、如宝のために空海が代筆した手紙がある。[2]ここから先は想像になるが、ペルシャ人であった如宝は、かつてゾロアスター教徒であったかもしれない。唐の都に、キリスト教（景教）の教会や回教の寺院があり、ゾロアスター教（祆教）も知られていた。如宝が戒壇を受けるのは、日本に来てしばらく後で、宗教的多文化主義を具現していた唐の辺境出身者如宝もペルシャの宗教を信じていた可能性がある。二十歳すぎたばかりの好奇心旺盛な空海は、彼から、仏教以外の世界の宗教や、ヒマラヤの彼方のペルシャ文化圏についてあれこれ聞き出していたことは十分想像できる。おそらくソグド語やペルシャ語の断片、サンスクリット文献の読み方の基本知識なども教わったことであろう。悉曇梵字というサンスクリット字体も、最初は、如宝から手ほどきをうけたものと思われる。卒塔婆に書かれている不思議な文字が悉曇梵字で、天竺から唐僧が苦労して伝えた経典は、みなこの文字で書かれていた。中国でサンスクリット語仏典漢訳の指揮をとったのは、アフガニスタン生まれの胡人であったから、インドヨーロッパ系の言語話者であった如宝も、印欧系サンスクリット語を、唐人よりはたやすく理解することができたであろう。こうして、尋常ならぬ知的好奇心をもち記憶力抜群の空海が、唐留学を前に唐招提寺で蓄積した知識は馬鹿にならないものであった、と考えられる。

当然、空海は、鑑真に伴われてきた中国人僧や、日本人帰朝僧とも接触し、生の中国語の運用能力を培う機会に恵まれたことであろう。空海の唐招提寺通いは、留学を志す現代の学生が、正規授業の合間を盗んで、アテネフランセやゲーテ・インスティトウト、ブリティッシュ・カウンセルやベルリッツに通うのに似ているかもしれない。

年号については諸説あるが、空海は、二十歳から三十一歳までの間に得度した。遺言として残した「御遺告」の第一条によると、この時期に『大日経』の経典を探し求めて、「大毘盧遮那経」に出会い読んではみたが、要領をえなかった。おそらくそのことも唐に渡る決意をさせた理由であったと見てよいであろう。虚空蔵菩薩の真言を唱えた空海も、大日経の経典を、サンスクリットまで遡って根源から理解したいと考えるようになったのである。

二　唐に渡った空海

1　真言密教の系譜

空海が遣唐使の随員として唐に渡ったのは、八〇四年であるが、それに先立つ約八十年前、密教は、インド人僧によって中国にもたらされた。七一六年、中央アジアのルートを通って密教経典をもたらしたのは、インド人善無畏（ぜんむい）三蔵（シュバカラシンハ）で、七二〇年には、セイロンの不空三蔵（ふくうさんぞう）（アモーガヴァジラ）とともに、インドの金剛智（ヴァジュラボーディ、六七一〜七四一）も、イスラム教徒の商人の船に乗り広東経由で、密教を唐にもたらした。玄奘三蔵や善無畏三蔵たちが、インドから仏典をもたらした旅の様子は、薬師寺に新しく建立された玄奘三蔵院の「大唐西域壁画」（平山郁夫作）を見るとよく分かる。純白のヒマラヤ山脈よりも高く天を染めているのは、青金石（ラピスラズリ）を砕いた岩絵具で、その沁み入るような群青とヒマラヤの輝く雪嶺が領する西域を、粛々とすすむラクダの隊列は、一度見たら忘れられない情景である。広島で被爆し、同級生を一度に失って九死に一生を得た画家は、衆生に平和をもたらそうと命がけの旅を厭わなかった古代インド僧の祈願を心底から理解したのであろう。

平山郁夫の息子さんで古生物学者であり同僚でもあった平山廉さんに、この絵に感動した旨を告げると、飾り気のない廉さんは、おやじはあれを無償で描いたんですよ、それがよかったんじゃないですかね、と、さらりと言ってのけたのが印象的であった。

閑話休題。密教は、インド仏教発達史の最終段階に現れた新しいタイプの仏教で、比較的、早い段階から、本来の仏典と混交した形が東方へ伝えられたが、善無畏や金剛智は、初めて、混じり気のない密教を南インドの本場から唐にもたらした。この後、密教は、他宗派と混じってごたごたしたそれまでの密教に比べ、はるかに体系化されてすっきりし、面目を一新した。空海が渇望した『大日経』や虚空蔵菩薩の真言を漢訳したのが善無畏三蔵であった。

密教の系譜について瞥見しておくと、インドで龍猛菩薩（ナーガールジュナ）を第一祖として、代々、最も優秀な後継者に伝えられて来た。第二祖龍智菩薩（ナーガボーディ）、第三祖金剛三蔵（ヴァジュラボーディ、六七一～七四一）、第四祖不空三蔵（アモーガヴァジラ、七〇五～七七四）、第五祖善無畏（シュバカラシンハ、六三七～七三五）、第六祖は比較的若くして没した一行阿闍梨（六八三～七二七）、第七祖恵果阿闍梨（もしくはえか、七四六～八〇六）と続き、第一祖から第五祖までは、中国から見れば異邦の人である。第四祖不空は西域系胡人、他は、生粋のインド人であった。第六祖になって初めて中国人が後継者に選ばれ、第七祖恵果阿闍梨も中国人であった。

こうして見ると、密教は閉鎖的であるように見えるが、その実、おどろくほど国際性豊かな宗教であった。それは、ちょうど、シャルルマーニュの頃までに定着した中世キリスト教の各司教区の司教が、民族と関係なく、能力や器量によって選ばれ、各地に任じられた事情に似ている。例えば、シャルルマーニュが西欧文化を野蛮人の破壊から救出するために、図書館をつくり、ギリシア・ラテンの伝本を筆写・蒐集を行う文化事業の責任者としたのは、前回述べたようにアルクウィン・オブ・ヨークというイギリス人聖職者であった。教会が驚くほど人材を集めえた背景には、〈ラテン・クリスンダム〉（ラテン語を共通語としたキリスト教文化圏）という、宗教に基づくボーダーレス世界が存在したからである。

空海は、そういう国際的な人材が集まる、学問と信仰の中核に飛び込み、唐の国際性、地球市民性をたっぷり呼吸して帰ってくる。帰国後の話は、しばらく措くとして、まず、空海の入唐(にっとう)のエピソードから見ていこう。

2 「福州の観察使(くわんざつし)に請ふて入京(じつけい)する啓(けい)」[1]

空海は、八〇四年、大使藤原葛野麻呂(かどのまろ)の船で唐に渡った。通例、遣唐使は、遣唐使船の受け入れに習熟していた揚州を玄関とし、割符のような書類や国書の提示を求められることはなかった。国書を見せれば日本国天皇と中国皇帝の間にトラブルが起こりかねないので、遣唐使は、国書を勝手に提示しないで済ませたり、持参しなかったりする慣例が定着していた。この慣例が空海に頭角を現す機会を与えた。

というのは、空海の遣唐使船は、はるか南の福建省まで流され、そこの役人は、揚州の役人のように、日本との外交の暗黙の了解事項など知ったことではなかったからである。つまり揚州の役人は、杓子定規に、首都長安への旅行資格を、空海に対しては認めず入京を却下した。揚州の役人だと融通を利かせてくれるが、福建省ではそれは通らなかったのである。空海はどうしたか。文章をもって直訴に及んだ。それが、「福州の観察使(くわんざつし)に請ふて入京(じつけい)する啓(けい)」で、『遍照發揮性靈集』第五巻三九に収められている。[2]

『性霊集』とは、空海が折に触れてしたためた上表文や書簡、碑文の類いを弟子真済(しんぜい)が編集した文書集で、空海を知る一級資料である。それによると、遣唐使の大使は、入京をゆるされたが、空海一人入京を許されないので、観察使に書状を送り許可を請うた、そういう旨の文書である。現代文訳を引くと、空海は、まず、辞を低くしてこう挨拶する。

空海才能としては別段に人の耳に立つほどのこともなく、また言行の上に於てもこれと言つて取り所のない者であるが、併し乍ら奮勵努力に於ては人後におちざる様に心がけ、雪中に肱を枕として精進の誠を著はし、また雪峰に閉ぢ籠り、蔬菜を食ふて禪觀の修業にいそしむことに就いては人一倍に精進するものである。

そして、日本では、大日経を極めた先達がいないため、「良師を求めて入唐せんことを期し、遂に留學生に加はることを得」、「尋求せんとする所のものは秘密一乗［大日経を指す］であ」る。「然るに自分の才能は取り所なき程に凡庸の者である。依つて自分は自分の凡庸を自覺するが故に夙夜に寸陰を惜んで一刻と雖も浪費せず奮勵努力に志してゐる」と述べる。「奮励努力」と聞くと、『男はつらいよ』の寅さんが「奮闘努力の甲斐も無く」と歌うのを思い出してしまうが、空海は帝釈天の寅より偉かった。空海は訴える。寸陰は人を待たずというのに、日本国の重大任務を帯びて入唐したというのに、「留滞することを嘆き悲しみ、以て一日も早く都に達せんことを貪るが如くにこひねがふ」と、率直に切り出した。自分を貶めた空海は、次に相手を九天の高きにまで誉め上げる。

伏して惟(オモンミ)れば中承閣下は才智有徳の士にましまして天子に簡(エラ)ばれ、仁恵遠近に普ねく布(シ)けるが故に老幼袂を連ねて徳を稱歡するもの路に溢ちあふれて居り、また閣下の功績を手を携へて讃へる男女の聲が私の耳にまで聞ゆる。かくて閣下は外的には一般世間の人々の範となりて徳風を示され、内的には眞實の道を求むる佛法にあつく心を寄せられてゐる。

誉めた後、本題にもどりこう決める。

伏して願くは、自分のこの弘道の志を顧思せられて入京を許されんことを。然らば則ち早く入京して名高き徳僧を尋ね、以て我が志す所の本望を遂げるであらう。
今空海胡人の陋願（ロウグワン）にたへずして敢て表を奉り閣下の視聴（シテイ）を汗して伏して深く戦越（センエツ）する次第である。謹んで奉啓以聞す。謹んで啓上す。貞元二十年十月の日。日本國の學問僧空海啓す。中承閣下。

現代日本語だと長くなるが、空海の中国語は、十行にも満たない簡にして要を得た文章である。唐の官僚たちは、最果ての小島からやってきた日本人たちを、胡人と変らぬ異邦の民、教養なき未開民族と見なしていた。四書五経を知らぬ者は人間あつかいしない国柄で、漢文を書く能力や漢文の品格がない者には、洟（はな）もひっかけない態度をとっていた。海の向うからやってきた倭国の山ザルが上奏文を差し出した所で、フン！といった感じで受け取ったに違いない。ところが、空海の文章を読んだ中国の官僚は、一驚を喫し、がらりと態度を変えた。空海の中国語が水際立っていて、メリハリがきき、ひたむきなアッピールに胸を打たれたからである。無愛想な役人たちは一夜にして態度を改め、空海はあっさり長安行きを認められた。

3　サンスクリット語を学ぶ

長安に着いて本格的な勉強が始まるまでの数ヶ月、機敏な空海は、密教仏典を解読する語学力を付けるために、寄宿先西明寺近くの醴泉寺（れいせんじ）にインド人僧般若三蔵や牟尼室利（むにしり）三蔵、プラジャナなどを訪ね、サンスクリット語を学び、インドのバラモンを含む宗教事情の情報収集に余念がなかった。カシミール出身の般若三蔵は、梵語の密教仏典漢訳の主幹を務めていた人物で、「三蔵」とは、梵語に通じその漢訳をした優れた学僧の尊称である。空海は、いわば、真言密教の漢訳を生み出している現場を捜（さが）し当て、そこで今や死語となったサンスクリット語のネイティヴ・スピーカーの末裔を見つけ出し、古代印欧語に磨きをかけたのである。当然、使用言語は中国語だったが、官僚に入京を迫った中国語の筆力といい、広大な百万都市を歩き回って情報収集した中国語の運用能力といい、空海の中国語力は並々ならぬ水準に達していた、と見て間違いない。「大宝律令」に規定されたダブル・トラック素読メソッドも空海のような才能と結び付くと、驚くべき効果を発揮したのである。

サンスクリット語は、古代印欧語の例にもれず、名詞の変格（曲用）が多く、動詞の活用も、能動態と受動態の間に反射態（ギリシア語の中間態のようなモード）があり、時制も複合形ではなく個別の変化形があって複雑であった。また、五、六世紀から十世紀頃までインドで使用された「シッダマートリカー、悉曇（しったん）」というサンスクリット字体の一種にも習熟しなければならなかったが、虚空蔵菩薩の真言を百万回唱え、尋常ならぬ記憶力を発現させた空海は、唐招提寺で得た基礎知識もあって、それほど困難はなかったものと考えられる。それに、なんといっても、空海には、真言密教を著わした原語のサンスクリット語を知りたいという動機に目覚めていたから、サンスクリット語は、乾いた砂に染み入るように、空海の記憶に染み透っていったことであろう。

空海がサンスクリット語を唐で学んだことは、「空海在唐中の書写ノートの一部は『三十帖冊子』（仁和寺蔵）として現存する。……あらかたの梵字は空海の直筆である。[1]」とあり、般若三蔵も空海に遺言して「我が所訳の新華厳・六波羅蜜経およびこの梵夾（ぼんきょう）（＝サンスクリット原典）将去（もち）って供養せよ。[2]」とあることから確実である。

物事の本質をわきまえ全体を展望できる優れた先達が、若き天稟に出会うとき、両者は奮い立ち、教育と学習の情熱は、かつてなく昂揚する。やがて密教を継ぐことになる日本の青年僧に接した般若三蔵も、サンスクリット語伝授を通じて、天才を相手にしたときの昂りを禁じえなかったに違いない。般若三蔵が、新訳『華厳経』四十巻を空海に贈ったことからもそれは感じられる。

やがて空海は、般若三蔵の同志のような不空の弟子、恵果阿闍梨と青龍寺（しょうりゅうじ）で邂逅することになるので、不空について一言のべておこう。空海が過ごした長安の日々がいかに国際的なものであったかを理解していただくためである。

不空は、父親が北インドのバラモン、母親は、西域の康国（サマルカンド）系の間に生まれた混血児であった、という。先代の金剛智の弟子となって、スリランカ、南インドに求法の旅をし、七四六年に長安に着いた。不空も、玄宗、粛宗、代宗の三代の皇帝に灌頂を授けた高僧である。灌頂とは、「頭に水を注ぎ、ある位階を承認する儀式」である。「空海は帰国後、日本の朝廷に迎えられて後、平城天皇、嵯峨天皇に灌頂を授け、また東大寺に灌頂道場を設立して鎮護国家の修法道場とするが、こうした空海の活動の範型が、不空にあることは明らかであろう」[3]、という。

第七祖恵果阿闍梨は、不空三蔵の「金剛頂経」系密教と、善無畏三蔵の弟子の玄超の「大日経」系密教の両系譜を受け継ぎ、長安で青龍寺を皇帝から与えられて、若くして阿闍梨となった密教最高の祖であった。

4　恵果阿闍梨から灌頂を受ける

八〇五年、サンスクリット語を身につけた空海は、満を持して青龍寺に恵果を訪ねる。そのとき、日本仏教史にも、日本言語教育史にも残るひとつの事件が起きた、と言ってよい。恵果は、アジアの最果てから尋ねてきた青年僧の顔を一目みるなり、こう言い放ったと、『請来目録』は伝えている。

和尚、たちまちに見て笑を含み、喜歓して告げていわく、「我れ先に汝が来たることを知りて相待つこと久し。今日相見ること太だ好し、太だ好し。報命［命］竭きなんと欲すれども、付法に人なし。必ず須く速かに香花を弁じて灌頂壇に入るべし[1]［訓読・塩田］」と。

つまり、入滅を目前にした恵果は、真言密教を託するに足る後継者に恵まれず、優れた後継者が命の尽きる前に現れて欲しいと願いながら残り少ない余生を送っていた。この宗派でよく知られるある種の法力、すなわち予知能力によって、恵果は、空海こそ、その人であると事前に察知していたらしい。さらに、奇蹟が起こる。

六月上旬に学法灌頂壇に入る。この日、大悲胎蔵大曼荼羅に臨んで、法に依って花を投うつに、偶然にして中台の毘盧遮那［大日］如来の身上に着く。

［恵果］阿闍梨、讃してのたまわく、不可思議、不可思議なりと。再三、讃嘆す。[2] ……

この印象的場面は、中国系作家陳舜臣の『曼陀羅の人――空海求法伝』[3]に印象深く描かれているので一読をお勧めしたい。空海は、目隠しをされ、壇上に広げられた胎蔵界曼荼羅の上に、花を落とす「投華」の作法にしたがう。そうやって縁を結んだ仏が守り仏（念持仏）となる。西欧の守護聖人のようなものである。空海の投げた花は、最高の大日如来の上に落ち、空海は、大日如来と結縁した。さらに、奇蹟が起こる。

七月上旬に、さらに金剛界の大曼荼羅に臨んで、重ねて五部の灌頂を受く。また［花を］投げうつに毘盧遮那を得たり。和尚、驚嘆したもうこと前のごとし。[4]

空海は、ずば抜けた強運と天稟に恵まれていたが、その空海を一目見て、この若者こそ密教のすべてを託せる人物だと見抜いた恵果の直観は、優れた宗教者に希に起こる奇跡に属している。西欧中世に、「我には枕するところがない」というキリストのことばに霊感を受け、身ぐるみ一切を放擲して乞食に与え、文字通りスッポンポンになって吟遊詩人さながら福音に節をつけて歌いながら乞食たちと旅をしたフランチェスコ・ヴェルナドーレという人物がいた。彼を一見した教皇インノケンティウス三世は、即座に、神学の学位も大学教育もないフランチェスコに、新しい修道会設立の許可を与えた。それが現在も続くフランシスコ修道会であり、裸身の乞食は、聖フランチェスコその人に他ならなかった。アッシジ礼拝堂は、彼に捧げられた寺院で、ジオットのフレスコ画がその生涯を記録している。

さて、「大日経」は、七世紀中葉、インドで成立し、インド僧善無畏が八世紀初め中語僧一行と漢訳したが、「金剛頂経」は、それより遅れて七世紀末から八世紀初めにインドで成立した。「大日経」と同じ頃、その経典もインド人僧金剛智(こんごうち)と不空(ふくう)によって、最初の部分だけ漢訳された。恵果は、不空から「金剛頂経」を、善無畏の弟子玄超(げんちょう)から「大日経」を二つながらに受け継ぎ、それを綜合した阿闍梨であった。ことばだけでは、伝えられない密教の奥深さを、曼陀羅という画像を援用して伝えた人物でもある。そこから「大日経」系の胎蔵界曼陀羅と「金剛頂経」系の金剛界曼陀羅の二つが生まれ、合わせて両界曼荼羅と呼ばれるようになった。八〇五年、空海は、ほどなく往生をとげることになる恵果阿闍梨から、両部曼荼羅など密教奥義に関する集中的特訓を受け、「六月十三日に……胎蔵の灌頂を受け、七月上旬には金剛界の灌頂を、八月十日には阿闍梨位の伝法灌頂を受け、このわずか二ヶ月間に、密教の大法をことごとく授かった」[5]。『続日本後紀』には、「恵果和尚に遇(あ)い真言を稟(う)け学ぶ。その宗旨の義味、該通せざるなし」[6]、とある。青龍寺は、空海の灌頂を祝い、寺内に働くすべての男女に御斎(おとき)(無料の食事接待)をふるまった。やがて入滅する恵果の、空海に対する心尽くしである。

さらに、「恵果は供奉丹青(ぐぶたんせい)という役職の宮廷画師の李真(りしん)などの十余人に命じて、胎蔵・金剛界の両部マンダラをはじめ計十点の絵画を描かせた。さらに二十余人の写経生を集めて、『金剛頂経』等の重要な密教経典を書写させた。／それだけでなく、宮廷専用の鋳博士(いものはかせ)の趙呉(ちょうご)(楊忠信)に命じて密教法具等を製作させている」[7]。現代だと、スキャナーでさらりとなで、ファイルを添付し、ポンとキーを叩けば海を越えて日本に届いてしまう。しかし、古代にあっては、写字生の一団が、朝から晩まで、克明に筆で写し取り、遣唐使船に載せ命がけで持ち帰ったのである。人件費やら弁当代、かかりの一切合切は青龍寺がまかなったのだから、日本文化が中国に負う恩恵は量り知れない。

5 『性霊集』に記録された恵果

アウエルバッハやクルツィウスなどと同世代の碩学だったレオ・シュピッツアーは、こう語っている。

一人の学者が取る学問的構えの背後には、学生時代の経験やドイツ人がよく言う〈人生経験(エアレープニス)〉の条件付けがあり、長ずるに及んで、それが学者の方法を決定するという事実に気付いたためでもある。グンドルフも語っているとおり、「方法とは、人生経験に与えられた名前」なのであって、その意味で、世の老大家と呼ばれる方々には、ご自分の研究方法の原点にある体験談や〈学〉における(ヒットラーではないが)「わが闘争」を、是非、開陳していただきたいものだと思っている。

『言語学と文学史――文体論事始』[1]

こう前置きして、シュピッツアーは、自分が大学院時代に師事したマイヤー=リュプケやアウグスト・ベッカーの鮮やかな面影を記しているが、空海も、僅か数ヶ月ながら、濃密な伝授と密教の灌頂(かんじょう)を授かった恵果の姿や、〈人生経験(エアレープニス)〉を、『性霊集』で開陳している。その二巻十三に「大唐神都青龍寺故三朝の國師灌頂の阿闍梨恵果和尚(もとのさんてう)の碑」がある。[2] 空海は、記録類をすべて中国語で書いたから、この『性霊集』も、宗教学者か歴史学者しか読みそうもない漢籍として敬遠されがちなのは残念である。アウグスチヌスの『告白』にも、勉強嫌いだった少年時代や私生児をもうけた放蕩時代が生き生きと回想されているが、『性霊集』もそれぞれの時期における空海の肉声が記録された〈人生経験〉の書である。手ごろな現代語訳がないのが惜しまれる。

空海は、「阿闍梨恵果和尚」の人柄を次のように描き出した。「阿闍梨」は、サンスクリット語「アーチャーリヤ」の音写で、師範たるべき仏者・師を意味し、「和尚」は、「ウパーディヤーヤ」の音写、高僧の尊称である。

> 縦使、財帛軫を接へ、田園頃を比ぶれども、受くること有つて貯ふること無し。資生を屑にせず。或は大曼荼羅を建て、或は僧伽藍處を修す。貧を濟ふに財を以てし、愚を導くに法を以てす。財を積まざるを以て心とし、法を慳しまざるを以て性とす。故に、若しは尊、若しは卑、虚しく往いて實ちて歸る。近きより遠きより光を尋ねて、集會すること得たり。[3]

恵みを受けた人々は、門前列をなし、お礼の品々を運んでくるが、ありがたく受け取っても、ことごとく慈善公共事業に回して私するところがない。貧しい人には経済的援助をほどこし、教育のない者には経典の手ほどきをする。財貨も知識も出し惜しみするところが少しもない。だから身分の上下を問わず、近在からも遠方からも人が光明を求めて集まり、恵果の教えや人柄に触れると、身も心も空虚だったのが懐も心も満ち足りて帰っていく、恵果は、そういう師匠だったというのである。「虚しく往きて実ちて帰る」という言葉は、空海の唐留学そのものを象徴する言葉としてもよく引かれるが、空海にかぎらず万人に、分け隔てなく資金と知識を与えた自由で大らかな恵果の態度は、後に、空海が帰国して開設する綜藝種智院建学の精神に引き継がれることになった。

恵果は、空海が帰国する前の年の暮れに亡くなるが、その直前にこう漏らした、という。

> 「汝未だ知らずや、吾と汝と宿契の深きことを。多生の中に相共に誓願して密藏を弘演す。彼此に代師資たるや只一兩度のみにも非ず。是の故に汝が遠渉を勸めて我が深法を授く。受法云に畢りぬ。吾が願も足りぬ。

汝西土にして我が足を接す。吾東生して汝が室に入らむ。久しく遅留すること莫れ、吾前に在つて去なむ」[4]。

恵果は、自分と空海が前世よりちぎりが深いこと、今回は空海が西に旅して入唐し恵果にまみえたが、来世では自分が東に下り日本で空海の弟子に生まれ変ろう。一足先に旅立つから、ぐずぐずせず日本に帰り、教えを広めながら待て、と語りかけたというのである。こうして、恵果と二世の契りを交わした無名の日本僧空海は、密教の第八祖の正統を継ぎ、真言密教は海を越えた。

八〇六年に帰国した空海が持ち帰った、膨大な経文、仏具、ノートの類いは、『請来目録』に克明に記されている。

『請来目録』とは、いわば、唐の先進文化最前線の資料や文物、貴重な収集品カタログで、各項目に要約文も付けられ、いわば、アブストラクト付きデータベースであった。

『性霊集』が空海の肉声の記録であったことは、渾身の灌頂と密教教理伝授の直後に恵果が没したとき、それを追悼した空海のことばからよくわかる。

嗟呼、痛い哉、……腸を断つて玉を埋み、肝を爛らかし芝を焼く。……荼蓼嗚咽して火を呑むで滅えず。天雲黲黲として悲色を現ず。松風飂飂として哀聲を含む。庭際の菉竹、葉故の如し。隴頭の松檟、根新に移す。烏光激廻して恨情切なり、蟾影斡轉して攀擗新なり。嗟呼、痛い哉、苦しびを奈何せむ。[5]

ああ、胸が痛い、……断腸の思いで珠のような師のお体を葬り、芝のようなお命を焼く。……蓼もかくやと苦い嗚咽はこみあげ、火の玉を呑みこんだように消えようともしない。空ゆく雲にうすぐろく悲しみの色はにじみ、松林をわたる風にさびさびと悲哀はこだまする。庭ぎわの緑竹は、いつものように繁り、丘のほとりの墓所の樹は、移植されたばかり。日輪が激しく天をめぐれば痛恨の念はさらに深く、月輪がすみやかに空を移れば哀慕の情は立ち還りふたたびわだかまる。ああ、胸が痛む、この苦しみをどうすべきか![6]

原文は、中国語で、その漢字仮名混じり文も難解な漢語が多くとっつきにくいから、現代訳してみたが、原文の中国語ならずとも、せめて書き下し文を音読したほうが、見事な音調の中に蘇ってくる空海の深い悲しみを感じとることができるだろう。恵果は、日頃「汝等(なんだち)、勉(つと)めよ、勉(つと)めよ」[7]と弟子たちを督励していたから、空海は、その言葉を胸に、八〇六年、唐留学を二年で切り上げ、十月上旬に帰国した。当時、留学僧(るがくそう)の滞留期間は二十年が標準だったから、自発的に二年で切り上げて帰国したのは、恵果の言葉に従って一日も早く密教を広めたいという気持から唐政府に願い出て聞き入れられた結果である。この判断は、空海の運の強さと決断力を示す好例となった。空海は、八三五年に没するのだが、次期遣唐使船は、没後の八三八年まで絶えてなく、二年で留学を切り上げなかったなら、空海は、中国で客死するほかなかったからである。また、仮に空海がもう少し長生きしたとしても、八四一年には「会昌(かいしょう)の廃仏」というすざまじい仏教弾圧が唐で起こり、無事に貴重な資料や仏具を持ち出せたかどうかも定かではない。空海が、留学を切り上げなかったならば、日本の文化史には大きな空白が生まれ、その文化的損失は量り知れないものになっていた可能性がある。この決断をした時、空海は、三十三歳であった。

三　空海、帰国後の活動

1　『請来目録』と『文鏡秘府論』

空海は、帰国すると、留学成果のレジメである『請来目録』を、直ちに天皇に上奏（八〇六）した。ところが、約四年間、中央政府からは何の音沙汰もなく、空海は九州に放置されたままであった。嵯峨天皇の即位後、やっと入京がかなったらしい。その後は、高野山を中心に、日本人僧侶の灌頂（かんじょう）を行った。八一二年には、最澄ら四人に金剛界灌頂を、さらに最澄ら百四十五人に胎蔵界灌頂を実施した。最澄との、緊張を孕んだ交流については次回にゆずるが、唐留学はしたものの最澄は、密教の核心部を学ぶために、どこへ行き何をすべきか、という実際的勘働きには、空海ほど恵まれず、中国語の運用能力にも限界があって通訳を使わざるをえず、限定された知識しか持ち帰れなかった。そのため七歳年下の空海から灌頂を受ける巡り合わせになったのである。

空海は、八一五年ころから、密教弘伝をはかるために「諸（もろもろ）の有縁（うえん）の衆（しゅ）を勧（すす）め奉つて祕密の法藏を合せて三十五巻寫し奉るべき文」[1]を作文し、立教開宗を宣言した。その中で恵果に与えられた経典や教えについて、「元（もと）より弘（ぐ）傳（でん）を誓（ちか）ふ。何ぞ敢（あ）へて韜（たう）默（ぼく）せむ」[2]、つまり、こうした貴重な経典は、もとより広く伝えると恵果に誓ったのだから、どうして隠したりだんまりをきめこむ必要があろうか、と密教経典の書写を広く勧めた。それが『勧縁疏』で、甲斐、武蔵、上野、下野、常陸などの東国や西国に送付された。コンピュータ・ソフトのパテントを独占し、万人に解放しようとしない現代、坂村健が、「トロン」のアイディアを無料で公開し、それが携帯電話、自動券売機、自動車の燃料噴射システムなどに盛んに活用され、日本の携帯や自動券売機のレベルを世界的に高めたことが思い出される。よき発明やアイディアを、特許で「韜黙」せず、「弘伝」する空海精神が、今なお生きていたことは喜ばしいことである。携帯を使うときに、坂村と空海の名をちらりと思い出してもいいかも知れない。

空海は、執筆活動、宗教活動、政治活動、民衆支援と八面六臂の活躍を続け、八一四年には、梵字や雑文を天皇に献上し、八一五年に、渤海大使王孝廉に書状を送っている。八一六年、「紀伊国伊都郡高野の峯において入定の処を請け乞う表」を上奏して、高野山の下賜を天皇に願い出る。そこで「空海少年の日、好んで山水を渉覧しき。吉野より南に行くこと一日、さらに西に向って去ること両日（二日）程にして、平原の幽地あり。名づけて高野という」[3]、と述べている。頼富が指摘するとおり、四国の室戸崎から高野山まで、修行僧の「行動範囲は想像以上に広」く、何らかの「山林修行者の大きなネットワークがあったものと思われる」[4]。国土地理院の地図もコンパスもなしに、修験者たちが自由に深山を跳梁した行動力には驚かされる。

西欧では、高山は、キリスト教から漏れた空白地帯で悪魔が棲む、と近代初頭まで信じられ忌み嫌われていた。中世からルネサンスまで、たまたま山に登ったら悪魔の乗り物であるドラゴンを目撃したという記録がたくさん残っている。迷信に惑わされなかったレオナルド・ダ・ヴィンチやペトラルカは、例外的にアルプスに登頂し山の美しさを賛美しているが、スイスの画家カスパー・ヴォルフ（一七三五〜一七八三）やイギリスのターナー（一七七五〜一八五一）の時代まで、高山はキリスト教徒には鬼門であった。しかし、十九世紀の資本主義到来とともに、山岳ツーリズムがヨーロッパを席巻し、ディケンズやラスキンなどもアルプスに出かけ紀行文を書いているし、一八三八年には、アンリエット・アンジェヴィルが、女性として初のモンブラン登頂に成功している。[5]

西欧とは対照的に、日本では、修験者の山岳信仰が古代からあり、山には神がいると信じられていたから、たいていの山の頂には祠があって山の神が祀られている。女房どのを「カミさん」と呼ぶのは、山に住まう神になぞらえた呼称である。山岳にはさらに密教の修業者が加わり、山奥でもマタギなどの狩猟民の他に、修験者がかなり生息していたのである。

現代でも阿闍梨となるための「千日回峰」という荒行があるが、ほとんど駆け足で千数百メートルの高低差を往来し、最終段階では、毎日八十キロメートル歩く。成就まで七、八年を要する超人的修業である。そのスピードと運動量から彼等が行き来した世界の広がりはある程度想像できる。

さて、空海は、八一八年、一説によれば、『般若心経秘鍵』を書き下ろし、さらに八一〇～八二三年に、『文鏡(ぶんきょう)秘府論(ひふろん)』などの啓蒙書を書き上げた。『文鏡秘府論』は、今流に言うと、中国語の「クリエイティヴ・ライティング」マニュアルで、いわば、日本最古の文体論の文献である。その「序」には、意図が明確に記されている。

> わたくしは幼年のころ、母方の舅(おじ)のもとでかなり文章の勉強をし、成人してからは唐の都の長安に留学して、あらまし文章論の一端を聴くことができた。とはいえ、わたくしは仏道の修行に深く志す身であるから、文章を勉強することは心にいさぎよしとしなかった。ところがここに数人の若者たちがいて、（このわたくしを鐘のように叩き撞(つ)きならし）文章の世界に閑寂の境地を追求し、詩の世界に芸術美を督促する。そこで鐘の響を惜しんで黙殺するわけにもゆかず、かつての師の教えを書物のなかにひもといて、さっそく多くの学者たちの『詩格』『文筆式』などの著作に目をとおし、それらの異同を比較検討してみると、文献は山ほどあるが、要所要点は少なく、説明の言葉は違っていても内容は同じであり、ひどく繁雑である。そこでつい私のもちまえの癖が出て、さっそく文章に手を加え、重複の部分は削除し、単独の論述部分だけを残した。[6]

この少し前に、「言葉による教化を第一義とすれば、文章は国家社会を秩序づけてゆくかなめである。在家者たると出家者たるとを問わず、この文章というものをおろそかにすることがどうしてできようか」[7]、とあるから、仏教思想家としての徹底した平等主義と、万人に知の光をもたらそうとする啓蒙主義が、六巻からなるこの書の原動力となったことは間違いない。いわば中国語による作文手引書である。

ここで面白いのは、「私のもちまえの癖」という部分である。空海は、難解、繁雑をきわめる唐天竺の思想や、唐の文論の重複部分を捨て、中核部だけ切り取って残し、無駄なく案配して、質の高いレジメをつくり、万人の使用に供した。仕入れた知識を私物化せず、万人に開放する態度は、恵果から学んだ仏教者らしい態度であり、〈語学教師〉の資質としても不可欠な美質を示している。

『文鏡秘府論』研究で画期的な業績を残した小西甚一は[8]、『日本文芸史』[9]など、優れた専門的著作が百冊近くもある碩学であるが、その小西が教養と実用に溢れた『古文研究法』『古文の読解』[10]のような啓蒙的参考書を書いたのも偶然ではないであろう。

さて、空海の文章マニュアルの目次を瞥見しておきたい。序文によると、こうなっている。

全部で十五種類、つまり(一)四声を調(ととの)える譜(図式)、(二)声調をととのえることについて、(三)八種の韻、(四)四声論、(五)十七種の勢、(六)十四種の例、(七)詩の六義、(八)十種の体、(九)八種の階、(一〇)六種の志、(一一)二十九種の対(つい)、(一二)文における三十種の病累、(一三)十種の疾(やまい)、(一四)文意を論ずる、(一五)対属を論ずる、などがそれである。[同書、福永訳]

これらの内容は、抑揚、リズム、韻律法、詩形や題材、対句の分類と用法、その修辞的規則などからなり、中国語による詩作の虎の巻となっている。訳者の福永光司の解説によれば、空海の「私のもちまえの癖」とは、次のような空海の才能を指すものと思われる。

個々の部分的な要素についてみれば、それぞれに依拠するものを持ち、下敷きにしたものを持ちながら、それらを全体として綜合し、重層的に体系化し、包括的に集大成することにおいて空海は非凡な力量を示し、卓抜した才能を発揮する。あたかも多数の珠を紐につないで円形の数珠を作り、もしくは諸仏諸菩薩を壇上に配置して荘厳な曼荼羅図を描くように、空海をして空海たらしめる偉大さの本質は、〝集めて一つに大成する〟ことにあったということができるであろう。[11]

この総合的な才能は、若い時に書いた『三教指帰』はもとより、『文鏡秘府論』、『秘蔵宝鑰』や『十住心論』に顕著に現れているが、それらに触れる前に、万学の空海が唐で学んだ他の分野についても眺めておきたい。

2 「一般教養」のルーツ

第二次大戦後の学制改革で導入された教養科目は、アメリカのリベラル・アーツ・カレッヂをモデルにしたものといわれる。しかし、戦前から、予科と呼ばれた課程では質の高い教養科目が整えられていたし、東洋にも古代から教養科目の伝統は、しっかり根付いていたことを認識する必要がある。

当時の唐は、自由で開かれた文化政策の下で、いわゆる諸子百家の学問が発展した。それらが当時の教養科目で「九流」と呼ばれ、「儒家」（孔子の思想）、「道教」（中語文化の古層に属する土俗信仰）、「陰陽道」（宇宙学）、「法家」（法学）、「名家」（ディベート術もしくは詭弁術）、「墨家」（ぼくか、ぼっか、博愛主義に基づく武装防御集団の思想）、

「縦横家」（じゅうおうか、しょうおうか、外交を請け負う移動集団の技術）、「雑家」（文字どおり、儒家・墨家・名家・法家などのごった煮の知恵）、「農家」（農業技術）。などから成っていた。

また、古来、中国には、教養人のたしなみとして、「六藝」というコンセプトがあり、それは、五礼、六楽（音楽）、五射（弓術）、五馭（馬術）、六書（書道）、九数（数学）によって構成されていた。大宝律令の「学令」で、大学生にゆるされた数少ない公認の気晴らしのひとつが弓術であったのは、このためである。

この他に、「十藏」という釈尊教法の網羅的体系（華厳経の学）、「五明」という、古代インドで菩薩が学ぶべき五つの学問とされた、声明（文法学）、因明（論理学）、医方明（医学）、工巧明（工学）、内明（仏教学）があった。[1] 空海が、帰国後、八二一年に讃岐の満濃池を修造し、冒頭で述べた空海伝説を生んだのも、元は、唐で学んだインド学（五明）の工巧明が教えた土木工学にルーツがあったのである。

「九流」「六藝」「五明」のセットには、知識だけでなく、美的感受性、体技、書道、理数的センス、テクノロジーもバランスよく按配されていた。空海は、まさにそういう教養を、先進国中国で万遍なく学び、円満なる学力を身につけて帰国したのである。帰国後、綜藝種智院で構成されたカリキュラムにもこれらの諸科目が加えられ、驚くべき広範囲に及ぶ構成をもつ教養科目であったことは銘記されてよい。これは、空海の綜合的才能とも照らし合う、意味のある事件だったからである。

3 『秘密曼荼羅十住心論』

空海は、八三〇年、五十七歳のときに、勅命により『秘密曼荼羅十住心論』を撰上した。この書は、人間の信仰心あるいは精神が、最も素朴な段階から自律的な自己展開をとげながら十段階を経て、最終的に最も優れた宗教であり、悟りの究極でもある真言密教に到達する、いわば個人の精神発達過程を、思想世界の社会・歴史的発展と絡ませながら体系づけた書である。その意味で、ヘーゲルの『精神現象学』を思い出させる網羅的、体系的な著作で、空海の先駆性とスケールの大きさを感じさせずにはおかない。

ちなみにヘーゲルの『精神現象学』は、フランス革命で混乱状態にあるヨーロッパを尻目に、ヨーロッパ思想・文化の原初段階から、奴隷制度や市民社会、革命を経て、自律的近代国家へ至る精神発展の歴史を、赤ん坊のように外部を映し出すだけの純粋意識から、教養、文化の襞をもち、無限に神に接近する成熟した絶対精神に向う個人の生育史と二重写しにして描き出した。一つの歴史的、自己生育史的段階は、以前の全段階の発展を内包しつつ、より高い次元を目がけて無限の運動を展開していく、いわゆる〈弁証法的発展〉という公的・私的精神史を世に問うた。一八〇七年のことである。空海の『十住心論』は、それより約千年早い試みだった。

空海は、そこで、人の心を、次の十段階からなる精神運動として捉え、もちまえの癖でレジメの『秘蔵宝鑰』も付けて献上した。渡辺照宏と宮坂宥勝の前掲書から『秘蔵宝鑰』に関する解説、および、川崎庸之校訂『秘蔵曼荼羅十住心論』[1]の注を引用しながら、十の段階を俯瞰してみよう。

1 「異生羝羊心」——倫理・道徳以前（外教）

精神の動物レベルの状態で、輪廻の報いとして、様々な姿に生まれ変るため「異生」、愚かで無知で弱虫なところは、雄羊さながらなので、「羝羊」と呼ばれる。食欲や性欲などの本能を表す。

2 「愚童持斎心」——儒教その他（外教）。

最初の倫理的覚醒の段階である。空海はこう述べる。これは譬えれば枯木であるが、枯木も春になれば芽が出て花が咲く。万象はとどまることなく変化する。「物にはきまった性質はない。どうして人はつねに悪人であることがあろうか。……『雄羊』とて、それじたいの一定した性質のものではない。愚かな者もまた愚かなままでいるわけではない。／だから、本来のさとりがうちにもよおし、目ざめた者の光が外にかがやき出せば、たちまちに自らの欲望をおさえて、しばしば他の者に与えてやる」[2]。愚かなる者も済う心になるというわけである。しかし、その倫理は、現世に限定されている。

3 「嬰童無畏心」——道教・バラモン教・インド諸哲学（外箭教）

現世だけでなく、幾分、超自然的な世界にあこがれることができる心で、いっとき、「わずかばかりの悩みをのがれるから『無畏』すなわち安らぎという。しかし、まだほんとうのさとりの楽しみをえないから『嬰童』すなわち子供である」[3]。

4 「唯蘊無我心」——声聞乗（小乗＜仏教＜内教）

「ただ物のみが実在することを知って、個体存在の実在を否定する。教えを聞いてさとる者の説は、すべてこのようなものである」[4]。「法を存するが故に唯蘊なり。人を遮するが故に無我なり。簡持を義とするが故に唯なり」[5]。ここと次の段階には、初期仏教、小乗仏教が比せられている。

5 「抜業因種心」——縁覚乗（小乗＜仏教＜内教）

「一切は因縁よりなることを体得して、無知のもとをとりのぞく。このようにして迷いの世界を除いて、ただひとり、さとりの世界を得る」[6]。業の悩みの根を抜き、無明（根源的無知）。の種子を断つ段階であるが、大乗仏教には到達できず、小乗仏教に留まる。

6 「他縁大乗心」——法相宗（権大乗＜大乗＜仏教＜内教）

「一切衆生に対して計らいない愛の心を起すことによって、大いなる慈愛がはじめて生ずる。すべての物を幻影と観じて、ただ心のはたらきのみが実在であるとする」[7]。ここと次の段階は浅い大乗仏教（権大乗）に分類される。

7 「覚心不生心（心）」——三輪宗（権大乗＜大乗＜仏教＜内教）

「原因と条件とによって生起したものは、それ自体の性質をもたない。それは空であり仮りの存在であり、両者を止揚した中道であって、すべて絶対である。……一切を否定し去る鋭利な刀は、迷妄の見解を断ち、概念的な認識……をすべて征服して、平安である。／心の主体は自由自在であって、第七住心の仏道に入る。さらに、この第七住心という絶対否定の教えの初門より、次の第八住心へと移ってゆく」[8]。ここには、随代吉蔵三蔵などの三論宗、インドの大乗仏経典『勝鬘経』などが位置づけられている。これは、聖徳太子が、『三経義疏』などの中に撰び取った経典の一つである。

8　「一道無為心」——天台宗（実大乗＜大乗＜仏教＜内教）

「現象はわけへだてなく清浄であって、認識における主観も客観もともに合一している。そのような心の本性を知るものを称して仏（大日如来）というのである」[9]。ここと次の段階に深い大乗仏教（実大乗）が分類されている。

9　「極無自性心」——華厳宗（実大乗＜大乗＜仏教＜内教）

「水にはそれ自体の定まった性はない。風にあって波が立つだけである。さとりの世界はこの段階が究極ではないという戒めによって、さらに進む」[10]。「極無自性心」とは、例えば、こう説明されている。「あまりに近いためにかえって見にくいものはわが心であり、微細で空にあまねき（ほどに広大なの）はわが仏である。わが仏の存在はおもんぱかることができない。わが心は広くして大である。……不思議中の不思議、すぐれた中にもすぐれたものはただみずからの心の仏であることよ。みずからの心に迷うから、あらゆる迷いの世界の波は揺れ動く。心の本源をさとるから、唯一の広大な水は澄んで静まる。澄み静まった水が万象の影を映すように、一心の仏はあらゆるものをよく知りたもう」[11]。第六～第九の住心は、いずれも大乗仏教の菩薩を表している。

10　「秘密荘厳心」——真言密教

冒頭に「九種の住心は自性なし。転深転妙にして皆、是れ因なり。」（「九種の住心はそれ自体の性をもたない。深くして妙なる第十住心に移るべきものだから、皆、これらは第十住心の因である」[12]）、とあり、ヘーゲルの絶対精神が自己展開を遂げて最終的な解放を志向する論述を想起させる。「密教以外の一般仏教は塵を払うだけで、真言密教は庫の扉を開く。そこの庫の中の宝はたちまちに現れて、あらゆる価値が実現されるのである」[13]。この最終段階は、「あらゆる徳のそれ自体の性が、わが心身にすっかり備わっている。だから、現世で立派な仏となることができる。……そのとき、大日如来はあらゆる仏と一つであって、迅速な力という精神統一に入り、……すべては本来生起しないものであることをさとり、言葉の道を越え出て、もろもろの罪過より解放されることができる。……真実の空は虚空に等しいと知って、ありのままの相の智慧が生ずる」[14]。こうして、空海は、認識の弁証法的展開の最終段階に、真言宗の密教の認識を置く。これは、外教、内教（仏教）の埒外にある。

日本には、哲学や思想がないなどという認識は、聖徳太子や空海の仏典解釈に触れたとたんにふっとんでしまうが、日本の思想の最前線には、〈語学教師〉という媒介者が存在し、日本文化が異文化と出会う界面を自由に行き来しながら、外国語で記されたり、語られたりした高度な内容を正確に理解し、日本の風土に合うように順化させながら移植する作業を行ってきた。彼らは、日本人の知らない外国語を熱心に学び、日本にまだ根を下ろしていない異端の思想や文化を命がけで学び取り、帰国後は、それを惜しみなく万人に開放した。言語というものは、万人に伝播し、他者と交流、交通、融合していくことを本性としているから、〈語学教師〉には、壁を越えて隔てを除き、万人に知恵や情報を広めようとする、民主的な資質を育てやすいのかも知れない。日本では、古代から中世にかけて、大乗仏教という隔てなく功徳をおよぼす宗教・思想とリンクして、多くの〈語学教師〉が輩出したが、聖徳太子と空海は、そうした流れを生み出す源泉であったと言うことができる。

4　綜藝種智院の開設

八二八年十二月十五日、五十五歳になった空海は、藤原三守の後援により、日本で初めて、真の意味でリベラル・アーツといえるカリキュラムを整えた私立学校を京都に開設した。大きな理想を抱いて唐から帰国してから既に二十年以上の歳月が流れている。しかし、空海の教育理想は、日本で初の私学創設という形で実を結んだ。空海の起草による「綜藝種智院の校則　序を幷せる」を見ると、この学校がいかに時代を先取りした教育機関であったかが分かる。宮坂上掲書の現代訳を参考に、学校の設立主旨を紹介してみよう。

場所は、左京九条で、東に施薬慈院、西に東寺、南に野辺送りをする原野、北に衣類食物を収蔵する国営倉庫のある場所だった。実に風光明媚な所だと、空海は、冒頭で述べている。

設立の主旨は、「わたくし（空海）は、人びとを済いたいと願い、儒教と道教と仏教の三教、つまりあらゆる教えを兼ねて学ぶことのできるような学校をつくりたいとかねてから考えておりました。このことを藤原三守さんにお話し申しあげたところ、千金に価いするほどの、りっぱなこの邸宅を寄付してくれました」[1]。このあと、空海は、この学校では、一般教養として、仏教だけにとらわれず、万学に門戸を開いて教えることを宣言し、その理由を明らかにする。

九流六藝といった中語のあらゆる学藝は、世の人びとのためになること、たとえば人びとを向こう岸へわたす舟や橋と同じようなものであります。また、十蔵や五明といったインドの学藝は、人びとの利益となる点で、宝石のように尊いものであります。でありますから、まさに目ざめたもの（仏）も永劫にわたって、あらゆる学藝を兼学して偉大なさとりを完成していますし、菩提をこころざす者（菩薩）たちが、完全な智慧を実現することができるのも、あらゆる学藝を学び、身につけてこそであります。どんな食物でも味がひとつだけでは、おいしくありません。またどんな音楽でも、たった一音だけではすぐれた音色を出すことはできません。個人的に一個の人格を完成するにしても、公的に国家を治める場合の方策にしても、あるいは宗教の理想に到達するにしても、この学藝の真理をすてて、どうしてえられましょうか。[2]

これは、ルネサンス期の〈普遍人〉や啓蒙主義の時代の〈百科全書派〉を先取りするような発想で、支配階級に独占された知の解放、円満なる知識をそなえた人格の形成などを、九世紀初頭に宣言していることに驚きを禁じ得ない。

ところが、寺院にいる仏者はただ仏陀の説かれた経典をもてあそび、世間の大学の才能人徳のすぐれた学者はただむなしく世間一般の書物にのみ熱中しています。ですから仏者も世間の学者の場合も、ともに儒教・道教・仏教の書物、五明に関する書のような全般的な書物はふさがり、とどこおっていて、はっきり分かっていません。[3]

空海は、綜藝種智院に、広い〈教養〉に基づくカリキュラムを組む歴史的選択を行った。「綜藝」とは、「あらゆる芸」を意味するが、これは、西欧でいう、ἐγκύκλιος παιδεία（「エンキュクリオス・パイデイア、円満なる学」、エンサイクロペディアの語源）、「artes liberals, アルテス・リベラーレス」「liberal arts, リベラル・アーツ」に通うところがある。あらゆる学問や技術を身につけることが、人格を涵養し、精神を自由にするという考え方は、アレクサンダー大王が王子のころ教育係を努めた万学の祖アリストテレスの時代から存在していた。

その教えが、アレクサンダーをして、敵国ペルシャの文化を理解させ、最終的にはガンダーラ文化を生み出し、ギリシア人の明確な視覚映像願望が仏像を創出し、仏像は、シルクロードを通って、ガンダーラから中国、中国から日本にまで伝わった。それを思うと、空海が、インドや中国のあらゆる学問を身につけて帰国し、ギリシア人が発明した大日如来像の下で、それを万人に解放した不思議な因縁に感慨を覚えずにはいられない。東征するにつれて異文化に理解を深め、異なる宗教や習慣を排除せずに受容するように変貌していったアレクサンダーも、多くの外国語を話し、異文化の界面をこだわりなく泳ぎ回る〈語学教師〉的資質を、アリストテレスから植え付けられていたのかも知れない。

さて、空海は、議論をディベート風に展開するのが得意であったが、この開校の序でも、以上のようなリベラル・アーツ的カリキュラムに対して、それは理想論にすぎない、かつて、「石上宅嗣（いそのかみのやかつぐ）の芸亭（うんてい）などの私立校が開創されたことをみても、……あとがうやむやになってしまい、人は去り、その滅んだ跡はけがされてしまった」ではないか、という反論を予想して、こう答える。たしかに「すべてのものごとが盛んになるか、おとろえるかは、その人を得るかどうかにかかっています。さらにすぐれた人が世に出るかどうかということは、ひとえに必ず道を実践するか、どうかによります。……多くの志を同じくする、しかもりっぱな者があつまって事業をやれば存続するが、同志がなければ衰えやすいわけであります。このことは自然の理の当然とするところなのであります。[4]」と一歩ゆずる。

しかし、世間は、こうも反論するだろう。国家が学校を開設しているのに、私立学校をつくる意味があるのか、と。空海はこう答える。

かの唐の長安城（ちょうあん）には都内のあちこちに学童を教育するための学校を建てて、ひろく児童たちを教えております。またそれぞれ地方には地区の学校を開いて、ひろく学童を指導しています。だから、唐の国では才能ある立派な人びとが都内にみちあふれており、学藝の人は国中にいっぱいおります。ところが、わが国の平安京には貧しい児童が勉強しようとしても、どこをたずねたらよいか分かりません。また好学の人でも、都を遠くはなれた土地にいますと、都の学校に往復するのはなかなか骨の折れることであります。

わたくしは、いまこの綜藝種智院を建てて、あまねく児童たちをたすけてやりたいと思う次第ですが、これもまた決して悪いことではないと思います。いかがなものでしょうか。[5]

「大宝律令」の「学令」は、大学入学資格を身分で決めていたから、空海の「教育の機会均等」は、近代的教育理念確立より、約千年先んじている。以上のような前置きをしてから、空海は、極めて新しい教育コンセプトを導入する。その第一は、すでに触れた「教養」概念である。幾つかの古典を引きながら、次のように、リベラル・アーツあるいは教養を定義づける。

『大日経』には、次のように説いています。

……仏法の師（伝法阿闍梨(あじゃり)）となるためには、あらゆる学問藝術を学び、しかもそれらを総合的に、より高めてゆかねばならない、と。

『十地論(じゅうじろん)』にも、……菩提(さとり)を完成するためには、まず五明において、真理を求めなければ、ならない、といっております。……

覚(さとり)を完成するためには、五明の教えによらなければなりません。真理を求めるためにはできるだけ多くの教師につくことが必要です。[6]……

次に注目すべき点は、学問一般と宗教を分離する割り切り方で、仏典を教えるのは、僧侶であるべきだが、それ以外の学問は、在家の教員にまかせるべきだとしている。

さらに、空海は、教育の機会均等や平等も明確に主張する。

仏教を学ぶ者の身分階級のいかんによって、教育に手ごころを加えるようなことが決してあってはいけません。よろしきにしたがって指示し教授するのがよいのです。……教師たるものは慈悲の心をもち、忠孝に思いをいたして、学童の貴賤を問わず、貧富をみず、よろしきにしたがって導き、うまずたゆまず人びとを教えなければなりません。[7]

空海の先駆性は、これだけに留まらない。彼は、奨学金と給食制も導入する。

……道(おしえ)をひろめる人に、必ず経済的な援助をして、生活を保証してあげる必要があります。仏教者にしても、世間の学者にしても、教師であっても子弟であっても、およそ学道を志そうとする者には、どんな人にでも、みな給費しなければなりません。

まさしく、教育の理想は師弟の完全給費(給食)にあります[8]……

さらに、空海は、寄付や支援に基づく、私立学校の理念も最後に打ち出す。

もし国家を利益し、人びとのためにしようとする考えがあり、苦悩をすてて明らかな智慧をえようと願う者は、わたくしと同じように、ごくわずかな物資、費用でもよいから寄付していただいて、……たすけていただきたく思います。[9]

以上が、日本初の庶民のための私立学校設立理念として、八二八年に提案された内容である。千二百年近く前のものとは思えないほど新しい内容が盛り込まれている。八世紀末に、文化政策の天才であり、空海の同時代人であったシャルルマーニュは、アーヘンに「スコラ・パラティーナ、宮廷学校」を開設しているが、王立の上流階級のための学校であった。

空海が触れているように、唐には、国立大学があり、インドには、仏教の総合大学として、ナーランダー、ヴィクラマシラー、オーダンタプリーなど、数千人の学生を擁する僧院大学があり、それは、チベットにも移入されていたという。[10] しかし、それらも特権階級の教育機関であって、綜藝種智院のように階級を越えた近代的な学校ではなかった。空海の発想は、はるかに時代を先取りしていたのである。

空海ゆかりの品々が伝わり、大らかな気に満ちている東寺は、新幹線で東京から京都駅に入ると南西方向に聳える五重塔を持った寺が見えてくる。それが東寺で七九六年に創建された。日本一高い木造の塔は、京都のシンボルとなっている。

当時は、外国の賓客を投宿させる「鴻臚館(こうろかん)」としても使用され、綜藝種智院にふさわしい国際的な雰囲気をたたえた寺院であったと想像される。鴻臚館は、『源氏物語』にも渤海の占い師の挿話として出てくる。[11]

東寺には、その昔、宮本武蔵が吉岡一門に追われて逃げ込み、そこで「鷲の図」や「竹林の図」を描いたという言い伝えがあり、武蔵の真筆は実際東寺で見ることができる。この寺院には、殺人者を匿うような懐の深さが戦国時代まで残っていたことがうかがわれ、空海の遺徳と思い合わせると興味深い。

東寺の東側にあった藤原三守の屋敷を学び屋に変えた空海は、持ち帰ったばかりの中国語の注釈付き仏典や、密教のサンスクリット語テキストをとおして、中国語やサンスクリット語の手ほどきを始めたと考えられる。中国古典文献の教え方は、おそらく学令の素読を仕込まれた教師たちによって踏襲されたであろう。ただ、空海のあまりにも近代的な学校は、まだ中世にさしかかったばかりの日本に活着するには新しすぎて、石上宅嗣の芸亭と同様、二十年にして姿を消したのは、歴史の皮肉と言うほかない。

5　真言と素読法

空海は、言語教育史的に見ても、ある新しい要素を歴史に加味した。その点に触れて本章を閉じたい。そのことは、いわゆる大乗仏教と密教との違いに関係している。空海は、初期の『三教指帰』から完成期の『十住心論』に至るまで、思想比較的手続きをもちいて論じるが、こうした方法を、唐では、教相判釈とか教判と呼んでいた。頼富本宏によれば、こうした論述方法で、空海は、『弁顕密二教論』を著し、密教とそれ以前の仏教（顕教）の違いを論じた、という。論点は次の四つある。[1]

1　能説の仏身（教えを説く仏の性質の違い）
2　所説の教法（説かれる教えの表現法の違い）
3　成仏の遅速（仏と成るために要する時間の違い）
4　教益の勝劣（教えが生み出す功徳の違い）

この比較論によると、大乗仏教（顕教）では、釈迦仏や阿弥陀如来を重視するのに対し、密教の『華厳経』では、「悟りそのものを法身（法の存在）と呼び、そうした真理が宇宙に遍満していると理解したらしい。有名な奈良の大仏は、この『華厳経』の本尊であるが、その『巨大さ』は、宇宙の大きさを象徴的に示している」[2]、という。つまり、力点が、外在的存在である釈迦仏や阿弥陀如来から、悟りという内在的精神原理に移行したのである。ある意味で、禅の先駆的な発想を見ることができる。

この「ほとけ」の概念を徹底的に内在化したことと平行して、その言葉の機能に関する革命的な転換も現れた。すなわち、密教の真言は、事物の単なる記号であることを止め、言葉に直接翻訳できない「法身」（悟り）を、象徴的に指し示す手段と捉えられるようになった。頼富によれば、「密教では、正しく発音された言葉、さらには真実を伝える言葉は、単なる伝達のツール（道具）ではなく、実在世界の象徴としてわれわれにエネルギーを発信していると説く。空海は、難しい言葉で『法身の三昧耶形（さんまやぎょう）』、つまり『実在のシンボル』と呼んでいる……」[3]。つまり、真言は、外部世界の事物を指すよりも、内在化され、象徴化された内なる記憶や意志、情念、さらには、潜在意識にエネルギーを送り込むことのできる、ある種の符牒もしくは呪文のような存在に進化した、と言ってもよいであろう。

空海が山中で唱えた『虚空蔵菩薩求聞持法経（こくうぞうぼさつぐもんじほうきょう）』のエピソードの深層には、こうした密教による「能説の仏身」と「所説の教法」がもたらしたパラダイム転換があり、それを深く信じて実践した者の精神に、内側から働く不思議な作用が顕われたものと考えられる。

空海の後、最澄の天台宗の僧侶、円仁（えんにん）が中国で見聞し、日本に定着させた「念仏」も、空海の真言百万回の延長線上に来るであろう。それは、日本に伝播した大日如来信仰に助けられ、かつ、日本古来の言霊信仰や、素読の習慣ともリンクして、外国語学習法の祖型となる。それが現代まで綿々と持続し、二十世紀になって同時通訳育成法「シャドーイング」や國弘正雄の「只管朗読（しかんろうどく）」となって蘇ったのは偶然ではない。そういう意味でも、空海は、日本における外国語教育史に消しがたい足跡を残した巨人と言わなければならない。

（二〇一〇年九月二七日）

注

一　はじめに

1　薬師寺と唐招提寺

1　(http://detail.chiebukuro.yahoo.co.jp/qa/question_detail/q12114569507)、アクセス日、二〇一六年八月一六日。

2　空海伝説

1　「お話：故峯岸正雄さん　参考資料〝所沢文化財と風土・所沢の伝説〟内野弘」(http://www38.tok2.com/home/hmika/MinwaMituido.htm)、アクセス日、二〇一〇年九月一〇日。

3　『三教指帰（さんごうしいき）』序文

1　渡辺照宏編『最澄・空海集』『日本の思想』第一巻（筑摩書房、一九六九年九月）、一一二～一一三頁。

2　Georgi Lozanov, *Suggestology and Outlines of Suggestopedy* (Translation of Nauka i Iskustvi, Sofia 1971, New York: Gordon & Breach, 1978).

3　渡辺前掲書、一一三頁。

4　渡辺前掲書、一一三頁。

4　唐招提寺のソグド人

1　川崎庸之「空海の生涯と思想」『日本思想大系』第五巻（岩波書店、一九七五年三月）、四一三頁。

2　渡邊照宏他編『三教指帰・性霊集』『日本古典文學大系』第七一巻（岩波書店、一九六五年一一月）、二五二頁。

二　唐に渡った空海

1　真言密教の系譜

2　「福州の観察使（くわんさつし）に請ふて入京（じつけい）する啓（けい）」

1　同右、二七〇頁。

2　以下、現代文訳は、坂田光全講述『性霊集講義』（高野山時報社、一九四二年三月）、一七三〜一七五頁。

3　サンスクリット語を学ぶ

1　宮坂宥勝『空海　生涯と思想』（ちくま学芸文庫、二〇〇三年九月）、一四一頁。
2　同右、一五七頁。
3　以上、上垣外憲一『日本文化交流小史』（中央公論新社、二〇〇〇年四月）、一一八頁。

4　恵果阿闍梨から灌頂を受ける

1　弘法大師著作研究会編『定本弘法大師全集』第一巻（高野山大学密教文化研究所、一九九一年七月）、三五頁。
2　同右、三五〜三六頁。
3　『陳舜臣全集』第六巻（講談社、一九八六年一〇月）。
4　弘法大師著作研究会前掲書、三六頁。
5　宮坂前掲書、四一頁。
6　同右、三六頁。
7　頼富本宏『平安のマルチ文化人空海』（日本放送協会、二〇〇三年四月）、五四〜五五頁。

5　『性霊集』に記録された恵果

1　塩田勉訳。
2　前掲『三教指帰・性霊集』、一九六〜二〇七頁。
3　同右、二〇〇頁。
4　同右、二〇四頁。
5　同右、二〇三〜二〇四頁。
6　現代語訳は、塩田勉。

7　前掲『三教指帰・性霊集』、二〇二頁。

三　空海、帰国後の活動

1　『請来目録』と『文鏡秘府論』

1　「諸の有縁の衆を勧め奉つて秘密の法蔵合せて三十五巻を寫し奉るべき文」『勧縁疏（かんえんのしょ）』とも言われ、『性霊集』第九巻九八にある。同右書、四〇三〜四〇八頁。

2　同右、四〇六頁。

3　弘法大師著作研究会編『定本弘法大師全集』第八巻（高野山大学密教文化研究所、一九九六年九月）、一七〇頁。

4　頼富前掲書、八三頁。

5　Simon Schama, *Landscape and Memory*,（New York: Alfred A. Knopf,1996）pp.385-513.

6　福永光司現代語訳「文鏡秘府論　序」田村晃祐・福永光司編『最澄　空海』『日本の名著』第三巻（中央公論社、一九七七年五月）、三〇四頁。

7　同右、三〇三頁。

8　『文鏡秘府論考』全三巻（大八洲出版、大日本雄弁会講談社、一九四八〜一九五三年）。

9　全五巻（講談社、一九八五年七月〜一九九二年二月）。別冊（笠間書院、二〇〇九年五月）。

10　洛陽社、一九五五年、および旺文社、一九六二年。ともに、最近、ちくま学芸文庫として復刊された。

11　福永前掲書、六三頁。

2　「一般教養」のルーツ

1　宮坂前掲書、一九八〜一九九頁。

3　『秘密曼荼羅十住心論（ひみつまんだらじゅうじゅうしんろん）』

1　『日本思想大系』第五巻（岩波書店、一九七五年三月）。

2　渡辺前掲書、二〇六頁。
3　同右、二一一頁。
4　宮坂、二三七頁。
5　渡辺、二三四頁。
6　宮坂、二三七頁。
7　同右、二三七〜二三八頁。
8　渡辺、二七二頁。
9　宮坂、二三八頁。
10　同右、二三八頁。
11　渡辺、二八四頁。
12　同右、二九五頁。
13　宮坂、二三九頁。
14　渡辺、二九六頁。

4　綜藝種智院の開設

1　宮坂、一八九〜一九〇頁。
2　同右、一九〇〜一九一頁。
3　同右、一九一頁。
4　以上同右、一九一〜一九二頁。
5　同右、一九三頁。
6　同右、一九四〜一九五頁。

7　同右、一九六～一九七頁。

8　同右、一九七～一九八頁。

9　同右、一九八頁。

10　同右、一八七頁。

11　「そのころ、高麗人（こまうど）のまゐれるが中に、かしこき相人（さうにん）ありけるを聞し召（きこめ）して、宮のうちに召（め）さんことは、宇多の帝（みかど）の御誡（いましめ）あれば、いみじう忍（しの）びて、この御子（みこ）を鴻臚館（こうろくわん）に遣（つか）はしたり。」「桐壺」『源氏物語』一『日本古典文學大系』第一四巻（岩波書店、一九五八年一月）、四三～四四頁。

5　真言と素読法

1　頼富前掲書、一〇二～一〇三頁。

2　同右、一〇三頁。

3　同右、一〇四頁。

Ⅳ 中古——最澄

一　古代日本の外国語事情、補筆

1　はじめに

今回は、まず古代日本の外国語事情について、いく分、補筆するところから始めたい。補足する事柄は、

1　〈語学教師〉の原型（プロトタイプ）としての「音博士」
2　外国語（中国＝唐、朝鮮、渤海、奄美・沖縄などの諸言語）と日本語との界面で、多岐にわたる業務をさばいてきた訳語（をさ）／通事（をさ）（通訳）たちの群像
3　当時、中国語が日本語にもたらした、語彙や音韻上の一大変化や、日本の儒学界や仏教界に刻印された言語・文化史的影響
4　中国における仏典翻訳・研究史の概略と、本の外国文化受容における「丸呑み主義」の起源

などについてである。

補筆部分は、最近読むことのできた湯沢質幸の著書に負うところが大きい[1]。この文献は、これまで類書がほとんど扱ってこなかった古代の外国語学習や通訳事情、中国語音韻の影響および心理的側面などを俯瞰した優れた研究である。補筆が済んだら、当時の文化的条件に縛られながら、大きな足跡を残した最澄の事績に筆をのばしてみたい。

2 〈語学教師〉の原型（プロトタイプ）「音博士」の周辺事情

平安時代の支配階級は、公卿、殿上人、地下人（じげにん）に大別され、それを、十一の寮（今で言えば省のような部署）と組み合わせて官位が定められていた。官位は、『延喜式』によって、上から、正一位・従一位、正二位・従二位……と続き、正四位からは、正四位上・正四位下、従四位上・従四位下……と一階級が四区分され、それが、正八位の上下、従八位上下まで続き、さらにその下に、大初位上下、そして最下位に小初位上下が置かれていた。例えば、正一位・従一位は太政大臣（だいじやうだいじん）、正二位・従二位は左大臣・右大臣、正三位は大納言、正四位上下は卿（きょう、けい）、従四位は左右大弁（だいべん）……従五位下が少納言などと呼ばれていた。大学寮のトップは、殿上人に属する八階級のうち、下から二番目が大学頭（だいがくのかみ）（学長）、一番下が文章博士（もんじやうはかせ）というシニア・スカラー、そこから、三階級下の正七位下に、大学大允（おほいまつりごとひと）・助教（すけはかせ）・明教（みやうぎやう）・明法博士（みやうぼうはかせ）、その下の従七位上に、大学少允（すないまつりことひと）・音博士（おむはくじ）・書博士（ふみのはくじ）・算博士（さんのはくじ）らが配され、さらに、三階級下に、大学大属（おほいさうくわん）・大学少属（すないさうくわん）と続き、彼らが最下級の公務員だった。この大学寮儒学科（明経道（みやうぎやうどう））に四〇〇人の学生（がくしょう）を入学させ、中国語古典を教えたわけであるが、教官の地位は、博士・助教・音博士／書博士の順に低くなり、二人の音博士（おんぱかせ／おむはくじ／こえのはかせ）は、教員スタッフの最下層に置かれていた[1]。

官職により支給される「職分田（しきぶんでん）」も博士は五町、助教・音博士は三町、七九一年後は、助教も四町に格上げされたが、音博士は三町に据え置かれた。「一町」は、約百アールだから、音博士は、三ヘクタールの田んぼを支給されたことになる。米に換算すると、現代では、一ヘクタールの田から、米が七〇～一〇〇俵（四二〇〇～六〇〇〇キログラム）採れるので、三ヘクタールだと、昔は二〇〇俵以下の収穫だったであろう。仮に米だけで生活するとなれば、一人年間、二、三俵は食べたであろうから、家族が十人なら、田んぼの半分くらいは、他の穀物や麻や野菜を植えることができたであろう。まあ、なんとか生きていけるだけの広さの田んぼであったことがわかる。ちなみに、土木や建築の力仕事をする労働者には、一日八合（約一・四リットル）の米が支給され、より身分の高い者ははるかに配給量が少なかったそうだから、副菜の少ない当時、米は、労働者の栄養とカロリーの源だったわけである。

さらに、学令(がくりょう)は、「凡(およ)そ博士(はかせ)、助教(すけはかせ)には、皆明経(みやうぎやう)に、師(し)と為(す)るに堪(た)へたらむ者(ひと)を取(と)れ」[2]と定めていた。学令注釈書『令集解』は、「『書算』には『音』も含まれるが、これらの博士の場合『徳行』の有無は関わらない」[3]とし、「音博士」には、単なるスキルがあれば、人間の中身はどうでもよろしい、と言わんばかりであった。外国人の多かった音博士は、人品骨柄も一段低く見積もられたのである。現代の「外国語客員教員」とか「インストラクター」とか「AT」さながら、いつでも交換可能な軽輩と見られていたようだ。ATには、入れ墨をした青年とか、クラスの男子生徒を総なめにした女性ATとか、ネイティヴであればなんでもいい、という学校経営に付け込んで悪事を働く外国語補助教員がバブルのころは増えたようだから、なんだか、昔から変わらないなあ、と溜め息が出てしまう。専門科目教員と非専門科目（基礎もしくは補助科目）教員の、地位や給与面での差別も、八世紀にはもう始まっていた。早稲田大学でも、専門科目の教員は三年留学できるのに、一般教養担当の語学教員は一年しか留学を認めない、といった一般教養担当教員に対する根深い差別が最近まで消えずにいた。由緒ある差別なのである。こうした差別意識は、民主主義を標榜する組合派の教員や、国際化を叫ぶ教員の無意識にも蟠居(ばんきょ)していて、本人は、自分が平安以来の因習を墨守しているなどという自覚はない。湯沢は、「日本における外国文化摂取上の、宿命と言うべきものなのだろうか」[4]と慨嘆している。
音声教育者蔑視と中国語音教育偏重は矛盾しているように見えるが、そこには、政治的な動機が隠されていた。日本は、古来、南方系の呉音をとおして中国文化を受容してきた。日本のようなせせっこましい所に住んでいると、南北で互いに通じない方言を話しているような大きな国の状況を想像することが難しくなるが、現代中国にも、七つの代表的方言がある。北方方言（北京語）、呉方言（上海語）、贛方言（江西語）、湘方言（湖南語）、閩方言（福建語）、客家方言（客家語）、粤方言（広東語）で、呉音は、上海語の音韻をもっていた。中国は、この他にも六〇以上の言語を持つ多言語国家である。

平安時代の初め、遣唐使や留学僧が伝えたのは、唐の首都長安の北方方言であり、新学問としての儒学や新知識は、すべて、新しい音韻、つまり漢音によって学ばれ、留学エリートたちは漢音の学問知識を日本に持ち帰っていた。日本政府は、次第に発言力を強めていた南都奈良の旧仏教勢力を政治の中枢から切り離して囲い込むため、官僚エリート層の教養を、奈良仏教が依拠していた呉音から、儒学や新しい仏教である天台宗や密教、それに行政の実学である儒学を表す漢音へ切り替える戦略に出た。平安遷都にも、呉音に固執する奈良から脱出しようとする意図が働いていたようだ。こうした政治的判断のもとに、学令によって、音博士が導入され、組織的漢音教育の普及が図られたのである。

他方、仏教界は、仏典を呉音で受容し、呉音で勤行してきたから、政府の漢音移行の強行策には根強く抵抗した。漢音は、儒学に依拠した政府官僚組織には浸透したが、仏教界には依然として呉音が残り続けた。音博士は、こうした中央政府の外国語政策遂行の先兵として、エリート教育の中枢に送り込まれたのである。それは、アメリカ発の「グローバル化」に押されて、「国際化」「異文化理解」「役に立つ英語」を掲げた文科省に操られ、文学や哲学のテキストを訳読してきた語学教員たちをお払い箱にしたり、窓際に追いやったり、ネイティヴ・スピーカーや帰国子女に置き換えたりするのに忙しかった諸大学理事会の外国語や教養科目切り捨て政策、それに付随する外国語道具視と変わらない。

こうした文脈の中で、地味な基礎教育を行った音博士たちの記録も乏しいのだが、その僅かな記録によれば、外国人音博士採用は、六九一年九月四日だったことが判明している。「音博士大唐の續守言・薩弘恪、書博士百濟末士善信に、銀、人ごとに二十両賜ふ」[5]。この記録から、大宝律令制定（七〇一）以前から、漢音への転換政策が実施されていたことが読み取れる。さらに、八世紀に活躍した外国人音博士として、袁晋卿（後の清村宿禰）の名前も見える。袁晋卿は、『続日本紀』によれば、第十一次遣唐使の一員として、七三五年、真備に連れられ、十八、九歳で来日、中国古典に明るいことから大学音博士に抜擢され、後に大学頭・阿波守にまで昇進した[6]。また、空海の『性霊集』にも、袁晋卿が、「唐の二大都市、長安と洛陽のしかるべき中国音をマスターして、南方呉地方の三大都市の訛をただしました。晋卿の中国音は美しく、学問に未熟な者達を驚かせまし」[7]たと記されている。これは、袁晋卿の九男浄村（清村）に官職を推薦した書状なのだが、候補者の美点として、その父親の中国語音の美しさを挙げているところが、空海らしくもあり、また、当時の漢音教育に対する政府の力の入れ方を暗示させて興味深い。

八一七年、『弘仁格抄』には、「音生四人を置く応き事」という法令がある、という。当時、大学の「学生」は、学科によって、「明経生」「文章生」などとよばれ、「音生」とは、音博士予備軍の学生であった[8]。音生が学ぶ科目は、中国語の発音で、「音道」と呼ばれた。国際化のかけ声の下に開設された早稲田大学国際教養学部の学生たちは「国際教養学士」号を取得するが、「国際教養学」などという学問は初耳だという人が多い。「音道」もそうした政治的事情で命名された「即席学部」の「にわか学問」だったに違いない。そして「語学教育」が、そうした政治的間に合わせ科目の刻印を昔から帯びてきたことは否めない。政府の都合で、開設されたり閉鎖されたりする、一場限りの見せ物科目や危なっかしい地位と、〈語学教師〉はいつも二人連れである。明治以来、語学エリートを輩出してきた東京外国語大学も、大陸の植民地化のためにアジア諸言語の学科を、百年前に設け、戦後もアジア・

南米諸言語を拡充してきたが、英語がグローバル化し、語学教育観がモノリンガル化すると、予算の無駄とばかり、英語以外の外国語は「仕分け」の対象とされた。外国語教育は、国策にふりまわされ、その存在は、いつも不安定で、独自のアイデンティティを持つことの困難な領域でありつづけたことがわかる。

さて、そうした「音道」設立の消息を伺わせる記録は少ないが、その一つに、朝野鹿取（七七四〜八四三）の卒伝（四、五位の役人の死亡記事のような記述、『続日本紀』）がある。鹿取は、「少くして大学に遊ぶ。頗る史漢に渉る。兼て漢音を知る。始めて音生を試む。相模博士に任ぜらる。後に登科して文章生と為る。」、とあり、鹿取は、音道科（中国語音専攻コース）を受験したことが分かる。

また、七九八年の『史記抄』『令抄』には、「太政官宣。一、諸の読書出身人等には、皆漢音を読ましむ。呉音を用ゐること勿れ」、とあって、公に呉音の使用を禁じている。「読書出身人」とは、「儒書の読（中国音による諳誦）を修めただけで任官する学生達」[9]のことで、そういう学生には、呉音ではなく漢音で諳誦させよ、とのお達しである。この令より少し前、七九二年の『日本紀略』には、「勅。明経の徒は音を習ふを事とせず。発声誦読は既に訛謬を致す。宜しく漢音に熟習すべし。」とあり、[10]政府は、「通じる中国語音」である「漢音」で、未来の官僚を教育することに腐心していたことが伺われる。

外国語教師の第一世代は、通常、ネイティヴ・スピーカーによって担われるが、彼らが育てた日本人教師が、やがて、第二世代から現れはじめる。明治時代のお雇い外国人なども第一世代の典型だし、一九七〇〜八〇年代に主導権を握っていた日本人日本語教員が、次第に減り、現地語話者の教員に置き換えられていったのもその例に漏れない。古代日本でも、九世紀になると日本人音博士が出現するようになる。『続日本後紀』や『三代実録』には、上毛野永世、清内御園、清内雄行（御園の子）、秦永宗（惟宗永宗）、六人部門継（高貞門継）、物部弥範らが日本人音博士として登場している。[11]こうした音博士は、儒学に通じていたはずで、例えば、清内雄行（八一一〜八八三）は、「昔、文徳天皇龍潜して、梨本の院に御す時、雄行侍読し、孝経を講じ奉る」[12]、と述べられている。現代の〈語学教師〉が、プロゼミとか、自由選択科目として、自己本来の専門である文学について、要卒単位にはならない窓際科目の担当を辛うじて許される事情に似て、音博士も、時として、儒学の講義のまねごとをすることが認められていたらしい。

音博士の実力は、呉音の訛のない漢音を、正確に発音できるかどうかで測られた。そうした評価を示す記録もわずかながら残されている。例えば、朝野鹿取（七七四〜八四三）は、「兼て漢音を知る。始めて音生を試む」[13]、また、仁明天皇（八一〇〜八五〇）も頭脳明晰にして儒学をよくし、「能く漢音を練ず。其の清濁を弁ず」（「中国音を一生懸命学び、その清濁をきちんと弁別できた。[14]」）、と賞賛され、他方、善道真貞（七六九〜八四五）は、才能のある明経生で、皇太子に儒学を教える役まで努めたが、「なんと、旧来漢音を学ばず。字の四声を弁ぜず。教授に至りては、惣て世俗踳訛の音を用ゐるのみ。」（「なんと、以前から中国音を勉強していなかった。中国音の重要な要素である四声＝声調（アクセント）も、よく分からない。だから、授業の時は、世俗に通用している、あやしげな訛った音を使っていたという。[15]」）、とこき下ろされている。

まあ、音博士たちも千二百年後の平成時代に、自分の中国語発音が、ブロークンでなっちょらんかったなんて暴露されるとは思いもよらなかったであろう。個人情報保護法などと騒ぐが、バビロニアとかローマの古代人とか、日本の古代人たちも、ゴシップ誌や大衆週刊誌並みの好奇心をもった考古学者や歴史学者たちが、粘土板や木簡にこっそり書いた、不倫とか、悪口とか、不満まで、洗いざらいほじくり出してしまうし、古代ポンペイ市民なども、断末魔の恥ずかしい姿まで石膏に取られて、世界中の野次馬の目にさらされているのだから、「死ねば恥はかき捨て」と言わんばかりで気の毒なことである。宮内庁が、古墳の発掘を許さない、頑な姿勢は、案外、現代人が失った神経を残しているのかも知れない。

閑話休題、ただ、中国語のテキストを正確に理解し、内容を広く識っていること、つまり学問優先の原則はあくまで堅持されていたから、漢文の文章力こそ求められても、トホホな発音は、学者としての昇進や名声に影響は与えなかった。いきおい、中国語会話が堪能な僧侶や貴族は、必ずしも尊敬されぬ少数派に属したことになる。むろん十七年も唐にいて帰国した吉備真備（六九五～七七五）のような例外もあり、持ち前の対人能力と抜群の記憶力によって、短期間に信じられないほどの運用能力を身につけた空海のような天才も存在したが、中には、空海の同期生である留学生、橘逸勢（？～八四二）のように、せっかく唐に留学したのに中国語授業はチンプンカンプン、長期留学生として入唐した資格を返上して、空海に帰国許可申請書を代筆してもらい、尻に帆をかけ引き上げてきた落伍者もあった。彼は、嵯峨天皇、空海とともに、三筆の一人として知られる大学者だったけれども、語学音痴の登校拒否児でもあったことを知るとちょっとほっとさせられる。湯沢によれば、当時、「中国語会話力を備えていた人がほとんどいなかったこと、だから、中国語力不足は学識者にとって恥ずかしくも何でもなかった……」[16]そうで「みんな話せないのだから、話せなくたって問題ない！」と開き直れたらしい。こうした学者や文化人が入唐した場合、それを補佐し支えたのは、無名の訳語／通事（通訳）と呼ばれた〈語学教師〉たちであった。

３　訳語／通事（通訳）たちの群像

古代日本をめぐる外国語には、中国語・新羅語・奄美語・渤海語などがあり、それらの外国語と日本語との境界で、無名の訳語たちは活躍していた。「をさ」の文献における初出は、『日本書紀』推古天皇の事績にある。

小野臣妹子を大唐に遣す。鞍作福利を以て通事とす。[1]

造船術や馬具制作技術は、渡来人がもたらしたものだから、鞍作福利という名前は、彼が中国系渡来人であったこと示している。

この後、訳語／通事の現れる古代資料は、律令細則集の『延喜式』である。『延喜式』と聞くと、祝詞や宣命を思い浮かべるが、『大宝律令』の修正条項は「格」、施行細則は「式」と呼ばれ、延喜五年（九〇五）、醍醐天皇によって編纂された朝廷執務運営マニュアルが『延喜式』であった。全五〇巻、約三三〇〇条からなる細則集の最初の十巻が、神祇官関係文書に当てられていたため、『延喜式』というと、祝詞を思い出す習慣が形成されたのである。

「訳語」への言及は、『延喜式』の「対外派遣使節団と来日外国使節団への賜り物の規定の中に、集中的に現れている」という。例えば、渤海からの使節団構成は、「入渤海使。判官。録事。訳語・主神・医師・陰陽師。史生・船師・射手・卜部……[2]」とあり、そこには、大通事、小（少）通事、通事、訳語、大唐通事、渤海通事、百済通事、新羅奄美等通事、船頭通事などの職名が見える。

当時の大陸との航路は、朝鮮半島、屋久島や奄美諸島、五島列島、渤海国などの範囲にまで及んでいた。漂流は、日常茶飯事であったし、第十次遣唐使は、ベトナムまで流れ着いているので、使節団や遣唐使船には、あらかじめ、寄港したり漂着したりする可能性のある場所の言語を解する訳語を乗船させていた。八三八年、円仁の『入唐求法巡礼行記』には、新羅人船員が「六十余人」乗り込んでいたと記されている。[3] 中国沿岸部には、新羅人のコロニーが多かったからである。新羅人以外の水夫との意思疎通のためには、「船通事」も乗り込んでいたらしい。唐語、新羅語、百済語、奄美語などは、大陸と日本を通う船乗りたちの間を日常的に行き交う外国語であり、そうした船上員のための通事も乗りこんでいたわけである。通事は、乗客・乗員の様々な相談や雑用をこなす、コンパニオンもしくはアテンダントでもあった。

また、『続日本後紀』には、七二二年、「陸奥蝦夷、大隈薩摩隼人等を征討せる将軍已下、及び有る蝦夷、并びに訳語なる人に勲位を授く[4]」、とあって、アイヌ語通訳が存在していた可能性もある。古代においては、奄美も蝦夷の方言も外国語と見なされていたからである。

通訳たちの身分は、大使、副使、判官、録事、つまり幹部官僚の下に位置づけられ、船長と同格かその上に置かれて、従五位下の官位を与えられた。『延喜式』によれば、賜り物は、録事「絁（粗製の絹布）十疋・綿二十屯」とあり、訳語は「絁五疋・綿二十屯」だった。[5]「絁」とは「〈悪し絹〉、すなわち、太い糸で織った粗末な絹布」、「疋」とは二反つづきの反物を表す単位、「反」とは、約一〇メートルで一着の衣服に要する単位、「屯」は、古代日本における真綿の質量・取引単位、一屯は一五〇グラムとも四五〇グラムとも言われている。訳語に下賜される二十屯の綿は、約三キログラムもしくは九キログラムに当たり、当時、ふとんは使用されていなかったが、イメージを摑むためにふとんに換算すると、通常、掛けぶとんには約三キログラム、敷きぶとんには約六キログラムの綿が使われているから、訳語は、敷きぶとん一枚から三枚分に相当する綿と、着物が十枚取れるほどの絹を、ご褒美にいただけたことになる。

外国側賓客の訳語に関しては、七七九年には高説昌が、八一六年には李俊雄が、八二六年には李隆郎と李承宗が、それぞれ従五位下を賜っていたと記録されている。[6] しかし、日本側通訳で、わずかに名前や官位を記録にとどめている者は三名にすぎず、八五九年、第二六次渤海使来朝のおり、「大初位下春日朝臣宅成を、渤海通事とす」[7]、とあるだけである。だから、訳語春日朝臣宅成の地位は、三十ある位階の下から三番目、まあ、「〇〇係補佐」とか、「〇〇係見習い」みたいな、しがない身分にすぎなかった。

宅成は、八四七年に九年滞在した唐から三十五歳のときに帰国し、唐では、商務関係業務の担当者で、宗健という男の子がおり、父親を手伝っていたこと、大初位上に任じられたときは五十前後の年齢に達していたこと、六十歳前後になって、園池正の地位に昇進したことなどが知られている。「園地」とは、律令制で、口分田のほかに、桑や漆、野菜や果物を植えるため、私有財産として与えられた土地で、園池正とは、そこの長を意味した。宅成は、次いで、八七七年、外従五位下、次の年には、大隈守になった。彼が与えられた正六位上が、通事の出世の最高到達点だった。これだけ詳しく出世の経歴が記載され、また、異例の出世をとげた通事は宅成のほかにはいない。[8]
官名と実名が散見する通事には、あと、伊勢興房と大和有卿がいる。興房は、八七二年の第二八次、および八八三年の第三〇次渤海使対応通事を務めた。地位は、地方官僚の最下位だった。有卿は、第三四次渤海使（九一九）の通事を務めたが、もともと「阿波の権掾」であったから、地方官四等中三位の官僚どまりであった。阿波（徳島県）の「掾」は、従七位上にあたる。

他に、七七六年、第九次渤海使に対して、山於野上という舎人が通事に任命されている。[9]「舎人」とは、皇族のそばで、雑役と警護をさせられた官僚の研修生である。八二一年の『内裏式』（殿上人や蔵人が座右に置いた公務員規則集のようなもの）には、外国使節用通訳は、五位か六位とされていたが、実際には、五位の者など皆無であった。当時、皇居の殿上に昇れるのも、大学寮入学も、五位以上の官人に限られていたから、通事・訳語たちは、万年ノン・キャリ組で、要路から組織的にはずされていたのである。しかし、訳語／通事は、大勢いて、遣唐使船に乗って何度も来日する渤海使の接待を担当し、遣唐使船に乗り込み、命がけで国家のために働いていたはずであるが、数えるほどしか任官記録が残っていない。どうも〈語学教師〉のご先祖様はうだつの上がらない身分に甘んじていたものと察せられる。訳語たち影の薄さは、いわば、下請け・孫請け・派遣社員、パートに嘱託・インターンなどと蔑まれ、原発の３Ｋ仕事を丸投げされている作業員を思い起こさせる。中央で涼しげな顔で記者会見に臨んでいる会長・社長・部長など幹部社員は、五位以上の官人に当たるわけで、外国語関係労働者の人権が、平安時代から、どれだけ進歩したのか、きわめて疑しい。

そういう下働きの訳語たちは、外国の政治・文化・事情にかかわる厄介事の一切を引き受けさせられていた。円仁の『入唐求法巡礼行記』は、雑用に明け暮れる遣唐使付き通訳や、唐定住通訳たちの日常を書き留めている。円仁が、八三八年の遣唐使船に乗ったとき、大宅年雄・紀春主と、朴正長・金正南ら新羅人二人の通事も同船していた。また楚州在住の新羅人劉慎言と、帰国船に乗船した新羅人通訳道玄も乗り合わせていた。

彼らは、日常の通訳もこなしたが、例えば、新羅人通訳の金正南は、今で言えば、派遣添乗員もしくは外国人インターンのような働きぶりであった。彼は、承和五年（八三八）六月二八日、遣唐使船が大陸に接近したときに、「聞くところによりますと、揚州の掘港は通過がむずかしいということですが、いまや、もう白水を越えてしまっております。どうも掘港を越えたように思われてなりませんが」[10]と大使に進言するパイロット役も務めている。同年、十二月十八日には、「新羅人の通訳金正南は往路の第一船・第四船の破損の度が大きかったので、遣唐諸使の帰国の船を決めるために楚州に向かって出発していった」[11]とあり、通訳は、船舶修理やその購入の商談・交渉にも当たり、さらに、翌年、閏正月四日、「新羅人の通訳金正南の要請で購入した船を修理させるために、工匠の監督、大工、船工、鍛工（かじ屋）ら三十六人を楚州（のちの淮安）に向け出発させた」[12]、とあって、彼が、船体修理の日程調整、人員確保、派遣業務までさばいたことがわかる。さらに、八三九年二月二十四日の記録には、大使が長安に着いたとき、「九隻の船を雇ってそれを修理させたいということを天子に奏上しお願いしようとしたのであるが、使節接待担当の礼賓院の長官が言うには、〝まだ天子に拝謁していないうちに、それに先立っていろいろな事を奏上することはできない〟ということであった。再三、催促して上奏させたところ、ただ船を雇って修理するということについてだけは許可が出たが、請益僧圓仁らを台州に赴かせることについては勅許が下りなかった」[13]とあり、訳語金正南は、姑息で官僚的な唐政府の地方官僚を相手に粘り、現実的な成果を勝ち取るまで交渉を続けたことがわかる。つまり、外交官役まで引き受けていたのである。遣唐使船の全乗員にとって、船の確保やメンテは、死命を制する大事だったから、その交渉の正否が、訳語金正南の双肩にかかっていたことになる。

他方、唐に在住して働いた通事、劉慎言が、円仁を初めとする日本人たちのために膨大な雑務をこなしてくれたという記録も残されている。湯沢は、劉の活躍ぶりをこう総括している。

彼は大陸を南北に貫く大運河の要衝地＝楚州にいて、広く遣唐使や在唐日本人の世話をしていた。日本のために各地の役所や、有力者に話をつけたり、日本から、また日本への金品や手紙の受け渡しをしたりもする。……金正南が楚州に帰国船の購入に行ったのは、大都市楚州でなければ大型船舶の購入ができなかったためであろうが、おそらくその際にも慎玄の力を借りたに違いない。……よくもあれこれと日本人の世話をしたものである。遣唐使を初めとして、彼の世話にならなかった入唐日本人は、一人としていなかったのではないだろうか。もちろん、そうしたことは、彼一人でできるはずがない。楚州の「新羅坊惣管(そうかん)」(深谷憲一氏訳では「新羅人街の居留民団長」)という要職にあったからこそ、現地新羅人を動かして、日本側のいろいろな要望によく応えることができたのである。[14]

つまり劉慎言は、在唐日本人会会長もしくは、在唐日本人支援団長といった存在であった。当時、祖国を離れた新羅人たちの苦労をよく知っていたことや、日本が新羅人を、先進国の知識人・技術者として、敬意をもって遇した事情などが、劉のようなありがたい通事を生んだ背景にはあったものと想像される。

現代の日本の大学で働くネイティヴ・スピーカーのスタッフの中には、実に多くの学生や同僚たちの質問に答え、推薦状を書き、同僚の公文書や、学会報告や論文、博士論文など、ヘタクソな外国語の文章を無償で添削し、海外の大学との提携の下準備を整えてくれるありがたい人材がいる。そういう地味な支援は、お金にもならず、昇進や地位にも繋がらず、まったくの縁の下の力持ちのボランティア活動である。日本の研究者や大学経営者たちは、必ずしも、そうした外国人の同僚や友人の貢献を、自分の著作や翻訳のはしがきや謝辞、あるいは校史に記さず、自分だけの手柄にして澄ましている場合が多い。しかし、日本に長年滞在し、嫌な顔ひとつせず、日本人の外国語作文力を支え、提携校などの開拓に協力してくれている外国人教員たちのお蔭で、どれだけ多くの日本人研究者が海外の学会にデビューし、外国語による学術論文を完成させることができたか、また、どれだけ多くの教育機関が海外の学校との提携を果たすことができたか量り知れない。我々、純ジャパ語学教員や研究者、世間知らずの大学経営者や理事たちは、劉慎言らの名前とともに、日本人びいきの外国人スタッフに対する感謝の念を忘れないようにしたいものだ。

4　中国語通訳養成の周辺

古代日本におけるアジア諸国との共通語は中国語であった。それは、西欧世界における「コイネー」（紀元前五世紀から前三世紀にかけて、地中海東部世界で通用した標準ギリシア語）やラテン語、東地中海一帯に通用するリンガ・フランカに匹敵する、アジアの共通言語だったのである。そのため、朝廷は、七三〇年、通訳養成の詔を発した。『続日本紀』にはこうある。

太政官奏して称ふ。……諸蕃異域、風俗同じからず。若し訳語無くんば、以ちて事を通じ難し。仍ち粟田朝臣馬養、播磨直乙安、陽胡史真身。秦忌寸朝元。文元貞等五人に仰せて、各弟子二人を取りて、漢語を習はしむ。詔して、並びに之を許す。[1]

ここに並べられている人々の名前には、「馬養」、「胡」、「秦」など、いずれも渡来人の出自を示す文字が含まれている。上記の内容は、「五人の教師に命じて、十人の中国語通訳を作らせたい」[2]という太政官の発議を天皇が認可した、というものである。しかし、八一七年の『日本紀略』に、再び、「入色四人、白丁（はくちやう・はくてい）六人を選び、大学寮において、漢語を学ばしむべし」（「入色」も「白丁（はくちやう・はくてい）」も最下層の役人）、とあり、さらに、同年の勅「弘仁格抄」（『大宝律令』の修正条項）は「音生四人を置く応き事」「漢語を習ふ応き事」[3]、と繰り返えされている。これらの記録から、それまでの「場当たり的な通訳任命」[4]や養成を改め、もともとエリートしか入学が許されなかった大学寮に、下層庶民出身学生のための専門学科、つまり通訳養成学科（音道）を設けたことが分かる。ここで言う「五人の教師」の中には、前回、紹介した秦朝元（生没年不明）も入っていた。

白丁や入色など雑任の大学寮入学を認めたのは、七三〇年であったが、彼らが学ぶ中国語や発音コースが設置されたのは、八一七年のことである。こうした大学寮の中国語学科に入学した庶民の身分を理解するために、用語を解説しておきたい。「雑任」とは、四等官の下で、雑務に従事した、白丁・入色・嘱官・官掌・史生・舎人などの下層身分の属官を指す。「四等官」とは、「律令制諸官庁の管理職に当たる四等級の官。通常は長官（かみ）・次官（すけ）・判官（じょう）・主典（さかん）の職階制をとる。官庁の格によって、たとえば、省では卿・輔・丞・録、寮では頭・助・允・属、国司は守・介・掾・目、郡司は大領・少領・主政・主帳などと文字を異にするが、呼び方は音読とは別にすべてカミ・スケ・ジョウ・サカンとも読む」[5]。だから、例えば、大学の総長は、「大学頭」となり「だいがくのかみ」と呼ぶ。こうした役付の下働きが、中国語学科、すなわち中国語通訳の候補生となったのである。

「白丁」とは、もともと糊を濃くつけた白布の狩衣で、口分田をもらい税をおさめはするが、無位無冠の者が着けていた「しらはり」とか「小張」呼ばれる布を意味した。そこから、諸宮司・神社の雑役・貴族の傘持ち・沓持ち・馬丁などを白丁と呼ぶようになった。着色した衣服の着用は、官位のある役人に限られていた。「入色」とは、官司に任用された者だから、白丁よりはましな身分であったが、下級役人であることには変わりがなかった。

「嘱官」は下級官吏一般だが、「官掌」は、太政官弁官の下で働く使部の監督で、官庁および設備の管理・整備を担当していた。つまり、会社の照明とか配管などのメンテを行う営繕・庶務担当みたいなものである。「史生」は、四等官の下で、公文書書写・浄書を担当したコピー用員みたいな下級書記官、「舎人」は、宿直・警備・雑用係で、ガードマンとパシリを一緒くたにしたような身分だった。

まあ、通訳養成コースに召集されたのは、あちこちの職場から掻き集められた、臨時雇い・下請け・孫請け・派遣社員・バイト・フリーター・インターンといった類いの面々だったと思えばよい。

そのころ、嵯峨天皇（七八六〜八四二）は、「文章経国」を唱えていた。つまり、「国を経(をさ)め家を治(をさ)めるに、文より善(よ)きはなく、身を立て名を掲(あ)ぐるに、学より尚(なほ)きはなし」[6]、とする文化運動の先頭に立ち、最初の勅撰中国語詩集『凌雲集(りょううんしゅう)』を編纂した。中国文化を追いかける時代風潮の中で、中国通訳養成科も大学に設置されたのである。

しかし、大学の儒学界で用いられた中国古典読書音は、漢音を基礎とし、平安中期までに固定化されていた。他方、通訳使用音は、不断に変化をとげる日常の中国語音を反映していたから、儒学界が使う漢音と、通訳が使う当代音との差は、時代とともに容赦なく広がっていった。例えば、それは、地名における、漢音読みと近現代中国音的読みとを比べてみると、ある程度想像がつく、と湯沢はいう。香港（キョウコウ／ホンコン）、上海（ショウカイ／シャンハイ）、青島（セイトウ／チンタオ）、北京（ホッケイ／ペキン）のように。[7]古典ラテン語音が、中世には、俗ラテン語となり、やがて、ロマンス系諸言語に分化していったため生じた、古代ラテン語とイタリア語やフランス語音との差に例えられる現象である。

　通訳の主流は、中国語であったが、当時、新羅や渤海との交流も盛んであったことから、両国語の通訳養成も実施された。七六一年、『続日本紀』には、「美濃武蔵二国の少年、国毎(ごと)に二十人に新羅語を習はしむ。新羅を征(う)たんがためなり」[8]、とあり、太平洋戦争中、英語を敵性語として禁じた軍部よりも、古代の朝廷は、敵国言語の習得の重要性を弁えていた。東北の美濃・武蔵で新羅語通訳養成を行ったことには理由がある。七一五年、『続日本紀』を見ると、

　席田君迩近(むしろたのきみにこん)と新羅人七十四家を、美濃の国に貫(とほ)して[9]……

とあり、七五八年に七四人を、七六〇年に一三一人を、武蔵国に入植させている。実際、旧武蔵国の一部であった埼玉県にも、高麗村という地名が残っているほどである。こうした渡来人の子孫から新羅語通訳が生まれたと見てよい。それは、栃木県の大田原市や静岡県の浜松市に、日系ブラジル人がたくさん住み着いてポルトガル語新聞まで出している実状を思い合わせてみれば、古代日本の都から離れた場所に、朝鮮系の渡来人の子孫が住み着き、プチ・コリアを形成していたとしても不思議ではない。

さらに、『延喜式』「蕃客に賜ふ例」[10]に、「学語生」ということばがあり、また、『日本書紀』には「習言者」という用語があって、今流に言えば、日本語研修生を意味した。八世紀には、新羅が、金若弼と金原升らに引率させて、「習言者」三人を日本へ留学させたという記術が、『日本書紀』[11]や『続日本紀』に見える。また、『日本後紀』には、「新羅訳語」という語も見えるから、日本側にも新羅語通訳がいたことは明らかであろう。すでに七世紀から、『日本書紀』には、百済からの渡来人・亡命者を数百人単位であちこちに入植させたと記録されているので、[12]合計は、四千から五千人に上ったものと思われる。朝鮮系の言語は、かなり、身近かな外国語だったわけである。

以上を要するに、アジア諸国との外交、文化交流のキーパーソンが活躍する現場で、日本を代表する政治家や学者や仏教僧の活動を、下支えした通訳たち、つまり古代の〈語学教師〉たちは、日本の歴史・文化にとって忘れてはならないシャドー・ワーカーだった。彼らは、いずれも身分が賤しく、地味な存在でありながら、外国語圏とかかわる日本の文化発展にとって、消しがたい足跡を残したといわなければならない。

二　音韻推移をめぐって

1　言語文化的側面

「素読」の底に横たわる呪術的魔力や、やがて円仁がもたらす「念仏」の威力を理解していただくために、言語が変化する際に起こす「音韻推移」について、あらかじめ了解していただく必要がある。これは、教養課程の「言語学入門」などで習う言語科学の常識に属するが、読者によっては、「言語学入門」などに縁のなかった方もおいでになるかも知れない。

言語に限らず、気温や気圧、日照や風向など、自然は変化してやまない。言語の意味や音韻も、不断に変化する自然現象のひとつである。人類が文字を発明し学校をつくり、ある時代の音韻を、基準として固定して再生産するようになってからは、音韻推移の速度も鈍ったけれども、日本語の旧仮名と新仮名、英仏語の綴りと発音との落差が示すように、言語は、教育による発音の固定化をものともせず音韻変化を続けてきた。

例えば、英語の起源は、約六千年前、黒海の北部一帯に棲息していた民族の言語（インド・ヨーロッパ語＝印欧語）にまで遡ることができる。約四千年後、キリストが出現したころ、その言語集団からゲルマン語族が分離した。そのとき、ゲルマン語は、〈グリムの法則〉にしたがって、印欧語とは異なる音韻体系をもつ言語に変化した。
現実の印欧語テキストは、六千年も昔で文字のない時代だから残っていない。だから、印欧語の話をするときには、とりあえず、印欧語の時代に現代語より近い、文字をもった古代語を引き合いに出して比較する。サンスクリット語（梵語）、古代ギリシア語、ラテン語などが、印欧語比較言語学の材料になる。サンスクリット語で父は「ピタル」、古代ギリシア語で「パテール」、ラテン語で「パテル」であったが、いずれの語頭にもパ行音がきていることに気付く。しかし、ゲルマン系言語に移ると、英語は「ファーザー」、ドイツ語も「ファーター」となり、ファ行音で始まっている。これは、偶然かしら、と他の単語も調べて見ると、ギリシア語で「足、プース［オイデプスは腫れた足の意味］、ポドス（属格）」、ラテン語で「ペース、ペディス（属格）」が、英語で「フット、フィート」、ドイツ語で「フス、フューセ（複）」となっているから、印欧語のパ行音からゲルマン語のファ行音への移行は体系的であったことが判かる。こうした事実を発見したのがヤーコプ・グリム（一七八五～一八六三）で、これに類する他の音韻対応も含めて〈グリムの法則〉と呼ぶ。[1]
こうして、現代日本語が呉音と漢音、両音を温存しているように、英語も印欧語とゲルマン語両系統の語彙を現代に留めている。例えば、「paternal と fatherly」、「pedal と of foot」という具合に。
さて、印欧語から枝分かれした古代の英語は、例えば、こんな響きをもっていた。

ホワット！　ウエー　ガールデナ　イン　イエールダグン
セオル（ドウ）キュンニガ　スルム　イエフルーノン

Hwæt! Wé Gárdena in géardagum
Þéodcyninga þrym gefrúnon·

Listen! We —— of the Spear-Danes in the days of yore,
of those clan-kings —— heard of their glory.

いざ聴き給え、そのかみの槍の誉れ高きデネ人の勲、
民の王たる人々の武名は、……耳におよぶところとなった。[2]

聖徳太子が「十七条憲法」を起草したころ、イギリスでは、こんな英語を話していたのである。なんだか、英語とは思えない音調で、ときどき、北欧で開催されるスポーツ大会の実況で耳にする北方ゲルマン諸語に似た響きを持っている。それもそのはず、「デネ人」とはデンマーク人、もともと、イギリス人の祖先のアングロ・サクソンやジュート族は、あの辺りからイギリスに渡ってきた民族だった。デンマークのユトランド半島（Jutland）は、文字どおり、ジュート族（Jutes）の土地を意味した。『ベーオウルフ』を歌った古英語は、ゲルマン語の古い響きを温存し、正調で「江差追分」を聞くような、遠く大陸の音韻を伝えるものだった。

ところが、一〇六六年、ゲルマン系の古英語は、突然、ロマンス系ノルマン民族に襲われ、数世紀の間、その支配下に置かれた。古代ラテン語から分岐してフランス語の古形となったノルマン語は、地中海民族のもつ解放感にみちた、伸びやかな音調をもっていた。むろん、イギリスの庶民は英語を話し続けたが、文化の中核となる宮廷や教会の支配者は、ノルマン人でノルマン語を話し、語彙が貧弱で、音調も田舎臭かった古英語を遺憾なく変貌させ、政治・軍事・宗教・文化・料理にいたるまでフランス系語彙で充満させた。

チョーサーが『カンタベリー物語』を、フランス語臭たっぷりの英語で歌い出したとき、その音調は、洗練されて伸びのある中世英語につくり変えられていた。『カンタベリー物語』のプロローグは、

ホワン　サット　アップリール　ウィス　ヒス　シューレス　ソーテ
ザ　ドラフト　オヴ　マルチ　ハス　ペルセッド　トゥ　ザ　ローテ

When that aprill with his shoures soote
The droughte of march hath percèd to the roote

時は四月。
夕立ちがやわらかにやってきて、三月のひでりの根本（ねもと）までしみとおってしまう。[3]

という具合に、快い音調を響かせ、現代英語のような曖昧母音はなく、フランス語的な母音の明晰性が際立っていた。

ところが、その後、一世紀も経つと、イギリスは、イギリス国教への踏み切り、旧教修道院の打ち壊しや、カトリック大国スペインの無敵艦隊撃退などを契機として、国風文化へ舵（かじ）を切った。イギリス独自の文学や音楽が結実したのは、言うまでもなく、この大転換を始めたヘンリー八世とその娘エリザベスの王朝になってからのことであった。そして、まさに十五世紀から十六世紀にかけて、一大音韻変化も生じて、フランス語臭かった中世英語は、ぱりぱりの（crispy）ブリティシュへ変貌を遂げたのである。

例えば、drive は、一四〇〇年頃の中世英語では「ドリーヴ」だったが、百年後、近代英語の曙が訪れるころには「ドレイヴ」となり、一七〇〇年頃までに現代英語とほぼ同じ「ドライヴ」に落ち着いた。同様に、house も「フース」、「ホウス」、「ハウス」、take は、「ターク」、「テーク」「テイク」という順で母音を変化させ現代英語の音韻に変わった。英語史では、これを「大母音推移」と呼んでいる。英語学系の人はともかく、英米文学系以外の出身者にとっては、忘れてしまった名称かもしれない。

大母音推移以前の発音、ドリーヴ、ターク、フースなどは、英語のスペルを、フランス語読みした音価をもっていたのだから、大母音韻推移によって、英語音は、英語臭くなり、英語的アイデンティティを獲得したといっても過言ではない。

第二外国語で、ドイツ語やフランス語を学ぶと、スペルと発音の間に厳密な対応があって覚えやすい。しかし、英語では、同じ、〝a〟という文字でも、日本語の「ア、a」に近かったり、背中をポンと叩かれて出す「アッ！ʌ」だったり、寝ていた背中に子供に飛び降りられて叫ぶ「(グワ) アア æ」だったり、お盆の法事で忙しい坊さんが「ナンマンダブ、ヌンミンダビ、ニンムンダべ…… ə」といい加減に唱えたような語尾だったり、いろいろである。それだけではない、take, ask, bag, arm のように、英語は母音が勝手に伸びたり縮んだり二重母音になったりする。英語は、母音がめんどうな言語になったのである。そして〈大母音推移〉こそ、スペルと発音の対応をめちゃめちゃにし、単一だった母音をひん曲げたり散らしたりして、初心者を単語テスト嫌いにしてくれた張本人に他ならない。

こうした音韻推移が起こると、決まって、言語変化に対する保守派の反動と、新しい言語に対する革新派の擁護の混じり合う潮目が現れる。保守派は、中世英語やラテン語にかじりつく一方、革新派は、新英語時代の曙を前に、国粋的な文体を樹立しようと果敢に挑戦する。そうした端境期の走りに現れたジョン・スケルトンのような先駆者は、まだ泥臭い英語で詩を書くほかなかったが、旬になるとスペンサーのような国民詩人が現れ、英語らしく洗練された文体で『妖精の女王』を完成させる。さらに、真打ちのシェイクスピアは、新しがり屋のミーハーが飛びつくような流行語から学者好みのラテン系の語彙まで流れ込むせきとめ湖をこだわりなく泳ぎ回り、巨大な語嚢に呑み込んだ数万語を惜しみなく吐き出しながら演劇的宇宙を創造した。シェイクスピアは、英語の変化に点睛を加え、切れば血の出るようなブリティッシュに仕上げたのである。

音韻推移は、こうして見ると、言語文化史上、意味深い出来事であったことがわかる。古代日本を支配していた、中国語の呉音から唐音への音韻推移も、興味深い事件だった。そこでまず、我々が、必ずしも体系的に認識していない、呉音と漢音の対応関係を瞥見しておきたいと思う。普段、無意識でいる漢字の読み方には、呉音と漢音の対応関係が隠れている。それは、印欧語のパ行音がゲルマン語のファ行音に体系的に対応する隠れた関係性に似ている。以下、湯沢の対照表[4]に漢語の実例を加えながら、呉・漢音の対照性を眺めてみよう。普段、気付かずにいる呉・漢音の体系的対応関係が、漢字の二重の発音となって現代日本語に染み込んでいることに改めて驚かされる。

1　頭子音

呉音マ行音と漢音バ行音

米　マイ・ベイ　（新米、米国）
幕　マク・バク　（横断幕、幕僚）
万　マン・バン　（一万里、万里の長城）
未　ミ・ビ　（未来、未月（びげつ）［陰暦六月の別名］）
無　ム・ブ　（無視、無難）
模　モ・ボ　（模倣、規模）

呉音ニャ行音と漢音のザ行音

児　ニ・ジ　（小児、児童）
日　ニチ・ジツ　（初日、好日）

如　ニョ・ジョ（如来、如露）
柔　ニュウ・ジュウ（柔和、柔道）
人　ニン・ジン（本人、人道）

呉音ナ行音と漢音ダ行音

内　ナイ・ダイ（内政、内裏）
男　ナン・ダン（長男、男子）
尼　ニ・ジ（尼僧、尼院）
女　ニョ・ジョ（女人、女子）
奴／怒　ヌ・ド（奴婢／奴隷、憤怒／怒気）

清濁対応関係では、

呉音バ行音と漢音ハ行音

伴　バン・ハン（お相伴、伴侶）
白　ビャク・ハク（黒白、白色）
分　ブン・フン（分子、分別）
平　ビョウ・ヘイ（平等、平和）
煩　ボン・ハン（煩悩、煩雑）

呉音ダ行音と漢音タ行音

大　ダイ・タイ（大小、大切）

重　ジュウ・チョウ（重大、重宝（ちょうほう））

定　ジョウ・テイ（定規（じょうぎ）、定価）

頭　ズ・トウ（頭痛、念頭）

土　ド・ト（粘土、土地）

呉音ガ行音と漢音カ行音

求　グ・キュウ（求法（ぐほう）、求職）

強　ゴウ・キョウ（強奪（ごうだつ）、強力）

極　ゴク・キョク（極悪、極端）

勤　ゴン・キン（勤行（ごんぎょう）、精勤（せいきん））

権　ゴン・ケン（権化（ごんげ）、権利）

2　韻

呉音エ段音と漢音ア段音

仮／家　ケ・カ（仮病（けびょう）／仮定、出家（しゅっけ）／家族）

化／華　ケ・カ（化粧／化石、華飾（かしょく）／華鬘（けまん）［仏前を飾る装飾品］）

下／夏　ゲ・カ（下水／地下、夏至／盛夏）

馬　メ・バ（駿馬（しゅんめ）、駄馬）

呉音ウ段音と漢音オ段音

素　ス・ソ　（素顔、酸素）
都　ツ・ト　（都合、都市）
図　ズ・ト　（図画、図書）
庫　ク・コ　（庫裏（くり）、倉庫）
奴　ヌ・ド　（奴婢（ぬひ）、奴隷（どれい））

呉音エイと漢音エイ

西　サイ・セイ　（西遊記（さいゆうき）、西洋）
体　タイ・テイ　（体育、体裁（ていさい））
弟　ダイ・テイ　（兄弟、弟妹（ていまい））
迷　マイ・メイ　（迷子、迷信）
礼　ライ・レイ　（礼賛、礼儀）

呉音ョウ音と漢音エイ音

兄／京／経　キョウ・ケイ　（兄弟、賢兄／京都、京阪／教典、経済）
正／生／青　ショウ・セイ　（正月、正当／生涯、生物／緑青（ろくしょう）、青年）

同じ漢字の中に、濁音の多い呉音と清音の多い漢音の音韻が、一定の規則をもって、併存していることに気付くことができよう。呉音は、七世紀以前まで輸入された中国文化を代表する音韻だった。しかし、遣唐使は、唐の首都長安の北方標準語である漢音を学んで帰ってきた。日本では、その結果、仏典読誦音や仏教語は、南方系の呉音で読まれ続けたが、八、九世紀以降、儒学界では、漢音が主流となった。棲み分けをしたのである。しかし、寺院や塾の壁の外にいた一般庶民は、対照表にあるような呉・漢両音を併用した。当時の日本人にとって、呉音と漢音の印象の違いがどんな感じだったかを推定して、湯沢は、次の様に述べている。

呉音――伝統・古さ・暗さ・保守的・格式・馴染(なじ)み・親しさ・重々しさ・落ち着き・過去……
漢音――新進・新しさ・明るさ・革新的・実用的・フレッシュ・若々しさ・軽さ・未来……[5]

この対照は、古英語と中世英語の、対照的な音韻を想い起こさせる。ゴツゴツした古英語が、ノルマン・フレンチの影響を受けて、サラサラした軽やかな中世英語に変わっていったとき、右の比較表にあるような印象を、イギリスの庶民も受けたかもしれない。

空海や最澄が伝えた真言宗や天台宗は、旧仏教を革新させる宗教運動でもあったが、両派とも、呉音に対抗する漢音を持ち帰って仏教界に新風を吹き込んだ。お経の読誦音は、宗派の看板で、それぞれ、斬新な中国音を取り入れて新しさを競い合ったらしい。例えば、普通は、「メウホフレンゲキヤウ」（みょうほうれんげきょう）という呉音に慣らされて来た庶民が、天台宗の読経で「ベウハフレングワケイ」（びょうほうれんがけい）という漢音の読経を聞いたり、後の時代になるが、禅宗の寺院で、「ベウハレンガキン」（びょうはれんがきん）という唐音風の「みょうほうれんげきょー」を聞かされたときは耳を疑ったにちがいない。「妙法蓮花教」とは、「妙なるや法(のり)の蓮(はちす)の花(はな)筏(いかだ)」（土井忠生訳）という意味である。[6]

唐音は、鎌倉から江戸期の禅宗の寺院で採用され、独自の影響力を揮った。江戸川柳に、「唐音を茶摘みもよほど聞き覚え」とある。[7] 安土桃山時代末期の九州にはキリシタンのセミナリヨが開かれ、そこでスペイン人やポルトガル人が、日本人の百姓や子供たちに、ルネサンス期のラテン語聖歌を教えた。パードレやイルマンから教わったラテン語の聖歌を、日本の子供たちは、家路をたどるあぜ道で歌いながら歩いた、という。太平洋戦争に負けて、敵性語だった英語が解禁となり、マッカーサーが神様となった戦後日本では、「カム・カム・エブリボディ」が「證誠寺（しょうじょうじ）の狸囃子（たぬきばやし）」のメロディーに合わせて歌われ、「カムカム英語」として戦後日本を席巻した。日本人は、千年以上も昔から、エキゾチックな外国語音には弱い民族らしい。

こうして先進文化国の言語音を権威付けに使ったのは、仏教界だけではなく、儒学界も例に漏れなかった。儒教の総本山である大学寮では、春秋二回、孔子様やその弟子たちを祭る記念祭が執り行われる。これは、七〇一年に開始され、釈奠（せきてん・しゃくてん）と呼ばれるイベントである。音博士による四書五経の音読や、漢詩コンクール、漢語のディーベートなどを、教員と学生が総出で、中国服を着けて行った。模擬店が出たり、合コンがあったりする記念祭ではなかったが、儒教界の権威発揚の晴れ舞台で、昔から外国語大学やミッション系の学院で行われてきた「語劇」のようなイベントだった。その機会には、早稲田大学国際教養学部さながら、全てのことが、外国語としての漢語（中国語）で実践されたのである。

こうして日本文化を代表する仏教界と儒教界が、呉音や漢音がもつ音韻の魅力をフルに活用し、自らもそれに魅せられていたことには、対照言語学的理由がある。

2　古代日本語音は、どのように変化したか

世の中には歴史的仮名遣いを後生大事にする先生がいて、弟子たちまでレポートを旧仮名遣いで書かせられたりする。しかし、旧仮名遣いは、明治政府が策定した人工的な約束事で、例えば、吉田松陰の原文などを見ると、仮

名遣いは、しっちゃかめっちゃかであったし、日本語の純血性など中国語との混交によって、とっくに失われ、原型を留めないほど掻き乱されてしまっていることはご存知ないようだ。ギリシアの古代遺跡に残る碑文を見ると、古典ギリシア語の教科書にはない文字（いわば変体仮名、例えば、Fに似たディガンマやQのようなコッパなど）が混じり、ピリオドもコンマもなく、めちゃめちゃ不規則であるのと事情は変わらない。

　奈良時代以前、記録がないころの古代日本語には、濁音も撥音（「ん」）も促音（「つまった」のように小さな「つ」で表す音）も長音も存在しなかった。いま書いた文章は、ご先祖様たちなら、「ならしたいいせの、きろくかないころのこたいにほこには、たくおもはつおもそくおもちおもそさいしなかた」と読んだかもしれない。アジア系外国人の日本語初心者の発音みたいに聞こえるから不思議である。

　しかし、平安時代になると、中国音が大量に流入してきて、中国語にそなわっていた濁音・長音・撥音・促音などが、日本語を劇的に変貌させた。ワープロで、「カン」と入力すれば、感、官、館、間、観、管、感、閑、寒、銜、咸、関、完、刊、冠、艦、姦、棺、歓、巻、貫、……と、撥音をもつ漢字がいくらでも出てくる。しかし、こうした単語や語幹は、中国語と出会うまで日本語には存在しなかったのである。濁音・長音・撥音・促音に、日本人の耳が慣れたのは、平安時代に入ってからのことである。本居宣長は、漢意（からごころ）を嫌って、純粋古代日本語に還ろうとしたけれども、『古事記』のテキストもすでに、濁音をもった雑種日本語に変質して後の祭りであったのだ。

　そうした古い時代の日本語音の痕跡は、しかしながら、随所に見出すことができる。例えば、「上海（しゃんはい）」は、古代の日本における呉音・漢音で、「海」の部分は「カイ」とされたが、それは、当時の日本語に、ハ行音がなかったため、カ音で代用したからである。[1] また、古代日本人の耳は、ある種の音韻の種類や位置に敏感で、文頭や語頭に、ラ行音を置くことを嫌った。語中や文中ならいくらでもラ行音は使用され、「れる、られる、らむ、らる、ら、彼ら……」など多々ある。しかし、語頭にラ行がくると気色が悪かったらしい。それは、鼻濁音の「ガ」を語頭にもってきて、「ンガッコウ」などというと、ナメクジを踏んづけように気持ちが悪いのと似ているかもしれない。

だから、現代日本語でもラ行音で始まる言葉が極端に少なく、尻取り遊びをしているときラ行音で終わられると、次の人は窮するのである。むろん、ヨーロッパ系の外来語はラ行音が多いが、純日本語だと、瑠璃鳥とか、林檎とか、見つけることが難しくなる。[2] 尻取りによく出てくる「瑠璃鳥」を実際に見た日本人がどれだけいるだろうか？

また、語頭の濁音も、本来、避けられた音韻だった。だから、小林英夫によれば、[3] 日本のオノマトペでは、エ段でダ行音のものが極端に少なく、「デレデレ」という言葉にインパクトがあるのだ、という。

さらに、罵倒に便利な迫力のある言葉には、断然、語頭に濁音のくる単語が多い。「がさつ、ガンブ、ガンぐろ、がしんたれ、がめつい、ぐうたら、ぐず、ごうつくばり、極道、ごくつぶし、ごますり、ごろつき、ざこ、ざまみろ、じゃじゃうま、邪魔、甚六、ずっこけ、杜撰、ずべ公、ずる、俗物、ぞろっぺ、駄目男、ダメン、ダサイ、ダサ、だいこん、ダ法螺、だまくらかす、だらしない、でくの坊、出しゃばり、でぶ、でぶす、でもしか、ドン引き、ドン百姓、ド近眼、ドかんとりー、ド助平、ド阿呆、ドぶす、どじ、ばいた、馬鹿、罰当たり、貧乏神、不細工、ブサメン、醜男、ブーたれ、仏頂面、ぶちゃむくれ、無頼、べらぼう、ぼけ、ぼんくら……」、といくらでも続けられる。

おそらく、語頭に濁音を置かなかった古代日本語にとって、こうした言葉が当時与えたインパクトの余韻を残しているせいであろう、と推測して、湯沢は言う。『ワセダ・レビュー』同人のIさんが、日本では、ベッドはベット、バッグはバック、スクランブルド・エッグは、スクランブル・エッグなどと、語尾の濁音が清音化する傾向がある、と指摘しておられたが、こうしたことも濁音へのある種の違和感が影響しているのかもしれない。

古代を下ること、二百数十年から七百年くらい後になっても、まだまだ原中国音の香りがかなりただよっていた。[4] その文献上の証拠として、イエズス会の伝道師たちが出した『日本大文典』[5] に記述されている、分別、損失などの単語を表すローマ字は、「funbet」「sonxit」のように子音で終わっており、これは、語末が子音がくる単語に溢れた中国語の影響が生のまま残っている例である、と説かれている。[6]

日本人は、昔から好奇心が強く、エキゾチックな音やリズムに、簡単に心を奪われるところがあったが、そういう処女地に、中国語の新しい音韻は、おかまいなく染み込んできて、日本語を、語彙的には驚くほど豊かな、音韻的には大和言葉系の繊細な部分と、中国的な迫力のある部分を併せ持った、多面的な言語に作り変えてくれた。平安時代は、日本語が、語彙面でも音韻面でも、一大変化をこうむった時期で、古代の〈語学教師〉たちも言語の激変にもまれながら、中国語音の魔術的響きに魅せられつつ、最先端のことばを扱う仕事に勤しんだのである。

三　中国における仏教経典

1　翻訳・研究史の概略

日本では、お経といえば、漢字で書いてあるものと相場が決まっていて、卒塔婆に梵字があったり、初七日の法事でお坊さんが、不動明王の真言「ノウマク・サラバタタギャテイビャク・サラバボッケイビャク・サラバタタラタ・センダマカロシャダ・ケンギャキギャキ・サラバビギナン・ウンタラタ・カンマン」、と梵語で唱えることもあったりするが、それは、ほんの一瞬で、大部分は漢文訳の棒読みである。このことは、日本人は仏教を源泉から汲み取ったわけではなく、中国僧の手によってサンスクリット語原典から翻訳され、中国人の感覚に合うように練り上げられた漢訳経を丸呑みにしてきたことを意味する。以下、末木文美士[1]に従いながら、仏典の翻訳・研究史の概略を跡づけ、仏典受容の消息に触れておきたい。

聖書は、一巻の書に収まるが、仏典は、『大正新脩大蔵経』[2]によれば、三段組みの分厚い本で八一巻にのぼる。釈迦のオリジナルな語録に、新しく創始された仏典や注釈が加わった結果である。ユダヤ教徒のタルムードのように、注釈が蓄積されて膨れ上がっていったのである。

ブッダの死後、すぐに十大弟子のうちの摩訶迦葉（マハーカーシャパ）は、五百人の長老を集め、仏典の編纂の会議を組織した、という。ここで成立したテキストが「原始経典」とよばれる最古の仏典である。キリストは、ペルシア、メソポタミア、パレスティナ、エジプトに及ぶ共通文化語であったアラム語で福音を語り、それが、共通ギリシア語のコイネーに翻訳されて地中海世界に広まったが、ブッダは、マガダ語で語り、各地の方言に訳されて広まったらしい。マガダとは、現在のビハール州、つまりインドの東側最北端、ネパールと国境を接する地域にあり、ガンジス河が流れている。初期の仏教は、使用言語を統一せず、各地の信者の方言にまかせたから、パーリ語にも訳され、それがスリランカに伝えられ、東南アジアの聖典となった。パーリ語の全教典は、上座部という特定の宗派に所属し、統一がとれていた。他方、中国に伝わった原始仏典は、四つの所属部派で、それぞれ別の訳者が訳したため、統一されず、「阿含教典」と呼ばれ、小乗教典と見なされて珍重されず、近代まで研究者からは無視されてきた、という。

これに対して大乗仏典は、釈迦の作と信じられて来たが、江戸時代に富永仲基（一七一五～一七四六）が、また明治期には、村上専精（一八五一～一九二九）が、それぞれ大乗非仏説をとなえ、大乗仏教の思想は、後から付け加えられたものだとする「加上説」が流布した。しかし、この説は忌み嫌われて迫害され、大乗仏教の成立が学問的に明らかになったのは現代になってからのことだ、という。その成果によると、大乗仏教は、時期も、内容も互いに異なる三つの部分から成り立ったものらしい。

1　初期大乗仏典 ─ 紀元二世まで
龍樹（一五〇～二五〇頃、インド仏教僧）以前に成立。般若教典、浄土教典、『法華経』『華厳経』など大乗仏教の核心をなす経典の成立。

2　中期大乗仏典 ─ 四、五世紀の成立

唯識説の大成者、無著・世親兄弟（四、五世紀、インド唯識派の学僧）。唯識を説く『解深密経』や、如来蔵・仏性を説く『勝鬘経』『涅槃経』の成立。

3　後期大乗仏典―その後七世紀まで
密教教典『大日経』『金剛頂経』の成立。[3]

原始経典は、ひとつのまとまった思想を表しているが、大乗経典は、各創始者の自立性が高く、相互の関連性も薄い、という。一と二の経典は、聖徳太子が最初に輸入し、三の経典は、空海が日本にもたらしたもので、日本は、大乗仏教の国であることが分かる。

2　仏典漢訳の流れ

伝説によれば、中国に仏教が伝えられたのは、西暦六七年、明帝のころだというが、それは、偽作だったらしく、まともな仏典翻訳は、二世紀に安息国（パルチア）の安世高と大月氏国の支婁迦讖が創始し、宋代になると仏典翻訳ラッシュになったらしい。

ちなみに旧約聖書がヘブライ語からギリシア語に訳されたのは、紀元前三〜一世紀のころで、これは、「七十人訳聖書（セプチュアギンタ）」と呼ばれた。五世紀になるとヒエロニムスが新旧約聖書をラテン語に訳し、これが「ウルガタ聖書」と呼ばれ、宗教改革まではスタンダードなテキストとなった。聖書の英訳は、ジョン・ウィックリフ（一三八二）、ウィリアム・ティンダル（一五二五）、カヴァデール（一五三五）らによって行われた。古典古代はともかく、ヨーロッパ人が、それぞれの母語で聖書を読めるようになるのは、仏典に比べると千数百年も後のことだった。

漢訳仏典は、最も古い訳を「古訳」とよび、鳩摩羅什（三五〇～四〇九頃）より以前の訳を指すそうだ。翻訳者には、安世高、支婁迦讖、支謙（三世紀）、竺法護（二三三～三一〇頃）らがいる。彼らは、いわゆる「胡人」であって中央アジア出身者が多く、ガンダーラ語を使用していた。二〇〇七年一月一三日の『産経新聞』は、こう伝えているから、大乗経典の研究は、まだ、途上であることがわかる。

アフガニスタン・バーミヤン渓谷（バーミヤン州）の石窟寺院跡から一九九〇年代に見つかったとされる仏教経典の写本の中に、二～三世紀に書写された賢劫経格と呼ばれる大乗仏教の経典のひとつがあることが、佛教大学（京都市）の松田和信教授（仏教学）の調査で分かった。大乗仏教は中央アジアを経由し中国や日本などに伝わった仏教で、中国・新疆ウイグル自治区のホータン近くの仏教遺跡からは五～六世紀の写本が発見されているが、今回の写本はこれより約三〇〇年古く世界最古。大乗仏教の成立などを研究する貴重な資料という。

ガンダーラは、現在のアフガニスタン東部からパキスタン北西部にまたがる地域で、言うまでもなく大乗仏教揺籃の地、アレクサンダー大王が残していったギリシア文明と、インドで生まれた仏教が、この地で出会い、もともと仏教では禁じられていた仏の姿を、ギリシア人が初めて可視化したことはよく知られている。大乗仏教誕生の地が、アメリカの大統領親子によって侵略され、タリバンを破壊活動に走らせ、世界の歴史文化遺産の破壊に貢献する一大愚挙となった。

その地でかつて話されていたガンダーラ語（ガーンダーリー）は、古典サンスクリット語や他のインド・アーリヤ系方言から派生したプラークリットと呼ばれる絶滅言語であった。ガンダーラ語は、パキスタンやアフガニスタン、カシミールなどの高地のダルド語やイラン語に、印欧語以前の言語要素が混じった方言で、カロシュティーと呼ばれる文字で記録されていた。この文字は、「紀元前六世紀にアラム文字から派生」したと言われているから、奇しくも、古代の仏典もキリストが話したアラム語に関わりがあったことになり、その文化がキリスト教徒の末裔によって破壊され続けているのは、まことに皮肉と言うほかない。

そういう辺境の言語によって表された大乗経典の最古の姿を伝えるのが「古訳」であったのだが、仏典翻訳のパイオニアたちは、未知の言語と中国語との懸隔や、空前の思想である仏教を、中国の風土になじませる訳語を見出す難しさに苦しめられ、試行錯誤に満ちた、きわめて読みにくい翻訳を生み出さざるをえなかったらしい。いわば坪内逍遥が、世界で初めてシェイクスピアの作品を、外国語に全訳した先駆者となったが、今では、歌舞伎調の坪内訳は読みづらいため使われなくなったように、「古訳」も、のちに続く「旧訳」や「新訳」に取って代わられ廃れてしまった。しかし、さとりを「道」と訳したり、「菩薩」のように音写したりした訳語は、「古訳」の工夫である。こうした先駆者の苦労は、全く異なる言語や発想を、中国語の風土に移植させる方便の雛形をつくり出してくれた。

次に続くのが、第二期で、鳩摩羅汁から玄奘（げんじょう）（六〇二〜六六四）の直前までになされた訳で、「旧訳」と呼ばれるらしい。翻訳僧が輩出した時期で、中心となったのは鳩摩羅汁と真諦（しんだい）（四九九〜五六九）らであった、という。

鳩摩羅什（クマーラジーヴァ）の名は、高校の世界史でも習うが、彼も西域の亀茲（きじこく）国の出身である。そこは、中国（東トルキスタン）のオアシス都市国家だった。父親は、カシミール出身のバラモン僧、母親は、亀茲国王の妹のジーヴァカであったと伝えられている。羅什は、博学のポリグロットで、ベーダ文学、パーリ語経典、大乗仏典などに通じ、後秦の姚興（ようこう）皇帝に庇護されながら、長安で、十五年間、経典翻訳事業の采配を揮った。翻訳の作業場は、「訳場（やくじょう）」とよばれ、学問僧はもちろん在家の信者まで、数百人から数千人もの集団が参加していた、という。[1]

ここでの翻訳作業は、鳩摩羅什が原文の仏典を音読しながら中国語に翻訳する、それを記録僧が書写する、羅什は参加している僧や信徒と訳語・訳文を検討し、参加者も質問したりして疑問点を明らかにする、さらに練り直した文章を清書僧が清書する、という、聴衆からのフィードバックを入れた完全共同作業で、大規模な翻訳工房の観を呈していた。「鳩摩羅什の訳文は、滑らかでありながら、明晰で、般若波羅蜜多や中観の思想に貫かれた訳文だった」[2]と言われることにももっともな理由があったのである。

彼らが訳した『法華経』『維摩経』『阿弥陀経』『大品般若経』などは、今日でも用いられている。鳩摩羅什が陣頭指揮をとった仏典漢訳事業は、プトレマイオス二世が前三世紀ころヘブライの聖書学者を七十余人動員して、ヘブライ語の旧約聖書をギリシア語に翻訳させ、アレキサンドリア図書館に置いたという「七十人訳聖書」翻訳事業に匹敵する快挙であった。ジェイムズ一世の『欽定訳聖書』（一六一一）も、朗々たる音調のよさによって、長い間、愛されたが、音調の良さで知られる鳩摩羅什訳経典は、欽定訳に先立つこと、一千二百年におよんでいた。

なお、真諦（パラマールタ）は西インドの人だったが、インド最南端のコモリン岬を回って海路、梁（五〇二〜五五七年、南北朝時代、江南に存在した王朝）に入った。彼は、唯識や如来蔵などを説く理論を紹介したこと、インドとの直接的ルートを開いた点で記憶されている。

次に来る「新訳」は、玄奘以後になされた訳を指す、という。『西遊記』で有名な玄奘三蔵は、六二九年、長安を出発、インドに留学し、帰国後、多くの経論の翻訳を行った。『大般若経』六百巻の訳など、きわめて厳密で学問的な訳業を果たしたが、厳密すぎて読みにくく、例えて言えば、金子武蔵訳のヘーゲル『精神の現象学』[3]とか、小林英夫訳のソッシュール『一般言語学講義』[4]のような感じだったのかも知れない。映画『西遊記』で、夏目雅子が演じた三蔵法師は、明石家さんまの孫悟空や西田敏行の猪八戒、岸部シローの沙悟浄という、おちゃらけたトリオに囲まれて、独り、クソ真面目で融通のきかない、凛然としたイケメン僧玄奘を演じていたが、ああいうお坊さまの訳は、世にも堅苦しいものだったに違いない。しかし、経典は、玄奘という中国語話者にして本格的な訳者を初めて得たことになる。玄奘の仏典翻訳については、中村元・三枝充悳[5]が分かりやすい説明をしてくれているので、その部分を参考にしながら、説明を加えたい。

すでに述べた天台宗は、「法華一乗思想」を説いた。仏教の「方便」により、人の違いに応じて様々な教説があるが、すべては、菩薩をへて仏としての悟りへ導くという考え方で、平たく言えば、万人は成仏できる可能性を秘めているとするのが「一乗思想」である。しかし、玄奘が訳した経典『解深密経』の「五性格別」説は、「人びとがどれほどすばらしい理想を華麗に描こうとも、現実にはそれぞれの人ごとに素質や能力や環境などが異なって[6]」いる。人間を生まれや出自に関係なく等しなみに見なす「一乗思想」に反対して、現実に生きている人間には、「種性」という「カースト」にも似た、生まれついての違いがあり、箸にも棒にもかからない、救いようのない者も存在する。こういう「善根が欠落していて仏性は期待されぬ無種性」の手合いを「一闡提」（イッチャンティカ）と呼ぶ。[7]そこには、底辺に蠢く最悪の背教者や不信者たちによって苦い思いをさせられた布教者のクールでリアリスティックな人間観が反映しているかも知れない。中村・三枝は、こう解説している。「玄奘が中インドのナーランダーの大寺院において唯識説を完全に会得し、中国に帰る際、カーストの考えに近くて区別から差別へと拡大する可能性の大きいこの『五性格別』説の取り扱いに大いに悩んだ末、しかし帰国後にこの経の漢訳を果たしているが、おそらくは唯識説の重要な資料ゆえんであろう」[8]。そして、「玄奘とその愛弟子の基（窺基、慈恩大師ともいう。六三二―六八二）との唯識説に基づく法相宗には、この影響がうかがわれて、それが一切平等を説く他の宗、たとえば天台宗から、とりわけ華厳宗から、激しい批判と攻撃とを受けることになる」[9]。後で述べる最澄と激しく論争した徳一は、この法相宗に基づいて、万人が成仏できるとする法華一乗思想の代表者最澄と対立したから、玄奘が懸念した「五性格別」の火種は日本にまで持ち込まれたわけである。

なお、「新訳」には、この他、インド僧善無畏が『大日経』を、金剛智の弟子で、同じくインド系の僧侶不空は『金剛頂経』を、それぞれ漢訳して伝えている。これらは、真言密教の経典となる。

3　外来文化受容における「丸呑み主義」のルーツ

末木によれば、「古訳時代は、新たに外から入ってきた宗教をどのように扱ってよいのか、試行錯誤を繰り返した時代である。在来の中国思想の枠組みで何とかそれを理解しようとする試みがさまざまになされ、それは格義仏教と称される」[1]という。例えば、大乗仏教の「空」を、老荘思想的な「無」と解釈する類いの試みである。さらに、「旧訳時代になると、一挙に多数の重要な経典が翻訳され、それらをどのように扱うべきかが大きな課題となった。こうして確立されたのが、教相判釈（教判）とよばれる中国仏教に特有の経典理解の方法である」[2]。大乗仏教は、それぞれのテキストが、互いにあまり関係をもっていなかったため、別個に創始された経典が、それぞれあらぬ方向を向いている状況も起きていた。

徹頭徹尾、ユダヤ民族をひいきし、少しでも放って置かれると、「孫子の代まで祟るぞ！　わしゃ妬み深い神なんじゃから」と言って憚らないヤハウエの旧約世界と、「さあ、みなさん、どうぞ！」と、ユダヤ人だろうがギリシア人だろうがローマ人だろうが差別なく受け入れた、ヤハウエの息子の新約世界とでは、あまりに違いすぎて筋が通らない。しかし、キリスト教徒は、ニケーアの宗教会議という、しゃんしゃん大会を開いて、旧約と新約を合従連衡させる信じられないような屁理屈をひねり出し、「創世記」から「ヨハネの黙示録」まで、時代や事情の異なる断片を、唯一神の意志の現れとして接いでみせた。[3]教相判釈も似たような理屈で、経典間の矛盾に対して、ブッダの見せる多様な局面と多様な説法から生まれた必然と主張し、「一生の間で説かれた時期や説法の態度に相違があるとみて、各経典の価値や位置づけを定めようとした……」[4]。ちなみに、現代の仏教学では、成立年代の違いに、矛盾の原因を見ている。教判は、言ってみれば、第九条と自衛隊の矛盾を、解釈改憲で切り抜けた離れ業のルーツなのかも知れない。

ともかく、中国人は、自分で経典の原典に当たり、それを自国語に訳し、自前の解釈をつけて異質の思想を同化し、膨大な経典間の矛盾に結着を付けようと努めてきた。しかし、日本人は、中国人が、翻訳、注釈、解釈に費やした膨大な労役を素通りして、何世紀も費やして中国人が磨き上げた漢訳経典をちゃっかり頂くことにした。漢文という、これも日本人らしい省エネ読解法を編み出し、中国人が刻苦勉励して訳出した経典を、いとも簡単に読み上げてしまった。このスタイルが、六世紀以来、日本に定着した、と末木はいう。その後、禅でもキリシタン教学でも、明治期の西洋の学問や技術、戦後の民主主義、六〇年代から始まった航空機でもコンピュータでも原発でも、ゼロから始めて試行錯誤するのではなく、法外なパテント料を支払って完成品を丸ごと輸入し、パイオニアの苦労は一またぎで飛び越えて、最先端に躍り出るという流儀がお家芸になったのである。しかし、同時に、最新技術や知識の輸入に際して、先進国の学者や技術者の言うなりになる、魂なき植民地的文化・技術受容方式も定着させた。

ただし、日本人がひとたび輸入した技術を無心に駆使すると、世界中で利用される製品を生み出すに至り、その一事にかけては人後に落ちなくなった。インスタント・ラーメン、テレビのアンテナ、青色発光ダイオード、胃カメラ、光ファイバー、カラオケ、シャープペンシル、乾電池、インスタント・コーヒー、真珠の養殖、カーナビ、ウオッシュレット、オート・フォーカス、ハイブリッド・エンジン、テトラポッド、携帯電話のトロン・プログラム、カッターナイフ、サッカーボール、エアバッグ、クオーツ時計、最薄サック、全身麻酔、電気炊飯器、アンパン、カルピス、留守番電話、アクリル、オセロ、エレキギター、栄養ドリンク、シュレッダー、回転テーブル、回転寿司、フェルトペン、荻野式避妊法、電子レンジ、石油の家庭用ポンプ、ゴム草履、紙ナプキン、ファクス、タッチ・パネルなど、日本人は、具体的で実用的な小技や小物の発明にかけては天才的な民族である。小技や小物だからと言って馬鹿にできない。世界中の人々が日本人の発明によって、便利さや幸福を享受しているのだから。ただ、その発明の基となる抽象的な法則や原理の発見や発明は、他国に一歩も二歩も譲らざるを得ない。こうした文化受容方式によって、アジアのどの国よりも早く、チョンマゲ時代から文明開化の近代国に成り上がり、あれよあれよという間に、天皇制軍国主義の独裁国家から民主主義の戦後日本へ豹変し、瞬時にして広島・長崎を忘れ、安全対策などなきに等しいアメリカ仕様の原発を押し頂く、という変わり身の速さで評判をとった。それが、祖国日本であった。

この論のテーマにそって言えば、長い間続いて来た、内容重視の教養主義的語学を、グローバル化だと称してポイと脱ぎ捨て、「役に立つ英語」という看板に掛け替えられたのも、外来文化受容の祖型の成せるわざかも知れない。良いことか悪いことか、にわかに判別のつけがたい、文化受容の「丸呑み方式」的「省エネモード」は、実は、実用的な発明を生み出す日本人のもう一つの要素である、「凝り性」「完璧主義」「技術信仰」などといった性向と複雑に絡み合いながら、〈語学教師〉の文化史を形成していくのである。

四〈語学教師〉としての最澄

1 最澄の横顔

これから論じる天台宗の高僧最澄の活躍は、名前も記憶されていない多くの献身的な訳語・通事たちによって、初めて可能となったものである。空海は、あらゆる意味で天才であったから、語学の運用面でも、自力で多くの仕事を成し遂げるレベルまで到達できたけれども、宗教的な巨人である最澄や、次回とりあげる円仁などは、少なくとも海外活動の初期においては、全面的に通訳に依存して彼らの偉業を開始したのである。

最澄は、近江国琵琶湖の南端、古市郷（ふるちごう）に、七六六年、生まれた。最澄と空海の生きた時代は、はなはだ評判のよろしくない道鏡が、ラスプーチンさながら、女帝称徳（しょうとく）天皇に取り入り、堕落と腐敗の限りを尽くしていた。最澄は、空海とともに、そんな時代の仏教界を刷新するために現れた改革者であった。古市郷に居住する氏族は、圧倒的に渡来人が多く、いわばそこは、渡来人コロニー、もしくは、現在でいえば、ブラジル系日本人が集う界隈のような場所であった。それは、そこに根を下ろしていた諸氏族の名前を眺めてみれば想像がつく。大友但波史族（おおとものたんばのふひとのやから）、大友漢人（あやひと）、大友村主（すぐり）、大友曰佐（おさ）、大田史（おおたのふひと）、丈安史（はせつかべのやすのふひと）、上村主（かみのすぐり）、高史（こうのふひと）、阿直伎史（あちきのふひと）、下火首（しもつひのおびと）、錦部族（にしごりのやから）。彼らの名前には、「漢人」、「史」など、渡来人に由来する呼び名が多い。錦部氏は、後漢の孝献帝の子孫であると伝えられ、最澄の俗姓、三津首氏も孝献帝の子孫であるという。[1]

渡辺照宏によれば、「最澄が活動できたのも秦氏一族をはじめとする近江国の帰化氏族が経済的に支援したから」で、「だいたい帰化氏族が入植したところは辺地であ」り、「近江国滋賀もまた当時の文化の流れの境であった。そして、奈良から平安にかけての一流の仏者は多く帰化氏族の出身であるが、最澄もその代表的人物であった。（中略）空海は、……母方の阿刀氏は学者の家柄で、伝えによれば千字文を我が国にもたらした百済の王仁の末孫だという」[2]。他方、最澄の祖父もしくは伯父にあたる親族は、正八位下の位階を与えられた郡の有力者で、父親の「百枝は、人を敬い、人の言うことに従い、情け深く、謙譲な人柄であって、仏教の経典や儒教の経書を学んで、村里の人びとから手本として崇められていたという」[3]。

最澄は、幼名を広野といい、七歳にして学芸の才能を顕した神童だった。最澄を育てた故郷は、日本に先端技術や陰陽道をもたらした渡来人たちの集まる場所だったから、最澄が、若くして、「陰陽・医術、そして土木・書算などの技能」[4]にも長けていたという言い伝えも、あながち伝説だとは片付けられない。

当時の先端技術や情報のイメージを得るために、陰陽道について瞥見しておこう。陰陽道は、五、六世紀ごろ、仏教や儒教とともに、中国から伝えられた、天文・暦数・時刻・易・占術などの知識と技能がセットになった学問であった。日本では、同じころに伝わった道教がもたらした方術（方位、物忌、反閇［陰陽道で使われる特殊な歩行方法］）や呪禁道（医術の一種）と陰陽道は結びつき、さらに、八世紀には、密教の呪術や占星術（宿曜道）とも結びついた。

しかし、陰陽道には、自然科学的な側面もあった。それまで、古代日本人には、天文を観察したり、暦を作ったり、時刻を報じるという観念そのものがなかった。しかし、『日本書紀』によれば、齋明天皇六年五月（六六〇）、後の天智天皇（中大兄皇子）が漏剋（水時計）を最初に製作させて民に時刻を報せた、という。[5] さらに、天武天皇

（在位六七三～六八六）は、六七六年、中務省に「陰陽寮」を設置し、その下に、陰陽道、天文道、暦道を置いて、日本初の「占星台」とした。つまり、陰陽道は、法律によって認定された国家機関となり、「陰陽寮」の陰陽師たちは国家公務員になったわけである。彼らは、吉凶を占い、天文観察、暦の作成・管理を行った。現代人の耳には、いかがわしく聞こえる陰陽道も、当時は、天文観察に基づいた先端技術だったのである。もっとも、現在でも朝のテレビは、天気予報と占いをセットにして放映したりしているから、陰陽道的な感覚は、現代人の潜在意識の底に残りつづけているのかもしれない。

日本では、暦と日時・方位の吉凶、運勢などが結びついているが、これは、「暦注」と呼ばれ、その大半は、陰陽道に基づいている。暦注のひとつである「六曜」には、「先勝・友引・先負・仏滅・大安・赤口」があり、未だに、原子炉の着工やH_2ロケット打ち上げなどには大安日が選ばれるし、葬式には友引を避けるし、日本能率協会発行の手帳には六曜が印刷されているから、現代人に古代の陰陽道を侮る資格はない。ちなみに、「先勝」は万事急ぐをよしとし、午前を吉、午後を凶とする日。「友引」はなにごとをしても勝ち負けのない日で、葬式をすれば他人の死を誘うとされる日。「先負」は、万事に平静を吉とし、午前は凶、午後は吉とする日。「赤口」は、大凶だが、正午だけは吉とされる日である、という。

その後、平安時代には、刀伎直川人、弓削是雄や、賀茂忠行、その嫡子の保憲、安倍晴明などが輩出したが、「刀伎」や「弓削」という姓名には、刀剣や弓の制作技術を伝えた渡来人の祖先の姿が見てとれる。陰陽道は、明治政府が西欧の歴法を採用するまで、朝廷や幕府の祭事、政治、年中行事、占術や医術、季節と結びついた農業などを支配し続けたが、そこには、本来、大陸を思わせるエキゾチックな雰囲気があり、最澄がその雰囲気のまっただ中で育てられたことは記憶されてよい。

十三歳（もしくは十二歳）になった最澄は、行表（七二二～七九七）に師事した。行表は、滋賀郡崇福寺の僧侶だったらしい。行表の師道璿は、中国僧で、戒律を伝える導師として七三六年に来日した。鑑真が七五四年に来日したから、その先駆をなす中国僧だった。ここでも最澄は、中国文化の息吹に触れている。こうした先人たちの教化によって、天台の教学が流布されるようになり、桓武天皇は、天台宗発展の方途を和気弘世に下問した。和気は、それを最澄と協議した。そこで出されたのは、留学僧と還学僧（請学僧）各一名を唐に派遣すべきだ、という結論だった。最澄は、上表文でこう述べている。

> 毎に恨らくは、法華の深旨、尚未だ詳釈せざることを。幸いに天台の妙記を求め得て、披閲すること数年、字謬り行脱けて、未だ細しき趣を顕わさず。若し師伝を受けざれば、伝うと雖も信ぜられじ。誠に願わくば留学生、還学生、各一人を差わして、此の円宗を学ばしむれば、師々相続して、伝燈絶ゆること無からん。[6]

最澄留学の原点にあったのは、むろん、世の中が乱れていたから、仏教を立て直して、人々を救済したいという願いだが、そこから、仏典に遺漏や誤記が多く、判読が難しいこと、それを留学して、誤りのない仏典の正しい読み方を師を得て学びたい、という抑えがたい気持ちを抱くようになったものと思われる。「最澄は天平勝宝六年（七五四）に鑑真がすでに我が国に伝えた天台の教えを学び直すことを主眼とし」たが、「空海はいまだかつて我が国になかったインド直伝の新しい密教という形の仏教を学び伝えることをその使命とした」[7]、というから、二人は、対照的な留学目的を持っていたことになる。

2　優婆塞仏教の世界

空海もそうだが、最澄が、そこに棲み、そこを踏み抜け、新しい仏教、天台宗を樹立するに至る原点にあったのは、「文献には書いてない語られざる民衆の仏教」[1]世界であった。それは、『日本霊異記（にほんりょういき）』によって、鮮やかに語られている、異（あや）しきこと、奇（あや）しきこと、霊（くす）しきことが、表（しるし）と縁（えに）によって顕れ出る仏教の因縁応報が人生を彩り、民衆の心の隅々まで領している世界を意味した。

渡辺によれば、「『日本霊異記』において、……はじめてヒジリ（聖）が登場する。村にヒジリが入ると、講が出来る。講の中心になるヒジリ、非僧非俗の優婆塞たちは民衆の間に限りなく存在し、かれらによって仏教は強い力をもってひろがった。講や優婆塞の善知識の仏教は民間にあって、かれら一般民衆の精神生活を支配していった」[2]、という。

そこは、譬えてみれば、『千と千尋の神隠し』のような摩訶不思議な、あるいは、『もののけ姫』さながら、原始の恐れや、眼には見えない霊が跳梁する世界であった。いわば、それは、最澄が、古市郷で馴染んだ陰陽道や呪術と地続きの世界である。それがどんなものかを理解していただくために、薬師寺の僧、景戒（けいかい）（生没年不明）が著した『日本霊異記』（詳名『日本国現報善悪霊異記』）の一部を紹介してみよう。リアリスティックでエロティックな生々しい細部に驚かされる奇談である。[3]

河内（かふち）の国の更荒（さらら）の郡馬甘（こほりうまかひ）の里に、裕福な家族があり、一人の娘がいた。西暦七五九年、四月、養蚕のために、桑に登って桑摘みをしていた娘を、大きな蛇が襲った。「蛇（へみ）もまた副（そ）ひ堕（お）ち、纏（からま）りて婚（くながひ）し、［娘は］慌（ほ）れ迷（まど）ひて臥（ふ）しつ。」つまり、蛇が娘の女陰に入り込み、娘は、気を失って倒れた。「婚（くながひ）す」とは、交接すること、ここでは犯すことを意味する。父母は、仰天して、医者を呼び、戸板に娘と蛇を乗せて、庭先に置いた。それから、絡み付いて離れない蛇を駆除するために両親が採った応急処置の描写は、作者景戒が薬師寺の僧侶であったためか、詳細を極める。

まず、キビの藁を三束焼いて、その灰を湯に混ぜ、汁を三斗（五四リットル）取り、それを二斗（三六リットル）に煎じつめ、イノシシの毛を十つかみ分きざんで粉末にし、汁に溶かし、娘の身体を曲げて手足をしばり、杭を打って吊り下げ、女陰に薬の汁を注ぎ込んだ、というのである。すると、一斗（一八リットル）も入ってしまった。やがて蛇が放れたので殺して棄てた。なんと蛇の子が白く固まって、蛙の卵のようであった、という。イノシシの毛が、蛇の子の身に刺さり、女陰から五升（九リットル）も溢れ出てきた。口に二斗入れると、蛇の子は全部吐き出された。

そこで気絶していた娘は、眼を覚まし、「わが意夢のごとくにありき。今し醒めて本のごとし」（夢みたいでしたけど、今はもう覚めてもと通りになりました）と告げた。作者景戒は、なんだかピント外れなコメントに聞こえるのだが、こう語る。「薬服かくのごとし。なにぞ謹みて用ゐざらむや」（薬の効能はこの通りである。だから注意深く用いなければならない）。

それで終りかと思うと、そこから先がまた不思議なのである。三年後、この娘は、同じ災難にあって命を落とす。「その嬢、また蛇に婚せられて死にき」。しかし、娘は、蛇に深い愛着を抱くようになり、蛇との間に生まれた子供を恋いて、今際のきわに「われ死にてまたの世に、かならずまた相はむ」（来世において、かならず蛇と結ばれましょう）と言い遺した、という。

ええっ！と思う読者に対して、景戒は、こう説教する。霊魂は、前世でおこなった善悪の行為の因縁に従う。ある者は、蛇・馬・牛・犬・鳥らに生まれる。前世での悪しき契によっては、蛇となって男女の交りをする。あるいは卑しい畜生となり果てる。愛欲の現れ方は一様ではない、と。なんだか、最近、社会問題化しているＤＶや母子相姦、境界例人格障害を思わせるような事例で、ユングの精神分析がそっくり当てはまりそうであるが、案外、こうした事件は、昔から珍しくはなかったのかもしれない。[4]

しかし、景戒は、さらにショッキングなエピソードを持ち出してくる。釈迦が阿難陀と墓のそばを通り過ぎたとき、墓前で慟哭する男女を目撃した、という。釈迦は、阿難陀に告げる。「この女は、前世で一人の息子を生んだ。ところが息子に深い愛欲をいだき、母の口でその子の男根を吸った。三年後、急病になり死に際して、子供を撫でながらなおも男根を吸い、今後、転生しても、毎回、生まれ変わってお前と夫婦（めおと）になろう。そう言いながら死んだ母親は、すぐに隣の娘に生まれ変わり、ついに息子の嫁になりおおせた。今、かつての夫と前世の自分の墓の前で、事の因果を顧みて慟哭しているのだ」、と。

この説話は、次のように結ばれている。昔、俊足で鳥のように早く走る子供をもつ父親がいた。大事にして可愛がり、「善きかな（すばらしい事よ）、わが児。疾（はや）く走ること狐（きつね）のごとし」と親バカぶりを発揮していた。だが、その子が死んだときは、狐に生まれ変わるだろう、と経典は説いている。だから、「善き譬へを願ふべし。悪しき譬へをねがはざれ。かならずその報を得むがゆゑになり。」（善い譬えを使うべきである。悪い譬えを使ってはならない。それが因となって報いを受けるからである）、そう景戒は戒めている。

因果応報と輪廻転生を視覚化した説話は、どれも、怪しく、おどろおどろしく、どぎつく、なまなましい。それは、抑圧された宗教的性欲が、西欧では、美しい娘の魔女狩りとなった消息と似ているかも知れない。[5] 民衆のエロスが、淫靡な陰りをもった仏教説話に変容する、それが、霊（くす）しきこと、異（あや）しきことを満載した「霊異記」となる。イノシシの毛を女陰に入れるところは、雷神とゆかりのある、この獣の呪術的な性格が現れており、土着的、呪術的な要素が濃厚であった当時の雰囲気も伝えている、と注は述べている。

こういう雰囲気をもつ世界に身を置きながら、仏教の布教のために、ためらいなく民衆の中に身を投じた仏教者を優婆塞（うばそく）と呼ぶ。いわば、在家の仏教者でもあり、半分、僧侶でもあるような身分である。「霊異記」の世界は優婆塞の世界であり、やがて鎌倉期になると、それは、親鸞などを代表とする民衆仏教となって開花する。村の講を中心に活躍したヒジリたちは、古くは、在家仏者聖徳太子に始まり、役行者（えんのぎょうじゃ）、行基（ぎょうき）、一遍（いっぺん）、木食明満（もくじきみょうまん）、円空（えんくう）など江戸期にいたる系譜に連なっている。一遍上人などは、仏典を歌にして旅をした僧だから、やはり、楽しげに、福音書を歌にして歩いた聖フランチェスコさながらである。キリスト教にも民衆の間を歩く修道士もいれば、トマス・アクィナスのように書斎にこもって理論を構築する学僧もいたが、最澄は、霊異記的世界に育ち、そこで暮らしながら、やがてそこを踏み抜け、山に籠り、天台宗を、理論的にも実践的にも純化する道を歩んだ宗教者だった。彼は、ある意味で劣化した仏教の教えを原点に引き戻し、日本土着のアニミズムや道教などと雑配する以前の天台宗を学び直そうと心がけたのである。

3 「霊異記」的世界との決別

最澄には、七八五年、十九歳のときに著した信仰告白がある。その後の最澄の生き方を方向付けた決意表明と受け取ってもよい。その「願文」の最後に、最澄が立てた五つの心願が記されている。

> 私は六根、眼（げん）・耳（に）・鼻（び）・舌（ぜつ）・身（しん）・意（い）の六つが仏と同じく清浄（しょうじょう）にならないかぎり、人々にはたらきかけをしない。その一。
> 仏法の真理を明らかにしないかぎり、才芸にかかわらない。その二。
> 清らかな戒律生活が行なえるまで、施主（せしゅ）の法会（ほうえ）に臨まない。その三。
> 本当の智慧の心が得られないうちは、世の中のことにたずさわらない。ただし、六根が清浄（しょうじょう）になったのちはこのかぎりではない。その四。
> この世で修める功徳（くどく）をひとりわが身に受けるのみでなく、あまねくすべてのものに及ぼし、ことごとくがこのうえない悟（さと）りを得るようにしたい。その五。

こう宣言したのち、最澄は、大乗仏教徒らしく願文を結ぶ。

伏して願くは、解脱の味はひとりで飲まず、安楽の果はひとりで明らかにせず、生きとし生けるものすべてと同じく妙なる覚りの位にのぼり、妙なる覚りの味いをのみたい。[1]

聖徳太子から始まった大乗仏教の姿勢は、この願文にも鮮やかに示されている。それだけではない。信心深い仏教家族で育った最澄は、必ずしも仏教的な生育環境のなかった空海とは対照的に、「永遠の求道者」[2]としての自己を十九歳にして確立していた。その姿勢は、唐からの帰国後、五十四歳のときに著した『顕戒論』にまっすぐに繋がり、「痛々しいほどに純粋で孤高な最澄の姿を伝えている」[3]。渡辺は、ここから、「霊異記的な世界に育ちながら、しかもその世界に留まりえなかったことを、これらの著作は暗黙の裡に語っているかのようである」[4]と述べている。「霊異記」的世界からの決別が決定的になるのは、唐に留学して、天台宗の経典の原点を学び直した時期である。最初、最澄は、留学僧として、円基と妙澄を推薦したが、桓武天皇は、天台の教典に通じた最澄を推し、三十七歳のときに、「入唐請益天台法華宗還学生」として唐留学が決まった。還学僧(請益僧)とは、唐滞在期間に限度のある留学生で、通常、現代のフェローのように、一定の研究課題や解決すべき問題を携えて留学し、成果を持ち帰る範疇に属する留学生のことである。

4　最澄、唐へ出発する

語学留学期間はないので、最澄は、求法訳語(通訳)として弟子の義真(七八一〜八三三)の同伴を要請して認められた。二十二歳であった義真は、後に初代天台座主にまでなるが、当時は、「当年得度の沙弥義真は、幼より漢音を学び、ほぼ唐語を習い、少壮にして聡悟、頗る経論に渉れり」[1]という若き語学生であった。「沙弥」とは、英語で novice とか neophyte と呼ばれる入門僧である。

最澄は、この他に、傔従の丹（丹治比）福成と写経生の真（真髪部か？ 古文書の読みが不明）立人も同伴した。傔従はパシリ、写経生はコピー用員である。今ならメールやコピー機で間に合う仕事が、当時は、長時間を要する人力労働を必要とした。なお、最澄は、皇太子安殿親王から、数百両の銀を援助資金として与えられていた。遣唐使の大使への下賜金は二百両だったから、経典将来のために巨額の援助を受けたことになる。

八〇一年、藤原葛野麻呂（七五五〜八一八）を遣唐大使とする遣唐使船は出帆した。この遣唐使船は、二十四年ぶりの派遣で、総人数は、前例から見て六百人前後であったものと思われる。同乗者には、橘逸勢のような大学者もいたが、他にも、遣唐碁師の大伴少勝雄、舞生の久礼真（貞？）茂・和爾部嶋継、楽生らしい船（丹）部頭麻呂なども加わっていた。今日でも歌手の今井翼や俳優の黒木メイサがフラメンコ留学したりすると、へーと思うが、平安ならば、翼やメイサは「踊生」と呼ばれたわけで、ダンス留学は平安の昔から始まっていたのである。高校時代からパリに音楽留学して、二〇一一年ジュネーブ国際音楽コンクールピアノ部門で優勝した萩原麻未は、古代「楽生」の末裔に譬えられるだろう。フルブライト奨学金で、碁の中国留学は難しいかもしれないが、古代日本は、幅広い留学目的の設定を許していた。ちなみに、舞生の和爾部嶋継は、蘇合香の楽を伝え、後に雅楽権允となり、楽生の船（丹）部頭麻呂は、笛の譜を習い伝えて、立派に役割を果たした、という。[2]

遣唐使船の航路は、難波津から、朝鮮半島沿いに回って渤海の登州を目指す北路と、直接、もしくは奄美や沖縄に寄港してから、揚州、杭州、明州などを目指す南路があった。しかし、遣唐使船の約半数は、暴風雨に見舞われ、途中、溺死する者も跡を絶たなかった。最澄の船も嵐のため、一度、中止を余儀なくされ、翌年（八〇四）四月に再出帆しなければならなかったほどである。ところが、出港してすぐにまた暴風雨に見舞われ、四艘の遣唐使船は、ばらばらになって、第三船と四船は行方不明、空海の乗った第一船は福州に、最澄の乗った第二船は明州に、それぞれ漂着した。福州は、位置からいうと、台湾最北端の台北のほぼ真西の大陸対岸に位置する場所、明州は、寧波の古名で、湾を隔てた上海の南側にある。両港は、五百キロメートルくらい離れている。

最澄の遣唐使船から二百年後、つまりコロンブスより五百年も早く、ヴァイキングの船は、四千キロも航海してアメリカ大陸ニューファウンドランドのランス・オ・メドーに達し、家族連れで入植を果たしていた。さらに遣唐使船よりも約千年も前の古代ギリシア人たちも、黒海の東海岸からアフリカ北岸の各地まで船で遠征し、植民地を築いていた。そうした先例を考え合わせると、遣唐使船の航海術は、かなり稚拙で危なっかしいレベルだったことが分かる。

5　天台山に登る最澄

明州で牒（ビザ）を獲得した最澄は、さっそく、訳語の義真と傔従の丹福成（丹比福成）を伴い天台山へ向かった。台州に着いた最澄は、台州刺史（最高長官）の陸淳に合い、金十五両、筑紫の斐紙（雁皮紙のこと）二百張、筑紫の筆二管、筑紫の墨四挺、刀子一、加斑の組二、火鉄（火をおこす道具）二、火石八、蘭木九、水精珠一貫を献上した。[1]陸淳は、品物は庶使に渡し、金十五両は返却した。最澄は、その十五両で紙を買い、天台の教典『摩訶止観』の筆写を陸淳に申し入れた。陸淳は、「求法の志を見て随喜」[2]し、天台宗の第七祖となる道邃に命じて工人を集め書写させた、という。こうして『摩訶止観』が日本に伝わったわけであるが、『徒然草』七十五段、「つれ〴〵わぶる人は、いかなる心ならん。まぎるゝかたなく、たゞひとりあるのみこそよけれ」、と始まる段を、「『生活・人事・伎能・學問等の諸縁を止めよ』とこそ、摩訶止勸にも侍れ」[3]、と結んだ、あの〈無為の美学〉のルーツが、廉吏「心の清く正しい役人」陸淳の返した十五両にあったことは感慨深い。海を隔てて中国の官吏と日本の留学僧が、仏教の理想を分ち合えたからである。四百五十年近く後になって、ルソーが『孤独な散歩者の夢想』「第五の散歩」で、far niente（無為）の喜びを見出し、[4]ゲーテなどにも影響を与えたことはよく知られているが、日本の文化人は、最澄や陸淳のお蔭で、ルソーよりはるかに早く、「つれづれなる」境地に身をおく幸せを識ることができたといえる。なお、陸淳は、最澄が書写した経典の目録の巻末に、「印記」を付し、そこでこう最澄を讃えている。「印記」とは、巻末に付して、書類の素性や所属を明らかにする文章のことらしい。

日本国の沙門最澄は、亦東夷の菩薩服中、剛決明敏の僧なり。……時に台州刺史陸淳判して云う、最澄闍梨、形、域を異にす雖も、性、実に源を同じくす。[5]

最澄は、出会ったばかりの異邦の役人に、「心が強く決断がよく、事にあかるく賢い」[6]、という印象を与えずにはいなかった。最澄が国境を越えて、ある種のオーラを感じさせる人物であったことがわかる。

最澄は、やがて天台山に至り、道邃と同門の行満に会う。恩師堪然の墳墓を守りながら二十年を経たものの、「諸の成す可き无し（物事の多くは、いまだに成し遂げていない）」[7]と、行満は嘆いていた。そこへ遥か日本から最澄が訪ねてきた。最澄は、行満に、入唐求法の決意を「……妙法を天台に求め、……労苦を憚らずして、遠く滄波を渉り、夕を忽せにして朝に聞き、身を亡れて法の為にすと」[8]と述べる。「夕を忽せにして……」云々とは、日のくれるものかまわず、早朝から天台の法に耳を傾ける、という意味である。行満は、「その昔、智者大師（智顗）は、弟子たちに対して、自分が寂滅したのち二百年余りすると、はじめて東国において自分の仏法が興隆するであろうと語ったというが、この聖人の言葉は失われないで、今、この人最澄に会うことができた」[9]と喜び、八十余巻の仏典や行満の師、妙楽大師湛然ゆかりの品々を捨与した、という。そのとき行満が付けた文章が先に挙げた「手書」である。

行満のもとに約一月滞在した最澄は、天台山巡礼と受法をとげ、「天台山国清寺の僧唯象から大仏頂大契曼荼羅の行事を伝授され」[10]、天台山仏隴寺では行満和尚に法を授けられた。そして、天台大師の廟のある真覚寺に詣でて、「求法斎文」を誦した。台州に戻った最澄は、龍興寺に半年こもり、日本に持ち帰るべき経典の写経に打ち込んだ。弟子で通事の義真も、天台山国清寺で具足戒（小乗戒）を受けた。これは二五〇項目からなる戒律の授与であるが、唐語をよくした義真は、難なく受戒できたことであろう。義真も、国清寺にしかない典籍の筆写に余念がなかった。最澄が天台山から急ぎ台州に戻ったのは、道邃が台州の龍興寺で『摩訶止観』の講義をしていたからで、この台宗を代表する高僧の講筵に連なりたいと切望したからである。道邃の講義に加わった最澄は、後に「天台宗未決」と言われた十か条からなる経学上の問題を質し、道邃から回答を得ている。高度に学問的な問題を、中国語でやりとりし、天台宗の核心を理解しているのだから、通訳の義真も最澄も、この頃までに中国語仏典の理解能力は、尋常なレベルを超えていたことは明らかであろう。

台州龍興寺浄土院で書写に専念してきた最澄は、終了後、経典の目録『台州録』を作成した。その後記は、百二十部、三百四十五巻と記している。そのさらに後に、台州刺史の陸淳の「印記」があり、そこに最澄の人柄について語るとき必ず引用される文章が載せられている。例えば、『宋高僧伝』巻第二十九、唐天台山国清寺道邃伝には、先に引いた陸淳の「印記」、「日本国の沙門最澄は、亦東夷の菩薩服中、剛決明敏の僧なり。溟涬に泛び、江東に達す。天台の法門を、顗師の禅決に求め、邃の講訓に属なり、委曲指教せられ、澄、旨を得たり。……時に台州刺史陸淳判して云う、最澄闍梨、形、域を異にすと雖も、性、実に源を同じくす。特に生知（生まれながらに知ること）を稟け、類に触れて懸かに解す。[11]……」、と「印記」全文を引用している、という。空海の豪放にして天才的な人柄の陰に隠れがちだが、最澄も、国際社会に出ても、一目で只ものではないことが分かるオーラを発していた人物だったようだ。後に弟子の円仁が、五台山を訪ねたときも、名僧志遠から、最澄をめぐる伝聞を聞かされているくらいなのだから。そういう最澄であったから、道邃は、別れるときに、こう述べている。

而して今、聖語徴有りて、最澄三蔵に遇えり。是れ如来の使ならずして、豈、艱辛に堪えること有らんや。然らば則ち宗を開き奥を示し、法を以て心を伝えよ。化、滄海を隔てて、相い見んこと杳然たり。共に仏慧を持し、同じく龍華に会せん。[12]

空海の場合もそうであったが、希に見る学識と才能に恵まれた日本僧が、命がけで、海を渡って、中国の山奥まで、求法の旅をしてやってきたとき、中国の高僧たちは、たちどころにその天稟を見抜き、惜しみなく手を差し伸べ、遠来の留学僧と、共に悟りの世界を目指そう、と語りかけている。その周囲には、写経や仏具の製造に協力して、多くの宗教的財産を与えるだけではなく、日本人に日常の中国語を、手取り足取り教えた中国人の〈語学教師〉も存在していたはずである。中国は、文化的後進国から、続々とやってくる日本人たちを、大きく深い懐に迎え入れ、今日まで重要文化財や国宝として残る、経典、仏具、知識や技術を、持たせて帰国させてくれた偉大な文明国であった。

最澄の帰国を惜しんだ中国天台の僧たち九人は、みな、五言律の詩を贈ったが、台州の役人や官人もこぞって送別の詩を寄せた。煩わしくなるので引用は省略するが、いずれも、最澄に対する深い敬愛に満ちた詩であったことは、銘記されてよい。

最澄は、越州に向けて帰路につき、越州（紹興）でも天大密教を受法され、将来目録を作成し、明州と越州刺史に提出し「印信」を得た。「印信」とは、「密教で阿闍梨が秘法伝授の証に弟子に与える文書」[13]のことだが、ここでは、「証書」のような意味であろう。鄭審則も、この「印信」で最澄を讃えている。

最澄闍梨、性、生知の才を稟け、来ること礼儀の国自りす。万里、法を求め、険を視ること夷（平坦なこと）

の若し。……謂いつ可し、法門の龍象（学徳が人にすぐれ、力量のある僧）たり、青蓮の出池（池上に出た蓮〈仏〉のような美しい眼をした人物）たりと。[14]

たくさんの中国人が最澄の人物像について語っている文章の与える印象は、彼が、俊敏かつ博学で、限りない情熱をもち、人を打たずにはいない気品を具え、澄んだ瞳をした僧侶だった、というものである。兵庫の一乗寺蔵の最澄の肖像は、放射能の防護服みたいな頭巾をかぶり、暑苦しそうで、「青蓮の出池」という感じではないが、頭巾を取って、正面を見据えたなら、明眸のイケメン僧だったのかも知れない。

こうした活発な天台密教の受容活動から、最澄の中国語の理解能力も帰国するころには、かなりのレベルに達していた、と推測される。多くの人々から敬愛されたことは、日常的に、中国語による交流がなければ、成り立ちにくいことだし、義真ぬきの巡礼の旅も立派に果たしているからである。

6　遣唐使が収集した大陸情報

最澄に限らないが、遣唐使たちの中国語運用能力のレベルを伝える資料に、『日本後紀』に記された唐に関する詳しい消息があり、中国側の一級資料『旧唐書』『新唐書』『資治通鑑』などには見えない仔細が記録されている。例えば、八〇五年ごろ起きた、淄青道節度史青州刺史の李師古の反乱の記録がある。十万の兵を動員して、周辺の州と殺戮を繰り広げた大乱だった。この他にも蔡州における不穏な動きや、吐蕃（チベット）と唐の険悪な関係など、記録は詳細をきわめていて、唐側の資料にはない、吐蕃派遣の使者の名薛審を正しく記し、その独自の動静についても貴重な情報を伝えている。[1] かつて、江戸時代に長崎通事が、オランダ人から事細かく西洋事情を聴取して作成していた最高機密文書『阿蘭陀風説書（おらんだふうせつがき）』[2]によって、徳川幕府は、欧米で起きた政変を遅くとも数年以内には把握していた。幕府は世界情勢に疎いと見たタウンゼント・ハリスが、アヘンなど中国には売らぬ正義の国である、と欺こうとしたとき、幕府は、この『風説書』によって、アメリカがメキシコと戦争したばかりであり、中国にアヘンも売り込んでいたことも承知していたので、ハリスに逆ネジを食わせている。その手柄は、長崎通事たちのオランダ語運用能力のレベルの高さに負うところが大きかった。昭和・平成の外務官僚の力量とは対照的である。例えば、外務省の北米局のトップにいた岡本行夫は、評論家になって、ブッシュの大統領選挙に言及し、アメリカの選挙結果は、瞬時にして、一桁の位まで正確に出る国ですから、と、テレビでコメントしていた。しかし、実際には、確定票が最後まで出ず、しまいには端数を切り捨てて、当選にしてしまう、という日本では考えられない乱暴な結果に終わった。アメリカの現実にこれほど無知な官僚が北米局長だったとは、当時、信じられない思いをしたものである。ハリスと対等に渡り合った江戸幕府の老中阿部正弘の方がよほど情報を活用し、見識もそなえていたことになるから皮肉である。円満な語学力には、単なる会話能力以外に、情勢を的確に読む判断力や、対象国の内情を広くつかむ知見が備わっていなくてはならない。スポーツなどの達人が、一点集中視ではなく、周辺視を尊重する姿勢に通う。その点、遣唐使時代の情報担当者は、端倪すべからざる情報収集力と目配りの良さを具えていた、と言えるかもしれない。

いつの世でも語学実践力のレベルが一番高いのは、海外のニュースを傍受していた帝国陸軍の特殊情報部とか、防衛省の情報本部など、海外の政治・軍事情報収集の第一線で耳をそばだてているスタッフである。最澄や義信などのような表の代表以外に、大勢の裏方が、遣唐使の足や耳となって、せっせと情報を集め、克明に記録し、朝廷に提供することを助けていた。『日本後紀』をみると、リアルタイムで起きている中国事情を把握する彼らの中国語情報収集能力が半端なものではなかったことがわかる。英米の新聞にも放送にも触れようとしない現代の大学英語教員は、彼らの爪の垢を煎じて飲む必要があるかも知れない。

7　帰国後の最澄

帰国後、最澄は、奈良の旧仏教派との論争に明け暮れた。その論争における反論の骨頂が、前掲の『顕戒論』だったのだが、その内容は、仏教の宗派や、習慣、教理の、あまりに細かい区別や主張にわたり、〈語学教師の物語〉という本題から外れすぎるので立ち入らないことにする。しかし、最澄が、法相宗や三論宗などの悟れない者もいるとした宗派に反対し、『大唐西域記』など歴史的資料も視野に入れながら、大乗仏教を擁護し、大乗戒壇設立を主張した、という大筋は理解しておきたい。ただ、奈良には大乗仏教の寺院もあり、それらを十把一絡げにして、「小乗仏教であるときめつけ、奈良仏教の中心課題であった鎮護国家ということが、それではできないときめつけ[1]」たのだから、論争は果てしなく続き、決着が着くまで、最澄は生き永らえることができなかった。

だが、最澄の大乗戒壇設立運動は、彼の死後一週間ほどで、遅ればせながら勅許が下りて結実した。田村は、こう結論づけている。「この運動は、……はからずも、インド初期大乗仏教のあり方に近づいたものとの評価もできようが（平川彰『初期大乗仏教の研究』参照）、日本仏教が戒律のない仏教であると評されるものの、制度的根源をなしたものということもでき、以後の日本仏教に大きな影響を与えた[2]」、と。

誰でも悟りをひらけるとする一乗主義者最澄は、悟れない人もいるとする法相宗代表の徳一とも執拗な論争を繰り広げた。最澄は、あくまで、仏典のテキストの厳密な論証により、厳しく理非を弁じる姿勢を崩さなかった。例えてみれば、ピューリタンさながら、大乗仏教原理主義者といった頑固で厳格なポレミックとしての風貌も最澄は合わせ持っていた。このあまりにも厳しく、純粋で、妥協を許さず、求道に徹する姿勢は、宗教者としてはともかく、世間で人気が出たり、カリスマとして崇拝者が集まるといったキャラクターではない。だから、比叡山に弟子入りしようとする者に対して、「最澄は衣食をもち来たれといい、空海は師資の衣食はすべてこれを保障するという。……空海は食わしてやる、最澄はもってこいといった。だから比叡山から弟子たちは皆下っていなくなり、円、密、禅、戒はどんどん出ていってしまった。空海は弟子をやしない、また人からも非常にものを貰っている」[3]、という結果になった。

宗教改革のころ、旧教側も反宗教改革を行い、無欲で高潔、禁欲的で謹厳な宗教者が輩出したが、その一人にカルロ・ボロメーオ（一五三八～八四）がいる。その肖像画を見ると、青筋を立て、机上には水とパンだけ、パンのかけらを片手に、寒そうに身をかがめながら、食事の間も惜しんで書を閲（けみ）している。この顔じゃ栄養が悪すぎて動脈硬化かなんかで早死したに違いない、と思ったが（事実、四十代半ばで亡くなっている）、最澄の肖像も、おこそ頭巾みたいなフードをかぶり、顔色は青白く、栄養状態も悪そうである。底冷えのする比叡山で貧血のため冷えきって、頭巾を離せなかったんじゃないか、と思ってしまう。栄養が良さそうで、てらてらした坊主頭の空海とは対照的である。

最澄は、求道にまっすぐ突き進んだから、自分より若く、密教を深く学び、遥かに多くの経典を招来した空海に受戒を受け、遠慮なくその貴重な経典の借用を申し入れた。空海がもたらした将来目録を、いち早く書写し、片っ端から借用を申し出て筆写した。しかし、完璧主義者の最澄は、文字が読みにくくて解釈の難しい経文に出会うと、筆写を弟子にまかせることができなくなり、空海から、経文を借用すればするほど、返却が延び延びとなり、空海が繰り返し返却請求しても、容易に返そうとしなかった。

最澄と空海の往復書簡の内容の大半は、経文借用と返却請求である。おそらく最澄は、どこかで妥協したり、見切ったり、諦めたりすることの出来ない性分だったに違いない。書写は、完璧でなければならず、一点の曇りがないまでに、経典を理解した上で写そうと願ってやまなかった。また、仏典研究のために必要な経典は、少しも遠慮なく、何度でも、空海に借用の要請状を出した。例えば、八〇九年十一月二日の空海宛書簡には、「書写し終れば、ただちに、必ず返上いたします。決して損傷汚穢することはありません。『摩訶止観』の校訂ならびに朱点の注など、最澄かれこれ力を尽くしております」[4]、と述べ、八一二年十二月十八日の書簡では、「借用を請う」と冒頭で述べ、後は、ずらずら経典の名前を並べ、「右の諸経論、来年二月下旬を限って、必ずや返還いたします。なにとぞ、大徳（空海）、慈悲をたれ、哀愍（あいびん）されて借用を許されんことを願い上げます。」[5]と頼み込んでいる。しかし、なかなか約束通り返却した様子はなく、八一三年十一月二十三日には、『釈理趣経一巻』の借用を申し込んだところ、空海は、それを峻拒した。そのかなり長い拒絶状は、「叡山（えいざん）の澄法師（ちょほふし）の理趣釋經（りしゆしやくきやう）を求むるに答（たふ）する書」として『性霊集』に載っている。[6]

以下、「つばめ堂通信」の「答叡山澄法師求理趣釈経書」[7]の現代語訳を引用しながら、空海の拒絶状の内容をかいつまんで述べてみよう。〈語学教師〉の原型となるようなテキスト中心主義者最澄の、ある意味での限界を、実践家空海は鋭く突いていて、〈語学教師〉にとって頂門の一針となるからである。テキストで「愛」や「平和」を説いても、家で女房を粗略に扱ったり、学会で若手をいびったりして実践がともなわず、テキスト観念論者で終りがちな、〈語学教師〉には、ちと耳の痛い話ではあるのだが。

もし聞く理趣をお求めであれば、聞かなければならないのは、あなたの声がそれでございます。あなたが口で説く言葉がそれでございます。

もし見る理趣をお求めであれば、見なくてはならないのは、あなたの身体がそれでございます。その上に他人の身辺にまで求めてはなりません。その上に他人の口中にまで求めてはなりません。

もし念（おも）う理趣をお求めであれば、あなたの一瞬ごとの心中に本来備え持っておられます。その上に他人の心中にまで求めてはなりません。

空海は、次々に経文を借用しては写しまくり、なかなか手放そうとしない最澄の態度に、文字に頼りすぎ、実践を忘れる危険を見て取って、真理は、実践をとおして、身の回りから見出すもの、と諭している。

理趣釈経と言われておりますものは、あなたの身と口と意（こころ）の行為がそれです。……そもそも密教の興廃は、ただあなたとわたくしとにだけかかっております。あなたがもし非法に受け、わたくしがもし非法に伝えたならば、将来の法を求める人は、道を求めるということの意味を、何によって知ることができるでしょうか。非法に伝受することを、法を盗むと申します、これは仏を欺くことなのです。

「非法」とは、厳しく行を積み、行法を体得してから、真言宗の真理を授け、授けられるという手続きを踏まず、経文だけで知識を伝授するやり方を指す。空海は、最澄を、法を盗む者、仏を欺く者だ、と厳しく批判している。

文は、これは糟粕（そうはく、酒粕）、これは瓦礫なのです。糟粕や瓦礫をお受けになれば、大切な真実を失ってしまいます。真を捨てて、偽を拾うのは、愚か者のすることです。愚か者のすることに、あなたは随わないでください。もうお求めになりませんよう。

ここで空海は、文書主義者最澄を、滓を食らう愚か者！と断じて撃退している。

顔の美醜を知ろうと思えば、まず鏡を磨かなくてはなりません。なぜ鏡を造る水銀があるかどうか議論なさるのですか。

波風に騒ぐ心の海を渡って、彼岸に到達しようと思うのであれば、まず船をこがなくてはなりません。船や筏

（いかだ）が空であるか、実であるかを談じておる場合ではないのです。

毒矢に射られたならば、まず抜かなければなりません。抜かずにその矢がどこから来たのか、訊ねておられるのはなぜでしょうか。

道を聞いても動かなければ、千里も先のものをどうして見ることができましょう。……

しかし、たとい千年の間、薬学書や医学書を読んだところで、それだけでは、この身が病んだとき、どうして治すことができましょうか。……

妙薬が篋（こばこ）に満ちていても、嘗めなければ無益です。珍衣が櫃（ひつ）に満ちていても、着なければ寒いではありませんか。

決して法を惜しむのではございません。

阿難［釈迦の弟子アーナンダのこと］は仏の近くにいて多く聞いておりますが、これで良いというわけにはまいらないのです。……

真理は、経典の中ではなく、修業者そのもの裡に宿っている、と空海は説いている。『理趣経』は、真言密教の「自性清浄（じしょうしょうじょう）」という、性善説のように、人間は本来清浄な存在であるとした。性を含めた欲望を必ずしも否定しないために、例えば、性のクライマクスも、汚れなき菩薩の境地だ、と説いてもいる。しかし、重要なことは、自らの心身が清浄であることを、内側から悟る修業をすることだ。最澄はともかく、その弟子などが『理趣経』の経典を見て一知半解な理解をすれば、麻原彰晃のような化け物が生まれかねない。空海は、その危険をおそらく誰よりもよく見通して、この経典の公開だけは拒んだのではなかろうか。村上春樹の『1Q84』[8]に出てくる教団「さきがけ」のグールー深田保が、忘我の境地で少女たちと「多義的な交わり」をする箇所には、麻原彰晃を媒介にして『理趣経』の影が差していることを、私はかつて指摘したが[9]、そういう類いの危ない経典だったのである。この一件と、最澄の愛弟子、泰範(たいはん)が、再三、最澄が引き止めたにもかかわらず、比叡山を下り、空海のもとへ去ってしまった、心の痛む事件とが重なって、最澄と空海は、以後、袖を分かつことになった。しかし、最澄の天台宗は、結果的には、日本に広まり、日本仏教の源流を形づくったのだから、もって瞑すべきなのかもしれない。

8 むすび

空海と違って、最澄は、ポリグロットでもなく、中国語の会話力も義真の通訳を必要としなければならなかったから、一見すると、〈語学教師〉の原型としては、ぱっとしない先輩だったかのように見える。しかし、最澄の骨頂は、鑑真がもたらした天台宗を、その原典に立ち帰って、しっかり読み直し、自前の解釈を樹(た)てて納得し、日本の風土に仏教を馴染ませようとした点にある。外国語を精読し、日本文化に合うように解釈し、風土に染み込ませる、という使命は、外国語を学習し、原典を解説したり、翻訳したりする〈語学教師〉の仕事の本質をなしている。

彼の徹底したテキスト読解と考え抜かれた解釈があってこそ、やがて円仁(えんにん)のような弟子が育ち、かなりの年齢になってから、中国に留学して、念仏を日本の風土に広める仕事をなしえた、と考えると納得がいく。宗教のテキストを熟読して、テキストの校訂上の誤りを正し、厳密な理解を志した者は、ある意味で、宗教の改革者・刷新者でもある。キリスト自身も、旧約聖書の熟読者であり、解釈の刷新者であった。後に続く、聖バシレイオス、聖アウグスチヌス、トマス・アクイナス、エラスムス、ルターなど、いずれも、聖書の熟読者であり、解釈の刷新者である。やがて、その聖書研究から、西欧の文献学やテキストの解釈学も生まれてくるのだが、〈語学教師〉は、ある意味で、みな文献学者兼解釈学者でもあるわけで、その意味で、最澄は、日本の仏典の解釈を独自に行った聖徳太子に続く〈語学教師〉の系譜に属する先人であったと言ってよい。

しかし、同時に最澄のテキスト中心主義が、『理趣経』の借用をめぐって、実践を重んじる空海との断絶をもたらしたことは心に留めておきたい。マルクスがヘーゲルを批判して、哲学は世界を解釈するだけではなく、変革していくものだ、と語ったことを思い合わせると、最澄は、文字面だけで、全てを済ました気になる、〈語学教師〉の悪い癖の原型でもあるという危惧を感じる。

〈語学教師〉には、細かいことを気にする、いわゆる「〈語学教師〉根性」とでもいう癖があって、どうでもよさそうな些事にこだわりがちだ。教授会などで、文言の細かな違いにこだわって議論を長引かせるのも、元秀才だった〈語学教師〉の習癖だが、そういう神経質で癇性で議論好きなところも最澄が元祖だと言えるかも知れない。

しかし、最澄は、細心であっても、狭量でケチな人間ではなかった。十九歳で著した「願文」の結びにある大らかな志を、最澄は生涯失わなかったからである。

> 伏して願くは、解脱の味はひとりで飲まず、安楽の果はひとりで明らかにせず、生きとし生けるものすべてと同じく妙なる覚りの位にのぼり、妙なる覚りの味いをのみたい。もし、この願いの力によって、仏と同じく六根が清浄な位にいたり、五神通を得たとき、自分だけを済度することなく、自分だけ悟りの位につかず、すべてのものに執着しない。願わくは必ずこの世においてありのままの清らかな四弘誓願に導かれて、すべての世界、すべての生きとし生けるもののなかに入り、仏の国土として浄らかにし、生きとし生けるものをすくい、はるかはてしない未来にいたるまで、仏教の行ないを続けたいものである。[1]

〈語学教師〉は、不断に自己点検を怠らず、比類ない正確さをもって原典を解釈し、苦労して習得した知識や情報、経験知やノウハウを、惜しみなく万人に解放する人種でなければならない。そうした「ものに執着しない」一貫した態度の源は、最澄の場合、大乗仏教が教えた「解脱の味独り飲まず、安楽の果独り証せず。……衆生と同じく妙味（めうみ）を服せん」という徹底した大乗思想に求められるであろう。〈語学教師〉は、苦労をいとわず惜しみなく母語を教える母親のように、自ら苦労して源泉から掬み取った智慧を、学ぶ者と分かち合うことを無上の喜びとする種族である。そういう意味で、最澄も、〈語学教師〉の系譜につらなる一個の人格として記憶されるべきであろう。

（二〇一一年九月二九日）

注

一　古代日本の外国語事情、補筆

1　はじめに

1　湯沢質幸『古代日本人と外国語』（勉誠出版、二〇〇一年三月）、『増補改訂　古代日本人と外国語——東アジア文化交流の言語世界』（勉誠出版、二〇一〇年一一月）、本稿は、後者に基づく。なお、古代の人名、官職名などに対するルビは、引用、初出など文脈に応じて旧仮名遣いを使用、通常の文脈では、現代仮名遣いを用いた。

2　〈語学教師〉の原型（プロトタイプ）「音博士」の周辺事情

1　『大宝律令』「職員令」の「大学寮」の項、および「学令第十一」参照。井上光貞他校注、『律令』（岩波書店、一九七六年一二月）、一六七、二六二～二六八頁。

2　同右、「学寮第十一」、二六二頁。

3　湯沢、三〇頁。

4　同右、三二頁。

5　坂本太郎他校注『日本書紀』下巻『日本古典文學大系』第六八巻（岩波書店、一九六五年七月）、五一〇頁。

6　湯沢、三三～三四頁。

7 同右、三三頁、原文は、渡辺照宏・宮坂宥勝校注「藤の眞川が淨豐を擧するが爲の啓」『性霊集』『日本古典文學大系』第七一巻（岩波書店、一九六五年一一月）、二五六頁。
8 同右、三六頁。
9 同右、三八頁。
10 同右、三九頁。
11 同右、四〇頁。
12 『文徳実録』、同右、四一頁。
13 『続日本後紀』、同右、四五頁。
14 同右、四七頁。
15 同右、四六頁。
16 同右、六〇〜六一頁。

3 訳語（をさ）／通事（をさ）（通訳）たちの群像

1 坂本他前掲書、一八九頁。
2 以上湯沢、一〇二頁。
3 同右、一〇三頁。
4 同右、一〇五頁。
5 同右、一〇五頁。
6 同右、一〇六頁。
7 『三代実録』、同右、一〇六頁。
8 同右、一〇七頁。

9　同右、一〇八頁。

10　深谷憲一訳『入唐求法巡礼行記』（中央公論社、一九九〇年一一月）、一二三頁。

11　同右、一〇二頁。

12　同右、一二〇頁。

13　同右、一三八頁。

14　湯沢、一二八頁。

4　中国語通訳養成の周辺

1　同右、一一〇頁。

2　同右、一一〇頁。

3　同右、一一一頁。

4　同右、一一一頁。

5　『百科事典マイペディア』、電子辞書版（日本システムアンドサービス、二〇〇五年）。

6　『日本後紀』、湯沢、一一三頁。

7　湯沢、一一七頁。

8　同右、一一九頁。

9　同右、一一九頁。

10　同右、一二〇頁。

11　前掲『日本書紀』下巻、四四四頁。

12　同右、三六二～三六五頁。

二　音韻推移をめぐって

1　言語文化的側面

1　高津春繁『比較言語学』(岩波書店、一九五〇年一一月)、四〇〜四二頁。
2　忍足欣四郎(おしたりきんしろう)訳『ベーオウルフ』(岩波書店、一九九〇年八月)、一五頁。
3　西脇順三郎訳『カンタベリ物語(上)』(筑摩書房、一九八七年四月)、七頁。
4　[呉音・漢音対照表]、湯沢前掲書、一四三〜一四五頁。
5　同右、一四九頁。
6　同右、一五二〜一五三頁。
7　同右、一五三頁。

2　古代日本語音は、どのように変化したか

1　同右、一七〇頁。
2　同右、一六五〜一六六頁。
3　「擬音語と擬容語」『言語生活』一七一号(筑摩書房、一九六五年)、一八〜二九頁。
4　湯沢、一七二頁。
5　ジョアン・ロドリゲス、土井忠生訳註(三省堂、一九九五年一一月)。
6　湯沢、一七二頁。

三　中国における仏教経典

1　翻訳・研究史の概略

1　末木文美士『日本仏教史——思想史としてのアプローチ』(新潮社、一九九二年一二月)。
2　高楠順次郎・渡辺海旭監修(大正一切経刊行会、一九二四〜一九三四年)。
3　末木、六二一〜六二三頁。

2　仏典漢訳の流れ

1　末木文美士監修、小菅陽子　第四章「中国仏教」『雑学3分間ビジュアル図解シリーズ仏教』（ＰＨＰ研究所、九六～九七頁）。

2　「フランス語版ウィキペディア」、（http://fr.wikipedia.org/wiki/Kumarajiva）、アクセス日、二〇一一年九月二〇日。

3　（岩波書店、一九七一年九月（上巻）、一九七九年九月（下巻））。

4　（岩波書店、一九七二年一二月）。

5　『バウッダ［仏教］』（講談社、二〇〇九年一二月）。この文献は、古川肇氏から教示を受け、この部分を加筆することができた。感謝する。

6　同右、三九〇頁。

7　同右、三九〇頁。

8　同右、三九〇～三九一頁。

9　同右、三九一頁。

3　外来文化受容における「丸呑み主義」のルーツ

1　末木『日本仏教史』、六八～六九頁。

2　同右、六九頁。

3　Paul Johnson, *A History of Christianity*（London:Weidenfeld & Nicolson,1976）,p.88.

4　末木前掲、六九頁。

四〈語学教師〉としての最澄

1　最澄の横顔

1　佐伯有清『若き日の最澄とその時代』（吉川弘文館、一九九四年六月）、三頁。

2 「解説　最澄　空海の思想」、渡辺照宏編『最澄・空海集』『日本の思想』第一巻（筑摩書房、一九六九年九月）、五〜六頁。

3 佐伯前掲、六頁。

4 同右、七頁。

5 前掲、『日本書紀』下巻、三四三頁。

6 佐伯前掲、二〇九頁。

7 渡辺、四頁。

2 優婆塞(うばそく)仏教の世界

1 同右、一一頁。

2 同右、九頁。

3 以下、引用と解釈は以下の文献に従った。小泉道校注『日本霊異記』『新潮日本古典集成』第六七巻（新潮社、一九八四年一二月）、以下の引用は一九八〜二〇一頁。

4 管賀江留郎『戦前の少年犯罪』（築地書館、二〇〇七年一〇月）参照。この文献は、小学生による殺人、いじめ、幼女強姦、教師への暴力、犯罪を犯す教師など、昨今、特有の現象だと思われがちな事件が、戦前からいくらでも起きていたことを教えてくれる。大津波も昔から珍しくはなかったし、被曝隠しは戦前の軍部から始まっていたし、帰国子女問題も平安の世から存在していた。我々は、歴史を、常に、参照し、「想定外」などと、うっかり口走らないように心すべきなのかも知れない。

5 森島恒雄『魔女狩り』（岩波書店、一九七〇年二月）参照。

3 「霊異記」的世界との決別

1 渡辺前掲書、三〇頁。

2　同右、七頁。
3　同右、七頁。
4　同右、一一頁。

4　最澄、唐へ出発する

1　最澄「上表文」、前掲佐伯、二二二頁。
2　同右、二二五頁。

5　天台山に登る最澄

1　同右、二三五頁。
2　『叡山大師伝』、佐伯、二三五頁。
3　西尾實校注『徒然草』（岩波書店、一九五七年六月）、一五一、一五二頁。
4　青柳瑞穂訳、新潮社、一九五一年四月、九四頁。
5　佐伯前掲、二五四頁。
6　同右、二五四頁。
7　最澄に送った「手書」、同右、二三九頁。
8　『比叡山大師伝』、同右、二三九〜二四〇頁。
9　同右、二三七頁。
10　同右、二四五頁。
11　同右、二五三〜二五四頁。
12　同右、二五五頁。
13　『大辞林』（デジタル大辞林、小学館）。

14　佐伯前掲、二七三頁。

6　遣唐使が収集した大陸情報

1　同右、二七六～二七九頁。
2　板澤武雄『阿蘭陀風説書の研究』（吉川弘文館、一九七四年一二月）参照。

7　帰国後の最澄

1　田村晃祐「日本仏教の脊梁・最澄」『最澄　空海』（中央公論社『日本の名著』第三巻、一九七七年五月）、一七頁。
2　田村、二〇頁。
3　渡辺照宏編前掲「最澄　空海の思想」、一八頁。
4　同右、六四頁。
5　同右、七三頁。
6　前掲『性霊集』、四四二～四五〇頁。
7　(http://www.geocities.jp/tubamedou/index.htm)、アクセス日、二〇一一年九月二六日。
8　全三巻（新潮社、二〇〇九年五月～二〇一〇年四月）。
9　「村上春樹『1Q84』を読み解く――連想複合の文体論的解明」『Waseda Global Forum』No.6（早稲田大学国際教養学部、二〇一〇年三月）、二六一頁。

8　むすび

1　「願文」、渡辺、三〇～三一頁。

V 中古——円仁

一　〈語学教師〉としての円仁

1　はじめに

今回は、前回扱った最澄の高弟、円仁［圓仁］＝慈覚大師（七九四～八六四）の『入唐求法巡礼行記』[1]を中心に、この日記から、古代の〈語学教師〉の活躍を浮かび上がらせてみたい。『入唐求法巡礼行記』は、「会昌の廃仏」という唐代に起きた外来宗教弾圧、特に仏教弾圧の詳細な記録でもあり、この歴史的事件の実情を写し取った貴重な史料として、歴史学者や仏教学者の間で読まれてきた。しかし、漢文であったため、そこに記録された豊富な情報と経験知には、漢籍の心得のある一部の専門家しか近づくことができなかった。

円仁は、慈覚大師という名前はともかく、言語教育史上に残した足跡はほとんど知られていない。しかし、一九五五年、後に在日アメリカ大使となったエドウィン・O・ライシャワーによる『入唐求法巡礼行記』の英訳と、研究書『円仁　唐代中国への旅』[2]が上梓されてから、円仁にも次第に光があたりはじめた。

円仁は、遣唐使請益僧として、九年半にわたり中国を旅しながら、当時のリンガ・フランカであった中国語（漢文）を駆使して、留学体験と唐における見聞を綴った。そこには、インド僧から直にサンスクリット語の字音を習い、中国の高僧たちと仏教の教義を語り合い、新羅人の仏教僧や商人たちと広く交流し、唐代中国官僚組織の中枢から末端にいたるまで、遺憾なく中国語で交渉して目的をとげ、最後の数年間は、「会昌の廃仏」という中国史上最大の仏教弾圧に遭遇しながら、生き伸び、豊かな資料とともに帰国した一部始終が生き生きと語られている。さらに、中国正史にも記されなかった、唐代支配層の内部の混乱ぶり、周辺異民族の不穏な動向、狂気の宗教弾圧〈会昌の廃仏〉の実態、三回にわたる日食やハレー彗星目撃体験や大陸における観天望気（天候の諸相の観察）、将来目録に記された仏典や宗教画の借写・模写のいきさつと日時、戒壇で執り行われた儀礼やしきたりの次第、念仏の方法、煩雑をきわめる唐代官僚組織が要求した各種書類の写し、日々の金銭出納や生活実費の詳細、先方と遣り取りした品物のリスト、宿の主人の人品骨柄、それぞれの地域の風俗や人情、出あった中国僧や外国人僧との交誼、中国暦にしたがう年間行事の模様、外国人通訳や水夫の働きぶり、五臺山の地形や寺院の風景、中国における経済活動や官僚主義の実情など、ほとんど身のまわりのありとあらゆることが、わけへだてなく、誇張や偏見を混じえず、つぶさに記録されている。出来上がった日記帳は、ＰＣのデータ・ベースに限りなく近く、文化人類学者のフィールド・ノートか雑記帳のような観を呈している。日本古代の〈語学教師〉の中で、約十年にわたる海外生活の一切合切を、これほどこと細かく伝えた人物は他にいない。本論でここに挙げた項目すべてに触れることはできないが、いくつか興味深い項目を選んで、紹介してみたい。大量で詳しい情報を満載した円仁の日記から実感を得ていただくために、引用が長くなるけれども、ご辛抱いただければ幸いである。

２　唐へ渡るまでの円仁

円仁が、〈語学教師〉としての一面を垣間見せるのは、唐留学期間中なので、それまでの経歴は、簡単に片付けたい。

佐伯有清によると、「円仁の父の名前を首麻呂、兄を秋主とし、父は都賀郡の三鴨駅長であって、大慈寺の厳堂……を建立し……兄は外従七位下の位階を持っていた……」[1]という。円仁の家は、大慈寺の檀家、生地は現在の三毳山、栃木県下都賀郡岩舟町畳岡にある甲塚古墳のあたりだと推定されている。平安時代、このあたりは、アイヌ人と大和民族が接する辺境であったから、円仁は、異文化と自文化が接する界面を、幼い頃から身近に見知っていたものと想像される。第六回遣唐使船（六六九）には、「いく人かのひげ面のアイヌの漕ぎ手が乗り込み、中国の記録はアイヌのことを驚嘆して記している」[2]から、あながちピント外れな想像ではないであろう。

円仁の父親が務めた駅長とは、「宿駅の駅戸のなかで家口［律令制下の戸の構成員］が富み、駅務をよくなし遂げられる能力の持ち主が任用される終身の役目であった」[3]。しかし、幼くしてその父親を失った円仁は、兄秋主から経史［儒教書と史書］を学び、九歳のとき、大慈寺の僧広智に弟子入りし、さらに十五歳のとき比叡山に登って最澄に師事することになった。「最澄は、年少で聡明な弟子十名を選んで、……『摩訶止観』……を特別に教え、後継者の育成に乗りだした。この十名の受業生の中に円仁もいたのである。ところが円仁以外の九名は、途中で脱落してしまい、円仁だけが教えにしたがって日夜勉学に励んだ。（中略）最澄は、円仁の衆に秀でた才智を認め、つねに円仁を称讃してやまなかったという」[4]。

円仁は、「最澄から徹底的に止観の法（天台の実践方法）を教え込まれた」[5]。「止観」とは、「止」と「観」という二つの瞑想法からなり、「止」は、字のごとく、特定の対象に意識を集中し、その状態を維持し、心の動きを可能な限り、「止めよう」とする瞑想法で、「観」は、字のごとく、ひたすら「観る」ことに徹し、自分の身体の状態や動き、知覚可能なあらゆる対象を見つめ倒し、主観や感想などの夾雑物を排して、事物の直覚・直観に到達する境地を目指す行法である、という。フッサールの〈現象学的還元〉を行い、純粋な〈知覚直観〉を洗い出す手続きに通う瞑想法なのかも知れない。

十代のころから、宗教的天才と情熱の固まりであった最澄に、止観法を叩き込まれた円仁は、その後も『摩訶止観』の研究を続けたから、入唐する四十四歳のころには、止観によって培われた精神力・集中力・平常心が、尋常ならぬ水準に達し、ぶれることのない、鋭い観察力と洞察力をそなえた人格を形成していたとしても不思議ではない。

こうした目に見えない精神的特性の形成と継承は、文化生成者兼伝承者としての〈語学教師〉の重要な役割のひとつである。しかし、そうした目に見えない精神的財産の管理人は、精神の相続手続きを済ませた刹那、名前も功績も掻き消えてしまう運命にある。円仁もまた、最澄が中国から学び取った密教の瞑想法という目に見えない財産を相続し、その力によって、様々な事柄を片寄りなく学習・吸収・記録して、後世に伝えることができた。「〈語学教師〉の物語」としては、彼が中国語を操り、歴史的財産としての日記を残すことを可能にさせた、その精神力・集中力・平常心にも注目しておきたい。

以下、『日本古代中世人名辞典』[6]から引用して、さらに話をはしょる。

弘仁四年(八一三)試業に及第し、翌五年得度。最澄より伝法灌頂を受け、同七年東大寺で具足戒を受けた。二十九歳最澄の遷化にあう。叡山の教師となり、法隆寺・四天王寺などの諸寺で開講し、『法華経』を書写し、如法堂を建ててその経蔵とした。承和二年(八三五)入唐還学の詔を受け、同五年六月請益僧円載らとともに遣唐大使藤原常嗣(ふじわらのつねつぐ)に従って出発、翌七月揚州海陵県に着いた。[ルビ塩田]

ちなみに、円仁が得度した八一四年前後の世界を見回すと、同年、空海や最澄の同時代人であったカール大帝が死去、入唐するころには、『千夜一夜物語』の原形が成立、西欧世界では、ノルマン人やヴァイキングが荒らし回わり、中近東では、サラセン帝国が栄えていた。東洋の帝国大唐は、すでに下降線をたどりつつあったが、依然として、巨大な王朝を維持し、高い文化水準を保っていた、そんな状況であった。

3　在唐九年半、円仁は何をしていたか

まず、九年半におよぶ大旅行のあらましを線描しておこう。円仁の日記が始まるのは、八三八年六月十三日、唐使船出帆の日から始まる。以下、時系列を追うと次のようになる。

六月二十三日五島列島。七月二日、揚子江河口の揚州海陵県白潮鎮桑田郷東梁豊村到着、揚州開元寺に滞在。八月一日、遣唐大使常嗣は揚州府役所に出頭、揚州大都督李徳裕と会見。八月三日、一行は、中国官僚主義を初体験、大使が長安に行って戻るまでの半年間、開元寺で足止めをくらう。

十二月三日、遣唐大使長安着。翌八三九年一月十三日まで、天子との面会の許可は得られず、円仁の旅行許可書も不許可となる。

開元寺で大使の帰りを待つ間、円仁は節度使に天台山に入山を懇願するも却下、揚州来訪の長安西明寺の宗叡法師から悉曇（梵字）を学び、崇山院の全雅和尚から借りた『金剛界諸尊儀軌』（儀軌とは、密教儀式の規則）書写、両部曼荼羅と作壇法を伝授され、時間を有効活用する。後に将来する教典、仏画のほとんどをこの時期に収集。

大使の一行、翌年二月二十二日帰着。しかし、円仁念願の天台山巡礼は却下。天台山入山の許可は円載一人。円仁は、教義上の疑問を円載に託し、大使らと帰国することになった。

しかし、天台山求法を棄て切れなかった円仁は、八三九年四月五日、不法滞在を決意、弟子の惟正と惟暁、従者丁勝小麻呂（中国名、丁雄満）を大使から貰い受け、三人で下船、密行を開始。

円仁らは、新羅僧と詐称して旅を始めたが、巡察兵に発見され、強制送還と決定。しかし、悪天候のため漂流、

六月五日、山東半島の東端、新羅人コロニーの赤山浦に漂着。朝鮮系の赤山法華院（せきざんほっけいん）に滞在する。官吏の取り調べもなんとかしのぐ。やがて円仁は有益な情報を入手。五臺山には天台の教えを講義する高僧がいる、天台山より五臺山は近い。州や県から「公験」（旅行証明書のたぐいの公認書）さえ入手すれば、自由で安全な旅ができる、と。新羅商人たちの助力で公験取得の方法を知った円仁は、天台山から五臺山へ目的地を変え、公験取得の旅に出た。

公験取得は、官僚たちにたらい回しにされ、三三〇キロも無駄足を踏まされ、四月一日、やっと獲得。ただちに五臺山へ向い、四月二十八日、到着。

五臺山で、念仏や声明（しょうみょう）、天台教学を学び、教典を書写、疑問状の回答書を受理し、多くの仏典を写し終え、さらなる密教の師を求めて長安へ旅立つ。道すがら、霊境寺で、日本人留学僧・霊仙の事跡を発見（後述）。

八四〇年八月二十二日、長安着、八四五年五月十四日まで滞在、大興善寺・青龍寺で密教を授かり初心の目的を完遂。八四二年、五月十六日以降、南インド僧三蔵宝月からサンスクリット語字音の正音を口受（くじゅ）される。

八四一年八月七日、目的を達して帰国を決意、中国官僚主義によって、帰国申請は百回以上無視され、滞在が長引くうちに、「会昌の廃仏」に巻き込まれる。仏教僧、外国僧、他の宗教僧への過酷な弾圧、強制的還俗、外出禁止もしくは制限、そして処刑が続いた。皮肉にも、強制的に還俗させられた円仁に、八四五年五月十四日、帰国許可が出されたが、中国官僚主義に阻まれ、帰国実現は、二年以上後の八四七年九月十日となる。持ち帰りたかった経典、仏画、仏具などの保管と移送は、朝鮮人コミュニティーの保護と支援のもと、ぬかりなく行われ、ほとんどの貴重な文化財は、無事、持ち帰ることができた。円仁は、強運の人であった。以上が、旅のあらましである。次に、日記の細部に目を向けて行きたい。まず、船旅の苦労から。

4　危ない海の旅

九世紀のころ、船旅は危険と困難に満ちていた。八三六年五月十二日に出帆した第一回渡航は失敗に終わったが、その第三船の二十八人の生き残りの一人、真言請益僧、真済(しんぜい)は、当時の遭難をこう伝えている。

嵐の間船舵(ふなかじ)はへし折られ、波は船を洗い、幾人かの人間をさらった。船は奔流のなすままに施す術(すべ)もなく流された。ついに判官丹墀文雄(たじひのふみお)は船指揮官（船頭）としての責任上、もしも生き残った船中の百四十人がそのまま機能を失った船にとどまっていたのでは、全員飢えのために死んでしまうであろうから船を壊して筏をこしらえ、それらに分散して乗ることを決断した……しかし、筏の大部分の消息は再び聴かれなかったのである。[1]

翌年の三月十一日、第二回渡航も第一回同様、水泡に帰す。二度も遭難の憂き目を見ても、当時としては、神仏に祈る以外、なす術はなかった。第三回の渡航に際しても、天皇は、「遣唐使が日本を離れた日から、日本に帰る日まで」、水に縁がある竜に捧げられた『海竜王経』を、全国津々浦々で読誦(どくじゅ)するよう命じている。[2]

八三八年六月十三日、博多から出港する予定であったが、航行は文字通り風まかせ、「順風がないので三日間、筑前博多に停泊した」[3]。出帆できたのは六月十七日だった。夜になると、「お互いに火縄やたいまつを焚き発火信号を交わし合った」[4]。出帆後十日、六月二十七日、「船体の隅角(すみかど)や接続部に使ってある鉄の板が、波の衝撃で全部脱落してしまった。鳥も飛び疲れて船にとまったきり飛び去ろうとしない。……あるときは西の方向に二、三度飛び立つが、またもや戻ってきている。……海の色は白緑」[5]。

羅針盤もGPSもなかった時代、人々は、「……海に浮かぶ竹や葦、行ったり来たり飛び交う鳥のたぐい、さらに海水の色の変化にまで異常な注意を払った。……彼らがいまどこにいるか……を読み取ろうとしたのである。第三日、水は淡い緑に変わり、第五日目には白みがかった緑となり、そして翌日から黄色い泥の色となった。彼らは、これが有名な揚子江から出た水であろうと推測した。そして、再び淡い緑色の海水に出会った。朝鮮人通訳、金正南はこれを見て、彼らが揚子江より北の沿岸から揚州へ導く運河の入り口を通り過ぎてしまったかも知れないという恐れを表明した」[6]。

遣唐使船は、風がなくても往生するが、風が強すぎれば、手もなく難破する。

舵は二度にわたってくだけ折れ、波は東と西の両側から互いに突いてきて船を傾けた。舵の板は海底に着き、船の艫（後部）はいまやまさに破れ割けようとしている。……やむなく帆柱を切って舵を捨ててしまうと、船は……漂流しはじめた。波が東から来ると船は西に傾き、西の方から来るとこんどは東側によろめき、船の上を波が洗い流す回数も数えきれない。……人々は、……大使・船頭以下水夫にいたるまで裸になって褌をしめ直すのがせいぜいであった。……接続部分の合わせ目は大波にたたかれて、皆はずれとんでしまった。……泥水……が船中にあふれ出し、とうとう船は沈んで沙土の上に乗ってしまった。船底には官物・私物のあれこれが泥水のまにまに浮かんだり沈んだりしている。[7]

当時の船は、情けないくらい脆弱で、たちまちばらばらになる。こんなに頼りない船を恃んで、古代人はよくも荒海に乗り出したものだ。遣唐使たちは、文字通り、命がけの旅に出たわけである。

難破の惨状は、漢文によって記録され現代日本語として蘇り、我々も読めるようになった。九世紀前半まで、生きた経験も固い漢文で書かれなければならなかったから、『入唐求法巡礼行記』に刻み込まれた生の体験も、長い間、我々の手の届かないところにあった。そう考えると、仮名文字による日記や物語が、どれだけ、経験を身近なものにしてくれたか、改めて認識せずにはいられない。円仁が、紀貫之のように仮名で書いていたら、高校の古典に登場し、円仁の名は、若者たちに記憶され、折に触れて、中年や老年に達した日本人の記憶に、その片言隻句が昇ったに違いない。

さて、窮地を切り抜けた七月一日、円仁はようやく接岸する。しかし、中国に着いてからの船旅にも災いが付きまとった。八三九年五月二十七日、落雷が船を見舞う。

明け方、大きな雷が急に落ちて来て帆柱をつんざき、船尾の甲板は斜めによじれむしり取られた。その裂けてむしり取られた所は、厚さ四寸余（一三・四センチ）、広さ六寸（約一八センチ）ばかり、長さ三丈余（約一〇メートル）である。その他にも裂けてむしり取られた所が……ばらばらに乱れ散っている。それらを一カ所にとり集めて船の隅の上部につなぎつけ、そこに捧げ物をして祭り、「日本に無事着いた日には、何をおいてもまず神社を建て、永くお祭りの場にいたします、云々」と祈った。[8]

古代の日常は、事が起こるたびに、お祓いや祈禱によって、アクセントがつけられていたことを改めて知らされる。さすがに現代は、津波神社や竜巻神社を建てたりはしない。

5　陸路も苦労が多かった

陸路の旅も苦労は続く。まず、日本にはいない異郷の蚊やぶよの大群である。「漂流しはじめてからずっと蚊やぶよが非常に多く、その大きさは蠅ほどもあって夜になると人を悩ます。これ以上に辛く苦しいことはない」[1]、「夜に入って蚊が多く、その痛いこと、まるで針で刺されるようである。だから非常な苦しみだった」[2]、「草は深く木は高く蚊やあぶは雨のように襲う」。[3] 殺虫スプレーもなければ蚊取り線香もない、虫さされのチンキも忌避剤もない。刺され放題刺されて、坊主頭もデコボコになり、手足も掻きむしれば、膿んだりくずれたり、しこったりしていつまでも痒く、巨体をポリポリ掻きながら円仁和尚も持て余したに違いない。

異文化とは、異境の地に棲息する害虫の形で外来者を襲う。フォークナーに『蚊』という作品があって、アメリカ深南部の沼沢地で蚊の大群に襲われる白人たちの運命を象徴的に描き出しているが、そこにおける「蚊」は、まさに円仁が体験した異邦の蚊である。[4] 先人の苦労の中には、虫さされのような、瑣細だが厄介な事物が含まれていたことを、我々は彼の日記から知るのである。

マラリアや赤痢、各種風土病も古代人を襲わずにはいなかった。「藤原貞敏が急に下痢をもよおした……」[5]、「人々が下痢をするようになって船の足並みがそろわない」[6]、「船長の佐伯金成は赤痢を患って数日たつ」[7]、「病人の金成は死去した」[8]、「……第一船に随属してきた水手（水夫）射手（警備兵）ら六十余人の誰も彼もが皆病いに倒れ苦しんでいる」[9]、「水夫一人、病いに苦しんでまた死んだので海中に死体を落とした」[10]。そして次の記録には、驚かされる。

午前二時、水手（水夫）一人先ごろから病いに伏しまさに死に臨む状態になった。まだ完全に死なないのに、その体をこもで包み、はしけに乗せて船の外に送り出し、岸上の山の辺に棄てた。その送った人が戻って来て言うには「岸の上に棄て置いたところ、病人はまだ死なないでいて、飲み水をほしがって、私の病いがもし治ったならば村里に尋ねて行くつもりである」と語ったという。これを聞いた船上の人は誰も彼も悲しみ、悼ましく思わない者はなかった。[11]

身分の低い水夫たちは、病気になったら最後、打ち棄てられたのである。線量計も着けずに原発事故現場に送り込まれる東電の孫請け労働者と変わらない。公式記録に残らない人々の命や消息を、円仁は丁寧に拾って記録している。

陸路の旅はひたすら歩くしかない。八四〇年三月二日の記述はこうある。

夜明けに出発して行くこと二十里（約一一キロメートル）、安香村……で昼食をとった。さらに行くこと二十里で登州に着き開元寺に入って宿泊した。登州は赤山浦から四百里（約二二〇キロメートル）離れている。……山坂を行き、歩きに歩いて足が破れ、杖にすがり脚を踝しながら前に進んだ。[12]

「日本人たちは健脚家であった。道中では一日に平均六十里余りを進んだ。あるときは九十五里も進むことがあった。中国の一里は英語の一マイルの三分の一をやや越えた距離である」[13]。他方、「里」の尺度は一定していないと円仁も書いているので、六十里は、およそ、二十マイル、九十五里は三十マイル余りだったらしい。キロ数に直すと、二十マイルは三十二キロ、三十マイルは約四十八キロ、三十二キロは日本橋から横浜の程ヶ谷（保土ヶ谷）くんだりまで、四十八キロはほぼ神奈川県藤沢までの距離に当たる。ずいぶん、足が速かったのである。

中国滞在中、「円仁は大都市から大都市へ、また辺鄙な人も通わない山や海岸線をさすらい歩いた数ヶ月間、山賊などに襲われて危険に瀕したことはただの一度もな」く[14]、「大唐帝国はその政治的斜陽化と分裂の時期においてさえ、最近数十年の中国よりははるかに安全に旅行ができる国家であった……」[15]。「唐代の中国は一大中央集権国家であり、長安の都から辺鄙な国境に及ぶまで、すぐれた道路や水路が網の目のように施され、……よく整備されていた……」[16]。

この指摘は、ローマの道を思い起こさせる。ローマは、帝国の最果てまで、軍団を二、三日で展開できる道路網を備えていた。キリスト教を広めたパウロも、小アジアを驚くほどの速さで移動し、広範な地域に散在する原始教会を束ねながら歩き、多くの信者を育てたが、その伝導もローマの道路網に負うところが多かった。『使徒行伝』に記された初期キリスト教伝道者たちの活動は、ローマの道路網を抜きにしては考えられない。同じように、円仁もその功績の多くを、唐代の優れた道路網に負っていたのである。

円仁は、いずれ天台宗の聖地、五臺山に巡礼するのだが、「彼は五台山の一大聖地に導く道すがら、巡礼のためによく整備された宗教的なホステルの組織を発見している」[17]。地名の語尾に「店」が付く場所は、「旅館を意味し」[18]、「朝鮮宿」や「渤海宿」[19]も散在していた。

西欧中世で聖遺物や聖人崇拝が盛んなころ、ローマのサンピエトロ寺院や、エルサレム、スペインのコンポステラ、イギリスのカンタベリー（『カンタベリー物語』参照）などに詣でる道沿いには、巡礼者を宿泊させ、もてなす、巨大な旅館組織網が発達していたが、中国にもそうした巡礼者宿のチェインができていた。しかし、幹線道路から外れた間道に入ると、必ずしも整備がよかったわけではない。会昌の廃仏に追い立てられ、帰国を急ぐ八四五年八月十六日の記述はこうある。


海州から真っすぐ登州に着くまでの間道はひどく悪くて進み行くことが困難であった。涯しなく広い野の道は狭く、草木は蔽いしげって、ちょっと歩けば泥濘（でいねい）につかり……、たびたび前路を見失った。……野原を出ればこんどは山に入り、山を出ればまた野原に入るの繰り返しで、山の坂はけわしく谷の落込みは非常に深い。谷川の水は深くて冷たく……、渡るとその冷たさが骨にしみて痛みさえ感じる。山に入って進むには、それこそ一日に百ぺん山を越え百ぺん谷川を渡る。……草の下の泥は膝が埋まり腰がつかるほどであった。途中の州庁や県役所のある所はただ野中の一里塚のようなものである。[20]

中国大陸の広さと深さを実感させる体験である。

円仁は、上陸してからの道すがら、中国の習慣、風俗、年中行事、地形や風景に万遍なく目を配り、丹念に記録した。次に、いくつか印象的な頁を抜粋してみたい。

二　唐における円仁

1　円仁は見た――大唐の祭礼や行事

まず、中国の暦にしたがって行われる祭礼や、国家的儀礼、例えば、八三八年の旧暦小月の大晦日（十二月二十九日）から新年にかけて寺院で行なわれた民衆的祭礼と、国家的儀礼を、円仁は、事細かく記録しているし、季節の節目の行事として、重要であった立春についても詳細な記述を残している。八三九年正月十五日の記録を見よう。

夜、東西通りに沿った家々では灯りを燃やした。日本の大晦日の夜と同じである。寺の中でも灯明を燃やして仏を供養し、あわせて先師の尊像にお供え物をして祀った。……当、開元寺の仏壇の前には灯りをつけた高いやぐらが臨時に建てられ、石だたみの階段の下、庭の中、回廊の両側に沿って皆、油を燃やした。……油皿の数は数え切れぬほど多かった。街中の男女は深夜遅くなるのも恐れることなく、寺の中に入って来て……見物し、……お賽銭を置いた。……無量義寺では匙竹灯（しちくとう）（……さじ形の灯明皿を竹にたくさんつけたもの）を設けたが、その灯を数えると千灯ほどあった。そのさじ形の灯皿をつけた竹の灯木は、全体の形がまるで塔のようである（……

ちょうどクリスマス・ツリーのようなもの）。その灯をつなぎ合わせた有様はまことにすばらしく、高さは七、八尺ばかり（二メートル余）、期間はいずれもこの夜から十七日の夜まで三夜である。[1]

円仁は、日本の習慣と比較しながら記述し、事物の数量やサイズを几帳面に書き留めている。

次に示すのは、八三八年十二月八日に行われた、先帝敬宗崩御の忌み日の様子である。おそらく数千人規模の焼香の儀式の振り付けが、一糸乱れず手配りよく運ばれる様に、円仁は息を呑んだに違いない。一度見ただけの儀礼の手順や振り付けを詳しく書き残せた円仁の観察力や記憶力に驚かされる。また、彼が、中国語で執り行われた儀式の内容や式次第を、かなりよく理解していたこと、梵唄（ぼんばい）など式典にリズムを与え、美しいメロディーで参加者を没入させる、音楽・音韻面に対する豊かな感性をそなえていたことが見て取れる。円仁の記憶力や観察力を伝える記録なので少し長いが引用する。

そこで揚州府は……五百人の僧に食事を供養した。……大勢の僧がこの開元寺に集まり、大殿の東北西の三方の回廊に並び坐った。午前八時、李相公と将軍［監軍？］……が大門から寺に……並んで立ち静かに歩いて入って来る。護衛の兵は……前後左右を皆守り、……官職者は皆その後に従った。

講堂……の階段の下に行きつくと、相公と将軍は東西に分かれて進む。相公は東に進んで東の幕舎の中に入り、将軍は西に進んで西の幕舎の中に入る。そしてすこしたつと、靴をはき替え手をすすいで幕舎から出てきた。

仏殿の前に二つの石だたみの橋があり、相公は東の橋を登り将軍は西の橋を登る。橋を登り終わると左右に曲がりそれぞれ東と西からやって来て堂の中門でいっしょになり、座席について仏を礼拝しおわる。そこでは堂の東西の両門に面してそれぞれ数十人の僧が並んで立ち、おのおの造花の蓮花の花をささげ持ち緑の旗（「碧幡」）をかかげた。一人の僧が磬（けい）（門型のわくに平らな石、または玉を吊して打ち鳴らす楽器）を打って「一切を恭啓し常久しく仏法僧の三宝を敬い礼拝する」と唱えると、李相公と将軍は起立して香炉をとり、州の役人たちは皆後ろに随って小さな香入れをとって東西に配って去り、蓮華の造花や旗（「花幡」）を持った僧たちは、その前方を誘導し声をそろえて梵唄（サンスクリット風、インド風に声をあげてうたう）する。……。はじめ一人の長老の僧が李相公に随うと、軍の幕僚たちはそれに随い李相公を守って回廊の軒下に行く。すべての僧に香が配られ焼香がすむと、そこから戻って堂を指して回って来るまで梵唄はやまない。……相公と将軍は二人とも本席に坐る。……長老が呪願（故人や施主の功徳に対する願文）を読み終わる。唱礼師は……詩を唱える。……一行終わるごとに「つねに仏法僧の三宝を敬礼する」という。……相公らは軍の幕僚を引きつれて講堂のうしろにある大殿の中に入って食事をした。五百人の僧たちは廊下で食事をした。……

寺ごとに担当者が派遣されそれぞれの供養の世話をした。またところどころに担当者がいて彼らは各自に供養の食事をとった。その食事の供養は同じ所で行なうことができなくても、同じ時間に食事し同時に食べ終わる。食べ終わると起ち上がって散会し、めいめいの寺に帰る。この日、李相公は別に銭を出し、担当者を二つの寺に派遣して湯を沸かさせ、多くの僧に沐浴させた。これは三日間行なわれた。[2]

音楽的な耳をもつ円仁は、『行記』で何度も梵唄に触れて美しさを讃えているが、声明と呼ばれるその響きは、今なお、長崎県崇福寺の中国盆などで聞くことができる。[3] 崇福寺は黄檗宗の明僧超然が江戸時代に創建した純中国風寺院である。声明はほとんど変化せずに伝承されているというから、円仁が感動した古代の響きをパソコンを通して聞くことができることに、感銘を禁じえない。

ついでに付け加えると、当時の中国人はめったに入浴しなかったから、お風呂の用意は大いなるもてなしであった。円仁がよく招かれる精進料理も、ある種、僧侶のパーティであったが、そんなときにもお風呂がふるまわれた。

2 円仁、官僚主義に悩まされる

円仁は、旅行証明書申請のために、たびたび関係省庁に書類を提出するが、回答がなかったり、遅延したりして、何度も催促しなければならなかった。長安への長い旅も何回となく官僚に邪魔され、五臺山参拝も許可されず、持ち物のリストの提出を求められたり、足止めを食ったりして、年中、旅は中断を余儀なくされた。しかし、円仁が苛ついたり焦ったりする様子は少しも見受けられないから、人間ができていたと言わなければならない。

「円仁は少なくとも一面では〔きわめて順応性に富み〕、たとい我々の現代の生活にいきなり飛び込んできても、容易に適応することができるような人物であった。彼は徹底的に頑固な中国政府の権威主義やお役所仕事の足枷(あしかせ)にもおじけたり、卑屈になることがなかった。遣唐使の一行が中国に留まった間、彼は自らの天台山行きの嘆願やその他のさまざまな日本側の中国官僚との折衝を通じて、唐の官僚制度の重厚かつ複雑な組織を知るに及んだ」[1]。

旧社会保険庁も真っ青なくらいの無視・放置・店晒し、それに、税の申告書も顔負けなくらいこねくりまわした官僚文書の束、それでも円仁は辛抱づよく付き合った。「とるに足らない中国官僚の公文書の〝まわりくどくて分かりにくい言語〟の典型的実例」、「あまりにも末梢のテクニックに走り、いい古された内容のない曖昧(あいまい)な言語」[2]、と評されたお役所文書の見本を、円仁は、丹念に写し取っている。お役所流の文体や手順も学習し、必要に応じて在中国新羅人の知恵も借り、賄も投じて、迅速な書類処理をしてもらえるよう辛抱強く手を尽くした。

書類の裁可のために長引く待ち時間の合間、円仁は、いなごによる被害[3]、塩専売局の存在[4]、石炭の見聞[5]、李相公からの贈答品[6]、所々の風景や風俗、忌み字／諱(いみな)の習慣[7]など、数え切れないほどの異文化情報をこまめに記録している。

3　五臺山を目指す円仁

目的地を南の天台山から北の五臺山へ変えた円仁は、ひたすら新しい聖地を目指して歩いた。その求法巡礼の様子を少し眺めてみよう。「野越え、山越え、谷越えて、森へ、村へ、遠くへと」[1]求法の念に駆られ歩き続ける旅の一日の典型は、簡潔に記されている。

四月十日。夜明けに出発した。真西の方向に行くこと四十里（約二二キロメートル）で午後二時ごろ禹城県に到着した。県の市で粟米は一斗（約一八リットル）で四十五文、うるち米（……玄米）一斗百文、小豆一斗十五文、麺（麦粉）は七、八十文で売買されていた。県城を過ぎ西へ行くこと十里で仙公村の趙家に着き宿泊した。一晩中雷が鳴り続け雹まじりの雨が降ったが、明け方になって雷雨は止んだ。この家の主人は宗教心のない人であった。[2]

翌日、円仁らは、黄河の渡し場に出る。

……水の色は黄色でどろどろしており、……速い流れはまるで矢が飛んでいくようである。河幅は一町五段余［約一五〇～二三〇メートルと推定される。塩田補］……、東に向かって流れている。黄河の水源は崑崙山に発しており九つの曲がり個所がある。そのうち六つの曲がりは吐蕃国（西蕃、チベット青海地方の部族国家）内にあり三つの曲がりは大唐国にある。渡し口の南北の両岸にそれぞれ渡口城があって大きさはいずれも南北が四町余（約四〇〇メートル）、東西が一町余（約一〇〇メートル）ほどである。この薬家口には大小の船が多数あって往く人、来る人を懸命に集め乗せている。渡し料は一人につき五文、驢馬は一頭十五銭（文）である。……真西に行くこと三十五里（約二〇キロメートル）で午後四時ごろ徳州の平原県管内の趙館村の趙家に着いて宿泊した。主人は宗教心のない人であった。[3]

品物の種類、もののサイズや、金額……細かいことを見落とさない円仁だが、大河がうねる広大な唐やチベットのパノラマもしっかり思い浮かべながらこの文章を綴っている。平安の僧侶が、遠い中国の巨大な風景の中を歩んでいく様子が直に伝わってくる。現代なら、「秘境ツアー」とか、「最果て旅番組」とか銘打って、放映できそうな絵になっている。

円仁は、宿泊先の宿や寺院の主人や僧侶の人品骨柄についても記録している。「主人は心すなおな人であった」[4]、「その僧も客を見てもつんとしていて親切心がない。寝床の敷物についてさえも全く放りっぱなしである」[5]、「師僧の心はいなかじみておどおどしている」[6]、「主人は悪い心の持主で人をごまかす」[7]、「主人は宗教心があって客に対して親切であった」[8]、などと寸評を忘れない。他の箇所でも類似のコメントは多い。「主人の性格は横柄で礼儀を知らない」[9]。飼い犬にまでコメントを加えている。「一頭の黄色い毛の犬がいて世俗人を見ると怒って咬みつき杖で打たれてもひるまない。だが僧と見ると主人であろうと客人であろうとお構いなしに尻尾を振ってなれなれしくする」[10]。

辛抱づよく歩き続けていくと、次第に嶮岨な山に分け入り、五臺山が近づいてくる。その頃から、円仁らしい風景描写が混じりはじめる。

四月二十六日。天気晴れ。……西に向かって山や谷を行くこと二十里（約一一キロメートル）で浄水普通院に着き軽食をとった。院の中は見るからに貧しく乏しい。山の風は涼しさを流し込み青い松が嶺に連なっている。二つの重なった嶺を越え西へ行くこと三十里で塘城普通院に着く。塘城普通院を通過して西に行く。嶺は高く谷は深い。緑の嶺から雲が吹き出しており谷の水は緑の流れをそそいでいる。塘城から西へ十五里（約八キロメートル）行って午後四時ごろ竜泉普通院に着きここに宿泊した。後ろの丘の上の竜堂内に泉が涌き出ており清く冷たい。[11]

円仁は、山肌に張り付くようにして建っている普通院の末寺を、ひとつひとつヒュッテを踏破していくようにたどっていく。

4　環境文学者円仁

「雪嶺の歯向ふ天のやさしさよ」（松本たかし）を想わせる連峰の麓を円仁たち三人は、粛々とゆく。「山の郵便配達」（一九九九年）という中国映画、引退する郵便配達夫が、後を継ぐ息子を連れて辺境の配達ルートを回る。父子の歩みにつれて風景がゆっくり展開し、巨大な水車がめぐり、山の影がにじみ、水田が空を映す。嶮岨な登り、谷へ落ちる小道、心に沁みる谷川の音、風景は淡々と繰り広げられて行く。そんな風景のなかを円仁たちも黙々と歩んだに違いない。五臺山が迫るにつれ、四字熟語の似合う山岳風景が展開しはじめる。山岳重畳、高山流水、雲煙縹渺、天涯万里……。

四月二十七日……西に行くこと十里で大復嶺を越えた。嶺の東では谷水が東に向かって流れ嶺の西の谷水は西に向かって流れている（……）。山頂を過ぎると次第にくだりになり、西に向かって行くかと思うと今度は南に向かうという具合である。峰の上の松林や谷の中に生えている樹木は真っ直ぐで背が高い。仏教聖跡のインドの竹林精舎や鹿野苑ではたとえにならない（……比較にならない……）。山の巌は高く尖って天の川にも届かんばかりである。また松の緑は青い空に映えている。[1]

四月二十八日、不法滞在者円仁は、五臺山に到着、感激をこう記した。

……はじめて五臺山の中臺の頂きを望み見て地に平れ伏して礼拝した。この地こそ文殊師利菩薩のいらせられたところである。……遥かにその頂きを望んでいると不覚にも涙が流れてきた。（中略）

……さる二月十九日赤山院を離れてから……二千三百余里（約一、二七〇キロメートル）、天候などで空しくつぶした日を除くと道を歩いたのはまさに四十四日（……実際は四十一日）に及んだ。[2]

円仁は、直線距離にして東京から北朝鮮の平壌までの道程を踏破した。東京から礼文島や那覇まで歩くよりも遠い。一日平均約三一キロの山道や悪路を歩み抜けたのだ。ちなみに三一キロはJR中央線東京駅から日野駅までに匹敵する。

五臺山は、海抜三〇五八メートル、日本の前穂高岳や御岳山とほぼ同じ高さを誇り、中国屈指の仏教聖地で、二〇〇九年、ユネスコ世界遺産に登録された。

五臺は……他の多くの嶺々の上に出ている。五臺の周囲は五百里（約三〇〇キロメートル）その外側にも高い峰があって重なり合い、谷を隔てて高く起立し、五臺をぐるっと取り囲んで壁垣の姿をしている。その峰は高く低く入り組んで樹木はうっそうと茂っている。ただ五つの臺の頂きは半分から上の方はどこも樹木が生えていない。

といっても中臺は他の四臺の中心でどこからも水が涌き、地上の軟らかい草は一寸（約三センチ）余、びっしりと生え茂り地面を蔽っている。この草は踏むといったんは伏せるが足をあげるとまた元に戻り立ちあがる。歩くごとに水が湿りその冷いことはまるで氷のようである。ところどころに小さなくぼみがあるが、その中は水をいっぱい湛えている。……珍しい花がきれいな色を山一杯に満ちさせて開いており、（……）谷から頂きに至るまで四方が皆花に埋まってちょうど錦を敷いたようである。よい香りが盛んににおって人の着ている着物にしみとおってくる。[3]

五、六、七月には五臺五百里にわたってどこもかしこもめずらしい花が錦のように開き一面に敷きつめたようになる。……それは霊凌香が臺いっぱいに生い茂り、そのよい香りが盛んに匂うからである。これを相伝えて「五臺五百里は一座具を敷いた土地」というのである。[4]

春先にギリシアを訪れたとき、最古のヘラの神域が休らう丘に登った。斜面一面がアネモネやラフネシアに蔽われ、撩乱たる花群らが、中空から下りて来る光と風を浴び、芳しい涼気を発散していた。丘の斜面全体が、ボッティチェルリの「ヴィーナスの誕生」の妖精が美神の裸体に投げかける花柄のヴェールさながら、「五百里は一座具を敷いた土地」とは、あのことだったかと思い当たる。霊凌香は、英語ではフェヌグリーク（fenugreek）、学名faenum graecum は「ギリシアの馬草」を意味するから、ギリシア遺跡の馥郁たる谷間は、円仁が五臺山で眺めた光景と、遠く繋がっていたかも知れない。

「踏むといったんは伏せるが足をあげるとまた元に戻り立ちあがる」草や、「着物にしみとおってくる」高山の花の香りを散文に記録したのは、日本文学では円仁が初めてだったかも知れない。環境文学者としての目を感じさせる記述である。「環境文学」は、西欧では、ルソーから始まり、ロマン派詩人たちを経由して、現代ではアメリカで話題になった「ネイチャー・ライティング」として知られている。

近代批評を確立したサント＝ブーヴは、近代ヨーロッパ文学の中で、初めて、「つばめ」や「窓から緑が見える」ことに言及したジャン・ジャック・ルソーについてこう述べている。

> ルソーはこれらの上流社交界の人々をサロンから引張り出し、彼らをして本当の野道を歩かせるために公園の大通りを歩くのをやめさせた最初の人であった。（中略）
>
> トリノから帰ってヴァラン夫人と再会した時、彼［ルソー］はしばらくの間彼女の家に住んでいた。彼の部屋からは庭が見え、田舎の景色も見えた。「ボセイ（彼が幼年時代に寄宿していたところ）以来初めて、私の部屋の窓から緑が見える」と彼は言った。それまでのフランス文学では、緑が見えるか見えないかなどは、まったくどうでもよいことであった。これをフランス文学に見せてやったのは、まったくルソーのおかげである。[5]

円仁が、千二百年近く前、ルソーを先取りしていたことは記憶されてよい。円仁は、また、十九世紀初頭から、ロマン主義者を魅了したアルプスの氷河に匹敵する景観も記録している。

> 東北の方向に向かって遥かに谷が深く落ち込んでいるところ……が白銀の色をしているのを見た。これは千年の積氷（万年雪）で毎年雪が消えずに積もって積氷となったという。谷が深くて……日の光を遮って一度も光が入ったことがない。それゆえ昔からずっと今日に至るまで雪はすこしも消え融けるときがないという。（中略）
>
> ……谷の南側には高い嶺があって嶺の北側はきわめてけわしく深い谷底に落ち込んで千年もの積氷が暗い谷底で白く光っている。[6]

……多数の峰々（……）には松や杉がうっそうと茂り、お互いに入り組んで五つの頂きの下側に見える（……）。深い谷間、遠く奥深い渓谷はその底まで見え切らない。かすかな泉、谷の水はただ流れの響きが聞こえるだけである。ふだん見かけない鳥が多く峰々の上を群れを作って飛んでいるが、その翼が臺の頂上を凌ぎ越して飛び交うのはめったにない。[7]

円仁の観察から、万年雪に埋まる谷やその地形、谷を射る日射、植物相や動物相が見えてくる。円仁は、さらに山岳の気象や天候にも目を向ける。

春夏秋冬の四時、立春・春分・立夏・夏至・立秋・秋分・立冬・冬至の八節、要するに一年のどんな季節にあっても雷が鳴りやまず雹（ひさめ）がしきりに降る。……晴れて明るくなったときでも……、臺の上空でたちまち一点の雲が現われると、あっという間もなく急に幾重にも重なった雲で山が一杯になる。[8]

天の色は美しく晴れた。空の色はあくまでも青く澄み渡って一点のかげりもない。……院の建物の前の庭で五色の光雲を見た。光雲は光り輝いてその色は特に美しくくっきりと空に流れ、山の頂上に当たってしばらくしてから見えなくなった。[9]

西洋でも、雲に関心が集まるのは十八、九世紀以降のこと、レオナルド・ダ・ヴィンチなどの例外はあるが、雲は、ターナーやラスキンが現れてからまともな絵画の対象になった。円仁の観天望気の記録は、ずいぶん早かったのである。

三　円仁の多言語多文化経験

1　円仁、中国語を聞き、中国語を喋る

円仁は、日本にいたころから漢文をよくし、『行記』も漢文で書いたから、中国語を書くことに不自由は感じなかった。八三八年七月十四日、同年、十一月七日は、「筆言にて情を通ず」、同年十月十四日、「筆書して云ふ」、最初はよく筆談を用いたことがわかる。

長安にも五臺山にも滞在が許されなかった円仁は、不法滞在者として密行する計画を、「新羅の通訳金正南と謀って」[1]断行した。しかし、それをどう遂行するか。

沿岸部には中国人新羅系中国人（新羅人も含む）が住んでいる。中国人もしくは中国語使用の新羅系中国人と話す時には「私どもは新羅系中国人なので、まだつたない中国語しか話せない」と、また新羅語を話す中国人か新羅人に対しては、「すでに新羅語はほとんど忘れてしまった」と言えばよい。[2]

という楽天的な戦略を立てた円仁は、村の長老にあっさり見破られてしまう。「和尚はここに来て自ら新羅人と称しているが、その言葉は新羅の言葉ではない。また大唐の言葉でもない。日本国の朝貢使の船が山東（東海山の東辺）に停泊して風を待っているということだが、おそらく和尚はこの遣唐使節の一行で、日本の船から逃亡して来た者であろう。……」。[3] 円仁は役人に引き渡され、強制送還させられることになった。しかし、船は漂流し、六月五日、新羅人租界赤山浦に逆戻りして漂着、結局、この偶然により五臺山行きを果たすことになった。しかし、この失策の後、日記から「筆談」の文字が消える。湯沢は、会話力がないと、唐での目的を達成できない、と認識し、中国語会話を勉強したからだと推定している。[4]

こうして、円仁は、八三九年十一月二十二日、朝鮮人租界の赤山院で行われた経の講義に参加し、その様子を記述したが、このときには、かなり内容を理解し、聴解能力を伸ばしていたことがわかる。

午前八時、講経の鐘を打ち鳴らす。……［声明の］調べはすべて新羅風であって唐の調べには似ていない。……一人の僧が出て来てインド式の経唄（梵唄）を唄う……、これは全く唐風である。……続いて……大衆はいっせいに声を合わせて「戒香・足香・解脱香」などの頌を唱える。インド式の経唄が終わると、講師はお経の題目を唱えて大意を解説し、三門（……）を理論的に分析して説明する。題目の解説が終わると維那師（……法会総括役……）が出てきて高座の前で法会を設けた意義を読み述べ、さらに施主別の名前、施物名をのべ終わる。[5]

赤山院で行なわれた講経の儀式が、きわめて国際的な音楽性に富み、それを円仁の耳がよく聞き分けている様子が見て取れるし、礼拝の内容を理解して参加していたこともわかる。

赤山から苦労して五臺山に到着するころには、円仁の中国語運用能力は、さらにレベル・アップして耳から入った中国語をよく理解できたようだ。

午後八時すぎ、大勢の僧が集まって来て会同した。一人の僧が礼座に上って最初に法螺貝の形をしたシンバル（「蠡鈸」）を打ち鳴らす。次にこの法事を催すことになったいわれを説明する。一人一人施主の名前と供養の品を唱え挙げて施主のために仏と菩薩の名を唱え念じる。……するとまた別の僧が礼座に上ってゆき、……もろもろの仏・菩薩に衆生を救い助けてくださるようお願いして「一心に請いまつる、大いなる師の釈迦牟尼仏、一心に請いまつる、やがてこの世にお下りになる弥勒菩薩、十二条の大願を起こした薬師瑠璃光仏、大聖文殊師利菩薩、大聖普賢菩薩、一万菩薩」と、はじめに皆一心に請いまつる（一心奉請）をつけて唱える。[6]……

訳者の注によると、「蠡鈸」とは、「円形の銅板の中央部を丸く隆起させ、その頂きに小孔をあけてひもをつけ、二個をこすったり合わせ鳴らす法楽器」で、「蠡鈸を『テンバツ』と読むと、テンバチ、シンバチ、シンバルとなって現在のシンバルの語源が蠡鈸から来ていると思われる」、という。[7]

また、「［八四〇年］五月十八日。［五臺山の］善住閣院主の……ところに……天台山国清寺から届いている文書を見たところ、以前に楚州で留学僧圓載上人に持たせて天台山に送った延暦寺未決の三十条は国清寺の広修座主がすでに決着をつけていた（……）ことがわかった。[8]……」、とあり、同年五月十七日には、「……閣院に行き、玄亮座主にお会いした。四月から始めて法花経とともに天台宗の疏（義疏・注釈書）を講じている。……朝は閣院で法花経を講じ晩は涅槃院に座して摩訶止観を講じている」[9]、とあるから、高度な教義上の内容も、耳から理解できるようになったことがわかる。また、同年五月二十二日、「人の言うには昔、那羅延仏がこの岩屋で行を修めその後、西に向かって去ったところであると」[10]とあり、同じ年の八月二日、円仁たちを見て喜ばなかった中国僧と会話を通じて打ち解け合い、教義をめぐる議論もし、[11]同年七月十三日には五臺山花厳寺山下で、「南インドの僧法達に会った。五臺山から下り先に滞在していた。自ら言うには『自分は鳩摩羅什三蔵の第三代の血統の者である』と」[12]、など世間話も中国語で交わしていて、中国語聴解能力の進歩を伺わせる。

さらに、同年九月六日、長安に着いて密教に通じた指導者を探していた円仁は、さらに専門的な内容を含む情報、信頼できる僧侶たちの名や造詣の深い領域などを、浄土院の僧懐慶の口から聞き取っている。


「もし密教の秘法を得たいと望んでいるのなら、自分はこの長安城内で密教全般に通じている阿闍梨をよく知っています。まず青竜寺の法潤和尚ですが、彼はただ胎蔵界だけですが深く奥義を極めており、城内では誰もが彼の力を認めています。彼の寺青竜寺にはインドの僧宝月三蔵がいてまだ十分に中国のことばがわかりませんが、密教の行法についてはすこしの無理もなく理解しています。大興善寺の文悟阿闍梨は密教の金剛界を理解している城内有数の者である。青竜寺の義真和尚は胎蔵界・金剛界双方を兼ね通じており、大興善寺にはまた元政和尚がいて深く金剛界を理解し事と理（実践面と教学面）の両面に通じています。彼の寺にはインドの難陀三蔵がいるのですがよく唐のことばがわかりません。大安国寺には元簡阿闍梨がいて金剛界に通じておりなかなかのやり手です。彼はまたそのうえに悉曇（梵字、サンスクリット文字、書体のほか書法、文法、音韻、意義も含める）がわかり、儀軌（カルパ、密教の方法規則）にもとづいて曼荼羅や図像類を画き梵字を書くことができます。玄法寺の法全和尚は深く金剛・胎蔵・蘇悉地三部の一切の秘法に通じています」と。[13]

現代ならブリティシュ・カウンシルや日米教育委員会、日仏会館やゲーテ・インスティトゥトに駆け込むか、ネットで検索すれば知ることができるが、そうした情報ツールのなかった時代は、現地語運用能力、対人交渉能力など、〈語学教師〉の必須能力がそなわっていなければ入手できない筋合いの情報である。円仁の才覚と努力には見習うべき点が多い。

円仁にアドバイスをしてくれた懐慶は、長安のトップクラスの仏教者の実力をよくわきまえていた。宗教者に限らず研究者もそうだが、その道にすぐれた人は、初心者がどのような指導者を必要としているか正確に見分けて的確にアドバイスができる。そういうアドバイザーとしての力量をそなえた先達を見出す、〈語学教師〉には欠かせない勘のよさを円仁は具えていたことがわかる。

さて、八四六年八月二十七日、以前支援してくれた警備長官張詠に再会したとき、円仁はこう書いている。「いまこの地に戻り帰ってきてまたも親切に宿泊させてくれた。そこで文登県発行の旅行証明書を彼に手渡したうえ、自分が心に願っていることを詳しく話した。大使はこの地に停留することを頷けあってくれ、船を探し求めて日本に帰国するため出航することを許可した。また会ったことを非常に喜んで、『以前、この地から出発して行かれましたが、その後なんの消息も得られませんでしたので、内心では早いうちに日本に帰国されたものと思っていました。再びこの地に来られて再会できるとは思ってもみませんでした。まことにふしぎ、まことにふしぎなご縁です。……どうか安心して休息をとってください。ご心配は無用です。帰国するまでの間、毎日の食事は私が心から供養させていただきます。ただ十分に食事をし睡眠をおとりください』と言った」[14]。円仁は、新羅人大使の片言隻句まで聞き取り、後で思い起こせるようになっていたことがわかる。外国語運用能力は、理解のための疲労度、理解した記憶量によって量ることができる。

2 円仁、梵唄にはまる

円仁は、すでに八三八年十一月二十四日、開元寺で梵唄を耳にし、その美しさに打たれた。「一人の僧が木槌を打つ。さらにもう一人の僧が梵唄（仏を讃詠する偈頌をサンスクリット風、インド風に歌う）した。……その音声の調べは絶妙の美しさであった」[1]。

正月十七日にも開元寺における梵唄をこう記録していた。

夜に入って短い経を唱えて仏を礼拝し、あわせて梵唄（ぼんばい）（……）し仏を讃歎する。その梵唄の法師がいっせいに入って来て（……）、ある者は金色の造花の蓮を、ある者は玉のついたのぼりを掲げ席を賢聖の像の前にとって並び、インド風の音声によって合唱し、讃歎文を唱え歌って一晩中やめなかった。[2]

円仁が魅せられた梵唄には、シルクロードに乗って、ペルシャ人やインド人のいる地域からもたらされた遠い記憶に響く旋律があり、その偈頌（げしょう）は、中国語に訳されたサンスクリット語の響きを谺（こだま）させていたであろう。ネットで長崎の崇福寺の梵唄を聞いたとき、押井守のアニメ『攻殻機動隊』につけられた菅野よう子作曲「Inner Universe」を思い出したが、あの不思議な音楽もロシア語、ラテン語、英語を含む、エキゾチックで脱国境的な歌詞をもち、機動隊隊長草薙素子（くさなぎもとこ）も、ネットという新世界、生命と非生命との境界、国籍やジェンダーの越境者として設定されていた。仏教も生きとし生ける者に隔てなく幸をもたらそうとする点で、必然的に越境的本質をもち、梵唄（ぼんばい）も、ギリシャ人、ペルシャ人、インド人、中国人らの手を経て、日本人円仁の許までやって来て耳朶を打ったのである。グレゴリア聖歌には梵唄を思わせるメリスマティックな節回しがあるが、グレゴリオ聖歌も東方の影響を受けながら成立していったので、同じ根から発していたのかも知れない。

サンスクリット風の梵唄を、新羅人の寺院で、中国語や新羅語をとおして聞くという多言語・多文化的経験をした円仁は、異言語の壁を越えて、心に直接とどく梵唄を、普遍的な釈迦の声として聞いたことであろう。空海ならば、それを真言と呼んだかも知れない。あとで触れるが、円仁の「梵唄体験」は、彼の「念仏」信奉に通底しており、念仏の底には、「止観の法」が横たわっていて、そこから生まれる精神集中と反復が、彼の語学習得法のベースにもなっているのではないか、と私は考えている。

3 円仁は、どこまでサンスクリット語を学んだか

歴史フィクションならば、梵唄に魅せられた慈覚大師は、唐でインド人僧に師事し、めでたくサンスクリット語を修め、日本に持ち帰り、悉曇学の礎を据えた、という運びになりそうであるが、事実はそう甘くはなかった。円仁や空海のサンスクリット語接近の背景には、サンスクリット語や文字を、仏陀の「真理を象徴する記号と考え」[1]ていた歴史的限界があり、サンスクリット語や文字は、純粋な外国語学習の対象としてではなく、「真理を象徴する記号を操作して真理そのものに近づく」「最先端技術」[2]として、畏敬と尊崇の念をもって受け留められたにすぎなかった。だから、サンスクリット語文法や語彙を学んでテキストを読み、サンスクリット語の「御真言」の意味を原語で解そうとする方向には向かわず、もっぱら、真理の記号として、単語ではなく個別のサンスクリット文字の音価だけを学ぼうとしたのである。鈴木明美は、明言している。

残念ながら円仁（七九四—八六四）はサンスクリットを学習していない。空海（七七四—八三五）もせいぜい単語をいくつか知っていたにすぎなかった。確かにインドの呪文は日本に伝わった。しかしながら、これは意味のない音の羅列であり、インドの言語ではなかった。[3]

空海のサンスクリット語に関しては、もう少し、進んだ理解を持っていたのではないか、と私は感じるが、そういう括弧付きのサンスクリット語学習に関する記録を、文献から拾うと次のようになる。

「円仁は入唐後四ヶ月もたたない内に、揚州開元寺で長安から来た宗叡（そうえい）という中国僧に『梵書』を学んだ。宗叡は

『妙れて悉曇の音を閑』んでいたという（『日本国承和五年入唐求法目録』）」[4]。他方、佐伯有清によれば、宗叡（佐伯は、しゅうえい、と読む）について『通行本伝』（流布本の『慈覚大師伝』のこと）は、「深く悉曇を解し、能く梵語に通ぜり。大師［円仁］之に従ひて梵書を習学す」[5]と記しているらしい。

宗叡が帰ると、八三九年二月二十六日、インド僧持念和尚全雅（ラトナチャンドラ）が開元寺にやってきた。佐伯によれば、円仁は、全雅を「『此の全和尚は、現に胎蔵金剛両部の曼荼羅を有し、兼ねて作壇の法を解す』と評し」、「『和尚全雅、房裏に来たり、如意輪壇を作る』と記している。如意輪壇は、如意輪観音を本尊として秘法を行ずる密教壇である」[6]、と記していた。円仁は、全雅から経典を大量に借写し、「梵語について習ったことが知られる」[7]、という。

翌年五月十六日から、円仁は、さらに宝月三蔵に師事し、悉曇を学びはじめた。

五月十六日から青竜寺に居住しているインドの三蔵法師宝月のところで再び悉曇を学びはじめていたが、親しく直接に口で正しい発音の教えを受けた。[8]

原文では、「悉曇親口受正音」とあり、簡潔な一行から、円仁が、口移しでサンスクリット文字の音価を吸収した様子を感じ取ることができる。この時の学習ノートの断片が、『在唐記』として残っており、馬淵和夫編『影印注解　悉曇学選集　第一巻』[9]によって、写本の写真版を見ることができる。サンスクリット文字は見事に筆写され、その下に漢文で、注意書きが入れてある。たとえば、 (p(a)) の下には「唇音」、 (m(a)) の下には「鼻音」、 (bh(a)) の下には「斷氣」と、書き込まれている。「斷氣」とは破裂音、口内に息をため一気にこれを放つ音声のことであろう。つまり、円仁の『在唐記』には、音声学的に定義付けられた各文字の音価が正確に記述されている。これがラトナチャンドラから「口受」されたサンスクリット語の「正音」だったのである。

〈語学教師〉には、日本語にない音価を、正確に発音し分けたり聞き分けたりする技能が要る。英語の［æ］［a］［ʌ］［ə］［ɑ］は、日本語の「ア」音に四捨五入されてしまうから、きちんと識別できるように教えなければ聞き分けられない。そうしている中学の英語教師は今でも少数派であろう。フランス語の［ã］［ɛ̃］［œ̃］は、「アン」に平準化されてしまうが、違いの分かる音声学的指導はどれくらいなされているだろうか。今から千二百年前の円仁がインド僧から教えられた音声学的知識が、分析的で正確であったことに、今更、驚かされるのである。これは、古代インドの音声学的研究が優れていたためでもある。

ちなみに、世界最先端の音声学的分類に触れた平安時代の空海や円仁は、もう一つ現代に残る体系を学び持ち帰った。五十音図である。アカサタナ……とか、アイウエオ……という順序は、実は、遣唐使留学生が、サンスクリット語音の学習から学び取って移植したものである。小林明美は、こう説明している。[10]

> 空海から三四年遅れて入唐した天台宗の円仁は『入唐求法巡礼行記』、『在唐記』などを残しているが、そのなかでサンスクリットの字母である悉曇の音価について詳細に述べている。サンスクリットには全部で一〇の母音がある。サンスクリットの音図では母音を次のような順序で並べている。サンスクリット語には長音と短音の区別があるが、それを除くとサンスクリットの音図の順序は、五十音の順序とまったく同じである。
>
> a（阿）、ā（阿引）、i（伊）、ī（伊引）、u（塢）、ū（汚引）、e（曀）、
> ai（愛）、o（汚）、au（奥）曀
>
> サンスクリットの子音は三三ある。サンスクリットの子音を音図の順に並べて、それにあたる漢字音を示すと、日本語の（ア）カサタナハマヤラワの順になる。
>
> カ行　ka（迦）kha（佉）ga（誐）gha（伽）nga（仰）
> サ行　ca（遮）cha（磋）ja（惹）jha（酇）njia（孃）

タ行　ţa（吒）ţha（咤）ḑa（拏）ḑha（荼）nḑa（拏）ta（多）tha（他）da（娜）
　　　dha（馱）
ナ行　na（曩）
ハ行　pa（跛）pha（頗）ba（麼）bha（婆）
マ行　ma（莽）
ヤ行　ya（野）
ラ行　ra（囉）la（邏）
ワ行　va（嚩）
sha（捨）sjia（灑）sa（娑）ha（賀）
（注：ţ、ḑは反舌音）

日本語にない音を省いて並べれば、カ、サ、タ、ナ、ハ、マ、ヤ、ラ、ワとなる。このほかにahとaŋがある。これは仁王像の憤怒の形相の「あ」・「うん」、あるいは狛犬さんの「あ・うん」にあたる。五十音図ではŋが「ン」になって、番外につけられている。

韓国語には「反切表（はんせつひょう）」があり、中国語には「ピンイン」があって、日本語の五十音表に似た役割をするが、四千年も昔のサンスクリット語音の順序や分析的な並べ方を、千年以上前に、遠くまでいって学び、そっくり輸入したのは、日本だけかもしれない。そのため、日本語音の構成は、外国人にも極めて学びやすい形になっている。

円仁の悉曇学の貢献について、佐伯は、「円仁が宝月三蔵（ほうがつさんぞう）（Ratnacandra ラトナチャンドラ）に就いて学んだ悉曇学の成果は、円仁の『悉曇記（しったんき）』一巻となって残されている」[11]とし、彼の梵語・梵字学に対する深い関心が、膨大な悉曇学文献を日本にもたらした点を評価してこう述べている。

円仁が日本に将来した悉曇関係の文献などは、揚州で求得したもの三十七部四十八巻二幅、長安で得たもの百二十五部百二十七巻二幅にのぼり、将来した典籍全体に占める比率は、かなり大きい。他の入唐求法僧と比較しても、円仁ほど多量の悉曇書を将来した人物はいなかった。なかでも梁の宝唱が撰述したものとされている『翻梵語』十巻、義浄が撰述した『唐梵対訳千字文』一巻、ならびに九世紀初めごろのものと考えられている『梵語雑名』一巻は、当時の日本に伝えられた梵語字書として、これら以外にはなく、とくに『翻梵語』は、円仁のほかに将来した人物はいないとされている（清田寂雲「慈覚大師の悉曇学」、山田恵諦編『慈覚大師讃仰集』所収参照）[12]。

それにもかかわらず、円仁は悉曇を、作壇法の一部、いわば呪法のパーツとして学んだにすぎないのであって、サンスクリット語そのものを学んだわけではなかった。これは、玄奘三蔵や鳩摩羅什、仏典漢訳に参加した唯一の日本人霊仙らのサンスクリット語学習とは根本から異なる点で、厳密には語学とは言いがたいところがあった。霊仙（七五九?～八二七?）については、この連載第二回[13]で、すでに紹介したが、唐に渡ってサンスクリット語仏典の漢訳という国家事業に参加し、日本人として唯一「三蔵」の称号を贈られた学僧である。しかし、あまりにも優れた才能が禍いしてか嫉妬を買い毒殺されてしまった。

円仁が霊仙の残した足跡に、たまたま出会えたのは、八四〇年七月一日、密教の良師を求めて長安へ出発したときのことである。その夜宿泊した保応鎮国金閣寺堅固菩薩院で、ふと耳にしたのが霊仙の名前であった。院の僧が茶飲み話に言うには「日本国の霊仙三蔵は昔この院に二年ほど滞在した。その後、移って七仏教誡院に向かったが亡くなった。……」と[14]。

同月三日、円仁は、南臺から下……った谷の中に寺を見つけた。「建物は破れ落ちて人は住んでいない。名を七仏教誡院という」[15]。その荒れ寺の壁に「日本国内供奉大徳霊仙和尚を哭するの詩ならびに序（内供奉は宮中に供奉する僧、哭は死を悲しみ大声をあげて泣く）」と題する一幅の額を発見した。それは、「日本の僧霊仙がかつてここに住んでいて死去したという。渤海の僧貞素が霊仙上人を歎き悲しむ詩」であった。序によると、「霊仙三蔵師とは元和八年（八一三）の晩秋のころ旅の宿舎で知り合ったが、一言で同気相求め衷心から論じ合い全く意気投合するに至った」、という。貞素の先生である応公の師が霊仙であったことを知って、霊仙と親交を深めた貞素は、嵯峨天皇が渤海使節に託した百両を長安から西臺の鉄懃蘭若［蘭若とは寺院のこと］に届けた。霊仙は、金と引き換えに、「一万粒の斜利（仏の骨）、新訳のお経二部……、造勅（不明……）五通（……）などを拙僧［貞素］に託し送ることを依頼、日本に行って国恩に答え感謝の意を表わしてほしいと要請した」、という。貞素は、海を渡り日本の淳和天皇から、再び、百両を託されて、八二八年、「霊境寺に戻り着き霊仙大師を探し訪ねたが、死去してからもうかなり長い日数がたっているという」、またとない師を喪った悲しみを綴った額だったのである。[16]

円仁は、額を写し取り、そこから二キロメートル弱の大暦霊境寺を訪ね、「長老に向かって霊仙三蔵が死去した所を問いただすとこう答えた。『霊仙三蔵は以前、長い間鉄懃蘭若と七仏教誡院に住んでいたが、その後この寺にやって来て浴室院に滞在していた。人から毒殺をはかられ毒に当たって亡くなった。弟子らがその遺骸を仮埋葬したが、それがどこなのかはいまだにわからない、云々』[17]」。

霊仙は、円仁より二十年早く五臺山の浴室院に来ていたのだ。霊仙は、滋賀県米原の霊仙山麓醒井出身の僧で、空海や最澄らと八〇四年に入唐したいわば一世代前の留学生だった。長安の醴泉寺の般若三蔵から梵語を学び『大乗本生心地観経』漢訳の大事業に参加し、その功績によって、憲宗皇帝から、日本人では、唯一人「三蔵」の称号と、内供奉（皇帝の祈禱僧）の地位まで与えられた駿才だった。「三蔵」とは、仏教の経蔵（釈迦の教え）、律蔵（教団戒律）、論蔵（教義をめぐる議論や所説）などに関する聖典類、すなわち三蔵に精通した傑出した僧を意味することばである。

霊仙は、八二〇年、後ろ立てであった憲宗皇帝が暗殺されると、長安から五臺山に修業の拠点を移した。それでも先帝の寵愛や、学力や人望に対する妬みから、六十八歳で不慮の死をとげねばならなかった。霊仙は、何度も帰国願いを出していたが、許可されることなく客死したのである。

円仁が五臺山を去って長安に向かう途中でたまたま覗き見た廃寺で、霊仙の事績を見出す、という巡り合わせにも驚かされるが、もし、霊仙が恙なく帰国していたら、正真正銘のサンスクリット語学が古代の日本にも根を下して、日本仏教史を変えていたかも知れない、という思いに駆られる。歴史の偶然とは皮肉なもので、霊仙毒殺で失われたサンスクリット語学移植の機会は、「一八七九年に南条文雄と笠原研寿がオックスフォードでマックドネルの初級授業に出席[18]」するまで、一千年以上も失われたままになった。この事件が、オリジナルのサンスクリット語にまで遡及して、仏典本来の意味を突き詰めようとする姿勢を、日本仏教から奪い去り、中国の学僧たちの解釈を鵜呑みにする癖を定着させた、とある程度言えるかも知れない。西欧の一般的キリスト教信者が、宗教改革以後、聖書の字句にこだわるようになったのに対し、日本の在家の仏教徒は、ただ、ひたすら、音譜のように仏典を朗読するだけで、仏典の字句を吟味する習慣を持てなかったことも霊仙暗殺と無関係ではなかろうと考える。霊仙暗殺は、文化移入の関門を守る、正確な知識と理解力を備えた文化の番人としての〈語学教師〉がいかに大切であるか認識させる不幸な事件であった。

ただ、物事には両面がある。たしかに、日本の密教には、サンスクリット語の原意へ肉薄するよりは、梵唄の調べに魅せられ、その呪文の魔力に溺れる傾向があった。それが、梵字や梵語の御真言を、曼荼羅のような表象、密教壇を作って行なう秘法とセットにして学ばせた。例えば、ラトナチャンドラから、円仁が、梵字と作壇法と経典を学んだように。このように意味を棚上げにして呪文のごとく御真言を唱えたり、梵唄(声明)を誦する行は、意味よりは音、内容よりは音楽に心を浸して、心を無化する「念仏」効果をもたらした。意味を考え詰めるよりは、意味を担っている原音や、翻訳された漢訳仏典を呉音や漢音で無心に唱える読経が、結果的に、仏教の悟りに、信者を近づける、ということを円仁は、実践から、直観していたに違いない。

職業的聖職者たちは、むろん、漢訳された経典の解釈を試みたが、それでも、不立文字とか只管打坐のように、ことばの意味を問いつめるよりは、ことばを悟りの障害物ととらえ、意識からことばを抹殺し、意味を無化していく身体的実践が、念仏や御真言の連唱の形で、一般信者の間に広まっていった。そして、意味もわからず唱える実践は、のちに、「シャドーイング」とか「只管朗読」として現代に蘇る。「認知」に重きを置いた学習法を尻目に、シャドーイングは、意味も考えず唱える念仏や御真言が結果的には、心を空しくし、信者を悟りに近づけるように、意味の認知など、いったん、棚上げにして、音の連鎖を、無心に跡づけるシャドーイング訓練も、外国語の文構造無意識化に貢献し、外国語の発話をオートマティックにする近道になったから不思議である。考えてみれば、赤子が人語を学ぶ過程も、習わぬ母語を読む門前の小僧に似ている。物事に両面があると言ったのは、そういう意味である。

4 会昌の廃仏

「会昌の廃仏」と呼ばれる前代未聞の仏教弾圧事件は、以下のごとくであった。正史によれば、八四五年四月から始まり、「仏寺を毀し勒いて僧尼を還俗せしむ制」という詔が発せられ、寺院四、六〇〇ヶ所、招提（寺院・道場）ならびに蘭若四〇、〇〇〇ケ所余りが廃寺、二六〇、五〇〇人の僧尼が強制的に還俗、寺領数千万頃（頃は面積の単位、一頃＝一八・二アール、数千万頃は、すなわち、数百万ヘクタール）が没収、寺が所有した奴婢一五〇、〇〇〇人も労働戦力に再配分される、という過激な宗教弾圧が行なわれた。事の始まりは、八四二年、宰相李徳裕が、強力な財力と影響力をもつに至った僧院の管理・規制を提言、私度僧（官許を得ずに得度したもぐりの僧）および若年僧追放にある。八四三年、仏教保護者の宦官仇士良が死去すると、流れは一挙に加速化し、僧尼の外出禁止令が国籍を問わず施行された。

会昌の廃仏の背景には、多くの僧尼が、不労所得者であり、税を納めず、膨大な土地や財産、奴婢を所有する有閑特権階級であることは不経済であると見なす政策があった。当時、モンゴル高原のウイグル（廻鶻）やチベット高地の吐蕃が、衰退しつつある唐の国境を脅かし、巨大な国防費を注ぎ込ませていたからである。

皇帝が仏教を忌み嫌ったのは、それをもたらした玄奘三蔵が皇帝の禁に逆らって天竺に出かけて仏典をもたらし、鑑真もまた皇帝の禁を破って日本へ密行して帰らなかったという故事も関係していた。皇帝の意を踏みにじった玄奘も鑑真も、禁をやぶった後は、民衆の尊崇の対象になったことも、了見が狭くてプライドだけは高い皇帝たちの癪のタネだったに違いない。あの面子を重んじる中国で、皇帝の面目を踏み潰したのは仏教だったのである。どうも外来種の宗教は、ブラックバスとかセイタカアワダチソウさながら始末におえない。今のうちに駆除してしまおう、そう武宗帝が考えたとしても不思議ではない。そうした皇帝の主観が、経済的、軍事的状況に拍車を掛けられて、大きな宗教弾圧にまで膨れ上がった。

それまでの唐は、宗教は百花繚乱、各宗教が布教の自由を謳歌していた。外来の宗教には、仏教、摩尼教（明教、イラン伝来）、祆教（拝火教、ペルシア伝来のゾロアスター教）、景教（キリスト教ネストリウス派）、回教（回回教、天方教、清真教）などまであった。しかし、武宗帝はいわば道教オタク、道教に敵対する外来宗教を毛嫌いし、純国産の道教の虜になった。それが狂気の沙汰と思われるところまで進んだ結果、おかかえ道士の調合した不老不死丹薬の中毒となって三十三歳で落命し、常規を逸した宗教弾圧の嵐は終息した。円仁も、数年かかりはしたが、無事、帰国することができた。これが事件の顛末である。

5　報道記者円仁

二世紀ころローマ時代に、おそらく小アジア出身のパウサニアスは、『ギリシャ案内記』（『ギリシャ記』[1]とも）を著した。このギリシャ人旅行家のお陰で、現代人は、古代ギリシャの地誌、歴史伝説、神話や叙事詩、神殿、神像と工匠たち、供犠（くぎ）と祭祀（さいし）、自然などをはじめ、オリンピックの発祥や古代における祭典の詳細、スパルタの領土拡大と反乱鎮圧にともなうメッセニア戦争、スパルタ支配からテーバイ解放に導いた将軍エパミノンダスなどについて詳しく知ることができる。円仁も在唐中に遭遇した「会昌（かいしょう）の廃仏（はいぶつ）」をはじめ、当時の中国の実態を後世に詳しく伝えた点で、パウサニアスのような役割を果たした。帰国が引き延ばされ滞在を余儀なくされた四年間に、『旧唐書（くとうじょ）』、『資治通鑑（しじつがん）』などの正史からは零れ落ちた「会昌の廃仏」の実態が、庶民目線でつぶさに記録され、『行記』を貴重なドキュメントたらしめた。

円仁は、物事の文脈を大づかみにして状況を俯瞰し、現象の本質をつかみ出す大局観と、現場を満たしている「小さきものへの信仰」（ヤーコプ・グリム）に裏打ちされた細やかな観察眼とを兼ね具えていた。前者は、密教の宇宙像である曼荼羅のような巨視的直観力、後者は、「仏性は白き桔梗にこそあらめ」（漱石）に表されたような、小さきものの裡に宿る仏性を見のがすまいとする信仰と不可分な視線である。前者は、末端には埋没せず、事がよってきたる因果の大局を見据え、後者は、関心と慈愛に満ちた眼差しを、公平に細部に注ぎ浮かび上がらせる。二つのバランスが正確で偏りのない目線を生むのだが、優れた記録者においては、二つの相反する視力が自然に結びつき、無理なく交替する。そういう円仁の目を通して写し取られた「会昌の廃仏」事件の断面を覗いてみよう。

円仁は、八四一年三月三日、こう記している。

李徳裕宰相は僧尼に関する取締まりの法規を定め……天子に奏上した。勅が下って保（隣組のようなもので防犯連帯の一団を成した）に所属しない無登録の僧は寺から追い出し、すべての寺は年少者である童子（どうじ）・沙弥（しゃみ）を置くことを許さないという（……）。[2]

九日後、「廻鶻（かいこつ）（ウイグル Uygler）の軍隊が唐の国内に攻め入って、いま秦府（しんぷ）（振武）にまで来ている。唐の政府は六つの節度府から兵馬を選び抜いて廻鶻との国境線に派遣した。城中（……）には、廻鶻人が数百人いたが勅に従って斬殺してしまったということである。多くの州や府にいる廻鶻人も臨時の法規によって同様の処分をされた」[3]、と記されている。外敵による侵略が、在唐外国人に対する警戒心を強め、国内の廻鶻人の大量虐殺に導いた。そこから生じた排外主義が、外来宗教に対する禁止令にまで発展していった、円仁は、そう観ている。唐政府は、戦費調達のためにも、二十数万人いる仏教僧を還俗させ、その技能を労働力として活用し、土地を取り上げ収入を増やそうと企んでいた。

八四二年十月九日の記録はこうある。

勅がくだり全国のすべての僧および尼僧で焼煉（……不老不死の丹薬を焼煉する術……）、呪術、禁気（……呼吸を整え精気を洩らさない術、……）に通じていたり、軍隊をきらい悪事を犯して軍を逃走し、身体に笞打ち（むち）の刑に処せられた痕（あざ）のある者、いれずみのある者、いろいろな技術を持っていながら役に立たせないでいる者、以前に姦淫の罪を犯し妻を養って戒律を守らない者、以上の者はいずれも強制的に還俗（げんぞく）（……）させ僧尼であることを認めない。[4]

続いて二月一日、「僧尼ですでに還俗した者は、……寺に入ったり寺内に留まってはならない。また保（隣組）

から追い出された保外の僧尼は京に住みとどまったり、城内に入ることを禁じる」[5]という通牒が追加された。四月中旬、「全国の摩尼(まに)教（イランの宗教）の布教者を殺させた。髪を剃って袈裟をつけさせ僧の姿にしてから彼らを殺したのである。廻鶻人が摩尼師を崇び重んじていたからというのがその理由であった」[6]。「会昌の廃仏」と廻鶻の国境侵犯とが結びついていた背景がよくわかる。

八四三年六月三日、仏教擁護者「観軍容使仇士良は官職を辞任して家（広化坊にあった）に帰った」[7]。こうして、保護者が退いた後で、仏教僧や仏教徒の運命は悲惨をきわめることになる。

六月二十五日、仇士良が任用した「孔目官（天子につけた間諜的秘書）の……四人を斬った。また仇家に仕えていた男女の召使い、奴隷たちを全員殺し、仇家の財産を没収した」[8]。武宗の執拗さは、ヒトラーの焚書や、ユダヤ人や共産主義者弾圧を想い起こさせる。

円仁は、「会昌の廃仏」をめぐる内外情勢にも目配りを忘れない。八四三年九月十三日、劉稹(りゅうしん)の反乱が起き、「天子は……五万の兵馬を徴発、潞府(ろふ)を討とうとした。しかしそれらの軍は潞府の領内に進み入ることができず境界線の前面で守るという有様だった。政府はこの軍のために毎日二十万貫の銭を支出、諸道から兵糧を運搬したがそれでも足りず、ついに長安京城の内庫から絶えず兵糧を運ぶという始末であった」。その上、最前線の責任者畺孫(きょうそん)が遁走して行方をくらました。皇帝は、腹いせに、彼の妻と子女たちを斬殺し財産を没収した。ところが畺孫が剃髪して長安城内に潜入している、という密告があったため、長安城内に住む全寺僧に強制的還俗(げんぞく)を命じ、出身地に追放した、という[9]。事のついでに素性のはっきりしない僧など三百人も打ち殺した[10]。執拗な追捕(ついぶ)と処断、ユグノー虐殺の歴史絵巻が蘇ってくるようだ。

八四四年三月ころになると仏教徒狩りはいっそう激化し、「仏牙（仏の歯牙）を供養することを許さない……」、五臺山などの聖遺物を巡礼する者は、「二十回のむち打ちの刑に処し……」という勅が下った。「官の証明書のない者［仏僧］はいずれもその場で打ち殺し、姓名を記録して天子に報告させた」[12]、という。

円仁は書く。「現天子武宗はひとえに道教を信じて仏法をにくむ。……現天子は経文を焼き、仏像を破壊し、多くの僧を宮中から追い出してめいめいが帰属する寺に帰してしまった」[13]。背景には、皇帝李家の家系は十八代で滅び、黒衣の天子に取って代わられる、という道教道士の予言があった。「黒衣」とは、仏僧の衣を指すと考えられた。「李」という字を、ばらばらにすると、十、八、子となり、十八代目の天子武宗帝は、仏教を恐れたのだ、と円仁は解釈している。[14]

理性的判断力を失った武宗帝は、おそるべき残虐行為を断行する。武宗帝は、ある日、「[潞府の]討伐軍は……全く討伐の成果を聞かないというのはどういうことか」[15]とあやしんだ。

これを聞いて討伐の兵たちは驚きおそれ戦線付近の牛飼いの少年や田を耕している農夫をとらえて捕虜として長安の都に送り届け、反乱人を捕らえて来たと……言った。天子は……、街路で彼らを頭・胴・足の三つに斬らせた（……）。……斬られた死骸は道路に満ち満ち血が流れて土をぬらし泥となった。……左右両軍の兵士は人を斬り終わるごとにその眼の肉をくりぬいて食べる。市中のどの坊に住む者も皆言うには「今年は長安の人は人を食う」と。[16]

蛮行は、文化財破壊ともなって現れた。「公的に登録されていない寺は破壊し」「長安城内の坊にある仏堂三百余カ所の仏像、経を安置してある楼などは、……名工の作る……他州の大寺に匹敵するほどのもの」を「勅に従って全部壊わし」た。[17]

武宗帝の道教中毒は、激しさを増し、内裏の中に、百五十尺（約四五メートル）もある神仙台を築かせ、工事をしきりに急がせた。監督が指揮棒を持って立っているのを見て、「『お前は棒をもって監督する必要はない。自分から進んで土を担い運べ』と言って土を運ばせた」[18]、という。円仁は、皇帝の愚挙・蛮行を、どこ吹く風、事もなげに書き連ねてゆく。

同時に、武宗帝は、「勅して道士に不老長寿の仙丹を調剤させた。……天子は……『不老長寿の仙丹には何の薬を用いるのか、品目をそろえて申し述べよ』と質問した。道士は……、李子衣十斤（約六キログラム）、桃毛十斤、生鶏膜十斤、亀毛十斤、兎角十斤等（亀の毛、うさぎの角などあり得ないもの、入手できるはずのないもの）を申しあげた。……四方八方に手をうって探させたが、……どうしても入手することができなかった」[19]。寓話に出てきそうなバカ殿ぶりである。

八四四年三月か七月、「天子は右街の金仙観……に行幸された。ここは女子の道教寺院で寺院内に女道士がいる。たいへん容貌の美しい人がいて、天子は召し出し見てすっかりお気に入りになった。勅によって絹一千疋（一疋は一二・四四メートル）を賜い、とうとう宮廷の宦官に命じて金仙観を改築させ、内裏との連絡に便利なように通路を設けて特別に金仙楼を造らせた」[20]。一千疋の絹とは、着物一千人分を裁てる量である。

他方「神仙台築造の労役人には、毎日三千人の兵士が使われていたが」、公務員に与えられる七日の休日、「寒食の節（冬至から百五日目……）にも解放してもらえなかったので、これを怨み道具をとり地に伏して（……）三千人がいっせいに喚声をあげた。皇帝は驚きおそれて兵士一人につき三疋の絹を与え三日の休暇を許した」[21]、愚帝の取り乱しぶりも円仁はさらりと記している。

僧尼の還俗強制は熾烈をきわめ、「全部の寺の僧尼を身分保証のない人民と同様にしてしまった。大衆は口々に『身分証明の辞令文書を還さないというのは僧尼を寺に在住させないという謀略である。また寺の奴婢や銭、物を没収するのは寺院を破壊しようとする前兆である』と言った」[22]。円仁は巷の噂や世論にも注意を払う。やがて皇帝は、神仙台に盛り土をするために穿った穴を僧尼の首で埋め立てよう、などと言いはじめる。円仁もさすがに剣呑だと感じたのか、「書状を提出して還俗を請願し、日本国に帰還させてほしいと願い出た」[23]。

そのころ、天子は、軍部を抑えるために、「左右神策軍の官印の返還を求めた」。しかし、軍は反抗し、「官印をお迎えした日には兵馬を出してこれをお迎えした。したがって納印の日にもまた当然兵馬を出動させてこれを納めるべきである」、とクーデターをちらつかせた。「天子は恐れをなしてしばらく返還を求めないことにした」[24]。同時に、「もし僧尼で還俗にしたがわない者がいれば違勅罪に科し、すぐさま死刑にする」という通達を出した。円仁は、「経論・密教儀軌・曼荼羅等」[25]を梱包し、日本に持ち帰れるか気をもんでいた。帰国の船を求めて、円仁は旅を続けなければならなかった。

道すがら「天下の銅製の仏像、鉄製の仏像はすべて破壊し砕いて目方をはかり、塩鉄使に委ねて収管が終われば詳細に記録して天子に報告せよ」[26]という勅を知った円仁は、どれだけ貴重な文化財が失われたことか、と心を痛めている。

円仁は、持ち帰る典籍や曼荼羅など「四つのつづらはしばらく劉慎言（りゅうしんげん）通訳の家に預け託し、劉通訳に管理することを頼んだ」[27]。

船さがしの道中にあっても、円仁は、アンテナを高くして政府の通達を見落とさなかった。「また勅があってそれによると、天下の金銅（こんどう）仏像はその州の県役人がその金を剝ぎ取り、目方をはかって献上せよということである」[28]、「仏像の上についている金を剝ぎ取り銅鉄仏を打ち砕いてその目方をはかるとはまさに何ともしがたい痛ましいことである。天下の銅鉄の仏、金の仏はどれほど数に限りのある貴重なものかわかっているのに、勅に従ってすべて破壊し尽くしてただの金屑（かなくず）にしてしまった」[29]。円仁は、文化財保存に無頓着な皇帝を珍しく嘆いている。

ヘンリー八世の蛮行によって破壊され、寒空の下に曝された修道院の聖歌隊席を、カトリックだったシェイクスピアはソネットでこう歌った。

Bare ruin'd choirs, where late the sweet birds sang [30]

剝き出しの荒れ果てた聖歌隊席、かつては、そこで可憐な小鳥たちさながら、少年たちが歌っていた。

仏像を壊され、金箔を剝ぎ取られて廃虚と化した伽藍を目の当たりにした円仁もシェイクスピアと同じ感慨を抱いたに違いない。

武宗帝の狂気はいよいよつのり、「全国の手押し一輪車の使用を禁止する。この禁止条令が出たあとで手押し一輪車を押して行く者があったならばたちどころに死刑に処す」、「国中の猪・黒犬・黒い驢馬・黒牛などを絶滅してしまえ」、「諸道は年齢が十五歳の童男童女のきもを献上せよ」[31]、などという勅まで出された。

円仁は、「天子が道士（道教の説教師）の教えを信じるあまり、手押し一輪車が道の中心部を破損するから、これでは恐らく道士たちが安心できまいということなのであろうか」「きもを献上せよ」については、「これもまた道士にたぶらかされてのことである」[32]、とおっとりコメントしている。

円仁は、伝聞により得た情報を総合し、「会昌の廃仏」の被害を免れた地方があったことも記録している。全体の状況をかなり正確に摑んでいたことがわかる。耳からの情報収集力が異常な状況下でいっそう研ぎすまされたに違いない。

八四六年正月朔日（ついたち）、円仁は、荷物を託した新羅人通訳劉慎言から手紙を受け取る。それには「『勅があって、仏教の経や論書、祀りの幡（はた）、覆（おおい）や僧衣・銅製のびん・椀などは焼き棄て清めつくせ、違反者は即刻極刑に処す、というので自分の家のお経や幡・仏画などは皆焼き棄ててしまいました。ただ和尚から預かっている文書類だけは保存してありますが、条令による取締まり処分が非常にきびしく行なわれておりますので、警備保安の役人（……）に隠し持っていることを察知されるのが心配です。どうしてもこれを持ち出してお送りすることができません』とあった。……『もし日本から手紙が届きましたら、すぐ間違いなくお届けします、云々』と書かれていた」[33]。結果的には、経典・仏具類は、無事日本に持ち帰ることができた。劉慎言は、命がけで、日本仏教史に残る文化財を守りとおしてくれたことになる。

長い間荒れ狂った狂気の炎は、突如、鎮火した。八四六年四月十五日の日記にはこう記されている。

天子が崩御してすでに数ヶ月になると聞いた（実際は三月二十三日、……）聞くところによると、各道州県ではあげて哀悼の意を表わし白い服を着て喪に服し終わった。天子は体がただれ崩れてお亡くなりになったとのことである（丹薬服用による中毒といわれている）[34]。

円仁は、はしたない言辞は労さず、崩御哀悼を伝えているが、「体がただれ崩れてお亡くなりになったとのことである」という結びには、『徒然草』の「堀池（ほりけ）の僧正とぞ言ひける」とか「山までは見ず」[35]のような、人間の愚かさに対するモンテーニュ流の笑いが漂っているように感じてしまう。

武宗帝の死後、五月二十二日に、仏教の名誉回復が始まり、新天子の大赦があった。「全国の州ごとに二つ寺を造り節度府ごとに三カ所の寺を造ることを許可した。寺ごとに五十人の僧を置き、昨年還俗した僧で年齢が五十歳以上の者には元どおり出家を許した。その中で年が八十歳に達した者には国家から五貫文（五千文）を支給することになった。[36]……」。

八四七年八月十五日、「髪を剃って再び墨染めの衣……を着た」[37]円仁は、九月二日、赤山浦を出港し日本へ向かった。九月十日、「夜も明けるころ、東の方向遥かに対馬の島影が見えた。昼十二時ごろ前方に日本の国の山が見えてきた。東から西南にかけて連なってはっきりと見える。午後八時ごろになって肥前の国の松浦郡北部の鹿嶋……に到着、停泊した」[38]。九年半ぶりの帰国であった。九月十七日、博多港着、大宰府に十二月十四日まで逗留したところで日記は終わっている。

6　むすび

〈語学教師〉としての円仁の貢献を振り返っておこう。円仁の自己形成に係わる二つの特記すべき事柄がある。まず、円仁には、〈語学教師〉に不可欠な、多文化・多言語的センスを形成する生育環境があった。アイヌ人と大和民族が接する辺境で育った円仁は、異文化・言語と自文化・母語が接する現実に幼い頃から慣れ親しんでいた。その経験は、無意識のうちに、自文化・言語中心主義を相対化させ、より大きく自由な視力を育てていったものと想像される。

次に、円仁は、最澄が『摩訶止観』特訓のために選んだ十人の若者の一人であった。そこで頭角を現した円仁は、主観を混じえず、事物の直覚・直観に到達する筋道を教える『摩訶止観』の止観(しかん)の法（天台の実践方法）を最澄から徹底的に叩き込まれた。稀有の指導者によって鍛えられ身につけた止観の法は、円仁の第二の天性となり、ものごとを歪めず、大きく捉えると同時に、小事をあなどらず、ねんごろに拾う姿勢をもつ優れた記録者を育てた。

円仁の記録に生彩と迫力を与えているのは、平常心を失わない精神が写し取った旅の日常と見聞した大小さまざまな事件である。誇張や偏見を混じえず、わけへだてなく、円仁は、見聞きした事柄を記録した。船旅のときの落雷、伝染病、海路や陸路の危険や困難、国家的儀礼の記述（フォーメーションや儀式次第など）、滞在した宿の主人や寺院の僧侶の人品骨柄、見聞した対象の正確な寸法、唐代支配層内部の混乱、周辺異民族の動向、狂気の宗教弾圧（会昌の廃仏）、将来目録に記された仏典や宗教画の借写・模写のいきさつ、念仏の方法、唐代官僚組織が要求した各種書類、日々の金銭出納や生活実費の詳細、贈答品のリスト、地域の風俗や人情、中国僧や外国人僧との交誼、中国暦に基づく年間行事、外国人通訳や水夫の働きぶりなどを淡々と記している。

公平で偏りのない徹底した記録性は、〈語学教師〉に望ましい資質である。〈語学教師〉は、対象言語や文化を、正確に理解し、記述し、それを学習者に伝えなければならないからだ。細かい事柄も逃さず記録する態度は、些細な事物にも宿る仏性を見過ごすまいとする仏教者円仁の精神に直結しているだろう。平常心を失わなかった円仁の目によって、現代のわれわれは、中国の正史から洩れた会昌の廃仏事件の詳細を手に取るように知ることができる。細部を見逃さない観察眼は、細かいことが気になる〈語学教師〉なら、ある程度具えているだろう。しかし、円仁の目は、細かいことだけを蚤取りマナコで追いかけまわしていたわけではない。円仁は、末端に埋没せず、事がよってきたる因果の大局を見据える巨視的視力も具えていた。自然描写においても個々の花や香りに注意を払うと同時に、大自然のパノラマもしっかり写し取る環境文学者（ネイチャー・ライター）の目をもっていた。会昌の廃仏の記述にも、細部と同時に、異民族に脅かされていた唐の状況を社会的視点から捉えているし、唐の官僚主義に阻まれ、滞在を余儀なくされていた時期にも、蝗害（こうがい）（いなごの害）、塩専売局、石炭など社会的事象への目配りを忘れなかった。事物の文脈を大きくつかんで俯瞰し、現象の本質をあぶり出す大局観と巨視的直観力にも円仁は恵まれていたのである。

さらに〈語学教師〉としての円仁に特筆すべき要素があったとすれば、摩訶止観で鍛えられた精神力・集中力・平常心、ぶれることのない動揺しない人格であろう。中国官僚主義は、円仁の帰国申請を百回以上無視し、滞在を無意味に長引かせ、とかくするうちに、「会昌の廃仏」に巻き込まれてしまった。しかし、円仁は、焦ったり、自棄になったりすることなく、淡々と帰国申請を出しつづけ、膨大な将来目録などを持ち帰ることができた。落ち着いた対人能力は、優れた指導者を口コミで見出していく交渉能力、情報収集能力にも現われた。異境の地で、必要な情報を探し出す行動力、交渉力は、〈語学教師〉の鑑とすべき能力である。こうして様々な対象を片寄りなく学習・吸収・記録して、後世に残すことができた円仁は、最澄に鍛えられた精神力・集中力・平常心を具えていたわけであるが、目に見えないこうした精神特性の形成と継承は、文化生成者・伝承者としての〈語学教師〉の重要な役割のひとつである。円仁は、そういう意味で、〈語学教師〉の基盤となる精神を養い、完成させ、見事に実践に活かしてみせたわけである。

最後に、〈語学教師〉としての円仁は、留学初期に、口語中国語、中国語会話力が必須であることを認識して、中国語会話習得を決心し、一、二年後には、耳からあらかたの情報や思想を収拾できるまでになった。会話力の精進は、〈語学教師〉の必要条件である。円仁は、漢文としての中国語を書いたり読んだりする力量は、日本で、十分、鍛えていたが、会話や口語運用能力を伸ばす機会には、四十歳半ばに至るまで恵まれなかった。渡唐後、中国語の会話能力を駆使して、膨大な政治・社会・文化情報を吸収できるようになるまで必死で努力しなければならなかった。そういう意味で、いい歳になって初めて留学する巡り会わせになった、あるいは、なるはずの現代の〈語学教師〉に、円仁は、知恵と勇気の手本を与えてくれる存在であった。私は、熟年留学者が遭遇する問題や困難を、『おじさん、語学する』[1]というフィクションに描いたことがあるが、円仁の『行記』は、まさに「おじさん、語学する」の古代版にほかならなかった。

円仁が『行記』を擱筆してから四四四年経た一二九一年、兼胤（かねたね）という七十二歳の老僧が、「長楽寺坊において老眼をぬぐいつつ書き写しおわった」[2]という奥書を、日記本文の後に付けた伝本を残した。その後、一八八三年（明治一六）、東寺観智院でその写本が発見され、戦後、ライシャワーによる再評価と英訳、さらに、本論で盛んに引用させていただいた深谷憲一による現代語訳他が出されて、円仁の遺徳が二十世紀に蘇った。平成の本論も、円仁の経験を、現代の〈語学教師〉たちにいくばくかなりとも伝えることを願っている。

（二〇一二年一〇月一四日）

注

一　〈語学教師〉としての円仁

1　はじめに

1　圓仁、深谷憲一訳『入唐求法巡礼行記』（中央公論社、一九九〇年一一月）。引用は、この版により、引用の後に頁数を入れた。ちなみに、「行記」の読み方は、深谷訳では「こうき」、足立訳は「ぎょうき」になっている。なお、『入唐求法巡礼行記』1・2は、足立喜六訳注・塩入良道補注『東洋文庫』一五七巻・四四二巻（平凡社、一九七〇年二月・一九八五年二月）で、すでに出されていたが、ジャーナリストの深谷憲一氏が、一九九〇年に再度現代語訳を試み、中公文庫の一冊となって以来、一般読者にもアクセスが可能になった。湯沢質幸氏も深谷訳を読んだことが、『古代日本人と外国語――東アジア異文化交流の言語世界』を書く出発点となったと語っている（「あとがき」『増補改訂　古代日本人と外国語――東アジア異文化交流の言語世界』、勉誠出版、二〇一〇年一一月、二七四頁）。

ただし、円仁の『行記』の読者には南方熊楠のような先駆者もいた。円仁が、霊仙の事績を訪ねた箇所に言及して、「わが邦の高僧、海外に名を馳せながら、本国に知られざる例少なからず。これを例するに、慈覚大師『入唐求法巡礼行記』に見えたる、日本国霊仙三蔵ごとき、……」、と述べている。ただし、南方はむろん原文で読んでいた。（『南方熊楠全集』第二巻、平凡社、一九七一年四月、一三五頁参照）。

2　エドウィン・O・ライシャワー、田村完誓訳『円仁　唐代中国への旅　『入唐求法巡礼行記』の研究』（講談社、一九九九年六月）。

ライシャワーは、円仁の日記と、マルコ・ポーロの『東方見聞録』を比較し、こう述べている。「マルコ・ポーロ……［は］、旅行が終わってのち数年を経て、文盲の彼が彼の冒険を口移しに伝えたものであるから、非常に茫漠としたものである」が、「円仁の変化に富む経験について一日一日克明に記した日記は、世界史における当時のユニークな文献である……」（三六頁）。また、マルコ・ポーロは、中国文化の部外者で理解できないことも多かったが、円仁は、漢文を深く読み解ける知識人であり、中国文化も仏教も内側から理解することのできる高い教養をもった旅行者であった、と指摘し、こう結論づけた。「円仁は、……マルコ・ポーロのようなロマンチックな反響を呼ぶことはなかったけれども、地道なより一層意義深い歴史の表街道を歩んだのである。すなわち、彼は彼の時代の知的文化活動の第一線にあったのである。当時の日本の宗教界の指導者として、彼は日本に仏教の新しい局面を紹介する重要な役割を演じ、さらに今に至るまで支配的な流れとなった宗門の体質改善に偉大な貢献を成したのである（同書、三八頁）。

2　唐へ渡るまでの円仁

1　『円仁』（吉川弘文館、一九八九年三月）、四頁。
2　ライシャワー、九八頁。
3　佐伯、一五頁。
4　同右、三六～三七頁。
5　同右、三六～三七頁。
6　平野邦雄・瀬野清一郎編（吉川弘文館、二〇〇六年一一月）、一三九頁。

3　在唐九年半、円仁は何をしていたか

4　危ない海の旅

1　ライシャワー、一一六頁。
2　同右、一二一頁。
3　『入唐求法巡礼行記』、一九頁。以下『行記』と略す。
4　同右、二〇頁。
5　同右、二二頁。
6　ライシャワー、一二五頁。
7　『行記』、二四～二五頁。

8 同右、二〇六頁。

なお、この後は、次のように続く。「亀の甲を焼いて、その祟りを占わせると、その占いには『船上の卜部諸公の死体を、当地の神前に葬った。それゆえに神の怒りを招いてこの災禍が起きたのである。もし、お祓いをすれば安穏になるであろう』と出た。そこで桑島でお祓いをした。また船上では当地の神を祀った。その裂けた帆柱については、ある者は『すでに裂かれて弱くなってしまったのだから、改めて造りかえるべきだ』と言い、またある者は『帆柱を造るといっても、その材木をここで急に入手することは困難である。……当然雷にむしり取られた箇所をゆわえまとって補強し、速やかに出発すべきである、云々』と言う。多くの人々はこの後の説に従って、早く出発しようということになった」。

円仁の記録は詳細をきわめ、当時の災害をめぐる古代人の感じ方もわかって興味深い。そういえば高校時代に読まされた『土佐日記』にも強風にあおられて漕いでも漕いでも進めず、この辺が縄張りのはずの住吉の明神さんに「幣をたてまつりたまへ」、という件があった、ことを思い出す（鈴木知太郎校注『土佐日記』日本古典文学大系第二〇巻、岩波書店、一九五七年一二月、五一頁）。「ヌサ」ってなんじゃい？と無知な高校生はいぶかったものだが、貫之は円仁が死んだころ生まれた人だから、海がしけたりすると、お祓いしたり幣を奉ったりするのが平安時代の習わしだったことがわかる。

また、船の損傷をどうするかをめぐる判断も、ある種、多数決のような決め方をしていて、それが、『古事記』を思い起こさせる。『古事記』には、天照大神が、八百万の神々を集めて、この国には、DVだの校内暴力をはたらく［古代語では荒ぶる］神どもが多くて困っちゃうわ。交渉人に誰を立てればいいかしら？ 皆さんどうよ？ と問いかける場面がある。意中の神様の意見を期待したのだが、けっきょく皆してああでもないこうでもないと長談義のあげく、天の菩比の神に決まった、という一幕である（倉野憲司・武田祐吉校注『古事記 祝詞』『日本古典文學大系』第一巻、岩波書店、一九五八年六月、一一三頁）。日本にも古代に、話し合いを尊重する民主的な雰囲気があったのかも知れない。

本論の主旨から逸れるので、注に回したが、こうした古代のしきたりや宗教感情を、円仁の記録はつぶさに伝えてくれるのである。

5 陸路も苦労が多かった

1 『行記』、三四頁。
2 同右、三七頁。
3 同右、五九五頁。
4 ウィリアム・フォークナー、大津栄一郎訳『蚊』『フォークナー全集』第三巻（冨山房、一九九一年四月）。なお、「特集　フォークナーとエスニシティ」『フォークナー』第一〇号（松柏社、二〇〇八年五月）参照。
5 『行記』、四四頁。
6 同右、四五〜四六頁。
7 同右、五四頁。
8 同右、五五頁。
9 同右、一二一頁。
10 同右、一七八頁。
11 同右、一九六頁。
12 同右、二八九頁。
13 ライシャワー、二二五頁。
14 同右、二二一頁。
15 同右、二二二頁。

16　同右、二二六頁。
17　同右、二三九頁。
18　同右、二三〇頁。
19　同右、二三八頁。
20　『行記』、六〇六頁。

二　唐における円仁

1　円仁は見た――大唐の祭礼や行事

1　同右、一一二～一一三頁。
2　同右、九七～一〇〇頁。
3　（YouTube, http://www.youtube.com/watch?v=u5YWaysVWlc）、アクセス日、二〇一二年九月一〇日。

2　円仁、官僚主義に悩まされる

1　ライシャワー、一七一頁。
2　同右、一七二～一七三頁。
3　『行記』、二六四、三一九、四四五頁。
4　同右、三〇頁。円仁の遣唐使船を最初に出迎えたのも「塩官」であった。
5　右、四三三頁。
6　同右、八三頁。
7　（http://homepage2.nifty.com/taejeon/Dongju/dongju-22.htm）、アクセス日、二〇一二年九月一一日。

3　五臺山を目指す円仁

1　尹東柱（ユンドンジュ）の詩「新しい道」（http://homepage2.nifty.com/taejeon/Dongju/dongju-22.htm）、アクセス日、二〇一六年

七月二六日。尹東柱（一九一七〜一九四五）は、第二次大戦中、治安維持法により逮捕され日本で獄死した朝鮮系詩人で、韓国では国民的詩人とされている。

2 『行記』、三三五頁。

3 同右、三三六〜三三七頁。

4 同右、四月十六日、三四〇頁。

5 同右、四月十七日、三四一頁。

6 同右、四月十八日、三四二頁。

7 同右、四月二十日、三四三頁。

8 同右、四月二十一日、三四四頁。

9 同右、三一二頁。

10 同右、四月二十三日、三四六頁。

11 同右、三四九頁。

4 環境文学者（ネイチャー・ライター）円仁

1 同右、三四九〜三五〇頁。なお、円仁の旅の跡を辿り、彼が見た風景を記述して、写真も載せた文献に、玉城妙子『円仁求法の旅』（講談社、二〇〇〇年四月）がある。

2 同右、三五一〜三五二頁。

3 同右、三八三〜三八四頁。

4 同右、四一〇頁。

5 サント＝ブーヴ、土居寛之訳「ジャン・ジャック・ルソーの『告白』」『月曜閑談』（富山房、一九七八年三月）、一九一〜一九六頁。

6 『行記』、三八八～三九〇頁。
7 同右、四〇七頁。
8 同右、四〇八頁。
9 同右、四〇〇頁。

三 円仁の多言語多文化経験

1 円仁、中国語を聞き、中国語を喋る

1 同右、一六〇頁。
2 湯沢質幸『古代日本人と外国語——源氏・道真・円仁・通訳・渤海・大学寮』（勉誠出版、二〇〇一年三月）、二二六～二二七頁。
3 『行記』、一六二頁。
4 湯沢、二四四～二四五頁。なお、新羅人租界と円仁との関わりについては、金文経「円仁と在唐新羅人」、鈴木靖民編『円仁とその時代』（高志書院、二〇〇九年二月）、二三五～二五三頁を参照。
5 『行記』、二四九～二五〇頁。
6 同右、三六〇頁。
7 同右、三六一頁。
8 同右、三八〇～三八一頁。
9 同右、三七七頁。
10 同右、三九四頁。
11 同右、四四〇頁。
12 同右、四二八頁。

13 同右、四五八～四五九頁。
14 同右、六一〇頁。

2 円仁、梵唄(ぼんばい)にはまる

1 同右、以上八七頁。
2 同右、一一四～一一五頁。

3 円仁は、どこまでサンスクリット語を学んだか

1 小林明美「円仁のインド文字学習記録」『国文学解釈と鑑賞　特集＝日本語と他言語』、至文堂、一九八八年一月)、五二頁。
2 同右、五二頁。
3 同右、五二頁。
4 湯沢右掲書初版、二五一頁。
5 佐伯右掲書、九七頁。
6 同右、九四～九五頁。
7 湯沢右掲書初版、二五一頁。
8 『行記』、五〇八頁。
9 (勉誠社、一九八五年六月)、二一～二四頁。
10 「第一八話　五十音図の来た道」『日本語千夜一夜――古代編』(http://www3.ocn.ne.jp/~ocra/018.html)、アクセス日、二〇一二年九月一八日。
11 佐伯、一七二頁。
12 佐伯、二五〇頁。

13　『ワセダ・レビュー』四二号（早大文学研究学会、二〇〇九年一二月）、一一八頁。
14　『行記』、四〇二〜四〇三頁。
15　同右、四一五頁。
16　同右、以上、四一五〜四一七頁。
17　同右、四一九頁。
18　小林、五二頁。

4　会昌の廃仏

5　報道記者円仁

1　飯尾都人訳『ギリシア記』（龍渓書舎、一九九一年一月）。
2　『行記』、四九七頁。
3　同右、五〇〇頁。
4　同右、五一一〜五一二頁。この他にも強制的還俗を命じる勅令を、円仁は、事細かに写し取っている。「資材に愛着があり官に没収されるのを惜しんで還俗を願い出た者に対しては、よろしくいずれもめいめい本籍地に任せて両税戸に宛てさせよ。今後諸道にもしこのような類似の例が出て来たならば、いずれもこれに準じて決定をくだせ。蓄えている男の奴隷については僧は一人を手許に置いてよい。また尼僧は女の奴隷二人まで手許に置いてよい。残りはめいめいの奴婢の所有者、または本籍に戻し収めて管理せよ。もし戻る家がない者は官の所有として貨幣で売る……。同様に衣と食物を入れる鉢……を残してそのほかの資材は官に収管して貯えておき、後の勅令を待って処分せよ。その僧尼が留めている奴婢でもし武芸の能力があったり、いろいろな薬の処方や術に通じているならば留めておいてはならない。髪を剃って自分で勝手に僧と偽ってはならない。もし違反している者があれば寺の役僧は記録して官に報告せよ。その他の資産・金・物などはそれぞれ功徳使の判断に任せるので功徳使は自らの規準によって取り締まり、その結果を天子に奏上せよ」(『行記』、五一四~五一五頁)。

5　同右、五一八頁。

6　同右、五一九頁。

7　同右、五二五頁。

8　同右、五三〇頁。

9　以上、同右、五三七~五三八頁。

10　同右、五三八頁。

11　同右、五四一頁。

12　同右、五四二頁。

13　同右、五四三頁。

14　同右、五四三~五四四頁。

15　同右、五四七頁。

16　同右、五四七~五四八頁。

17　同右、五四九~五五〇頁。

18　同右、五五七頁。

19　同右、五六〇~五六一頁。

20　同右、五四五~五四六頁。

21　同右、五六一~五六二頁。

22　同右、五六六頁。

23　同右、八四五年三月三日、五六七頁。

24　同右、同年四月、五七〇頁。
25　同右、五七三頁。
26　同右、五九一～五九二頁。
27　同右、八四五年七月五日、五九六頁。
28　同右、八四五年八月十六日、六〇六頁。
29　同右、六〇七頁。
30　Martin Seymour-Smith ed. *Shakespeare's Sonnets*（London, Melbourne, Toronto：Heinemann,1963）,p.77.
31　『行記』、以上、六一三頁。
32　同右、以上、六一三頁。
33　同右、六二〇頁。
34　同右、六二二頁。
35　四十五段と五十二段参照。
36　『行記』、六二三頁。
37　同右、六三八頁。
38　同右、六四四頁。

6　むすび

1　集英社新書（集英社、二〇〇一年六月）。
2　『行記』、六五二頁。

Ⅵ

中古——円珍・成尋（じょうじん）

一　密教とは何か

1　はじめに

ここまでに紹介した空海・最澄・円仁たちは、いずれも密教を広めた僧であった。そもそも、密教とは、どのような宗教だったのか、大づかみに知っておく必要がある。しかしながら、複雑さを極める密教について、素人が説明を試みるのは、所詮、無謀な試みで、野次馬的解説になることは避けられない。だが、幸い、比叡山で活躍した小林隆彰（りゅうしょう）による分かりやすい解説書や入門書[1]があるので、それらに依りながら、日本密教のコンセプトをおさらいしておきたい。より専門的かつ正確な知識を得たい方は、注に記した文献に当たっていただきたいと思う。

まず、正木晃が、密教の定義を分かりやすくまとめている部分を冒頭に掲げておきたい。

密教とは、インド大乗仏教の最終段階において展開された神秘主義的・象徴主義的・儀礼主義的な傾向の強い仏教である（松長有慶）。

また、密教には、性行為を導入したヨーガ、すなわち性的ヨーガ（性瑜伽（ゆが））ならびに血・骨・皮の儀礼を必須要素とするタイプと、そうでないタイプがあり、前者をタントリズムと呼ぶ（立川武蔵）。

ちなみに現在では、日本とチベット、およびネパールとブータンに命脈を保つ。このうち、真言宗と天台宗の一部から成る日本密教は、原則として性的な要素を含まない。一方、チベットとネパールの密教はタントリズムの色彩が濃いが、性的ヨーガはもはや実践されていない。[2]

2　密教はだれが説いたのか

「仏教は、釈尊の教えであるが、密教でも七世紀ごろに成立した『大日経』とか『金剛頂経』（厳密には『真実摂経』）になると、説法の主が、釈尊ではなくて、大日如来にかわってしまう」[1]、という。たしかに、仏教を説いたのは釈迦であったが、密教を説いたのは、実在の人物ではなく、架空の人格である「大日如来」だった、というのである。いわば宇宙原理ともいうべき「法」を人格化して「大日如来」と呼んだらしい。この宇宙の「法」を理解して、初めて説いたのは釈迦であったが、釈迦は、有限なこの世に肉体をもって生まれた存在で、いずれ入滅しなければならない。しかし、宇宙原理としての「法」は、不生不滅だから、滅びる肉体をもたない大日如来によって現されている、と考える。そう悟ったのが、金剛薩埵（こんごうさった）だったが、この人物もまた大日如来同様架空の人格であった、という。

天台密教（比叡山系台密（たいみつ））は、大日如来と釈迦とは、本来一体であり、金剛薩埵は、釈迦の高弟であった阿難（あなん）尊者であったとしている。これに対し、真言密教（高野山系東密（とうみつ））は、釈迦や阿難は、「歴史上の人物にすぎぬ、として一体説をと」[2]らなかった。また、西村公朝は両者の違いをこう説明している。「まず最高の大日如来を本尊として拝んだらいいという真言宗に対して、天台宗ではその仏界のどの仏もみんな私のためにあるのだから、三千諸仏あるという一切の仏をどれでも本尊としたらいい」、「自分と気の合った仏さんと対話したらそれで救われることになる。……回峰行したりいろいろと修行してやっと悟るのも、日頃つまらんことばかりして遊んで何もしていない人が、馬鹿者と頭をたたかれた瞬間に悪かったと悟る、それも一つの悟りである。その悟りの段階は違うけれども、それでもいい」、という。「これを円頓というのですが、真言宗に比べると天台宗の方が大衆的で気楽かもしれません」[3]。なんだか「円頓（戒）」には、「なまけるのも個性」などと、何でもありだった「ゆとり教育」を連想させる危ない気配が漂うが、果たして、「深い思索や細かい工夫を欠く一知半解の徒や……悪行を憚らない心なき人々」[4]、を生み出さずにはおかなかった。「円頓戒」は、ものごとを本質的に大きく捉える「大乗戒」に立ち、衣食の戒律など細かい規則を守る「小乗戒」を軽視する風潮を助長し、破戒僧の跋扈をもたらした。だから、後で扱う栄西は、比叡山の円頓戒を、曲解したり、悪用する風潮に反撥して、「戒に大小なし」として、小乗戒も厳しく守り、戒律の厳しい禅に赴くことになったらしい。ただ、どんな出来損ないでも母親さながらに抱き取ってくれる仏さまの懐で救われた悪人たちも多かったであろう。ここから、善悪のけじめをうやむやにする、ある意味では厄介な〈天台本覚思想〉も生まれ出るのだが、それについては、道元の章で扱いたい。

密教は、草創期の伝説的架空の教祖のあと、実在の達磨掬多と龍猛という第三祖が現れた。この龍猛（龍樹）が、「インドの鉄塔の中から発見した経典が、密教を説いた大日経と金剛頂経（大日経は達磨掬多が感得したものともいう）」[5]である、という。しかし、この両経典が、テキストの体裁を整えたのは、七、八世紀で、龍猛よりはるかに後のことになる。密教の成立には、多数の仏教者がかかわっていたに違いない。伝説によると、龍猛は、天才的な宗教家で、それまでの仏典を全て理解し、その上で、大乗仏教のひとつである密教をまとめ、それが、龍智、金剛智、不空に伝えられ、善無畏、金剛智、不空らが中国にもたらした。善無畏は、七一六年、長安において、不空は、七二〇年、洛陽において、密教経典の中国語訳を行っている。

創成期の密教僧は、みなインド人であったのだが、中国人の一行禅師（六八三〜七二七）は、善無畏から密教を学んで同国人の順堯（じゅんぎょう）に伝え、さらに、順堯は、伝教大師（でんぎょうだいし）（最澄）に伝え、最澄は、それを基に、比叡山に台密を開いた。

他方、不空から密教を受法した中国僧恵果（けいか）（「えか」とも）は、その最晩年に、入唐した空海にめぐりあい、密教のすべてを空海に伝えて入滅した。なお、恵果の流れを汲む法潤（ほうじゅん）、法全（ほっせん）（「はっせん」とも）は、すでに論じた円仁や、後で論じる円珍に、密教を授けているから、高野山の真言密教も比叡山の天台密教も、そのルーツは同じ源に発している。後に、天台密教は、円仁派が比叡山円珍派と対立し、円珍門流は山を下って寺門派となり、円仁門流は延暦寺に拠って山門派となるが、その争いは、『旧約聖書』のアロンに繫がるイスラム教徒と、その弟モーゼにつながるユダヤ・キリスト教徒との争いに似ている。

密教は、霊感によって得た智慧や、経典の説く知識を、長年にわたる厳しい修行によって十分理解できる準備がととのった者にだけ、秘密裏に、みっちり伝授する流儀に特徴がある。理屈だけではなく、「実践方法が師から一人一人に秘密に伝えられるから、密教の名がある」[6]、という。一知半解な知識や経験で、曲解や誤解を密教の血脈に持ち込まないよう細心の注意が払われるのだ。だから、日本の密教僧たちは、いずれも厳しい修行をし、図抜けた知性によって教理の理解を示したのちに、インドからの直伝の密教秘法を、直系の中国僧から授けられて帰国したのである。ただ、「この秘密伝法形式が、後世、密教を形式化する元凶をつくることにもな」[7]ることは避けられなかった。

3　密教の教理

密教には、教理面と実践修行面とがある。教理の理解（あるいは理の世界）を「胎蔵界」、理論の実践（あるいは智の世界）を「金剛界」と呼び、教理は、次のように説かれている。

一切のことがらは、原因に縁が重なり、そして結果が生まれる。すべてのものはこの因縁によって動いているものであって、固定した実体があるものではないのです。人間の肉体も心もたえず因縁によって生じたり滅したりします。執着する何物もない、すべては空であり、単なる仮の姿であります。ところが、現実は移り変わるといえども存在しています。そこで、有にもこだわらず、無（空）にもとらわれない中道の立場で物事を見る。これが仏の見方です。不増不滅であるとともに、因縁によって千変万化し、しかも、物を生かせ、育てる無限の力を持っています。こういう計り知れない力を阿字といい、すべての本体であると説きます。私たちの心の奥底にある最もすばらしい仏心も阿字で表現されます。この阿字を感得体解したとき、即身成仏となります。[1]

ちなみに、阿字とは、「木の葉一枚見てもよくよくその奥底を見れば、天地自然の恩恵をあらわして」[2]おり、それを仏の姿、大日如来の全宇宙として視覚化したものが曼荼羅である、という。

密教では、こうした教理を学ぶと同時に、教理を、頭ではなく、肉体をとおして会得する（体得）修行をする。そのためには、「私の心身には、すばらしい仏の性、慈悲一杯の大日如来が居られる。いや、私自身、この身このまま大日如来である、ということを自覚する」[3]。しかし、仏は、煩悩に曇らされていて見えない。だが、曇らされていても、仏の働きは可能である。「仏心を顕し起こして奮い立たせ他のために尽くさせていただこうと思い立ち」、「自然の力、環境の力、同胞の力、見えるもの見えないものの中にある生命の力をいただこう」[4]、という気持ちで修行に入る。これを「発菩提心」といい、最も重要なきっかけであるとされている。「もったいない」、とか「お陰」とか、「みなさんに支えられて」とか、よく使われる表現の根底をなすフィロソフィーは、意外に古い。

密教は、大乗仏教であるから、一切、差別をせず、「悉皆成仏」を唱える一乗仏教である。しかし、玄奘三蔵などが伝えた経説では、インドの婆羅門の差別主義の影響を受け、一部の優秀な人しか成仏できないとする「一部成仏」を唱え、「三乗仏教」と呼ばれた。法相宗の徳一などはこれを代表した僧であった。「法華経」に基づく最澄が、渾身の力をこめて闘った相手は、この「三乗仏教」であった。

4 密教の実践と修行

さて、密教の実践は、身体を清め、静寂な場所で、仏さまをお迎えすることに始まる。まず、献香・合掌・誦経を行う。口で唱える真言は、「『あなたの教えはこのように聞かせていただいております』という復誦[1]」であり、手では、「手招きをするような『印』を結[2]」ぶ。これを、眼前に設けられた壇（密壇）で行う。こうした手順を、師から弟子へ厳密に「面受」するのが密教である。

そこで、私たちは、合掌し、心から仏さまを敬い、仏さまのお徳と働きを現したことば（真言）を唱えます。百遍、千遍、万遍と一心に唱えます。すると、私たちの唱えた仏語（真言）が、目の前の仏さまの口へ入ります。仏さまの口へ入った真言は、仏さまの咽から胸、腹と下り、臍から出て、私たちの臍へ入ります。私たちの臍へ入った真言は腹から胸へと上がり、咽を超えて口から出ます。私たちの口から出るときは小さな声となります。これを繰り返しているうちに、仏さまが私か、私が仏さまか区別がつかなくなります。

私の穢（けが）れた口から出た真言が仏の体の中を通る間に私の穢心を清浄にします。浄らかになった私の心がこちら側へ移って来るとまた穢れます。穢れたものがまた清浄になる。

最後は、清浄と穢れが、すべて清浄になります。……[3]

ここで私見を入れると、天台宗の「空也上人立像」（六波羅蜜寺）は、念仏を唱える上人の口から小さな仏たちが、口中から外へ伸ばした針金の上に、阿弥陀仏の小像六体が繰り出していく姿に造形され、パイプの煙さながらモクモクと吐き出されてくるプチ・アミダたちが、まさに、穢心の浄化装置としての真言の循環を現わしている。真言の作用は、ああいう形で信者の心に描かれていたに相違ない。念仏は、単に無意味な繰り返しではなく、身を浄め、心を浄める真言の循環運動に、仏さまとともに加えていただく、曼荼羅に描かれた数知れぬ菩薩と繋がらせてもらう、そういう大いなる循環に我が身を投じる発念だったのではあるまいか。今風にいうなら、バルト三国の独立を祈願して、二百万人の人々が手を繋ぎ、六百キロメートルにおよぶ「バルトの道」を形成した、あの「人間の鎖」の輪の一つになる、そんな大きく人を包む観念に支えられていた、と理解してもよいのではないか。

ちなみに、上野池之端にあった菓子店「空也」は、半つきの餅を小さくちぎり、つぶしあんをくるんで丸め「空也餅」の名で売り出し、漱石の『吾輩は猫である』第三章には、寒月が、前歯の欠けたところに空也餅をひっかけている様子を、「今だに空也餅引掛所（ひっかけどころ）になってるなあ奇観だぜ」、と迷亭に揶揄させている。平安時代の念仏聖（ひじり）、空也上人（九〇三～九七二）は明治まで、世間でよく知られた存在だったのである。

さらに、注目しておきたいことは、この修行法が、円仁の念仏や看経（かんきん）として定着していくが、必ずしも文意が定かでない、いわば外国語同様の真言を、尊崇の念をこめて、[4]何遍も繰り返し、それと同一化してゆく宗教実践には、外国語習得法に通じる要素があると、〈語学教師〉なら、すぐ思い当るかも知れない。何度も言及した「只管朗読」のシャドーイング効果もそうだが、やがて訪れる南蛮人のキリシタン語学の時代、「神」に相当する日本語が何かと尋ねられた日本人は、迷わず「大日」だと答えたから、円仁の念仏や、密教の百万遍真言を唱える実践は、民衆の間に根を下ろしていたはずで、ラテン語やスペイン・ポルトガル語を習った日本人修道士たちも、ラテン語の「オラショ」や聖歌を、真言のように熱心に唱えて習得したのではないか、と想像される。

小林の説明に依拠した密教の説明に戻ると、密教僧が炊く「護摩」は、我々の煩悩を焼く仏の智慧であると考えられている。古くは、インドのヴェーダ信仰の火の神を供養する祭式で、供物を火にくべると火焔が天上の神の口に達し力を得るという考え方に発している。私の印象であるが、ホメロスに出て来るギリシア神話の神々も、生け贄をグリルにして捧げると、香ばしい燻煙が神々の鼻孔を刺激し、霊験あらたかになったようだから、密教の護摩も、どこかでヴェーダの信仰やホメロスの神話と因縁があったのかも知れない。

また、密教には、「灌頂」という洗礼に似た儀式もあった。これも「インドの皇太子が皇位に就くとき、四大海の水を集めて頭の頂から灌ぎ、最高の位に昇ったことを証明する儀式[5]」から来ているが、キリスト教のバプテスマを思い起こさせる。こうして体得した智慧や経験知を、次代に伝える儀式は、「伝法灌頂」と呼ばれ、この方法を会得した者が、「阿闍梨」となった。

5　入唐したその他の先人たち

空海・最澄・円仁らは、平安時代を代表する教師であったが、彼らのほかにも唐に渡り、なんらかの足跡を残した僧侶たちも数多い。永忠（七四三〜八一六）は、三十年以上中国に在住して天皇に茶を献じた。霊仙（七五九？〜八二七？）は、遣唐使として渡り、サンスクリット語仏典の漢語訳に、日本人唯一の三蔵として参加した、語学の天才であったが、惜しくも毒殺され客死した。高丘親王（七九九〜八六五）は、平城天皇の皇太子で、出家して眞如と名乗り、八六二年に入唐、八六五年、インドへ巡礼したまま消息を絶った。また、正確な名前や年代などは不明だが金剛三昧と呼ばれた人物は、インドにまで到達した最初の日本人として知られ、彼も帰国することはなかった。中国の段成式（八六三年没）が著した『酉陽雑俎』という百科事典的随筆には、金剛三昧に会ったという話が載っている。南方熊楠によれば、この書は、世上、「百虚一実なし」の「大珍典」とか「法螺本の隊長」などと評されてきた奇書であったが、南方は、金剛三昧に関する記述に真実を見出して、[1]次の部分を引用している。
「国初、僧玄奘五印に往きて経を取め、西域これを敬す。成式（著者段柯古）、倭国の僧金剛三昧に見うに、いわく、かつて中天に至りしに、寺中に画多く、玄奘の麻の屩および匙筯、綵雲をもってこれを乗す。けだし西域にはなきところのものにして、斎日に至るごとに、すなわちこれを膜拝す、と。またいわく、那蘭陀寺の僧の食堂中には、熱際（熱際とは何のことじゃ）に巨いなる蠅数万あり。僧の堂に上る時に至れば、ことごとくみずから飛んで庭の樹に集まる、と」[2]あり。

このほかにも、入唐八家（最澄・空海・常暁・円行・円仁・慧運・円珍・宗叡）の常暁（?～八六七）、円行（七九九～八五二）、慧運（恵運とも、七九八～八六九）、円珍（＝智証大師、八一四～八九一）、宗叡（「しゅえい」とも、八〇九～八八四）のほか、四十年以上唐に在住し帰路遭難して落命した、悪名高かった円載（?～八七七）、豊智（八二一～?）、「円珍の求法に力をかし、後に真如親王の入竺に随った」[3]という円覚（生没年不詳）、八三九年から三、四回入唐したらしい恵蕚（生没年不詳）など、留学僧が犇めいている。

これらのうち幾人かについて触れておきたい。八一五年に空海より灌頂を受けた常暁は、八三八年に入唐し、一年二ヶ月の間、唐に滞在し、「金剛界法を習得し、太元帥秘法を将来した」、という。不空三蔵の弟子であった文璨和尚らに師事した。唐で受けた伝法灌頂の真言は、常暁阿闍梨が義信和尚から受学したもので、「非器浅智」には伝え教えてはならぬ秘中の法である、と述べ、サンスクリット文字の真言に漢字で読み方を付している。「アビラウンケン」という梵字は、「阿尾羅吽欠」と表記する、といった具合に。不空直伝のサンスクリット語音を、文璨から習って記したものであろう。灌頂などの伝法は、マン・ツー・マンの中国語で「授学」したはずだから、常暁も、そうした場合の意思疎通に必要なレベルの中国語会話はこなしたように見える。中国語会話は在日の中国人僧から手ほどきを受けたり、入唐後、現地の中国僧から日常活動をとおして学び、通じない場合は、当然、筆談に依ったであろうが、仔細はつまびらかではない。[4]

奈良の秋篠寺に安置されている「小栗栖法琳寺常暁和尚木像」の写真を拝見すると、ラベンナのモザイク画の聖人さながらアーチ状にカーブした眉毛、深く畳まれた目尻のシワ、思い切り高い頬骨、太く広い鼻梁、仏像に劣らず長く垂れた巨大な耳朶、引き結んだ厚い唇をもつ老僧が、力を抜いた半身をシャンと伸ばし、自足した優しい目をこちらに向けている。存在感のある何度でも見たくなる面立ちである。小栗栖法琳寺は、七世紀に建立され、江戸期に廃寺となって、今では、京都伏見区に史跡を留めるばかりだが、常暁和尚の木像だけは、今にその姿を伝えている。この像を木から彫り出した仏師の、和尚に対する敬愛の念が伝わってくるような出来映えで、そこから、常暁自身の人柄もしのばれる、そんな木像である。

円行も、八二三年、空海から、金剛界・胎蔵界両部の大法を受け、八三八年、円仁、円載、常暁らと入唐、八三九年、「義真らの信物と経疏六十九部百二十三巻、曼荼羅、霊仙三蔵・難陀三蔵に授けられた舎利などをたずさえて帰朝」[5]した。

慧運（恵運）は、八四二年「唐商李処人の船で入唐、青竜寺義真に灌頂を受け、五台山・天台山を巡礼、八四七年に帰朝し」[6]、宗叡は、八六二年、「真如親王に従って入唐。五台山・天台山に巡礼」、八六七年「唐商李延孝の船で帰国」[7]した。

二　円珍　巡礼求法の旅

1　不良留学生、円載

最後に、彼らの中で、比較的資料が多く、影響力もあった円珍について、少し付け加えておきたい。円珍と聞くと、時代劇ファンなら、塚原卜伝（一四八九～一五七一）と闘った、鎖分銅が飛び出す「振り杖」をよくした時宗の宗徒、円珍を思い出すかもしれない。しかし、ここに登場する円珍は、卜伝に倒された円珍より七百年も昔のお坊様である。

円珍は、八一四年、讃岐国那珂郡金倉郷（香川県善通寺市金蔵寺町）に生まれ、母親は、空海の姪であった。「十五歳で比叡山に入り、二十歳から三十一歳まで籠山修行。その翌年、大峯山から熊野へ修行入峯。三十三歳、比叡山真言学頭、三十七歳、宮中の十禅師となり、伝灯大法師位を勅受、四十歳で中国（唐）に渡り、天台山、長安などを巡歴し、六年を経て四十五歳で帰国。四十七歳、園城寺（三井寺）に新羅明神（朝鮮半島の神様）の社を建て、五十五歳で延暦寺座主（天台座主）に勅任され、以来二十四年間、第五世天台座主として数かずの業績を残し」[1]た。ここでは、〈語学教師〉としての側面に触れてくる入唐経験を中心に、円珍の活動や人柄を振り返ってみたい。

若い頃、最澄の高弟義真に入門し、帰国した円仁のもとで密教修行に励んだ円珍は、九年半を唐で過ごして帰国したばかりの円仁から強烈な刺激を受け、入唐の志を抱きはじめた。折よく、円珍を利用して政治を安定させようと望んでいた藤原良房・良相らの支援によって、八五三年に、沙弥の閑静、通訳の物忠宗（物部忠宗）、経生の伯阿古満（伯禰阿古麻呂）、大全吉（大宅全吉）らをともない（伯阿古満は、円珍の無事入唐を伝えるためただちに帰国）、新羅の商人、欽良暉の船に便乗して入唐し、天台山の霊刹国清寺への巡礼を果たすことができた。良房らは、天台大師智顗供養や大曼荼羅像の影写などの資金を提供し、唐へ向かわせたからである。円珍は、円仁が絶賛していた国清寺の法全のもとで受法と勉学に努めた。

唐滞在中、円仁とともに入唐し、唐に残っていた円載とも巡り会った。円載は、円仁から金を掠め盗ったり、仲間について悪意ある噂を流して蹴落としたりする、名うての不良僧であったから、円珍も、いろいろ被害をこうむり、最後は根深い怨みを懐くにいたる。しかし、円珍は、雅量のある円仁から、円載の悪党ぶりについては何も聞かされていなかったから、もう一六年も在唐経験のある大先輩の円載にコネをつけ何かと力になってもらおう、そのためには手みやげも要る、と考え、「藤原良房に諮って」、「円載を伝燈大法師位に叙する『勅牒』をもたら」[2]すよう取りはからった。ところが円載に会うと、「我、唐の国に在ること、已に多年を経たり。惣て日本語を忘却したり」、と言い放ったまま、黙り込んでしまった。夜になると、「円載は、おそらく筆談でもって、『牒を本国の太政官に送り、王の勅に因らざれば、人を令て来たらしめざれよ』と円珍に説き語った……円珍は、『はなはだもっとも、はなはだもっとも』（「太々好々」）と相槌は打ったものの、内心では、いたく疵つけられた思いをしたであろう」[3]、という。つまり、円載は、「自分は歴とした遣唐留学生であるのに反して、お前は単なる私的求法僧ではないか」[4]、という差別的態度をとったのである。さらに、円載は、「人のいうところによると、円珍は五千両の金を携えてきたというではないか」[5]と、下心丸出しの探りを入れてきた。尼崎変死事件の角田美代子に睨まれた被害者さながら、円珍は、「金になにかうらみでもあるのでしょうか」[6]と、答え、ほうほうの体で逃げ帰った。ところが、翌日、円珍が、「円載を伝燈大法師位に叙する位記の勅牒を袖から取りだして手渡した」[7]ところ、無愛想が袈裟をつけたようだった円載は、ころりと態度を変え、日本語をペラペラしゃべりはじめた。円珍も呆れて、「具に此の人の本性、未だ改まざるを知れり」[8]、と記している。

さらに、円珍は、天台山の僧侶たちから聞いた話として、八四三年、円載が尼僧を犯したこと、修行中にしばしば寺を抜け出して悪事を働いたこと、円修を毒殺しようと試みたこと、円珍の弟子であった宗叡を口説き落として自分の弟子とし、その宗叡に、円珍を呪い殺す法をさずけ、何度もヴードゥー魔術師まがいのまねをさせたこと、[9]その上、従僧の豊智を、円載の従僧とさせるために、智聡と改名させたことなどを挙げている。[10]師であった法全も、円載が仲間を貶める陰謀を行っていたことや蓄妾を行い、子供もうけていたことを、円珍に腹を割って打ち明けたときは、「賊、鬼賊」[11]と断じたほどであった。

唐に渡った日本人たちは、先行した在唐日本人を探し出して会い、情報を交換し、助け合っている。入唐以前には、入唐した先輩からもいろいろ学び、周到に準備して唐へ出かけた。そういう密接な信頼関係の中で、円載のような質の悪い人物が出現すると、同胞にどれだけ被害がおよぶか量り知れない。[12]学問や教育上の成果も挙げず、国民の税金を無駄に使いながら、唐で十六年も遊んで暮して得た語学力や経験知を、差別の道具として使って、後輩たちを操作し蔑み陰湿ないじめや謀略の餌食にする、そんなならず者が、古代にもいたのである。現代でも、大学や研究機関に、一定の比率で見出される、こういう類いの日本人に、ベルギーの女性作家アメリ・ノトンは、フランス語の小説で、小気味よい筆誅を加えている。平成の円載の被害者は、一読するとよいかも知れない。[13]

2　円珍と中国語

さて、円珍の中国語はいかほどだったであろうか。円珍の従者には、三十二歳の訳語物忠宗ばかりでなく、訳語の丁満（丁勝小麻呂）も付いていた。「丁満は円仁の従者として在唐十年にもおよぶ豊かな経験の持ち主であった。この時、丁満は四十八歳、円珍よりも八歳の年長であって、円珍にとって頼り甲斐のある人物であったであろう」[1]。そのせいか、円珍が中国語の学習に苦労したり、その教育に心を砕いたりした形跡を、例えば、留学記録の『行歴抄』に見出すことはできなかった。[2] それどころか、中国語を学んで唐に渡ろうとする後輩の意図をくじこうとする挙に出ている。

かつて総持院の十禅師であった済詮（斉詮・済撰）が、入唐求法をするのにあたって、円珍のもとを訪れて、「大唐の風俗を問ひ、兼て将に漢語を習はんと」（『円珍伝』）したことがあった。これに対して円珍は、黙りこんで一言も口をきかなかった。済詮は、この円珍の態度に深く恨みをいだいた。済詮が座をはずすと、円珍は門人に、「此の師、才弁有りと雖も、未だ空観（この世に存在するものは、すべて因縁によって存在するようになったものであって、もともとその実体はないということを観ずること）を暁らず。入唐の謀りは、名高を衒ふに似たり。若し心殿を掃めずんば、何ぞ三尊の加持を得ん。若し加持至らずんば、何ぞ万里の険浪を踰へんや」[3]、と語ったという。［ちなみに、「十禅師」とは、知徳にすぐれた僧を十人選んで宮中の内道場に仕えさせたもので、「内供奉」に任ぜられた。（塩田）］

これでは、自分が円載から受けた仕打ちと変わらない。聖徳太子からはじまる、空海・最澄・円仁などの先駆者は、知識や経験の差によって、差別的な態度を取ったりしなかった。時代が下るにつれて、自分は通事に頼って留学したり巡礼したりしておきながら、語学力のない後輩たちを馬鹿にし上から目線でもの言う留学帰りが現れてくる。

しかし、円珍は、開元寺で「良諝の講筵に列なることになっ」[4]て、かねて抱いていた経典解釈上の疑義や、テキストの異同などを積極的に質したことがあった。そのとき良諝から面授された様子を、円珍はこう回想している。

> 唐の大中九年［八八五］二月中旬、珍、越州開元寺の天台林諝座主（良諝）の下に於て、面のあたりに講を諮ること了んぬ。此の間、学ぶ人、解問有ること少なし。爾、乍ちに問ひを致すこと、甚だ好し、甚だ好し、と。
> （『授決集』巻下、減縁減行之決三十二）[5]

入唐早々、開元寺の講義に出た円珍は、静まり返っている聴衆を尻目に、臆することなく質問を発し、先生の良諝から誉められた、というのである。筆談だったのか、通事を介してなのかは判然としないが、案外、部分的には中国語も使ったのではないか、と思われる場面である。こうして自分を誉めてくれた良諝が、他人に厳しすぎる円珍を戒めたことばを、後年、思い出すことになる。

3　人を許さぬ円珍の功罪

円珍は、生涯、円載を許さずに恨んだし、中国語を学びたいという済詮の要望にもだんまりを決め込むほどの度量の狭いところもあった。理屈に合わないことにも我慢のならなかった円珍は、『大日経指帰』で、天下に名前のとどろいた空海を批判し、「幼童（弘法大師のこと）〈中略〉十住心を立てて一代の教えを判ず、いまだこの疏に合わず、論ずるに足らざるのみ」[1]、とバッサリ斬り捨てている。ずいぶん自信たっぷりで歯に衣着せない御仁だったのだ。

円珍の風貌を座像で拝見すると、ラグビー・ボールかと見まごうばかりに細長くとんがったお頭(つむ)に、下膨れのツルリとしたお顔、そこに「源氏物語絵巻」さながら〈引き目カギ鼻〉をチョコンと付けた、頭でっかちなお坊様である。イメージが湧かない方は、トウガン大のゆで卵に、ヒナ人形の目鼻をつけた顔を想像すればよい。気に入らない人間には、あの切れ長の目をシラーッとそむけて、ツルンとしたとんがり頭を三十度ほどかしげて黙りこんでしまう。黙秘権を行使された新米刑事みたいに弟子たちも挨拶に困ったことだろう。付き合いにくい和尚さまだったに違いない。

ちなみに、このビリケン頭があまり目立つので、唐滞在中、「円珍の頭には『霊骸(れいがい)』があるので、凶悪な者が、いつも福利を求めるためにそうした人物を殺し、その頭蓋骨(ずがいこつ)を所持して、過去の悪業(あくごう)を隠(かく)し、未来を予知するのに用いるから」、「つねづね旅行にあたって注意しなければならぬと忠告(ちゅうこく)され」[2]るほどであった。「霊骸」と聞くと漫画『BLEACH』を思い出してしまうが、ここでは、霊力のある、特別な格好をした頭蓋骨を指す。

閑話休題、人を許さぬ円珍も、七十五歳になったとき、「在唐中に受けた教訓を、あらためて痛切に感じるに至った」[3]、という。その教訓とは、越州開元寺の良諝(りょうしょ)から与えられた、次のようなことばである。

> 唐のならわしでは他人の学問、意欲をまもりつつ、わが宗の教法を伝えます。この頃、講座で講ずる場合、聴講者の多くは他宗において名を成した、高徳の人々です。彼等は人情のために、老年をまげて講座に連なるのです。もしも座主が心意を傾けて、他説の当否を決定して排斥するとなると、他宗の怒りを長じ、それが自宗を損ずる所以ともなります。だからおだやかに看過し、徹底的批判は行わないのです。ただし、同宗のものは自房において意を尽して疏義を協議し、自己の抱懐するところを成就するように致します。[4]

円珍は、最晩年になって、良諝の教訓を切実に思い起こし、舌鋒を内に納めるようになったが、その激烈さはかえって増したらしい。[5]

円珍の人を許さない、ある種の狭量さは、しかしながら、彼の周到さや頑固な几帳面さと表裏して長所としても働いた。この種の融通の利かなさは、経典や古典を、書写・収集し、日本に持ち帰る使命を果たす場合には、この上なくプラスに作用する。円珍は、唐に着くと、暫定的に一月滞在した福州開元寺で、すぐさま経文の書写に励み、「この巻数は、一日あたり一巻以上になって、たとえ従者たちの協力があったとしても、円珍の求得にかけた情熱には凄まじいものがあった」[6]と佐伯有清が評するほどである。

円珍が将来した経典類は、「山王院蔵書」と呼ばれ、その全体像が明らかになったのは、一九三七年のことである。それによると、現在に伝わるものだけでも、円珍蔵書は、一千九十点、二千九百五十九冊あり、それは半分にすぎず、散逸したものを合わせれば、おそらく五千巻を越えていただろうと推測されている。[7]散逸した半分は、多くの僧や文化人が借りて読み、返却しなかったものかも知れず、そう考えると、円珍がもたらした書物は、広く分有されて、宗教や、研究に貢献したに違いない。古代留学僧の〈語学教師〉としての役割の一つは、こうした最新の研究書や仏典の輸入（将来）にあった。彼らは、経典類を、自分の命のごとく守り、秘蔵し、何代にも渡って読み継いで、テキストに畳み込まれた書き手の原体験を一個の文化表象として純化し、何倍にも増幅させ、後生の心の糧として広めたからである。

円珍の几帳面で一途な性格は、長年抱きつづけてきた天台山巡礼の志を、何度も心に反復して、実現させた意志の強さともなって現れた。それは、心の中で強化された聖なる経験が、文化表象として、時代に受け継がれていくきっかけの一つを作った。

天台山国清寺を巡礼した円珍は、まず、智者大師の真容を礼拝する。智者大師とは、智顗（五三八〜五九七）のことで、『摩訶止観』を著した天台宗創始者の一人である。「真容」とは、即身成仏したミイラ像を意味する。日本にいるときから、天台宗の僧侶は、『摩訶止観』を修するのが一般だから、そのオリジナル・ライター知顗の親肉像を拝するなんて夢みたいな体験だったに違いない。四百年も昔に成仏したままの姿で聖地天台山に祀られていたからである。円珍は、そのときの感慨をこう記録している。

> 松林鬱茂すること、十里路を挟み、琪樹（玉の実がなるという樹木。立派な樹木）は璀璨（玉の実が光るさま）たり。五嶺、寺を抱き、雙澗（二つの谷の水）、流れを合す。〈智者、此れに因りて叫びて雙渓道場と為す。〉四絶にして奇を標はす。智者の真容は、禅床に安坐し、普明の錫泉は、殿の艮（東北）に潺灑す。昔、聞き、今、見るに、宛も符契（割符。よく的中していること）の如し。
>
> （貞観五年［八六三］十一月十三日付「円珍請伝法公験奏状案」自筆稿）[8]

知顗の墓所を何度もめぐり何度も額づく円珍の次のような振る舞いは、彼の感動の深さを物語っている。

> 心神は驚動して、感慕すること非常なり。即時に旧衣を脱ぎて、勅賜の紫衣を着て、徒を引き、階を履みて、上りて墳前に到りて、三遍、唱名して頂拝すること既に畢んぬ。更に釈迦仏の号を称へ、三度礼す。次に大師の号を称へ、十度頂礼して、三たび墳塔を迊り……礼拝祈願すること皆 悉く畢已んぬ。
>
> （『行歴抄』大中八年二月九日条）[9]

中国語会話はできなかった円珍であるが、書きことばとしての中国語は堪能で、難しい漢字を駆使して感動を綴っている。

ちなみに円珍の死後、一世紀を経てからのことになるが、天台宗は、天台宗座主の跡目をめぐり、第三世座主慈覚大師円仁を祖とする慈覚門徒と、第五世座主智証大師円珍を祖とする智証門徒が争い、智証門徒は焼討ちにされて（九九三）山を下り、琵琶湖畔の園城寺（三井寺）に居を移した。爾来、比叡山の慈覚門徒を山門、園城寺側を寺門と呼び、二派は分裂と抗争を繰り返した。円仁や円珍が知ったら、さぞや嘆いたことだろう。宗教やイデオロギーが、狭量さと結びつくと、悲劇的愚行を繰り返すことは古今東西を問わない。

4　天台・五台山求法巡礼という〈イマーゴ〉の形成

さて、ここで注目したいのは、「智者の真容は、禅床に安坐し、普明の錫泉は、殿の艮（東北）に潺灑す。昔、聞き、今、見るに、宛も符契（割符。よく的中していること）の如し」、という部分である。円珍が、昔から聞かされたことを実際に目にし、心の中に培ってきたイメージと眼前の現実とが、割り符さながら、ぴたりと符合することに感銘を覚えるくだりである。

円珍は、天台山巡礼を果たした先人たちの記録を読んでいたに違いないが、同じ記録を読んだ先輩たちも、先人の天台山経験を弟子たちに言い伝えてきたはずである。事実、約二百二十年後、一〇七二年五月十二日にここを訪れた成尋は、円珍とそっくりの語彙を使って、知顗の真容礼拝体験を、『参天台五臺山記』に記している。成尋は円珍の『行歴抄』などを熟読していた。最澄に始まり、円仁（慈覚大師）、そして円珍（智証大師）を経て、寂照（円通大師）、奝然から成尋へと連なる参天台経験の継承は、さらに、道元や栄西たちにも受け継がれていく。

価値ある対象に、直接、触れたパイオニアが、その体験に明瞭な輪郭を与え、後世に記録として伝える、つまり、後の世代にとって経験の範型となる記録を残す。それは、精神分析学でいう〈イマーゴ〉に類する雛形の創出行為に他ならず、それも〈語学教師〉の役割のひとつであるに違いない。〈イマーゴ〉とは、人が他人と関わりをもったり、他人を把握しようとしたりするとき、そうした関係性や、把握の仕方を方向づける、無意識の原型となる人物像を意味する。それは、成育史における人生最初期の、現実の親子・兄妹関係や、赤子が想像で捉える、幻想上の関係から形成される、という。[1]

〈イマーゴ〉は、人物判断を左右する、幼児期に形成された個人史の雛形であるが、ある先駆的な人物を導いた個人的経験が、日記や記録をとおして共有化され、志を同じくする後続者たちの間で、ある特定の文脈を瞬時に了解させ、分有させる力を獲得する。すると、個人的であった〈イマーゴ〉は、社会性を帯びるに至り、この社会的〈イマーゴ〉に、優れた先人に連なる諸経験が蓄積・圧縮され、後に続く世代は、それをさらに洗練させたり、進化させる方向へ、行動を選択していく。〈イマーゴ〉は、そういうある種の象徴的文化選択の装置に生まれ変わっていくだろう。そう考えるなら、人物像や人間関係だけではなく、宗教や文化現象一般に対する態度を方向づける原的体験や、雛形となる記憶などに、〈イマーゴ〉の概念を拡大して用いることも可能になるであろう。ここでは、古代の僧侶たちの求法巡礼行動を方向づける、範型となる先駆的体験や記憶を、〈イマーゴ〉と呼んで論じてみたい。ちなみに、日本の「歌枕」や「季語」、「百人一首」や「いろは歌留多」などは、いわば〈社会・文学的イマーゴ〉であり、ここで扱う求法巡礼体験は、〈宗教・文化的イマーゴ〉であると言ってもよい。なお、芭蕉の『おくのほそ道』は、〈文学的イマーゴ〉の原点となったスポットを実地に確かめながら旅をしていく紀行文である。

先達たちが残した記録は、天台山巡礼に伴う経験の本質を、円珍の心に刻印し、それが、今度は、後の世代の心に刻まれて、参天台の旅を決意させ、その実現のために、異言語や異文化の習得を思い立たせる原動力となった、と見ることができる。つまり、パイオニアとしての経験が組織化され、意味ある越境を後続者に決意させる言葉（キュー）として紡ぎ出される。そうした行動に誘うことばの創出こそ、〈語学教師〉の役割の一つだと言えるのではなかろうか。そういう意味で、〈語学教師〉は、新しい経験の開拓者であり、未知の領域の探検家であって、新しい領域に分け入った経験の最初の報告者であるとも定義できるだろう。本書が跡付けているのは、あるローカルな文化の住人にとって未知の分野への冒険者の探検日誌であり、異文化・異言語体験を記録し、組織づけようとするフィールド・ワーカーの系譜である。

天台山の国清寺は、先達の高僧たちの入唐・入宋記録や、天台宗の開祖たちの伝説などを生み出した源である。森鷗外の「寒山拾得」[2]や国宝の「寒山拾得図」[3]で有名な、寒山と拾得も国清寺に住んでいた僧侶で、後の成尋も、彼らの伝説を記憶に蘇らせながら、三賢院を礼拝、天台大師智顗の真身像（ミイラ）に大慈寺で焼香礼拝し、「あらためて涙を禁じえなかった。昔はただその名を聞くだけであったが、今は親しくその真身を礼拝し、心中の悦び、何事もこれに如くものはない」[4]、と記した。円珍と同様、「昔はただその名を聞くだけであった」という箇所に、先人の言葉が発せられた原点を確認した者の喜びがあふれている。それは、連綿と言い伝えられて来た先人たちのことばによって行動を喚起させられ、先人が辿った道筋を追体験しながら到達した現実のトポスと、心に育みつづけてきた〈イマーゴ〉との一致確認を果たしたとき、心底からこみ上げてくる感動である。人々の心の故郷を形成する〈イマーゴ〉発祥の地は、巡礼の聖地であったり、世界遺産の風景であったりする。いずれにせよ、文化的・歴史的トポスにほかならない。若い頃、叩き込まれた古典のことばも、最初は実体験のない空疎なことばとして心の奥に刻まれるが、ある経験をきっかけに思いもかけず蘇って来て、人生で出会った現実の状況と、古典のことばとの一致確認に誘われる。[5]記憶の祖型となる原体験は、世代も国境も越えて伝わる。そうした伝承の要路や結節点にあって、原体験を増幅したり、受け渡しが正確にはこぶように手配したり、あるいは新しい伝承の源となる体験を拓いていく発信者・伝達者・配達人が〈語学教師〉なのかも知れない。

そういう意味で、参天台経験の原点を形成した最澄は、偉大な〈語学教師〉であった。齋藤圓眞によれば、「最澄が入唐求法したさい、天台山の禅林寺に僧院を建立して後来の留学僧の宿泊の便に供したが、会昌の廃仏によって破壊されたので、円珍がその遺志を継いであらためて国清寺内に院を建立した」[6]、という。最澄や円珍にゆかりのある定恵院を、二百二十年後に成尋が礼拝して最澄にも言及したとき、[7] パイオニアたちの希有な体験は、後世の胸に活き活きと蘇ったのである。

残念なことに、文化大革命当時、天台山や五台山の諸寺は徹底的に破壊された、という。[8] ちなみに、日本では、軍国主義が日本古来の集団的記憶をねじ曲げた結果、『古事記』で語られた豊かな神話体験が戦後の過剰な反省によって途絶えてしまった。神話復活は、戦前の右翼的国粋主義への回帰願望でしかなくなり、まともな古代文化の尊重とは結びつきにくい風土が、戦後、形成された。これも文化破壊の一形態である。

他方、嘉納治五郎は、日本の古武術を体系化し、形・乱取り・問答・講義という教養に裏打ちされた「柔道」という新しい祖型に生まれ変わらせた。戦後、GHQが武道教育、習字などを禁止したとき、それらの優れた精神性を信じて諸「道」を守った人々もあった。その結果、柔道は生き延びることができたが、平成になってから、暴力的指導が、柔道の中核の半分をなす問答・講義を切り捨て、文化・教養としての柔道を貧しくする結果を招いている。

嘉納治五郎が、英語・仏語・独語に通じた〈語学教師〉でもあったことを思い合わせると、〈語学教師〉は、文化的〈イマーゴ〉の守り手でもあったことが分かる。文化的〈イマーゴ〉は、驚くほど、よく守られ永続する反面、戦争や暴力によってたやすく破壊され、途絶えてしまう脆さも合わせ持っている。太平洋戦争は、文化大革命に匹敵する文化破壊であったが、現代の暴力行使も、それらに劣らず不毛な文化破壊行為である。結論の章で述べるが、〈語学教師〉は、本質的に、異なる世界観の間を、創造的に調整するピース・メーカーであり、常に、反暴力を選択する存在でもあることも心に留めておきたい。

5　中国語会話の実践者たち

話を戻すと、円珍は、八八五年、僧豊智、沙弥閑静、訳語丁満、物忠宗、経生的良、伯阿古満、大全吉らを伴って、長安に赴いた。ちなみに、豊智は、「平安初期の入唐求法僧の一人として……、日唐仏教交渉史のなかで忘れることのできない」[1]人物だ、という。豊智は円珍とともに八五三年入唐し、八七七年、帰国した。そのとき、円載が遭難したニュースを日本に伝えた。豊智は、円載に智聡と改名させられて、円珍から引き離され、彼の従僧として円載が海難事故で死亡する瞬間まで付き従ったからである。その後の豊智の消息は、安然（あんねん）の『悉曇蔵（しったんぞう）』の一節に、「久しく長安に住み、委（くわ）しく進士（しんじ）に捜（さぐ）り、亦、南北に遊びて、風音（ふうおん）を熟知（じゅくち）す」とあることから、わずかに知られるにすぎないが、ここから、豊智（智聡）が「漢音・呉音に通じ、その方面で高く評価されていた」、ことを私たちは知るのである。[2]

言語教育史から見ると、在唐年数が長く、中国語その他の外国語に堪能になったと想像される幾人かの僧侶たちが、空海のように、唐で学んだ諸学百般を教える大学を創設したり、外国語塾を開いたり、外国語の個人指導を行ったという記録は見当たらない。そのため、想像するほかないのだが、済詮（さいせん）が、中国文化のことを問い、中国語を習いたいと円珍に申し入れてきたことを思い合わせると、唐から帰った僧侶のもとには、同じ希望をもった僧侶たちが集まったことは容易に想像される。そういう留学志望者に、「漢音・呉音」を教え、簡単な語法の手ほどきをしたと考えるのが自然であろう。当時の知識人であった僧侶たちは、経典や注釈書を、中国語（漢文）で読み、日記なども中国語（和化漢文）で付けていたから、音韻の訓練を受ければ、曲がりなりに、中国語音で、中国語順にしたがって漢語を並べることはできたのではないか、と考えられるからである。むろん、学校で英語を習っても、実地に通じるわけではないように、帰国僧や中国僧から指導を受けた中国語も現地ですぐ役立つというわけにはいかなかったであろう。しかし、簡単なことなら、何度も、ゆっくり繰り返せば、意思疎通できる可能性は十分あったに違いない。したがって、平安末期の外国語教育といえば、まず、中国語で、入唐経験者や来日中国僧から、マン・ツー・マンで中国語音を学び、かたことの会話を試みたり、読経したりする実践を行ったのではないか、と想像される。

　また、遣唐使廃止によって外交が途絶えていたこの時期の留学僧は、つてをたどって通訳を見つけ、随行させる場合が多かったが、通事たちが、どのように中国語を学んだかと言えば、唐末から宋にかけて盛んになった、非正規貿易船の商客で何度も訪日し、日中両語に通じるようになっていた中国人と親しくなったり、自ら、貿易にも参加したりして、日中両語をあやつれるようになったものと思われる。

　例えば、円覚のような人物がそれにあたる。円覚は、その一族に七三二年に遣唐使として入唐し、かの地で没した人物もいた。円覚は、八四〇年に入唐し、しばらく五台山に住んでいたらしい。そのころ円覚に会ったと思われる日本僧に恵蕚がいた。恵蕚は、たぶん八四〇年に、円覚とともに入唐して帰国、その後、八四四年にも入唐し、『白氏文集』の書写と校勘（テクスチュアル・クリティシズムのこと）に努め、八四七年帰国、その折、唐僧義空が来日している。円覚は、嵯峨天皇と皇后から、優れた禅師を日本に招くよう朝命を受けていた恵蕚とともに、義空や道昉の招聘に尽力したらしい。[3]

　円珍は、『円珍入唐求法目録』に次のごとく記している。「本国の僧田円覚、唐の開成五年（八四〇）に過来し、久しく五台に住し、後に長安に遊ぶ」「十年六月、円珍を相い送りて、共に天台に到る。残夏を過ごして、秋月、出遊し往きて広州に到る。本国の商人李英覚、陳太信等に遇い、前件の信物を附送せり。今、本国に将り、永く供養に充てん」[4]。

　ここで、円珍が、「田円覚」と、俗姓を冠して円覚を呼んでいることから、円覚は俗人であったという見方もできるという。[5]「前件の信物」とは、「天竺の貝多樹（インド産の菩提樹）の挂杖や広州の斑藤（斑珠藤のこと、実に斑紋のある藤の樹）の挂杖、および瑠璃瓶子（ガラス瓶）など」[6]で、円覚は、インドやペルシア産物品の交易にかかわっていたらしい。中国人の商客と行動を共にしながら、おそらく、円覚は、中国語その他の外国語に通じるようになったものと思われる。真如親王に随行して、八六五年、インドへ向かったのも円覚であったから、商取引を通じて、インド人のことばも、片言なら用を便じられたのかも知れない。恵蕚や円覚の名前も、今では霞んでしまい、人名辞典を探しても見つからないほどである。しかし、こうした名もなき人々が、外国語による交渉の現場で働きながら、経験的に学んだ外国語を、周囲の親しい人に口伝てに教えた、というのが、唐末期における外国語教育の実情であったのではなかろうか。

つまり、媒介の労をとった通事たちは、教育制度にはよらず、もっぱら、中国人との日常的コンタクトをとおして会話力を身につけていったように思われる。そういう意味では、日本から留学僧・巡礼僧として出かけた僧侶たちは、現場で学んだ実際的な語学力をもち、働き者で、商人気質をもった人々を通事として雇い、その外国語運用能力にもっぱら依存したため、自ら中国語会話を身に付けようとする緊急の必要性に迫られずに済んだようである。最澄をはじめ、初期の円仁、その後につづく円珍、成尋などは、通事に全面的に頼っていた印象を受ける。例外的な僧侶は、天才的な空海と努力家で現実主義者の後期の円仁である。

外国語教育は、学令による大学寮における中国古典語教育や空海の綜芸種智院、多くの来日中国僧との私的コンタクトを除いて、もっぱら、身分の低い通事たちが、現場で経験的に習得するという方法で行われていたであろう。唐から宋へ変わると、正規の国交はなくなったため、かえって非正規の交易が活発化し、そこで活躍した中国商人や日本人が、商いを通して、中国語を身につけるというケースが主流になったからである。

三　日宋交易活性化の背景

唐が滅亡（九〇七）して宋朝に変わり、北宋が金に滅ぼされる一一二七年までを北宋時代、宋が北から南へ都を移した一一二七年から一二七九年までを南宋時代と呼ぶ。唐が終る九〇七年は、枝垂れ桜の美しい醍醐寺が、御願寺［天皇の願いを修する寺］になった年、南宋が成立した一一二七年は、中尊寺落慶供養が行なわれた翌年で、ほぼ蒙古襲来＝文永・弘安の役（一二七四、一二八一）の時期に当っている。南宋時代は、日宋をとりまく独自の状況が生まれ、遣唐使時代とは異なった、活発な文化交流が行われた。この時期の日宋の歴史文脈を俯瞰しておこう。

宋朝は、北宋時代と南宋時代を含め、九六〇年から一二七九年にわたるが、その約三〇〇年間の世界史的状況は、次のごとくであった。一〇六六年、おなじみの「ノルマン・コンケスト」があり、鄙びたゲルマン語であった古英語が、以後、数百年にわたって大陸のフランス語文化の支配下に置かれ、ドイツ語やデンマーク語などとは一味異なった、現代英語の祖型となる中世英語へ推移した。また、一〇五四年には、キリスト教世界が、ギリシア語圏とラテン語圏に分裂、その結果、ギリシア・ロシア正教と、西欧のカトリック教会に分列した。ローマ法王の権限の巨大化を示す「カノッサの屈辱」が起きたのは、一〇七七年、西アジアでは、セルジュク・トルコが勃興、バグダード入城（一〇五五）後、西アジアの覇者となった。

極東に目を転じると、日本では、僧兵が徒党をくんで争い、紫式部や清少納言が傑作を著し、道長が我が世の春を謳い、『和漢朗詠集』、『更級日記』、『今昔物語』などが編まれている。そのころ西欧や西アジアと、極東の日本との中間に勃興し、我が国にも深い影響を与えた隣国が宋である。宋代後期は、交易・水運、商業が著しく発達し、生産力が向上して好景気に湧いた。唐末、兵農分離が行われ、夥しい数の傭兵が消費階級として立ち現れたばかりでなく、傭兵を管理する公務員層も厚みを加え、そうした階層を支える商人たちも集まって活況を呈した。そのころまでに解放された元農奴たちも小作人となって消費を刺激した。[1]

こうした生産力の発展につれて分業が進み、技術も向上する。中国では、唐末から(円仁が日記に記した)石炭を用いた製鉄技法が広まり、コークスも発明されて鉄の精錬に使用された。十一世紀半ばの中国における鉄の生産量は、年間六千トンに昇り、プチ産業・技術革命と言ってもよい活況を呈した。

ちなみに、宋代は、火力革命が起きた時期でもあり、山林資源が枯渇し始め、二千年も前の漢代から知られていた石炭の使用が一般化して、コークスの発明と相まって、開封(かいほう)などの都市では、普通の家でも炊事に石炭を用いるようになった。長時間、高熱を発する石炭は、磁州窯(じしゅうよう)の堅い陶器(磁器という名称はここから生まれた)や、高熱で煮詰める調理法を基本とする中国料理を生み出した。後で論じる日本僧成尋(じょうじん)が、よく口にする「贅沢な料理」も、火力革命を背景に開発された新レシピであった。

ジャレッド・ダイアモンドによると、紀元一四五〇年ころまで、中国は、ヨーロッパや中世のイスラム以上に技術的に革新的であり、そのころまでに中国が発明したものには、運河の閘門(こうもん)(「水位の異なる河川や運河、水路の間で船を上下させるための装置」、ウィキペディア)、鋳鉄、深穴加工(穴の深さが径の十倍を超える穴の加工)、動物用の高性能装具(馬具など)、火薬、凧、羅針盤、活字、紙、陶器、印刷術、船尾の舵、一輪車などが含まれていた、という。[2]

こうした技術革新の例をいくつか眺めてみよう。まず、造船や海軍力。百万都市に成長して栄えた南宋の都杭州は臨海都市であり、海における軍事的、経済的覇権を獲得するため、一一三二年、中国で最初の常駐海軍を創設した。一二三七年には、宋海軍は、二十の船隊と五万二千人の海兵を有し、史上初めて海戦に火薬を使用した。いわば商人根性を獲得した南宋は、周囲のアラブやインドから、航海術や地理を摂取し、羅針盤を発明して実用化し、貿易の主導権をアラブ人から奪取すべく、船舶の構造改良に着手した。

　まず、船首と船尾を空洞にして浮力をもたせ、吃水線に波を切る鋭い形状を与え、船体には松材、舵には「烏婪（うらん）」という硬質材、船材の隙間を塡（う）める防水加工には、桐油と石灰で処理した絹布の塡隙（てんげき）材を採用し、内部には、水密区画（浸水が広がらないように密閉構造にした防水区画）を導入するなどの技術革新を行った。ヨーロッパで、水密区画が導入されたのは六百年も後のことである。こうして「中国はインド洋でもっとも優れた船舶をあやつる国となり、貿易の主導権をアラブ人から奪い取っている。商業用の遠洋ジャンク船は平均的なもので三〇メートルの全長と七・五メートルの船幅をもち、一二〇トンの積荷と六十人の船員を運んだ。最大のものとなると三〇〇トンの積荷と六百の人員を載せ」[3]ていた。さらに、宋海軍は、舷側に外輪をつけて人力で進む船団を展開するなど、造船術でも世界をリードした。

　印刷術においても宋は世界に先駆けて、十一世紀に、膠泥活字（こうでいかつじ）［泥土を膠（にかわ）で固め焼いた活字］を、十三世紀には、鋳造活字を使用するほど先進的であった。膠泥活字で印刷した『大蔵経』は、奝然（ちょうねん）によってつとに日本にもたらされている。さらに、宋政府は、唐末以後、混乱期に散逸した書籍の収集・分類に努め、政府直属の印刷局を設置して、民間の印刷業を管理し、進歩した印刷技術を取り入れて、『一切経』その他、大部の書籍刊行を行った。それが印刷技術者とともに日本にもたらされ、経典印刷を行えたほどである。[4]印刷術と時期を同じくして刷新された製紙技術によって、宋では、書物が一般化し、文化人が書物を出版したり、読書を楽しんだりする文化的習慣が確立し「読書人」ということばが生まれた。僧侶や文人たちは、宋代に広まった喫茶を楽しみながら、儒学や禅を論じたのである。

　ちなみに、セイラ・ローズによれば、中国人が十一世紀には広く喫するようになった茶の苗と製茶技術を盗むために、大英帝国は、江戸末期、産業スパイさながらプラントハンター（苗種窃盗人と呼んだほうがぴったり）、ロバート・フォーチュンを福建省に潜入させた。中国人に化けた苗種泥棒は、茶の苗と腕のよい製茶職人をインドに拉致し、やがて東インド会社はインド産紅茶産業を成功させた。[5]イギリス人がティータイムを楽しむ八百年も昔から宋の人々は、それまで産業のなかった福建省の土地と気候が、茶の栽培に最適であることを発見し、製茶を産業として成立させ、喫茶の習慣を文化の一部として定着させていた。成尋の日記も、あちこちで茶をふるまわれた記事に満ちている。

　こうして言論が自由であり、思想を容易に書物にして発表する技術にめぐまれた宋では、禅宗、朱子学など、思想・宗教的に、今なお日本を支配している思想上の発明が行われた。宮崎市定は、「唐代に日本に伝わった天台、真言、律、三論というような教義は、それがどんなものであるかを、たとえ部分的にでも、あるいは似よったことでも言える人がいまの日本に何人いるだろうか。これは学者でさえもその道の人でないとむつかしい。ところが宋代に伝わった禅宗なら、おそらくすべての日本人が、多かれ少なかれ何らかの知識や体験をもっているにちがいない。……とにかく、禅はいまの社会に生きているのである」[6]、と述べている。宋よりも唐のほうが日本人には馴染みが深いが、文化の内容から見ると、宋文化の方が、現代の日本人の無意識に根付いているわけである。

　その理由は、圧倒的な量と頻度をもつ、ヒト・モノ・カネの日本への流入にある。航海と造船技術がそれを可能にしたのだが、それだけではない。中国の側に、ある種、イデオロギー上のパラダイム・シフトが起きたからである。もともと中国王朝のイデオロギーを支えた儒教は、「商業や交易は本質的に利己的で堕落した行為として貶め」てきた。孔子は、『論語』で、「父母存せば、遠く遊ばず、遊ぶこと必らず方あり。」（父母のおられる間は、遠くへは旅をしないように。旅をするにも必らずでたらめをしないことだ）[7]、と地理的移動を制限していたから、親の眼の黒いうちは、物流とか交易には手が出せなかった。

　こうして北宋時代まで、商業や貿易は発達しなかったのだが[8]、金（きん）に「収益を生む土地の半分を奪われてしまった結果、……国家財政上の必要から海外貿易に眼を向けるように」なり、「そうした状況は儒教経典の再解釈を促し、交易活動と利潤追求を好意的に見ようとする試みがなされた」[9]。すなわち「財産は生活のために不可欠な物」、「適切な手段をもちいて富をたくわえるかぎりにおいて、営利は義に合致する」[10]、という解釈に変わったのである。これは、マックス・ヴェーバーの『プロテスタンティズムの倫理と資本主義の精神』[11]の一節を思い起こさせる。すなわち、神に選ばれるか否か、人知では知りようのない人間が、自分が選ばれるという「自己確信を獲得するための最も優れた方法として、「絶えまない職業労働」を教え込み、「職業労働によってのみ」では選ばれないのではないかという「疑惑は追放され、救われているとの確信」が得られることを発見し、結果的には、富を禁じた聖書に反して、キリスト教徒が資本家に変貌したことを指摘したくだりである。それは、おそらく、明治期の日本資本主義の父と言われた澁澤榮一が、「富をなす根源は何かといえば、仁義道徳。正しい道理の富でなければ、その富は完全に永続することはできぬ。ここにおいて論語と算盤という懸け離れたものを一致せしめることが、今日の緊要の務めと自分は考えている」[12]と述べたネタ元ではないかと思われるが、澁澤よりも早く、宋の儒教もまた、商売・交易で儲けることは「義」である、という論語の解釈改憲的転換を行なったのである。

こうした背景をもって、南宋は、飛躍的に航海を安全なものにし、海上交通を活発化し、交易と商業を繁栄させた。遣唐使時代に比べ、はるかに頻繁にかつ大量に留学僧が入宋し、渡来僧も日本を訪れ、いずれそれが五山文学・文化の花を咲かせることになる。この後になると、成尋・明珍・道元・雪村友梅[13]などに繫がる系譜は、宋の商業活動と切り離すことができない。[14]

日本では、国風文化が確立すると遣唐使が廃止され、宋代は公的日中国交は存在しなくなった。しかし、上記のような、商業や交易称揚と好景気を背景とした南宋は、ヒトとモノとカネの移動を活発化させた。伊井春樹はその間の事情をこう述べている。

日本と中国とは正式な国交がなかったとはいえ、今日からは想像する以上に人や物の行き来は盛んになされていたことが知られる。[15]

八九四年の遣唐使廃止までは政府公認の遣唐使船によって交易が行われていたが、「それ以外に中国からはしきりに貿易をしようと人々が訪れていたようで、それを制限するために二年に一度という『年記』を日中間で締結していた」[16]……。しかし、宋代になると、中国から来る民間貿易船による日中国交再開の外圧が強まり、日本は「年記」を盾に渡航を規制し、渤海とも十二年間隔の通商「一紀一貢」の通商を結んだものの、そうした机上の約束事など物ともせず来航する宋や渤海の船は後を絶たなかった。

なかでも日本の開港と国交を迫る宋皇帝を後ろ盾にした、孫忠（もしくは孫吉）という商客は、日本の外交方針など歯牙にもかけず、来訪を繰り返していた。後で述べる成尋が密航して渡宋する手配をしたのも孫忠である。日本の支配層は、保元・平治の乱（一一五六、一一五九）で唐物を失って、唐からの品の到来を望む一方、「年記」のしばりがあり、一度決めたことを覆すこともならず、そうかといって、頻繁に来航する宋の商客（商人）を追い返すのももったいないと、政府の外交方針はぶれまくり、出先機関の大宰府は、宋船がくるたびに中央へ伺いをたてなければならなかった。中央政府は、宗から皇帝の牒（文書）を大宰府に留め置くべきか、京都にもたらすべきか、受け取るべきか追い返すべきか、煩瑣な手続きをめぐって、延々、小田原評定を繰り返した。[17] 結局、密輸入した唐物は欲しいが、正式の外交は怖い、という意気地がないくせに欲だけは深い日本政府は、交易を規則で禁じておいて現場では骨抜きにするという、お家芸のダブルバインドで事をさばいた。

外交政策の優柔不断さは、黒船来航よりはるか以前から帯びてきた蒙古斑のようなものだったことが分かる。この優柔不断さのおかげで、太平洋戦争停戦の機会を失い、安全性の怪しい原発建設にずぶずぶ踏み込み、東日本大震災が起きれば起きたで、原発は怖いが電力は欲しいと、脱原発をうやむやにする、もうＤＮＡに刷り込まれた遺伝病そのものとなっている。そう絶望しかけると、幸か不幸か、歴史に登場する〈語学教師〉たちは、みなさん、思い切った決断をする人たちばかりで、へー、と驚かされる。彼らは、ある種の狂気や、憧憬や、進取の精神をもって、未知の世界に躍り込んでいった冒険者ばかりである。外つ国へ密航者の汚名覚悟で飛び出していく系譜は、円仁から始まり、例えば、坂本龍馬や新島襄にまで繋がっている。アメリカに密航してアマースト大学を出て戻って来た新島を、何事もなかったかのように受け入れたのはやはり留学を済ませた森有礼であった。器の大きな〈語学教師〉たちが輩出した時代、日本は飛躍した。明治の章で論じることにする。

閑話休題。以上のように、宋代の日中交易はきわめて盛んであったことから、日本僧たちは、密航者として、すいすい海を越え、そのさい、日中語と事情に通じた商人の斡旋で空船も都合してもらい、従者や供物を積み込んで宋へ旅立つことができた。密航を助けた中国の商客のお陰で、在宋の日本人との金品や手紙の遣り取りも当たり前のように行なうことができた。例えば、藤原道長は、こう記している。「『内より還り出づ。入唐寂昭上人の書持ち来る。憐むべし万里往来の書』」（『御堂関白記』、寛弘二［一〇〇五］年十二月十五日）。また、長和元年（一〇一二）九月二十一日の条に「理義朝臣、大弐の消息持ち来る。唐人来り着く解文［太政官への報告書］。又家書一封を送る。披見す。入唐寂昭の消息の書、幷に送る所の天竺観音一幅・大寮作文一巻なり。解文を以て即ち理義に返す」[18]ともある。なお、寂照が入宋したのは、一〇〇三年のことで、道長が書いた「入唐」は、正しくは、「入宋」である。また「じゃくしょう」は、「寂照」とも「寂昭」とも記される。

宋代の日中交易は、正式な国交に基づいたものではなかったから、宋の皇帝は、日本からの情報提供者を歓迎し、日本の密航僧に対しては、自ら下問し、また、巡礼を希望する者には、人馬や金品を提供したり、護衛兵士をつけたり、道中における食料や酒の支給など、厚遇ぶりを発揮した。日中の交易路を開かせたい、日本の情報を獲得したい、という動機が宋側にあったからである。『宋史』には、日本僧から聞き取った日本情報が逐一記録されている。それは、鎖国をしていた江戸時代、幕府が平戸のオランダ人から海外の情報を聞き取り、直ちに翻訳して、

「阿蘭陀風説書」として江戸に早飛脚で送った事情に似ている。

こうした宋商人は、「毎三年来航」というルールを固守する入国管理局の大宰府を避け、博多・平戸・坊津などの、「治外法権的な特権いわゆる不入権をもっている荘園に眼を着け荘園内の港津に船を着けてそこで荘園領主や荘官たちと密貿易を行うようになった」[19]。宋商の中でも謝国明は、博多を地盤に巨万の富を築き、円爾弁円（えんにべんえん）（一二〇二～一二八〇、べんねんとも）に帰依して、私財を投じて博多に承天寺を建立し弁円を開山とした。また日本人と姻戚関係を結び、玄海灘の孤島小呂島（おろのしま）を買取って支配した、という。その遺産相続をめぐる訴訟事件まで起きているから、宋商人たちは、想像以上に、日本社会に食い込み、日本の支配層と利害を分かち合っていたことが分かる。のちに、成尋、明珍、道元などが、宋の商船で入宋したり、事前に中国語の手ほどきや現地の情報を獲得したり、宋銭まで確保したりできたのは、背景に、濃密な日宋の交易システムと人脈が存在したからである。

四　『源氏物語』と海外交流

少し横道にそれるが、入宋僧が多かった平安末期にかけて一瞥しておきたいのが、『源氏物語』に投影されている海外交易の影である。

聴し色のわりなう上白みたる一襲、なごりなう黒き袿重ねて、表着には黒貂の皮衣、いときよらかにかうばしきを着たまへり。[1]（聴色の、しようのないほど白っちゃけた一襲に、紫の色がすっかり黒くなった袿をかさねて、上着には黒貂の皮衣の、非常に立派な、かぐわしい匂いの薫きしめてあるのを召していらっしゃいます。[2]）

「末摘花」『源氏物語』

ちなみに、「聴し色」とは、「……ここでは薄紅。濃い紅が天皇、皇族や勅許による人以外は着用を禁じられ、禁色といったのに対し、こちらは貴賤を問わず、禁制がないので、こう呼ぶ」[3]、色彩のことである。

「末摘花」[4]と聞くと、きわどい江戸川柳を思い出す人もあるかもしれない。「亭主をば尻に他人は腹にのせ」「冥土では生きる〳〵と大よがり」などと不埒な句を、父親や叔父たちが酒の席でこっそり回し読みしていたのを子供のころ目撃し、「すえつむはなって何？」と好奇心をくすぐられ、中学生になったころ立ち読みして、これ古文？などと思った記憶がある。

むろん、源氏が相手にした女性たちの中で、気の毒なほど器量のわるかった姫君が、この名の起こりである。彼女は、胴長短足、鷲鼻の赤っ鼻、生(なま)っ白(ちろ)くて青瓢簞、軀(からだ)はガリガリ骨と皮、おでこで馬面(うまづら)、と遺憾ない不細工ぶりで、取り柄といえば超ロンゲの御髪(おぐし)くらい、よくもこれだけブサメンに描き出した、と呆れるほどの醜女である。悪食(あくじき)だった源氏も「さればよと、胸つぶれぬ」[5]思いをしたらしい。ただ、この女性(にょしょう)の異相は、遠方の胡人や騎馬民族の風貌に遠くつながっているのではないかと私は疑っている。その疑いを強くさせるのは、末摘花がまとっている「皮衣」である。

引用は、寒い日に源氏とまみえた末摘花の風体を描出した箇所である。姫君は、着古した襲(かさね)や袿(うちき)の上に、黒貂のちゃんちゃんこを着込んでいる。王朝文学のお姫様が、山出しの猟師でも着そうな皮衣を引っ掛けている！　とショックを受けたのは源氏ばかりではあるまい。今風に言えば、お嬢様が、流行遅れで垢じみたフリルのワンピ、着古した皮ジャンで初デートに現れた、くらいの衝撃だ。ところが、この黒貂（ふるき・くろてん）を、渤海との交流史の中に置くと、『源氏物語』は別の断面を見せるのである。

なぜ、王朝時代の姫君が、毛皮のちゃんちゃんこを着けて現れたのか。「黒貂」は、蒙古語で「布流岐(ふるき)」と呼ばれ、万葉の昔から遼東やシベリア産の舶来品であったらしい。[6]以下、山口博・河添房江・後藤祥子による「鼎談＝海外交流史からみた源氏物語」[7]に依拠して、黒貂に畳み込まれている歴史的背景を掘り起こしてみよう。

素人目には、『源氏物語』は、純日本風、外国文化には馴染みがなさそうに見える。しかし、ここ十年来の研究によって、意外な側面が見えはじめた。『源氏物語』には「沢山の海外の商品……が散りばめられている……」[8]が、「執筆時より約百年遡った時代における海外交易史の正確な反映を読み」[9]とれるらしい。紫式部は、『宇津保物語』を意識して、舶来の品を登場させる場合、それが唐物か高麗物か厳密に描き分けたそうで、ある意味で、国際感覚を具えた書き手だったようだ。

式部の隠れた国際感覚は、父親の藤原為時が越前守（えちぜんのかみ）になったとき、式部自身も能登で過ごした経験に基づく、という。昔、能登国は、外交の窓口で、現在とは異なって大陸に面する表玄関に当たっていた。そこには、海外の使節を迎える能登客院（迎賓館）があり、そこを司る越前守は、中国語もしくは漢文に堪能な人物が選ばれたらしい。『古事記』を和文にした大伴家持は越前守を（七四六年）、『宇津保物語』の作者源順（みなもとのしたごう）は能登守を（九八〇年）、菅原道真は加賀権守を（加賀は昔の越前、八八三年）、それぞれ勤めたし、菅原道真の師であった漢詩人嶋田忠臣も「渤海使を応接、接待する存問（ぞんもん）渤海使」[10]の任にあった、という。越前・越中に赴任した歴代の官僚たちが渤海使節と交歓し、漢詩交歓の宴を開いた様子は、日本人による漢文詞花集『文華秀麗集』に詳しい（既述）。彼らは、筆談であったにせよ、中国語を駆使して外国の使節と交流する漢詩作文能力や中国古典に関する学識を具え、東アジアのリンガ・フランカ（中国語）に馴染みのある文化人であった。

上田雄によれば、渤海国使節は、しきりに動物の毛皮や野趣豊かな物品をもたらし、その品物には、「貂の皮三百張り、大虫（虎のこと）皮七、熊皮七」などのほか、「契丹大狗（蒙古犬）二匹」「人参三〇斤」「密五斛（こく）」なども含まれていたらしい。[11]式部にとって「黒貂」は、実際に目にした品物であり、それが舶来の渤海ファッションであることは、十分、承知していたはずである。

当時の日本は、中国に対しては、「隣国」とか「隣客」を使用したのに対し、渤海には、「蕃客」を使い、一段、下に見ていた。式部は、渤海を高麗と呼んでいたようだが、唐土（もろこし）から来た品を、唐物（からもの）、渤海から来たものは高麗物（こまもの）として峻別し、唐楽と高麗楽なども対立させて描いていた、という。したがって、唐物は「文化的な『舶来品』というイメージ」[12]、ここで言う渤海を指す高麗物は、辺境の地の野趣を湛えた品々、という区別をつけていたようだ。式部は、唐風、高麗風、和風を、明瞭に識別し、例えば、明石の君が「唐物に囲まれた印象がある」のに対し、紫の上は、「和琴から何までまさに大和そのものといった感じ」[13]に描き分けている。そうした彼我の文化的差異の認識は、源氏が「若菜」下の巻で、琴（きん）を論じて、今では廃れ、習う人がなくなった琴の修業に触れる場面にも現れている。

よろづのことおとろふるさまはやすくなりゆく世の中に、一人出で離れて、心を立てて、唐土高麗と、この世にまどひありき、親子を離れむことは、世の中にひがめる者になりぬべし。などか、なのめにて、なほこの道を通はし知るばかりの端をば、知りおかざらむ。[14]（すべてのものがわけもなく衰微して行く世の中に、ひとり故国を離れて、志を立て、唐土高麗とこの世ながら知らぬ土地を迷い歩き、親や妻子を顧みなかったら、世間の拗ね者になるかも知れないが、何もそれほどにしないでも、ただこの道の一通りを知る緒ぐらいは、心得ておきたいものだ）[15]

ここでは、その昔、シルクロードを通って遠方から伝わった古楽を懐かしんでおり、源氏の想像空間に唐土高麗の奥行きが映じている点に、式部の国際感覚を見て取ることができる。山口博は、「日本に来た渤海の客の名を見ると」「奈良時代の終りに『史都蒙』という人」がおり、「『史』を名乗る人は、今のウズベキスタンのヒワですが、史国出身のソグド人」であり、「渤海を通して、はるかかなたの見たこともないシルクロードに存在していた西域の文化の匂いを光源氏も感じていたのかとも思う……[16]」、と語っている。ウズベキスタンは、カスピ海の東方、アラル海の南、サマルカンド・ブルーで知られる西域の国、ヒワは、ウズベキスタン西寄り、南部の国境に面した町である。源氏の琴の論に、平安のころは胡人とよばれた西域民族の音楽が響いていたわけで、そうした遠い文化の存在は、唐に留学した空海や円仁らには馴染みであったが、遣唐使も途絶え、渤海も滅んだ時代の『源氏物語』にも、能登に赴任した父親の影響からか影を落としている。

式部の、こうした国際感覚は、文明開化を経た唐ではなく、少し未開な風習を残す渤海人（式部にとっては高麗人）が、「相人」（占い師）として登場する場面にも現れている。源氏が七歳のとき、父帝が、高麗（渤海）から来ている優れた人相見に息子の将来を占わせたいと考える。しかし、故宇多帝の遺言で外国人に素顔を晒してはならない決まりなので、源氏の世話係右大弁に、源氏を右大弁の息子であるかのごとく振る舞わせて、人相を見てもらうことにし、高麗人を迎賓館に迎える。ちなみに、右大弁とは現代の官房長官、博士は大学寮のシニア・スカラーだから、ここの右大弁は、政治的にも学問的にもトップクラスの文化人で、菅原道真がモデルであったらしい。先ほど述べたとおり、道真は、外交の窓口であった場所で、越前守を勤めているからである。

そのころ、高麗人の参れるなかに、かしこき相人ありけるをきこしめして、宮の内に召さむことは、宇多の帝の御誡あれば、いみじう忍びて、この御子を鴻臚館につかはしたり。御後見だちてつかうまつる右大弁の子のやうに思はせて率てたてまつるに、相人おどろきて、あまたたび傾きあやしぶ。……弁もいと才かしこき博士にて、言ひかはしたることどもなむ、いと興ありける。文など作りかはして、今日明日帰り去りなむとするに、かくありがたき人に対面したるよろこび、かへりては悲しかるべき心ばへを、おもしろく作りたるに、御子もいとあはれなる句を作りたまへるを、限りなうめでたてまつりて、いみじき贈り物どもを捧げたてまつる。[17]（その時分、高麗人が来朝しましたなかに、すぐれた人相見がいる由をお聞きになりましたが、宮中へお召しになることは宇多の帝の御遺戒がありますので、非常に内密に、鴻臚館へこの御子をお遣わししました。おん後見という形で仕えている右大弁の子のように仕立てて、お連れ申して行きますと、人相見は驚いて、たびたび首を傾けていぶかるのでした。……右大弁もかなり学才のある博士でしたから、いろいろと談話を交換した中には、たいそう興味のある事柄もあったのでした。詩を作り合ったりして、今日明日にも帰国しようという間際に、こういう稀な相の人に対面したのは喜ばしいけれども、お別れ申した後では、かえって悲しいであろうという心持を、巧みに詠じ出しましたので、御子もたいそう情趣の深い句を作ってお示しになると、限りなくお褒め申し上げて、立派な贈物などを献上します。）[18]

山口博は、日本の貴族は、表層の仏教文化よりも基層をなす土着のシャーマニズムに傾くところがあり、文明によって鈍磨されない野生の感覚を残していた渤海人（高麗人）に予言能力を期待したのではないかと見ている。[19] 山口の指摘を補うと、中国側のシャーマニズム的な要素は、主に、道教をルーツとしていた。しかし、日本に流伝された道教は教理や教団組織を具えた、いわゆる〈成立道教〉ではなく〈民衆道教〉であった。[20] 道教を「……しいて定義づけてみるならば、古代の民間の雑多な信仰をもといとし、神仙説を中心として、それに道家・易・陰陽・五行・卜筮・讖緯［ルビ塩田］・天文・占星などの説や巫の信仰を加え、仏教の体裁や組織にならって宗教的な形にまとめられたもので、不老長生をおもな目的とする現世利益的な自然宗教が道教[21]」であるようだ。そういう民衆的土着信仰は、開化された唐土よりも辺境の渤海に似つかわしい、と式部は、見て取り描き分けていたことが分かる。湯沢質幸は、「……右大弁と高麗の相人は、何語で話し合ったのだろうか[22]」と問い、それは、通訳を介して東アジアのリンガ・フランカ[23]であった中国語で語り合ったのだとし、中国語通訳が養成された事実も明らかにしている。[24] この間の消息は、すでに述べたとおりである。ただし、右大弁が、菅原道真であったとすると、必ずしも通訳だけに頼ったわけではなかったらしい。

道真は、どんな経歴をもっていたのだろうか。道真は、「時の実力者藤原時平（八七一〜九〇九）との権力闘争に敗れて、九州大宰府権帥（副長官）に左遷され……京に戻れないまま五十九歳で」没した。「東風吹かば 匂いおこせよ梅の花 主なしとて 春な忘れそ」はそのとき詠んだ歌として有名であり、学問の神様として、受験シーズンには今なお信仰されている。「彼はその学才から渤海使の接待役を命じられ、渤海を代表する文人と、漢詩文の交換をした[25]」。

道真の父是善（八一二〜八八〇）は、大学寮の文学科（文章道・紀伝道）の博士であり、祖父清公（七七〇〜八四二）も、遣唐判官として入唐し、朝廷の中国化に努めたというから、道真は、大学寮の中国語標準音である漢音を、まず間違いなく、子供のときから叩き込まれていたに違いない。[26]

すでに述べたが、大学寮の儒学科〈明経道〉では、中国語音の習得を重視していなかったので、そうとういい加減な発音の大先生もいて、それが「れっきとした正史の中で」[27]、文章博士春澄善縄（はるずみのよしただ）（七九七〜八七〇）によってケチョンケチョンに腐されていた。つまり道真が学んだ文学系の方が、中国語音の習得において優れていたのである。それにもかかわらず、不断に変化する中国〈当代音〉と、相対的には固定化された古典テキスト〈読書音〉との間には、かなりの差異が生じていたに相違ない。コンテンポラリーな中国語の会話授業は、当時の大学寮にはなかったからである。それにもかかわらず、湯沢は、「道真は、ぎこちないながらも、そうしようと思えば中国語会話をすることができた。すなわち、一種の日本的中国語＝ピジンチャイニーズを話せた」[28]、と結論づけている。

式部が、執筆当時の現実の右大弁をイメージしていたならば、中国語の会話は、通訳なしには不可能であったはずだが、約百年前の道真をモデルと考えていたのなら、右大弁は中国語で相人と、「言ひかはし」「文（ふみ）など作りかはし」[29]たものと想定していただろう、というのが湯沢の結論である。

以上を要するに、『源氏物語』に関わる語学教育は、まだ、大学寮の文学科における、音博士と明経博士による、「学令」で定められたブッキシュな中国語教育の範囲に収まりはするが、式部自身は、はるかシルクロードを見晴るかすほど国境を越える感覚を具えていたといえるであろう。

五　宋史に残る日本僧たち

1　はじめに

上垣外憲一によれば、[1] 蒙古襲来より以前に入宋し、宋史に名をのこした日本僧には、次のような人々がいた、という。奝然（九三八?〜一〇一六）、寂照（?〜一〇三四）、成尋（一〇一一〜一〇八一）、覚阿（一一四三〜?）、栄西（一一四一〜一二一五、ようさいとも）、円爾弁円（一二〇二〜一二八〇、べんえんとも）、無本覚心（一二〇七〜一二九八）、俊芿（一一六六〜一二二七）、道元（一二〇〇〜一二五三）、無関普門（一二一二〜一二九一）。他方、南宋から蘭渓道隆（一二一三〜一二七八）と無学祖元（一二二六〜一二八六）が来日している。本稿では、奝然に触れてから、成尋、栄西、道元、五山文学をめぐる入宋僧たちを扱っていく。

奝然は、秦氏の出といわれるから、帰化人系の人物であろう。東大寺の僧であったが、九八二年、宋商陳仁爽の船に便乗し、弟子嘉因、盛算らと博多から台州（浙江省椒江市）に上陸、大宗皇帝に謁見し、厚いもてなしを受けた。

奝然は、天台山や五台山に参拝し、大宗の好意で、『大蔵経』五千余巻と『新訳経』四十一巻を下賜された。先に述べた、中国で発明された膠をつかった「膠泥活字」による世界初の活版印刷の経文を、当時、日本人として初めて手にとったのは奝然であった。冷遇されて苦労の連続であった円仁などとはがらりと変わり、宋朝の扱いはきわめて好意的であった。

奝然は、汴州（開封）の宮殿でガンダーラ式の仏像を目撃する。帰国後、かねて念願であった愛宕山寺の本尊にガンダーラ仏を祀ることを思い立ち、香木を購入、仏師を募集して仏像模刻を開始した。すると、噂を聞いた台州の人々が惜しみなく喜捨に訪れ、浄財を胎内に収めたという。果たして、一九五四年の文化財調査によって、京都左京区清涼寺の本尊となっていた仏像の胎内から、絹の五臓・文書が現れた。喜捨した中国人男女の名簿と記録も発見され、奝然の事業が、いかに多くの現地の人々によって支えられたかも判明した。奝然の中国語学習や能力を示す直接的記録はないが、こうした事績から、彼が、現地の人々と現地語で交流し、よき関係を築きあげるに足る会話能力を獲得していた、と考えて間違いないであろう。

三年在宋ののち、九八六年、奝然は無事帰国し、東大寺の別当（宮司の長官）になったが、念願の愛宕山寺建立は、死後に、ともに入宋した弟子盛算の手で、清涼寺としてやっと実現した。[2]

2　成尋の入宋と『参天台五臺山記』

この時期、宋史に名を残した日本僧に成尋（一〇一一～一〇八一）＝善慧大師もいた。平安中期の天台宗を代表した人物である。『源氏物語』の初出が一〇〇一年、成尋が還暦を迎えて入宋し、七十一歳で客死したのは、これより約七十年後のことである。父方は藤原氏、母方は源氏、源俊賢の娘で名は不詳であるが、押しも押されもせぬ歌人として『成尋阿闍梨母集』を残している。七歳（一〇一七）になった成尋は、京都岩倉大雲寺の文慶に師事して出家し、一〇四一年、大雲寺別当、延暦寺総持院阿闍梨を経て藤原頼通の護持僧となった。別当とは、寺務を統轄する長官のことである。成尋が北宋へ渡ったのは一〇七二年、天台山、五台山を巡礼し、北宋の神宗に謁見、祈雨法を修して善慧大師の号を賜った。円仁や奝然の日記や恵心僧都源信の『往生要集』を宋に紹介し、国交が絶えていたため宋が求めていた日本情報を提供し、経典六百巻余りを日本へ送付した。帰国を望んだものの、皇帝の護持僧として慰留されて帰れず、汴京開宝寺にて没した。『参天台五臺山記』[1]は、成尋が六十一歳で渡宋したときの、一年三ヶ月、四六八日間にわたる、ほぼ逐日的な日誌である。本章は、この文献と、その母親が残した『成尋阿闍梨母集』[2]、および、伊井春樹らの文献[3]を参考にさせていただきながら、成尋の求法巡礼経験を粗描する。

3　成尋の初心

成尋が、〈語学教師〉の先達として後世に示したのは、幼少時から抱くようになった思想・宗教・文化的関心を、護持僧としての多事多端な日々や、息子にすがる老母とのしがらみにまぎれて見失うことなく持ち続け、六十一歳にして初志を貫徹した粘り強さである。高齢留学者だった成尋は、外国語運用能力の制約から免れることはかなわず、意思疎通は筆談と通訳に頼るほかなかったが、文化使節としての使命を自覚し、日本に関する情報を皇帝に提供する見返りとして必要な仏典を入手して、祖国に送り出す役割をよく果たした。

入宋して神宗皇帝に捧げた「奉文」で、成尋は、こう述べている。

右ム（某）、少年の時より巡礼の志有り。伝え聞くに江南の天台は定光跡を金地に垂れ、河東の五臺は文殊身を厳洞に現す。まさにその本拠を尋ね、聖跡を巡礼せんことを欲う。而るに大雲寺主となりて三十一年、左丞相

（関白藤原頼通）を護持すること二十年。此の如きの間、本意を遂げず、齢六旬（六十）に満てしむ。余喘（絶えそうでまだ残っている息。余命）幾ばくならず。もし鄙懐（卑懐、つまらぬ願望、謙譲語）を遂げずんば後悔何ぞ益あらんや。これに因って商客の船に附するを得て参り来れる所なり。[1]

子供のころから聞かされた、天台山・五臺山の聖跡巡礼が切なる願いであったが、関白の護持僧として忙殺されている間に還暦を迎えた。残り少なくなった寿命が尽きないうちに、初志を遂げなければ悔いても悔い切れない。そう思い定めて、商船に乗せてもらい宋へやって来た、そう語ったのである。

4　範型となった先達たちの日記

古来、中国へ渡った仏僧たちを動機づけていたのは、娑婆が苦の世界であるという現実認識、衆生を救うための自己修養、仏教の最新の成果の習得と、己が得たものを、分かりやすいことばで衆生に還元しようとする使命感であった。成尋もまた、宗教的情熱に導かれて求法の道を突き進んだ一人である。この情熱があったればこそ、初心を失わず、多忙な歳月に耐え、大陸へ求法の一歩を踏み出すことができた、と言ってよい。成尋を奮い立たせたのは、五台山や天台山巡礼を果たした先人たち、天竺の道猷、日本の霊仙（七五九？〜八二七？）、寛健（生没年不詳、九二七年貿易船で入宋）、日延（生没年不詳、九五三年呉越国に渡り、九五七年帰国）、奝然（九三八〜一〇一六、九八七年貿易船で入宋、俗姓秦氏）、寂昭（九六二？〜一〇三四、客死）らの後ろ姿であった。

成尋は、先達たちが残した日記や記録を読み漁った。「成尋は渡宋を心に決めた時から、巡礼する先の五台山や天台山の歴史、その様相を知るさまざまな資料を集めていった。そのもっとも重要なのは、日本人僧が中国に渡って巡礼した記録で、航海の様子や異国の地名、寺々への道順、風俗習慣にいたるまで書かれており、いわば今日の旅行案内書の役割を果たしているだけに、彼はそれらの内容を綿密に検討していったようである。今では失われている寂昭の『来唐日記』や、同じく現存しない奝然（ちょうねん）の『日記』も読んでそれぞれの行動をあらかじめ調べ、渡宋した後そういった先達（せんだつ）の足跡を成尋は尋ね求めてもいるのである」[1]。

成尋は、こうして集めた円仁の『入唐求法巡礼行記』や『奝然日記』などを宋の皇帝に進上した。「『奝然日記』四巻、［慈］覚大師『巡礼記』三巻も宣旨によって進上した。『巡礼記』の第四巻に至っては隠し蔵して進上しなかった。会昌天子の悪事を思うによってである」[2]。円仁の日記の終りに近い部分に、会昌の廃仏事件における唐の武宗帝の蛮行、愚行を歯に衣を着せずに記録した箇所があって、そのまま進上することがためらわれたからである。

初心を実現するための準備は、先人たちの行動記録を精査する、事跡行脚によって行われた。ヨーロッパの碩学レオ・シュピッツァーは、「『方法とは、体験のこと』であって、その意味で、世の老大家と呼ばれる方々には、ご自分の研究方法の原点にある体験談や〈学〉における（ヒトラーではないが）『わが闘争』を、ぜひ、開陳していただきたいものだ……」[3]、と述懐しているが、命がけで入唐・入宋した先人たちの記録は、パイオニアである〈語学教師〉が未知の領域に踏み込んだ際に体験したことがらの貴重な記録にほかならない。成尋は、そのことを弁（わきま）えて、先人の行跡記録を読み漁ったのである。

優れた〈語学教師〉は、自らの外国語学習や実践体験を、飾らずに書き残している。古くは、荻生徂徠や雨森芳洲（あめのもりほうしゅう）をはじめ、現代では、渡辺一夫、河盛好蔵、千野栄一、河野一郎、関口存男など、一度、読むと忘れられない、言語・文化習得にまつわる体験記録を残している。こうした外国語の学習・実践記録は、語学学習法の理論的・技術的論述ではなく、各自の体験に即した、いわば、現象学的な記述に特色があり、学習者の心に響くことばで綴られている。〈語学教師〉の仕事の一つに、こうした経験の記述と伝承があることはもっと認識されてよい。

いつの世でも、同じ志をもち、同じ目的のために、外国語の学習や実践を心がける世代は、必ず現れるものだが、そのとき、良き学習・実践の雛形を求めて、先人の体験記録が吟味される。いわば、優れた走法や見事な体さばき、ピッチング・フォームや打法の手本となる映像をビデオでさらいながら、若手スポーツマンが脳裏に刻み込み、理想型をイメージ・トレーニングしてなぞるように、〈語学教師〉の優れた体験記録も、後の世代の理想型として、後進たちの心の中で反復されるのである。

〈語学教師〉が、自分の学習・実践体験を、現象学的に記述することの、もう一つの利点は、そうすることによって、自分の外国語をめぐる行動を、客観的に振り返り、自己の成長に役立てることできることである。[4]

5 成尋、ママと別れる

成尋は、「結跏趺坐（けっかふざ）」、「千日行」、「不臥の修行」（横臥して眠らない）などを修しながら、身を浄め、巡礼を果たした先達たちの列に連なることをひたすら念じつづけた。しかし、残された時間は容赦なく過ぎ去り、一刻の猶予もならぬところまで齢を重ねた成尋は、我が身を、日本に引き止めようとする、公的ならびに私的な絆を、ある決意をもって断ち切った。公的には、二十年も護持僧として仕えた藤原頼通が一〇六七年に関白を辞し、一〇七二年四月に出家する一月前に、宋へ向けて旅立つ決意を固めたこと、私的には、それより三年前、八十一歳になった生母に大雲寺の傍に住むように仕向け、母親が喜び勇んでやって来ると、若い頃から心に決めていた入宋の決意を告げて、老母を悲嘆の淵に投げ込んだこと、この二つの決意によって、浮き世のしがらみを断ったのである。そのときの様子を母親は『成尋阿闍梨母集（じょうじんあじゃりはははのしゅう）』にこう記している。

「唐に五台山といふ所に、文殊の御跡（おんあと）をだに拝みて、もし生きたらば帰りまで来む。失せなば、かならず極楽をあひ見、拝みたてまつるべきことを思はむ」（中国に五台山という山があり、そこは文殊菩薩が降り立った地といわれるのですが、そこをせめて巡拝し、もしその後も命があれば日本に戻ってきますし、あるいは死ぬようなことがありましたら、きっとお母さんとは極楽でお会いしたく思っているのです）[1]。

成尋は、母親との決別を、逆修（生前の葬儀）を執り行うことによって固めた。ちなみに、寂昭、奝然らも、母親を棄て入宋するにあたり、逆修を執り行っている。[2] しかし、成尋は渡宋後も「かならず極楽をあひ見、拝みたてまつる」という約束を忘れず、一〇七二年四月十九日の条に、「宿房の壁上に阿閦仏［ルビ塩田］の真言が懸けてあったので、聖秀に書き取らせた。これは実際に女身を転ずる因縁を日本に渡すためである」[3]、と述べている。今風に云えば、入宋したお坊様たちは、みなさんマザコン、成尋ママもれっきとしたグレート・マザー、息子も純正マザコン、よほどの蛮勇をふるわなければ、母子の絆を断つことなど叶わなかったのである。こうして母子の絆を断つ場合、過剰な反作用から、生き別れになることも珍しくない。成尋も寂昭も二度と母の許には帰らなかったからである。

中世聖職者のマザコン・トレンド、もしくは母親に対する尊崇の念は、母系制社会の雰囲気が残留していた空海の時代から存在していた。空海の母親も息子に会おうと高野山に登ってきたが、雷神の怒りに触れたので、空海は、母親を山麓の慈尊院に住まわせ、母が没した後は、そこを廟所としたという。以後、慈尊院は「女人高野」と呼ばれたのだから、お坊様たちのマザコンぶりは、筋金入りの伝統だった、と言ってよいだろう。後の道元もまた、慈母の死による無常観から発心している。

性差別の強いヒンズー教が、原始仏教に、女性には五障があって成仏も浄土に生まれ変わることもできないとする教理を持ち込んだのに対し、『阿閦仏国経』、『般若経』、『維摩経』などは、女性が仏となるときは男子に変わる、とする、いわゆる「転女成男」「変成男子」[4]を説いた。ちなみに、その真言は、「オン・アキシュビヤ・ウン」、という。つまり、成尋は、「極楽をあひ見」ることができるように、母親が成仏し浄土に入るための真言を、中国で書き取らせたわけである。[5]

維摩居士も成尋も、女性の成仏を主張する僧侶たちは、マザコンだったのかも知れない。マザコンは、女性に対する敬愛を失わせないので、アリかナメクジを踏みつぶすように無造作に親の命を奪ったりする現代の化け物よりはましである。マザコン伝統は、現在まで連綿と続き、日本の支配層や官僚たちが、ほとんど例外なくホステスに母親代理の役割を期待していることを、六本木のホステスとなって調査・実証したのは、アメリカ女性の博士論文だった。[6]

6 成尋と中国語――通事と筆談

成尋は、中国語による意思疎通をもっぱら中国人通訳に頼り、必要に応じて筆談を用いたから、〈語学教師〉としての中国語学習を窺わせる言及を日記に見出すことはできない。しかし、ある意味で、〈語学教師〉としての役割を果たす通事に関しては、一〇七二年四月十九日の条に、こういう記述がある。

陳一郎が来向する。五度日本に渡ったことのある人で日本語に堪能である。[彼は]「陳詠(ちんえい)を通事(通訳)として伴い、天台山に行くとよい」という。悦んで約束した。[1]

「陳詠のしたためた杭州府、台州府への文書の下書きによると」、「陳詠は成尋と旧知の仲で、杭州の張三の店で再会し、その通訳として従うことになり、天台山にも焼香のため訪れたのだという。陳詠が商売のために日本を訪れたのは……七年前のこと、その折すでに成尋と知り合いになっており、彼はそのまま日本に四年間滞在し」[2]ていた、という。日本に密航して来る商船の乗組員には、こうした中国人がたくさんいて、日本語と中国語を操り、日中文化の隣接領域をこだわりなく泳ぎ回っていた。その一人である陳詠が、この後もずっと成尋に寄り添って通訳を果たし、中国側の代表と成尋との会談は、いつも陳詠が通訳として同席した。旅が始まった直後、四月廿六日の条にはこう記されている。

> 寺主・禹珪・陳詠と諸共に轎に乗って寺を出発し、先ず天台県に向かい、知県（県の長官）に拝謁した。知県は寂昭入唐の年代を問うたので、六十一年前（実際は六十九年前）と答えた。次に奝然入唐の年代を問うたので、八十一年前（実際は八十九年前または九十年前）と答えた。[3]

この後、州の長官（知州）に拝謁した時も、「私は通事を介して国清寺と自分の牒文を奉献し、杭州符から下された牒文をご覧いただいた」[4]、とある。さらに、天台県の知県や明州の推官に拝謁したときは、推官が、茶を点てながら、「一心三観とはどのような観［法］なのか」、と問うた。成尋は、「『［摩訶］止観』中の一文ならびに鏡の譬と夢の譬などをもって答えた」。重ねて「色を我と見ることはなぜ邪道なのか」と問われた成尋は、「肇公（僧肇）のことばを引いて答えた」[5]、と記している。問答は続いたが、成尋はたちどころに答えている。これが筆談なのか、陳詠を通した問答だったのかは判然としないが、高度に専門的な内容だったから、筆談であった可能性が高い。一〇七二年七月初四日の条にも仏教問答を行い、「知県と仙尉は筆談で何回も質問をした。推官と秘書も同様に筆談で質問した」[6]、とあるからである。それに、成尋の日記には、「筆談・筆礼・筆言」などのことばが頻出する。

陳詠も、専門的な内容になると、細部の通訳がおぼつかないと思われたこともあったらしく、一〇七二年九月廿一日の条には、次のように記されている。

講堂での点茶のつぎに、通事の陳詠を通じて寺主に「泗州［ルビ塩田］大師は入滅してから何年たち、入滅した月日はいつだったのか」と質問した。「多年を経ているので知る人がいない云々」との答えだった。そこで私は硯と筆を借り、「中宗孝和皇帝の景雲元年（七一〇）三月二日の入滅で、今年で三百六十三年になる」と書いた。それを見て寺主は「知っている」といった。前と後ではずいぶん［答えが］相違する。[7]

これを読むと、成尋は、知っていることを故意に質問して、相手の知識の正確さや通訳の忠実度をチェックしていたのではないかと疑われる。寺主か通事か、どちらを調べていたのかは分からないが、この例は、内容が専門的なことは、通訳を通さず、筆談によったであろうという推測を強める根拠の一つとなる。また、勅使と、朝貢する品物などの内容について細かい遣り取りする場合にも、筆談が用いられている。[8]

しかし、神宗皇帝に拝謁する場合は、「訳語官をして預め先に行かしめ報告せしめよ」[9]、とのお達しがあり、成尋ら八人と通事が参内し、「客省の官人ならびに通事を前立（先導者）として」[10]門を入った。

そのとき、皇帝は、成尋に十七項目の質問をしたが、それもあらかじめ文書で通知され、文書で回答されている。日本情報を求めていた宋政府は、皇帝自ら文書で下問した。神宗皇帝は、次のような項目を質した。日本の風俗、京都の城内の里数、人口、戸数、日本国の版図、王の呼び名、百姓の号（名字）、日中国交が断絶している理由、日本の官位名、天皇の系譜、気候、日本からの経路、中国で珍重される物品で日本にもあるもの、獅子・象・虎・羊・孔雀・鸚鵡などの日本における有無、王の姓氏、日本と毛国（意味不明）との遠近などである。[11] 成尋は、常識的な範囲で答えたが、詳しい統計的な数については、知らない、と答えている。

通事は、意思疎通のために不可欠な存在であったから、皇帝は、謁見のあと、成尋たちだけではなく、陳詠にも褒美を取らせた。

御前［ルビ塩田］において紫袈裟・衫衣・裙［ルビ塩田］を賜った。……七人（成尋以外の）には皆、褐色袈裟衣と裳、八人［全員］には同じく八丈［の長さ］の美しい広絹二十疋［を賜わったの］だった。通事には銭三貫だった。諸人（成尋たち）は同心（心を合わせて）してそれぞれ二疋の絹を通事に与えた。合わせて十六疋である。……［通事の陳詠は］すでにはなはだ富める人となってしまった。何で驥尾の蠅と異なるところがあろうか。[12]

陳詠の銭三貫とは、どのくらいの値打ちだったのだろうか。井上泰也によれば、食事は「僧一人につき一〇〇文近くを目安としていたとの、ライシャワー氏の見解もある」とし、米価への言及は、成尋の日記には「一件しか検出出来ない」が、「一斗八〇文」[13]という記録がある、という。

日本では、鎌倉時代から米価は、一石＝一貫文と言われていた。一貫とは、穴の開いた一文銭を、千枚（時期によって八〇〇枚前後）紐で通して結んだ貨幣単位だという。松延康隆の米価と年次を示すグラフを見ると、一二七〇年から一三二〇年にかけて、米価は、五〇〇文から一五〇〇文の間を変動しているが、ほぼ一〇〇〇文を基軸としているように見受けられる。[14]

米一斗とは、ほぼ一八リットル、約二七キロにあたる。それだけの米が仮に八〇文だとすると、陳詠が下賜された三貫文は、お米約一トン余りを買える金額だったわけで、現代なら十キロ四千円程度のこしひかりを買うことにすると、約四〇万円に価する。

なお、絹も、「明らかに貨幣的に使用されている」[15]、という。一疋の価は、通常の絹の場合、一一三三文から一二五〇文くらいだったらしい。[16]米価から換算すると、約一六万〜一七万円に相当する。陳詠は、一六疋の絹を得たのだから、獲得金額は、二六〇〜二七〇万円にのぼることになる。

成尋の日記を通じて分かることは、通事がかなり厚遇されていたことで、この拝謁の後で、開封客省の役人が、

「成尋に銭十貫、通事に銭五貫を下賜する宣旨を持って来た」[17]、という記述もあり、一〇七二年十二月九日の条には、太原知府から酒を大九瓶も贈られ、「通事に一瓶」[18]与えた、とある。当時の一瓶は、五〇升、約四七・四リットルだったから、一升瓶で約五十本分の酒を下げ渡したことになる。通事にも手厚い報酬が与えられていたことが明らかであろう。

成尋は、中国語の会話力こそなかったが、専門的な内容について筆談で遣り取りのできる学僧であったようで、拝謁した知識人や文化人から敬意をもって遇された。宋代は、科挙の制度が盛んに行われ、明州の地方選抜で五百人の秀才から選り抜かれた十七人が、国清寺で、御試（皇帝自ら問題を出す最終試験）を待つために滞在しているところに巡り会ったのだが、七月廿日の条には、こう記されている。

> 明州の秀才が六項目の疑問を書いてやって来て質問したので、一つ一つ答えた。次に明州の［貢］挙人（地方の郷試に合格し省試にのぞむ者、秀才）の姚孳が五つの質問を持ってやって来たので、一問ずつ答えた。[19]

音に聞こえた科挙の過去問か予想問題に、成尋が丁寧によどみなく答えているから驚きである。例えば、在外研究でフランスに行った日本のフランス語教師が、下宿先の大家の息子さんから、バカロレアの哲学かなんかの過去問を訊かれたとしたら、かなりやばいではないか。成尋みたいにはいかず、たちまち馬脚を露わすのが関の山であろう。こうした学殖もあって、成尋はかの地で尊崇の対象となり、引き止められたから、とうとう帰国できなかったのである。霊仙も出来すぎて毒殺されてしまったから、出来すぎる人間も楽ではない（まあ、出来の悪い〈語学教師〉のひがみかも知れないが）。

こうした高度に専門的な中国語を、筆談で操ることが出来た成尋は、他方、日常中国語はままならなかったから、次のような場合は、泣き寝入りするほかなかった。

［七月］廿七日、……大慈寺に行く予定であったが、［人力の］小馬と小闍などが駄賃が少ないなどと不平を言って来ない。まったく不本意である。[20]

ここで、振り返っておく必要があるのは、陳詠の通訳労働に対する報酬をめぐる成尋のコメントである。彼は、それを「何で驥尾（きび）の蝿（はえ）と異なるところがあろうか」と評している。「驥尾（きび）」とは駿馬の尻尾、優れた馬の尾にたかる蝿とは、言うまでもなく、優れた人物の尻について、そのおこぼれを頂戴する蝿に劣らぬやからを指している。通事の付いた相手が成尋だったからこそ皇帝に拝謁も許され、銭や絹の役得だって手に入れられたのだ、と成尋は言いたそうだ。尻尾を蝿に提供している駿馬は、成尋自身なのだから、寅さんではないが、「それを言っちゃあ、おしめえーよ」みたいな言い草で、円仁にはなかった差別臭のする本音を、はしなくも洩らした箇所である。ちょっと幻滅。

成尋と円仁を比べると、成尋は、情報を欲しがっていた宋朝から、歓迎され、厚遇され、無事、海を渡り、大陸では、どこへ行くにも、轎（こし）や馬を供され、兵馬や食料の手厚い支援を受けながら旅ができ、いわばＶＩＰ待遇であった。努力して中国語を操りながら人間関係を構築し、無数の蚊や虻に襲われながら草深い大地を踏み抜けた円仁とは、対照的な巡礼行である。贅沢な扱いに慣れてしまうと、つい、通事に対する感謝も忘れ、不用意な本音を漏らしてしまったのは人間らしい弱さである。ずいぶん修行をつんだ高僧ではあったけれども、円仁に比べると人間的な魅力がいまいちなのは、実人生の苦労から隔てられていたせいなのかも知れない。

7　宋代日常の記録

円仁ほどの好奇心はなかったが、ある種の物象に関しては、成尋も並々ならぬ注意をはらって記録した。そうした細々した記述を網羅的に調査した論文[1]を参考にしながら、いくつかを列挙してみよう。

成尋は、羊、鸚鵡、駱駝、象など、珍しい動物に目を留めているが、円仁の日記に記された蚊や虻、鶏、飼育水鳥、狗、蝗害をもたらした蝗など、生活に密着した生き物への関心は見出せない。成尋が入宋した一〇七二、七三両年は、大規模な蝗害が起きたにもかかわらず、一行も触れられていない。庶民的な事柄に対する、彼の関心の持ち方の偏りを示しているだろう。

他方、成尋は、官僚の官位を示す服の色、貨幣としても使用された絹、遣り取りした品々、費用などはこまめに記している。さらに詳しいのは、食の情報である。茶（点茶・喫茶・茶湯・茶薬・茶菓）についてもその頻度は、全日数の二八パーセントを占める。[2]これは、円仁の四パーセントに比べると圧倒的で、宋代にお茶が広まったことと、成尋の旅がＶＩＰの旅で、あちこちで茶のもてなしを受けたことを物語っている。

一般食品についての言及は、触れられなかった蝗害や山崩れとは逆に、溢れかえっている。「移動中、通過の諸州当局から酒と共に差し入れられる機会も多い餅類」[3]だけでも一六箇所の言及があり種類も豊富である。「糖餅・糖油餅・素油餅・松花餅・饅頭（酸餡・酸嗛：豆餡入り精進饅頭、砂〈沙〉餡は漉し餡）・饊子・餅淡（餤）」［以上ルビ塩田］など。

「円仁の語る食品は貧しくも慎ましい」[4]が、成尋は、随所で厚いもてなしをうけながら大名旅行をしたから、乞食のような格好で歩行で旅した円仁とは、趣を異にした。例えば、それは、旅先における、「童行［雑役をする小坊主、塩田注］が出てきて茶をすすめてくれたが、器が穢れていたので喫まなかった」[5]、という態度にも現れている。円仁だったら、遠慮なく飲んだだろう。

成尋が記録した食品は、円仁とは対照的に贅沢である。「茘子・桜子・甘蔗・梅子・竜眼・胡桃子・笋［ルビ塩田］・楊梅……瓜・柿・査子・金橘・杏及び、乾菓子である干柿・松子・林檎・栗・胡桃・甘子・石榴・梨・茘子・瓜や、甘蔗・蓮根・紫苔を使った菓子、蜂蜜から、粽・水団・炙夫、そして伝法院特製の平茸・薯蕷・薯蔔・茎立［ルビ塩田］などを調理した各種料理には、乳酪も加わる幅広さであった」[6]。円仁と成尋の食べ物の違いは、日本の敗戦直後の飢餓時代のお膳と、バブル期飽食時代の食卓の違いさながらである。宋代は、繁栄した贅沢な時代であった。

以上のごとく、成尋は、色気より食い気といったお坊様だった。禅のお坊様たちは公案も工夫したが、精進料理のレシピも考案して、豊かな食感と味わいを現代に伝えているのも不思議ではない。円仁と比べ、成尋は、社会・歴史的視野や、社会の下層で暮らす人々への目配り、政治の中枢で起こっている事態を見抜く洞察力などには欠けていたから、『参天台五臺山記』と『入唐求法巡礼行記』を比べると、かなり視野が限られている感じは否めない。しかし、ある種の偏りがあるとは言え、〈語学教師〉に欠かせない、レアーリアのうち、食の情報は豊富で、宋代の食卓を彷彿とさせる資料価値を保っている。

8　天台山巡礼

成尋は、一〇七二年五月十二日、午後四時、台州天台県に入った。翌十三日、「午の時（正午）に赤城山を見た。山頂には塔があり、遥かに智者大師入滅の處を礼拝した。はじめてこれを拝見して感涙を抑え難かった」[1]、とあり、未の一点（十三時）に、国清寺に到着、寺主をはじめとする数十人の出迎えをうけた。国清寺は、天台宗の総本山である。

……羅漢像を一体ずつ焼香し礼拝したが、感涙にむせぶこと極まりなかった。……次に大師堂に参ったところ、……智者の真容……が安坐していた。……悲涙を禁じ難かった。昔［話に］聞いていたことを、今じっさいに目の当たりにしているのである。あたかも符契（ふけい）（割り符のように合致する）のようであった。……申の時（十六時）に寺主が儲（もう）けてくれた饗膳（きょうぜん）（饗応のご馳走）はとてもすばらしいもので、食床（食卓）が美しく飾られているさまは言葉で言いあらわすことができない。……酉の時（十八時）に浴院に入って沐浴（もくよく）した。毎日湯（毎日湯浴しているの意か）云々」[2]

成尋も、円珍のところで引いた「昔（むかし）、聞き、今（いま）、見るに、宛（あたか）も符契（ふけい）（割符。よく的中していること）の如（ごと）し。」ということばを、反復している。

成尋は、このほかにも寂昭とともに入宋した元燈上人の影像を、この地で認めて、感動している。[3] さらに、成尋は、『智証（円珍）大師伝』を引きながら、「天台山図を披（ひら）くごとに、いつも花頂、石橋が景勝（景色が勝れていること）であるのをみて、未だに良縁に遇うこともなく長い間念願していたけれども、遂に海を渡ることになった（京都から大宰府に向かって出発する時の記事）」と語っている。今、小僧（わたくし）は大師の前蹤（しょう）（足跡）を追って宿念（長い間の念願）を遂げ、石橋を拝することができ、感涙下ることきわまりない、[4] と記し、さらに、こう述べている。

今、『夢記』（成尋みずからが見た夢を記録しておいたもの）を見ると、日本の康平四年（一〇六一）七月三十日の夜に大河の夢を見ている。白い橋があり、小僧（わたくし）成尋が一橋を渡ったところ、間断（間が途切れる）があるために未だに渡りきれないでいると、一人の人が床を踏むが如くやすやすと渡り、成尋を渡らせてくれたのである。夢の中で思ったことは、「これは天台の石橋である。菩提心（悟りを求める心）を発（おこ）した人でなければこの橋をわたることができないのに、今、渡り遂げることができた。心の中は喜悦でいっぱいである云々」であった。今日、石橋のかたちを見たところ、昔日の夢と符合していた。[5]

ここでいう「石橋」とは、「天台山一帯は、山・滝・渓谷が織りなす景色が美しく、……その中心をなすのが、……国清寺。中国天台宗発祥の地として有名で、隋代に智顗大師の遺志にもとづいて創建された。……国清寺から一七キロ奥に入ったところにある石梁瀑布（方広寺という寺がある）……こそが玉澗流水墨画の基になった実在の橋と滝である。この滝の上にかかる石橋は細くて長く、非常に不安定な感じがする」[6]橋で、天台山巡礼者が必ず訪れる場所である。細長いアーチ状の天然岩が、橋さながら滝をまたぐ奇観を形づくっている。成尋が写し取った橋の銘文は、その自然の傑作をこう表現する。

その石は橋となり、宛として晴虹のごとし。雕（彫る）するに匪らず、啄（刻む）するに匪らず、磨くに匪らず、礱（研ぐ）するに匪らず。実に地の骨なり、実に天の功なり。[7]

漢文が、硬質の風景描写にぴったりくることが分かる。成尋は、この難解な銘文を理解する中国語読解力を有していた。

この石橋は、インドの高僧白道猷上人が、五百羅漢を夢見た場所である。謡曲の『石橋』では、大江定基が出家して、寂照法師となり、入宋して天台山に至り、この石橋を渡ろうとする。と、樵が現れ「獅子は小蟲を噬はんとても、まづ勢をなすとこそ聞け。我が法力の有ればとて、行く事難き石の橋を、たやすく思ひ渡らんとや、あら危しの御事や」[8]（獅子はたとえ小虫を食らわんとするときでも、渾身の力を尽くす、と聞く。自分には法力があるから、簡単だと思って渡ろうとするとは、危なっかしいことじゃ）、と、底の知れた修行を恃んで石橋を渡ろうとする寂照の慢心を戒め、石橋の由来を語り、最後は、文殊菩薩の使いの霊獣である獅子の本性を現わし、傍らに咲き乱れる牡丹と戯れ狂いながら舞って祝福する。寂照の参天台、石橋巡礼は、日本の文化に根を下ろすに至る出来事であったことが伺われる。やがて、「石橋」は、歌舞伎の演目ともなる。

成尋は、やがて日本人の心の故郷に加えられるこの石橋を訪れ、「合掌するとともに随喜の涙が流れはじめた」[9]、と述べている。こうして天台山の石橋巡礼は果たされたが、円仁に比べ、轎(こし)にのり、食事等は、贅沢で、余裕の旅であった。[10] ちなみに、現在では、天台山の石梁瀑布は、秘境旅行スポットとなり、別の〈イマーゴ〉に変化している。人が景勝地や名所旧跡の旅に求めているのは、心の故郷の新しい祖型、もしくは、心に刻まれた何かしらの範型と、知覚体験する現実との一致確認なのかも知れない。

9　五台山巡礼

五台山でも、基本的には、天台山巡礼と同じような記述が繰り返されている。真容院に成尋が近づくと、馬八疋が送られて来る。さらに進むと、副僧正が、行列をつくり、五色の幡(ばん)を立てて、百人もの僧とともに出迎える。頂きに五色雲が現れるのを目撃し、堂内で礼拝焼香する。沐浴し宿望に泊まる。

続く日々は、副僧正の案内で、諸堂を巡礼し、高僧たちと筆談する。珍菓・茶薬のもてなしを受け、贈物をもらう。三十五人もの護衛兵士に守られながら下山し、知県と歓談、官人大勢も挨拶にくる。勅令もあって、手厚く守られ、もてなされ、国賓なみの扱いを受ける。密航僧とは思えない歓迎ぶりである。

五台山には、多くの寺院や堂宇があり、ひとつひとつ案内され焼香する。それぞれの寺主と筆談し、太平興国寺では、八十二歳の和尚から、五台を五十八回も廻った話を聞いたり、先達たちの聖遺物を見学したりする。帰りは遣いである。副僧正も送ってきて、「茶菓の席をもうけてくれた。非常に丁寧な応対である」[1]。下山の途中も粥を送りとどけてくれる。そうやって代州に着くと、三十五人の兵士は帰り州兵二十人に交替する。軍駅に至れば、食事がととのえられている。路食（道中の食料）も別に送られて来る。「それらは餕餡五十隻、砂餡五十隻、糖油餅五百箇、素油餅五十箇、散子五箇であった」[2]。餕餡・砂餡は、肉餡ではなく、豆餡を入れた精進のマントウで僧侶の常用食、糖油餅は、「油で揚げた小麦粉で作った糖蜜を浸ませた餅」[3]らしく、素油餅は、糖蜜などを加えない、油で素揚げした餅のようだ。散子は不明だが、雑肉などを掻き集めたもので、在俗者用の食べ物らしい。五個という個数から察するに、一人だけ在俗者であった通事陳詠のためのものであろう。肌理の細かい心遣いの感じられる献立である。こうして帰路も、州境を越えて別の州府に入るたびに歓迎され、「大齋を駅に送ってくれ、酒三瓶も送ってくれた。種々の珍菓はとても文字で記しつくすことができないほどである」[4]。

成尋は、法華経などを誦じながら、轎か馬に乗っていれば、行きたいところに連れていってもらえ、食事時がくれば、贅沢な齋が出て来る、官人に会えば、手厚い茶菓のもてなしを受ける、という按配であった。体中、虫にさされ、傷だらけになり、泥沼に足を取られながら、何百里も歩かねばならなかった円仁とはあまりに違い、ある種、感慨を禁じえない。

以上のような事情から、成尋の外国語は、苦労して中国語会話をマスターする必要に迫られることもなく、もっぱら、古代日本の学令が作り上げた中国古典学習法や、漢訳仏典を中国語語順で音読する方法によってインプットされた、書き言葉としての中国語力によって意思疎通を行い、日本の事情を宋政府に伝え、見聞記を中国語（漢文）で記す、という活動に終始した。

成尋から学ぶ点があるとすれば、幼いときから培った求法への初心を貫き通した意志の強さであろう。彼の初心を形成している、いわば〈イマーゴ〉を大切にし、不断にそこへ回帰しながら、求法への情熱を絶やさなかった点に、還暦を過ぎてから入宋する決断を可能にさせた秘密があったのに違いない。

（二〇一三年一月一五日）

謝辞
校正段階で、青木晴男さんと大森夕夏さんから、貴重な指摘をいただきました。厚くお礼申し上げます。

注

一 密教とは何か

1 はじめに

1 小林隆彰『智証大師 円珍』（東方出版、一九九〇年一一月）。
2 正木晃『密教』（筑摩書房、二〇一二年一一月）、一四頁。

2 密教はだれが説いたのか

1 松長有慶（ゆうけい）『密教――インドから日本への伝承』（中央公論新社、二〇〇四年二月）、六九頁。
2 小林、一〇六頁。
3 西村公朝『密教入門』（新潮社、一九九六年七月）、一四～一五頁。

4　多賀宗隼『栄西』（吉川弘文館、一九八六年一〇月）、二三八頁。
5　小林、一〇六頁。
6　同右、一一二頁。
7　同右、一一二頁。

3　密教の教理

1　同右、一一三～一一四頁。
2　同右、一一八頁。
3　同右、一二一頁。
4　同右、一二一頁。

4　密教の実践と修行

1　同右、一二三頁。
2　同右、一二八頁。
3　同右、一二三～一二四頁。
4　工藤多恵・楠木理香「外国語学習に対する動機づけを促すために～外国語教師にできること～」『立命館高等教育研究』第四号（立命館大学、二〇〇四年一二月、二五～三五頁）には、教員に対する好意や尊敬の念の重要性が指摘されている。
5　小林、一三二頁。

5　入唐したその他の先人たち

1　「土宜法竜宛書簡」『南方熊楠全集』第七巻（平凡社、一九七一年八月）、二二五頁。
2　『酉陽雑俎』巻之三、十一枚目。南方同書、二二〇～二二一頁。

3　佐伯有清『最澄とその門流』（吉川弘文館、一九九三年一〇月）、一九五頁。

4　常暁については、下記の文献を参考にした。朴埈奭「常暁の入唐求法」『大正大学大学院研究論集』三四号（大正大学、二〇一〇年二月）、一頁。祖風宣揚會編纂「常暁和尚傳」『弘法大師諸弟子全集　下』（六大新報社、一九四二年九月）。祖風宣揚會編『弘法大師諸弟子全集中』（六大新報社、一九四二年八月）、一〇一～一〇二頁。「小栗栖法琳寺常暁和尚木像」の写真が入っている。

5　平野邦雄・瀬野清一郎『日本古代中世人名辞典』（吉川弘文館、二〇〇六年一一月）、一三四頁。

6　同右、一二八頁。

7　同右、四七二頁。

二　円珍　巡礼求法の旅

1　不良留学生、円載

1　小林隆彰『智証大師　円珍』、五～六頁。

2　佐伯有清『円珍』（吉川弘文館、一九九〇年七月）、五一頁。

3　同右、九一頁。

4　同右、九一頁。

5　同右、九二頁。

6　同右、九二頁。

7　同右、九二頁。

8　同右、九二頁。

9　同右、二七〇～二七一頁。

10　佐伯『最澄とその門流』、一三〇頁。

11　佐伯『円珍』、一三四〜一三五頁。

12　ただし、別の見方もある。佐伯有清『悲運の遣唐僧――円載の数奇な生涯』（吉川弘文館、一九九九年四月）参照。この文献の存在は、古川肇氏から教示を受けた。

13　Amélie Nothomb, *Stupeur et tremblements* (Éditions Albin Pichel S.A., 1999). ノトンは、外交官の父親と幼時に日本で五年間過ごし、二十三歳のときに、一年間、日本の三井物産で働いた。そのときに経験した、日本の大企業の体質を痛烈に風刺した小説を書いた。硬直して上意下達的、男性優遇の企業体質は、最近暴露された東電などの社風に酷似している。三井物産は、ユミトモという名前に変えられ、新宿副都心の住友ビルを彷彿とさせるビルで主人公は働いている。

2　円珍と中国語

1　佐伯『円珍』、六九頁。

2　「行歴抄」石山寺文化財総合調査団編『石山寺資料叢書　史料篇第二』（法蔵館、二〇〇〇年一一月）、三五六〜三七七頁。

3　佐伯、二七三〜二七四頁。

4　同右、一一一頁。

5　同右、一一二頁。

3　人を許さぬ円珍の功罪

1　小林『智証大師　円珍』、一五一〜一五二頁。

2　佐伯『円珍』、一六六頁。

3　同右、二六六頁。

4　小野勝年『入唐求法行歴の研究』智証大師円珍篇、上、佐伯『円珍』、二六七頁参照。

5　佐伯『円珍』、二六八頁。
6　同右、七四頁。
7　佐伯『最澄とその門流』、二一七頁。
8　佐伯『円珍』、八六頁。
9　同右、一〇五頁。

4　天台・五台山求法巡礼という〈イマーゴ〉の形成

1　加藤正明他編『新版精神医学事典』（弘文堂、一九九三年二月）、四九頁、J・ラプランシュ、J・Bポンタリス、村上仁監訳『精神分析用語辞典』（みすず書房、一九七七年五月）、二〇頁などを参照。
2　森林太郎「寒山拾得」『鷗外全集』第一六巻（岩波書店、一九七三年二月）。
3　因陀羅筆、東京国立博物館蔵、元時代、十四世紀の作。
4　齋藤圓眞編『参天台五臺山記』Ⅰ（山喜房佛書林、Ⅰ一九九七年六月、Ⅱ二〇〇六年四月、Ⅲ二〇一一年五月）、一〇九頁。以下『山記』。
5　内田樹『街場の文体論』（ミシマ社、二〇一二年七月）、二三七～二四〇頁。
6　『山記』、一三八頁、注二七。
7　同右、一〇六頁。
8　小林『智証大師　円珍』、五〇頁。

5　中国語会話の実践者たち

1　佐伯『最澄とその門流』、一二六頁。
2　以上二つの引用、同右、一三五頁。
3　同右、二〇六頁。

4　同右、一九三頁。

5　同右、二〇四頁。

6　同右、一九三〜一九四頁。

三　日宋交易活性化の背景

1　宮崎市定「宋と元」、『世界の歴史』第六巻（中央公論社、一九七五年一月）、一五七〜一五八頁。

2　Jared Diamond, *Guns, Germs, and Steel*――*The Fates of Human Societies*, (New York, London:W.W.Norton & Company, 1997), p.253.

3　ルイーズ・リヴァシーズ、君野隆久訳『中国が海を支配したとき――鄭和とその時代』（新書館、一九九六年五月）、四七頁。

4　新編森克己著作集編集委員会編『新編森克己著作集　第三巻　続日宋貿易の研究』（勉誠出版、二〇〇九年四月）、五九頁。

5　Sarah Rose, *For All the Tea in China* (Penguin Books, 2010).

6　宮崎前掲書、四八九〜四九〇頁。

7　金谷治訳注『論語』（岩波書店、一九六三年七月）、五八頁。

8　ルイーズ・リヴァシーズ、三一頁。

9　同右、四三頁。

10　陳淳『北渓字義』、朱熹の高弟陳淳が著した新儒学用語辞典。北渓は陳淳の号。リヴァシーズ、四四頁。

11　（岩波書店、初版、一九〇五年、一九八九年一月）、一七九頁。

12　渋沢栄一『論語と算盤』（角川学芸出版、初版一九一六年、二〇〇八年一〇月）、二二頁。

13　今谷明『元朝・中国渡航記　留学僧・雪村友梅の数奇な運命』（宝島社、一九九四年八月）、三八〜四一頁。

14　以上、リヴァシーズ、四五〜五二頁参照。
15　伊井春樹『成尋の入宋とその生涯』（吉川弘文館、一九九六年六月）、五一頁。
16　同右、九〇頁。
17　同右、九一〜九七頁。
18　以上、同右、四九頁。
19　前掲『新編森克己著作集』第二巻、二四三頁。

四　『源氏物語』と海外交流

1　石田穣二・清水好子校注『源氏物語一』『新潮日本古典集成』（新潮社、一九七六年六月）、二七一頁。
2　谷崎潤一郎訳『新々訳源氏物語巻二』（中央公論社、一九六五年一月）、二八頁。
3　石田・清水前掲書、二七一頁、注一三。
4　岡田甫『川柳末摘花註解』（第一出版社、一九五一年五月）。
5　原文は、「まづ居丈の高う、を背長に見えたまふに、さればよと、胸つぶれぬ。うちつぎて、あなかたはと見ゆるものは、御鼻なりけり。ふと目ぞとまる。普賢菩薩の乗物とおぼゆ。あさましう高うのびらかに、先のかたすこし垂りて色づきたること、ことのほかにうたてあり。色は雪はづかしく白うて真青に、額つきこよなうはれたるに、なほ下がちなる面やうは、おほかたおどろおどろしう長きなるべし。痩せたまへること、いとほしげにさらぼひて、肩のほどなどは、いたげなるまで衣の上まで見ゆ。何に残りなう見あらはしつらむと思ふものから、めづらしきさまのしたれば、さすがにうち見やられたまふ。頭つき、髪のかかりはしも、うつくしげに、めでたしと思ひきこゆる人々にも、をさをさ劣るまじう、袿の裾にたまりて引かれたるほど、一尺ばかりあまりたらむと見ゆ。」（石田・清水前掲書、二七〇〜二七一頁）。
　谷崎訳は以下のとおりである。「と、何よりもまず、すわりぜいが高くて、胴が長いようにお見えになりますので、さればこそとお胸がつぶれるのでした。次に、あゝみっともないと思われるものはお鼻でした。ふとそれに目が留ります。普賢菩薩の乗物のようです。あきれるほど高く長く伸びていまして、先の方が少し垂れ下がって色がついている具合が、ことのほかへんてこです。お顔の色は雪も恥じろうほどに白くて、真っ青で、額つきが恐ろしくおでこで、おまけに下ぶくれな面立ちなのは、大体がとてつもなく長い顔なのでしょう。痩せていらっしゃることといったら、気の毒なほどとげとげしくて、肩のあたりなどは痛々しいまでに衣の上からでも見えます。何でこうまで残りなく見てしまったのであろうと、後悔なさりながら、あまり珍しい様子なので、さすがに御覧にならずにはいられません。髪の格好や、それが垂れかかっている塩梅などは、いつもたいそう美しく見事であると思っている方々にもおさおさ劣らないくらいで、袿の裾から床に溜まって曳かれている部分が、一尺ばかりもあろうかと思われます。」（上掲谷崎訳、二七～二八頁。）

末摘花の不細工ぶりを原文で引用したのは、そこに描写されている身体的特徴に、何か、ある種、エキゾチックな、異邦の民族の血を感じたからである。大陸との交易を背景にして読むと、黒貂を着た末摘花は、西域の胡人や北方に流れ込んだ騎馬民族の末裔だったのかも知れない、という印象が起こり、偶然とは思えない気がする。

6

皮衣は、「万葉集」巻九にも見える。「とこしへに夏冬行けや裘扇放たぬ山に住む人（いつまでもただひたすらに、暑い夏と寒い冬とが一緒に並んで経過するとでもいうのか。皮衣をまとって扇を手から放さぬ山住みの人は」）、（青木生子・井手至・伊藤博・清水克彦・橋本四郎校注『萬葉集』二『新潮日本古典集成』、一九七八年一一月、新潮社、三八一頁）。

「『ふるき』は、遼東方面の産で貂（てん）の類、毛皮が黒いという。」（山岸徳平校注『源氏物語一』『日本古典文學大系』第一四巻、岩波書店、一九五八年一月、四三三頁、「補注」一二〇頁。「シベリア産。毛皮の最高級品だが、貴族の男性用のものであったらしい。一条天皇頃には流行遅れとされていたようである。」（石田・清水前掲書、二七一頁、注一四）、「『ふるき』は蒙古語という。」（阿部秋生・秋山虔・今井源衛校注・訳『源氏物語一』『日本古典

文学全集』（小学館、一九八二年三月、三六七頁、注二一）。
7 山口博・河添房江・後藤祥子「鼎談＝海外交流史からみた源氏物語」、中田武司編『源氏物語の鑑賞と基礎知識 若菜上（後半）』一四『国文学　解釈と鑑賞』別冊（至文堂、二〇〇〇年一二月）、二三五～二六六頁。
8 同右、二三六頁。
9 同右、二三七頁。
10 同右、二四三頁。
11 同右、二四二頁、表「史料に明確な日渤間の信物」参照。
12 同右、二五九頁。
13 同右、二五四頁。
14 石田穣二・清水好子校注『源氏物語』五『新潮日本古典集成』（新潮社、一九八〇年九月）、一八二頁。
15 谷崎潤一郎訳『新々訳源氏物語巻六』（中央公論社、一九六五年八月）、一四一頁。
16 山口・河添・後藤上掲「鼎談」、二五七頁。
17 石田・清水上掲書『源氏物語二』、三一～三二頁。
18 谷崎潤一郎訳『新々訳源氏物語巻二』（中央公論社、一九六五年一一月）、二〇～二一頁。
19 山口・河添・後藤上掲「鼎談」、二四八頁。
20 下出積與『道教と日本人』（講談社、一九七五年一〇月）、一七六～一七七頁。
21 窪徳忠『庚申信仰』（山川出版社、一九五六年一一月）、一七七頁。
22 湯沢質幸『増補改訂　古代日本人と外国語――東アジア異文化交流の言語世界』（勉誠出版、二〇一〇年一一月）、二六五頁。
23 同右、六七～九五頁。

24　同右、九九～一三六頁。
25　以上同右、二六五頁。
26　同右、二六六頁。
27　同右、二六七頁。
28　同右、二七一頁。
29　同右、二七一頁。

五　宋史に残る日本僧たち

1　はじめに

1　上垣外憲一『日本文化交流小史――東アジア伝統文化のなかで』（中央公論新社、二〇〇〇年四月）、一三八～一四四頁。
2　清涼寺ホームページ、(http://www8.plala.or.jp/daisho/kamakura/nara-kyoto/seiryoji/seiryoji.htm)、アクセス日、二〇一六年七月二九日。

2　成尋の入宋（にっそう）と『参天台五臺山記』

1　齋藤圓眞編『参天台五臺山記』（山喜房佛書林、Ⅰ一九九七年六月、Ⅱ二〇〇六年四月、Ⅲ二〇一一年五月）。
2　宮崎荘平編『成尋阿闍梨母集』（講談社、一九七九年一〇月）。
3　伊井春樹『成尋の入宋とその生涯』（吉川弘文館、一九九六年六月）。

3　成尋の初心

1　『山記』Ⅰ、一二六～一二七頁。

4　範型となった先達たちの日記

1　伊井、三七頁。

2 『山記』Ⅱ、一七四頁。

3 レオ・シュピッツァー、塩田勉訳『言語学と文学史——文体論事始』(国際文献社、二〇一二年七月)、二頁。

4 塩田勉、『おじさん、語学する』(集英社、二〇〇一年六月)、「ダボアゼ・ア・ブザンソン——フランス留学日記」(『語研フォーラム』、三、四号、(早稲田大学語学教育研究所、一九九五〜六年)、『語学オタク的自叙伝』(Waseda Review News 一六号、二〇一一年六月) 参照。

5 成尋、ママと別れる

1 伊井、三、二頁。

2 同右、四五頁。

3 『山記』Ⅰ、四七頁。

4 『山記』Ⅰ、七二頁、注一九。

5 成尋の場合、歌人であった母親が、子との絆の深さについて、『成尋阿闍梨母集』に綴っている。

高きも賤しきも、母の子を思ふ心ざしは、父には異なるものなり。腹のうちにて身の苦しう起き臥しもやすうせねど、我が身よくあらんとおぼえず。これを見る目よりはじめて、人よりよくてあれかし、と思ひ念じて、生まるる折の苦しさも、ものやはおぼゆる。生まれ出でたるを見るより、人のこれをあはれび思はずは、ものになるべき人のさまやはしたる。(伊井、五八〜五九頁)。

(中略)

その中にも、はかなかりけるにか、この阿闍梨の、いみじう愛しかりしかば、我が心の苦しきも知らず、これをまづ人にも我もあつかふほどに、人に抱かすれば泣き、我抱けば泣きやみたまふを、しばしも泣かせじとおぼえつつ試みれど、なほほかにては泣く、我がもとにては泣かず。御座などに臥すれば泣くに、夜もうしろめたくて、膝に臥せて、高坏を燈台にして、膝の前にともして、障子に背中を当てて、百日までぞ。乳母には預けはべりし、起き返りのほどに。その心ざし、今までおこたらず。（伊井、六〇頁）。

6　Anne Allison, *Sexuality, Pleasure, and Corporate Masculinity in a Tokyo Hostess Club* (Chicago and London:The University of Chicago Press,1994).

6　成尋と中国語——通事と筆談

1　『山記』Ⅰ、四七～四八頁。

2　伊井、一一七頁。また、藤善眞澄『参天台五台山記の研究』（関西大学東西学術研究所研究叢刊二十六、関西大学東西学術研究所、二〇〇六年三月、三五〇頁）には、「陳詠が治平二年（一〇六五）に日本へ渡り交易中のところ、成尋らと知り合った次第は、すでに杭州の公移［公文書、塩田］に記されている」、とある。

3　『山記』Ⅰ、一二一～一二二頁。

4　同右、一二三頁。

5　同右、二〇四頁。

6　同右、二二五頁。

7　『山記』Ⅱ、一一二頁。

8　同右、一七一頁。

9　同右、二三八頁。

10　同右、二三九頁。

11　同右、二二一～二二五頁。

12　同右、二四二頁。

13　井上泰也「成尋の『日記』を読む——『参天台五台山記』の金銭出納」（『立命館文学』五七七号、二〇〇二年一二月）、四五二頁。

14 横山和輝「鎌倉・室町期日本の貨幣経済」『オイコノミカ』第四七巻 第三・四合併号、二〇一一年、三七頁。
15 井上泰也「成尋の『日記』を読む――『参天台五台山記』の金銭出納」(『立命館文学』五七七号、二〇〇二年一二月)、四四八頁。
16 同右、四四八頁。
17 『山記』Ⅲ、六頁。
18 同右、一二二頁。
19 『山記』Ⅰ、二三三頁。
20 同右、二三六頁。

7 宋代日常の記録

1 井上泰也「続々・成尋の『日記』を読む――『参天台五台山記』に見える宋代の日常性」、『立命館文学』六〇八号(立命館大学、二〇〇八年一二月)、一三〇~一四二頁。
2 同右、二〇九頁。
3 同右、二一〇頁。
4 同右、二二〇頁。
5 『山記』Ⅰ、六三頁。
6 井上「続々・成尋の『日記』を読む――『参天台五台山記』に見える宋代の日常性」、二一〇頁。

8 天台山巡礼

1 『山記』Ⅰ、六四頁。
2 同右、六五~六七頁。
3 同右、一一一頁。

4　同右、一一四頁。
5　同右、一一四頁。
6　(http://muso.to/teienn-hasi-gyokukannsiki.htm)、アクセス日、二〇一三年一月一五日。「石橋」の写真を見ることができる。
7　『山記』Ⅰ、一一五頁。
8　喜多實『石橋』(喜多流刊行会、一九八〇年六月)、三頁。
9　同右、一一六〜一一七頁。
10　例えば、「食堂に向かい齋(食事)をしたが、最高に珍味というべきものであった」(同右、一一一頁)。

9　五台山巡礼

1　『山記』Ⅲ、一一六頁。
2　同右、一一八頁。
3　同右、一六四頁、注六七。
4　同右、一二七頁。

Ⅷ

中世――栄西・重源（ちょうげん）

一　宋史に残る日本僧たち（承前）――栄西

1　栄西が生きた時代

京都祇園の花街のどんづまりに、日本最古の禅寺、臨済宗大本山建仁寺がある。花街から一歩入ると静まり返った別世界、俗世間を隔てながら、俗世間とつながっているこの禅寺は、ランドセルを背負った小学生が、門衛さんに挨拶をしながら通り抜けていくような場所である。二〇一一年初夏、ここを訪れたとき、庭の池の回りに半夏生が群生していた。半夏生とは、夏至から十一日目にあたる雑節の一つで、七月二日ころにあたっている。雑節は日常的な暦のことで、節分・彼岸・社日・八十八夜・入梅・半夏生・土用・二百十日・二百二十日などをいう。社日は、土地の守護神（産土神）を祀る日で、春社（しゅんしゃ、はるしゃ）と秋社（しゅうしゃ、あきしゃ）がある。半夏生の時季にさしかかると、白い花穂の下葉の半分だけ白粉をまぶした感じの「カタシログサ（ハンゲショウ）」が、禅苑を埋める。

寺院の一角に「両足院」があり、枯山水庭園の方丈前庭をのぞむ大きな座敷が開け放たれている。暑気を避けた旅行客、ジーパン姿の女性、短パンの高校生、浮き世を忘れてお庭を眺めている初老の二人づれ、四肢をためらいもなく畳の上に投げ出していびきをかいているあんちゃん、広い畳一面、緊急避難所さながら、人軀で埋まっている。沈黙している人々の頭上を、ひんやりとした風が抜けていく。贅沢な空間と時間、冷えたお茶を、一口含んで飲み下す。胃のありどころを教える冷茶が、汗ばんだ体に沁みわたっていく。ありがたいこのお茶を、中国から運んできて植えてくれたお坊様が、この寺を開いた明菴栄西である。

以下、主に、多賀宗隼の『栄西』[1]に基づきながら、栄西の〈語学教師〉的側面を探ってみたい。最澄・空海・道元などには、文献が山ほどあるが、栄西の伝記や参考書は数えるほどしかない。多賀宗隼の栄西伝は少し古くなったが、今なお基本文献の一つである。

栄西（一一四一～一二一五）が生きた時代は、平安から鎌倉に切り替わる端境期だった。栄西の生涯の前半五十年間は平安時代、残りの四半世紀は鎌倉時代である。保元・平治の乱が起こり、平清盛が太政大臣となり、壇ノ浦で平氏が滅び、源頼朝が征夷大将軍となって鎌倉幕府を開く。法然が浄土宗を創始し、『新古今和歌集』、『方丈記』が世に出た。『方丈記』から感じ取れるように、栄西が生きたのは、内乱の時代であった。

西欧では十字軍が盛んに聖地に送られ、マグナ・カルタが成立し、中国は北宋から南宋へ変わる。しかし、蒙古が台頭し、元寇（一二七四、一二八一）が起こるのは、まだ半世紀先である。

栄西は、この時期に二度、入宋し、日本の中世文化に大きな足跡を残す働きをした。それは、禅とお茶である。日本文化が、「日常の行儀・風俗から飲食・言語に至るまで、禅を離れてはほとんど存し得ず、考え得ざるに到った」[2]のは、栄西に発するといっても過言ではない。

中世の禅的性格を、今に伝えるものには、水墨画があり、豆腐、納豆、饅頭、梅干、お茶などは、禅寺の「食事・点心・飲料」が民間に浸透して成立したもので、禅寺の規則「清規」は一般の礼法、喫茶の作法の基礎となった。「饅頭をマンジュー、普請をフシン、塔頭をタッチュー、竹篦をシッペイという如き、宋代禅苑に行われたよみ方がわれわれに何ら異和感を与えないということはまことに象徴的である。総じていえば、今日の日本的なものは多く端をここに発しているのであり、（中略）栄西の人物と業績とを知ることは中世の、そして日本の思想と文化とを考える上で大きな意味をもつと信ずる」[3]と多賀は述べている。

栄西が生きた時代を、日本の文脈に即して眺め直してみると、当時は、いわゆる院政の時代、古代律令国家体制が、荘園の発達とともに崩壊していく過程にあたっていた。いきおい、武士階級が力を伸し、地方の争乱は絶えず、源平が台頭してゆく。中央権力を代表した摂関家自体が、武士階級を生んだ荘園に依存せざるを得ない矛盾は次第に顕在化して、やがて武士たちが中央に進出した。栄西が小学生くらいの年齢だったころは、平家が政権掌握の準備に当たっている時期であった。

言うまでもなく栄西の思想・信仰のバックボーンは、比叡山によって形づくられた。比叡山からは、円仁・円珍・安然・良源・源信など、錚々たる高僧が輩出した。叡山の台密は、固定的な東密とは異なって、絶えず新しい飛躍をもたらさずにはいない、個性と精神性の源泉となっていた。しかし、やがて、貴族階級との癒着、膨大な寺領の所有による世俗化と堕落、貴族の縁故人事による天台宗の変質などにより、硬直化・形骸化が進み、「神聖な学苑は闘争の修羅場と化する。山門（延暦寺）と寺門（園城寺）、座主と大衆、学生と堂衆、あらゆる部面に紛議と闘争と暴力とが支配し」、「暴力と名利との支配に山から締め出された真の求道者は、信仰の聖地を叡山のほかに、市井と庶民とに求めはじめる。その結果、叡山に残されるのは形骸化した信仰の権威の殻だけになる。叡山は今や朝廷・貴族の伝習的な盲信に甘やかされ、それに凭れかかるほか、恃むべき何ものをも持たなくなっていた」[4]。そうした嘆かわしい仏教の硬直化、堕落、腐敗を刷新しようとした、まともな仏教者の一人が栄西であった。

本章であつかう栄西と重源が生きた鎌倉仏教史の文脈を、ここで、かいつまんで見ておこう。鎌倉仏教の展開は、三期に分けられる。第一期は、社会変動の最中の形成期で、本論であつかう、重源、栄西などのほか、法然、俊芿、慈円らが活躍した。第二期は、平和時の安定期で、次章であつかう道元のほか、明恵・親鸞などが現われた。第三期は、社会不安が高まり、元寇に見舞われた展開期で、日蓮・一遍などが登場した。

2　第一回入宋まで

栄西の木像（鎌倉市寿福寺）や肖像（京都市建仁寺）を眺めると、シェフの帽子さながらせり上がった額に鉢の開いた頭蓋を乗せ、頭のてっぺんはゲートボールでもできそうなほど平たい。円珍は、ドングリ頭だったが、栄西は、蓋をしたスリバチを思わせる平鉢頭で、頭の長さを測る頭指数が振り切れそうに見える。ちなみに道元は、頬骨がオコゼに劣らず張っている上、たれ目なのが残念だが、頭部は、納得のいくカーブを描くスイカ型で、三人の頭は、それぞれカボチャ、ドングリ、スイカを思わせる。平安から鎌倉、室町、安土桃山時代まで、〈語学教師〉たちは、圧倒的に僧侶が多く、みなさんスキンヘッドだったから、頭の形が性格とともに印象に残る時代だった。円珍は、人を許さずピンシャンとやり込め、栄西は、みなさん、どうぞ、といったノリで微笑み、道元は、円相図を描いてぶすっと黙りこんでいる、そんな感じが、それぞれのおつむの形から想像されるから妙である。

閑話休題。栄西は、備中（岡山）の大社、吉備津神社の神官、賀陽氏の出である。幼時の資料は乏しいが、「同輩にぬきんでた英才であった」[1]、という。八歳のとき、当時の仏教入門書である『倶舎頌』を父から教えられた。十一歳のとき安養寺の静心に師事した。十七歳のとき静心が亡くなり、千命について密教を学び、虚空蔵求聞持法を授けられた。空海もマスターしたこの法は、「すぐれた記憶力と理解力とを獲得する法として、当時、学問に志す青年の第一に修する法であった」[2]。十九歳のとき叡山に入り、有弁と顕意に学び、二十二歳のとき伯耆大山で基好より法を受けた。有弁からは顕教を、基好と顕意からは密教を受けた。

二十八歳のとき栄西は、第一回入宋を果たす。空海のころは、国際的な雰囲気を湛えていた仏教も、このときまでには、中国から縁遠くなり、源信・源空・日蓮などの仏教は、空海の時代に比べると、少なからず日本化した。

入宋した僧侶も、寂昭・成尋など、一時はごく少数になって、栄西が入宋するまで、寂照からは一六三年、成尋から九五年の歳月が流れていた。栄西が入宋、もしくは入竺を志すようになったのは、こうして大陸と疎遠になったことと、先に述べた既成仏教の劣化と堕落が関係していた。

第一回入宋の直前、栄西は、豊前（福岡県南東部から大分県北部）の宇佐、肥後（熊本県）の阿蘇嶽などをめぐり航海の安全を祈った。『護国論』によれば、渡宋直前の二月の博多滞在の間に、宋の通事李徳昭に出会って、宋では禅が栄えていることを知ったらしい。栄西は、一一六八年「二月に博多の『唐房』に行き、四月に中国（宋）に向けて出発した。二ヶ月間に唐房宋人から、徹底的な語学研修を受けただろう」[3]、と服部英雄は推測しているし、久野修義は、「李徳昭……は『博多唐房』に住する『両朝通事』であり、禅宗が宋で流布していることや、東京（北宋の首都開封）で出会った梵僧のようすを栄西に語った（『興禅護国論』「入唐縁起」）両朝通事であったから、当然、栄西に語学の手ほどきをしたこともあったであろう」[4]、と指摘している。

「唐房」とは、宋時代の商人が、寧波を玄関口として、九州の海岸部のあちこちに入植して拓いた中国人街を指し、それが、九州西側の海沿いに地名として残っている。「唐房」が本来の表記だが、唐防地、稲当方、当方、今東方（ニューチャイナタウン）、東防、当房、当房園、当房比良などに変化して広く分布している。いわゆる唐房の近辺には禅寺が多いことも、宋との密接なつながりを物語っている。唐房が栄えた時代は、平家全盛のころで、近年明らかになった宋貿易の研究から、入宋した僧侶たちが、唐房で、通事を見つけたり、中国語会話を学んだりしたことが、確実になってきた。

これまでは、通事養成や、中国語古典教育などは、奈良や京都中央の政府や大学寮を中心にして行なわれた。しかし、遣唐使が廃止され、民間貿易による交易が盛んになり、宋の商客の来日が活発になると、入宋する僧侶などが学ぶ語学教育の場は、中央から遥かに離れ、日中交易の現場であった九州沿岸の唐房に移るようになった。九州の唐房研究がなされたのは、二十一世紀に入ってからであるから、文化交流史研究のいわば脱中心化[5]がおこっているわけである。

3　第一回入宋

第一回の入宋は、栄西が二十八歳のとき、一一六八年四月から同年九月まで、半年間の滞在であった。「暫く明州に滞留した栄西は、その間寸暇を惜しんで中国語の習得に励んだことであろう」[1]、と宮脇隆平は推測している。そのころ、偶然にも栄西は、東大寺前勧進大和尚の日本僧、俊乗房重源（一一二一～一二〇六）と出会った。東大寺の鐘楼脇に建つ俊乗堂に安置された俊乗房重源上人の座像を拝見すると、大河内伝次郎がダイエットしたようなお顔で、飄々とした風貌だが、なかなかどうして大変なお人だったようだ。その重源に宋で出会った栄西は、「相視て、互いに涙を流せり」[2]、と『入唐縁起』に記している。重源は、このとき四十八歳、栄西とは二十歳以上ひらきがあったが、たちまち肝胆相照らし合い、二人同道して天台山に詣でた。天台山はすでに記したように密教のメッカであり、そこの石橋を渡るという宗教的な〈イマーゴ〉は、歴代の入唐・入宋僧の脳裏に刷り込まれていたから、栄西と重源はまっすぐに石橋を訪ね、二人してこれを渡った。のちに朝廷の藤原兼実が、この話を重源からの直話として記している。おそらく重源が仲立ちとなり、栄西を朝廷に結びつけたもの、と多賀は見ている。[3]第一回入宋に関する資料は少ないが、禅との接点を、多賀は次のように述べる。

出帆前博多において通事の李徳昭より、宋に禅の盛なるを耳にした、つづいて宋の明州において清涼広慧禅寺の知客某に就いて、わが国の禅法の衰微を愬え、禅の要旨を問うている。それが栄西の禅への志向の第一歩であったことは、後年、『護国論』（宗派血脈門第五）にみずから述べているところである。[4]

第一回入宋は、今風に言えば、半年のサバティカル留学のようなものである。例えば、フランスへ半年留学して、必死でフランス語の集中講座に出たり、新聞や雑誌を読んだり、課題のレポートをこなして、半年で到達できるレベルは、日常会話が、ほぼ通じるようになり、字引さえあれば、ゆっくりとなら、通常の論説文が読め、簡単な手紙を書き、フランス語世界の風習や、日常生活の基本が、なんとなく呑み込めて、耳を澄ませば、テレビやラジオのニュースくらいなら見当がつく、だが、細かいところまでは分かりかねる、そんな段階であろう。そこから類推すると、おそらく栄西は、漢籍や仏典なら入宋以前からすらすら読み下せる英才だったから、文語文の読み書きに不自由はなかったであろう。漢文で著作しているのだから。

問題は、日常の中国語会話である。やっと日常会話が通じるようになった、中国の日常生活や習慣が表面的には分かるようになった、そんなレベルにあったのではないか。しかし、生の中国語に日常的に接した結果、俊敏な栄西は、中国語のテキストを読むさい、ある程度、生きた語感を基にした理解ができるようになったに違いない。その進歩をもとに、その後約二十年間、日本で研鑽を重ね、第一回の入宋で手に入れた経験知に磨きをかけていったものと想像される。こうして半年を宋ですごした栄西は、重源とともに、帰国した。

4　重源のこと

ここで栄西の僚友同様の重源（ちょうげん）について、少し先走って触れておきたい。重源は、何よりも焼失した東大寺再建の急先鋒となって活躍した聖（ひじり）であったが、栄西よりもちょうど二十歳年長の重源が八十六歳で没したとき、再建の勧進や監督を引き継いだのは栄西であった。二人は、宋で肝胆相照らす仲となっていたからである。

重源は、十三歳で出家し、京都醍醐寺に入った。十七歳のとき四国で修行、十九歳で大峯山に登り、以後、熊野・御嶽・葛城に登って修行した。重源は、いわゆる著作をする学僧ではなく、聖であった。聖とは、霊地・霊山で修行するセルフ・メイドの僧侶のことで、各地で説法しながら寺院をめぐり、造寺・造仏・写経・鋳鐘などの作善にかかわったり架橋や池の掘削などを助けたり、勧進を行ったりする、民衆派のボランティア僧である。作善とは、仏縁を結ぶために善事を行うこと、造仏・造塔・写経などの奉仕活動を指す。重源は、高野山を本拠とする高野聖であったらしい。泉鏡花の『高野聖』とは、こういうたぐいのお坊様を意味したのである。聖は、「聖教をもっぱら学ぶ修学僧として学業を積み、法会の公請に応じ立身して名僧をめざすというよりも、より実践的な行を行い、山林斗藪［ルビ塩田］や如法経書写、経典読誦［ルビ塩田］によって、その宗教的力能を高め験力を発揮せんとするタイプの僧侶であった」[1]。「斗藪」とは、『大辞林』によると、「衣食住に対する欲望をはらいのけ、身心を清浄にすること。また、その修行」をいう。つまり、「山林斗藪」とは、山岳仏教者として山林で修行したという意味であろう。いわば、ノンキャリ組のお坊さまである。

重源の生涯について、特記すべきことは、高野山延寿院に施入した銅鐘の銘に「勧進入唐三度聖人重源」という署名があることである。栄西と入宋した一一六七年の記録はあるが、他の二回についての確証はない。しかし、「当時の東アジアの交流の盛んなようすを思うと、その蓋然性は高いと思う」[2]と述べられているように、国際経験豊かな聖で、実地の中国語会話も、結構こなしただろう、と推測される。

重源と栄西が生きたのは、大規模な内乱が続いた時代であった。最近では、十年におよぶこの内乱期を、「一一八〇年代内乱」と、保立道久（東京大学史料編纂所名誉教授）のような歴史学者が呼ぶようになった。平家によって東大寺が灰燼に帰したのは、南都焼討ちの一一八一年である。そのとき、六十一歳の重源は、東大寺再興造営勧進の宣旨を受け、以後、八十六歳で没するまでの四半世紀を、東大寺再建と大仏開眼に捧げた。

東大寺と大仏は、内外に知られているが、それまでに二度、戦火に見舞われ、灰燼に帰している。第一回が、一一八一年の平重衡（たいらのしげひら）による南都焼討ち、二回目は、一五六七年の松永久秀（まつながひさひで）軍と三好（みよし）三人衆との戦闘である。東大寺の公慶上人（こうけいしょうにん）らによる勧進の結果、元禄時代（一六九二年）に大仏開眼、宝永年間（一七〇九年）には、大仏殿の落慶（らっけい）供養が行われた。われわれが目にする東大寺と大仏は、そのときに再建されたものである。しかし、江戸時代の公慶上人が、再建事業の雛形としたのは、重源が行った勧進と再建に他ならなかった。

江戸時代の再建に比べて重源の凄いところは、その驚くべき決断力と迅速な行動力であった。焼失後わずか五年で大仏を鋳直して開眼させ、大仏殿再建もその十年後に終らせている。江戸時代は、焼失後から開眼まで一二五年もかかり、大仏殿完成は、そのさらに十七年後になったことを思えば、朝廷と幕府の厚い支援があったとはいえ、重源の勧進の規模の大きさと再建事業のスピードに驚かざるをえない。[3]

勧進の詔書を受けると、重源は、ただちに自分が乗れる大きさの一輪車を作らせ、詔書を左に、勧進の旨を右に、貼付けて、全国を行脚した。[4] 広告を両サイドに貼付けて走る今時の電車か、選挙の宣伝カーみたいなアイディアで、重源は、広告クリエイターとしても斬新な工夫の持ち主だった。そればかりではない。

公家・武家・庶民、総力をあげてのこの国民的大事業の焦点に立った重源の、治承五年（一一八一）より建仁三年（一二〇三）まで二十三年、さらにその後八十六歳までの三年間の奮闘ぶりは、千辛万苦・粉骨砕身・挺身尽瘁（じんすい）、まことに形容に絶するものがあった。その足跡は播磨・備前・周防・紀伊・大和・伊賀にわたり、文字通り東奔西走、席あたたまる遑（いとま）なく、極寒を凌ぎ酷暑を冒（おか）して、進んでは深山に大木を尋ねて伐採・搬出・運送に陣頭指揮に当たり、退いては公家・武家に要請・交渉して事務の処理に鞅掌（おうしょう）して老の到るのを忘れた。……その真摯（しんし）熱烈は、真に仏法のために斃（たお）れてのちやむの概（がい）があった。かくて信者・檀徒の熱誠は莫大の浄財として結晶した。周防・備前・播磨・大和の木材、伊勢の水銀・銅・鉄・瓦、備中の瓦、奥州の金。日本の富は北から南から南都に流れ込み東大寺に集中した。漆・彩色の丹等は大陸より輸入せられた。南都北京二京の芸術家が動員されたのは勿論のこと、河内の鋳物師（いもじ）と並んで宋朝の鋳物師・建築家らがこれに協力援助し指導した。[5]
ちなみに「執掌（おうしょう）」とは、忙しく立ち働いて暇のないことを意味する。重源は、スケールの大きな政治的力量も具えた東大寺再建事業のリーダーであり、豊かな財政感覚に恵まれた勧進運動の牽引者、国際的なセンスに溢れたオーガナイザーであった。

重源の国際的センスは、「入宋三度」という経験によって培われたに違いなく、宋から呼び寄せた職人たちを束ねる人脈と中国語運用能力が、それを証明している。短期間に東大寺再建が果たされたのは、「海外からの新技術・新様式の導入編成」があったからである。特に大仏の鋳造技術を宋人の技術者に負った点が大きい。重源は、「ひとえに唐の鋳師（いもじ）の意巧を以（もっ）て成就」[6]、と述べている。「唐の鋳師」とは、宋人陳和卿（ちんなけい）のことである。陳和卿は、中世期に、明治期のお雇い外国人そっくりの足跡を造船や鋳造の分野に残した。また、伊行末（いぎょうまつ）を頭とする伊派（いは）の石工集団も招かれて東大寺南大門北側にある石造獅子など、石造りの彫り物の多くを刻んだ。しかも国産石材ではつくれないため、「わざわざ宋から石を運び、その運賃雑用が三〇〇〇余石もかかったという」[7]。東大寺復興にたずさわった宋人石工の名前まで分かるのは、『東大寺造立供養記』[8]に綿密な記録があるからである。

こうした資料から、「入宋三度」の重源が、中国語運用能力を駆使して、現場を取り仕切っていたことは想像に難くない。いかにも「聖」らしい働きぶりで、実地に外国語をためらいなく使いこなし、国際経験に裏打ちされた思い切りのよさが、歴代〈語学教師〉の中でも際立っていた、と言えよう。とくに成尋・円珍などが、通事に頼りきりの学僧であったのとは対照的に、仕事や生活に密着して実際的である。心遣いの細やかな重源のことだから、現場に出入りする若い僧侶や寺務所の所員や下働きのスタッフにも気軽に必要な中国語会話の手ほどきをしたに違いない。これは、法隆寺建設のとき渡来人である今来手伎（いまきのてひと）たちと交流した古代の作業現場の工人たちに似かよう働きである。重源は、「大仏鋳造の際、宋人鋳物師が不快の色を示しても、重源は河内国（かわちのくに）鋳物師など日本工人も加えて両者の和解を試みながら作業を進めていた……(『玉葉』寿永三〈一一八四〉年正月五日)」[9]、という記録は、重源が現場で、中国語を駆使していたことを証するであろう。

優れた国際感覚と、出自を異にする工人集団の調整能力、多岐にわたる階層をこだわりなく行き来して莫大な勧進を成し遂げる集金力、それらを兼ねそなえた棟梁のもとで、東大寺は、国中の心を一つにする一大再建プロジェクトを遂行できたのである。

ケネス・クラークは、ちょうど同じ頃、フランスで展開していたシャルトル大聖堂建設の有様を、こう描いている。

塔が次々とまるで魔法によって聳え立つかにみえた一一四四年、忠実な信者たちは、自分の身体を石運びの荷車につないで、石切場から大聖堂まで引っぱったそうです。この宗教的熱狂は、フランス全土に広がりました。男も女も、職人たちのためにふどう酒、油、小麦といった食糧をどっさり抱えて、遠くからやって来ました。そのなかには貴族や貴婦人もいて、やはり他の人々と同じように荷車を引いたのです。そこには、完璧な規律ときわめて深遠な沈黙がありました。すべての人々の心が一つに結ばれ、各人がおのれの敵を許しました。[10]

シャルトル建設に結集した中世フランス人と同じ信仰と情熱が、四十年後の日本の東大寺でも見出せるのは不思議な符合である。さらに、そのころゴチック建築様式を創案したサン・ドニ修道院長シュジェールは、こんな人物だった。「ある屋根をつくるのに長い梁が必要になった。ところが雇った建築師たちは、そんな長さの梁など見付かりっこない、そんなに高い木は生えていないのだから、ときっぱり断言する。そこで彼は、大工たちを連れて森に入った(『かれらはにやにや笑っていた、もし勇気があったらあざわらっていただろう』と彼は書いています)。そしてその日の中に、必要な長さの木を一二本見付け、それを全部伐らせて持ち帰った、というのです」[11]。これは、

「深山に大木を尋ねて伐採・搬出・運送に陣頭指揮に当」[12]った重源の姿を彷彿とさせずにはおかない。

その上、シャルトルは、ルネサンス期に先立って、ギリシア哲学の研究が盛んであった寺院であり、そこに出入りする石工たちが、ギリシア彫刻から影響を受けていたことは、正面玄関の群像を構成する直線的な裾の処理からも明らかである、という。しかし、正面列柱の王族の着衣の直線的襞は、古代ギリシアそのものでもなく、「クリュニーやトゥールーズの激しくのたうつような」[13]襞でもなく、すっきりと引き延ばされた独自の裾を彫り出していた。

それは、ちょうど、中世の再建期の東大寺が、宋様式の強い影響の下に成立しながら、日本的に大きな変容を遂げていた事情と似ている。[14]久野は、こう述べている。「重源の技術導入はひたすらの海外新技術導入ではなく、在来技術との融合をはかる姿勢がうかがえ、そのことによる個性的で独特の様式をもたらしたといえる。この点、栄西も同様で、第二代目大勧進時代に彼は東大寺鐘楼を造営するが、これは大仏様と禅宗様〔唐様とも云われる寺院建築様式〕と和様〔鎌倉時代以前の伝統的な様式〕を折衷したような独特の建物で、鈴木嘉吉氏はこの鐘楼に対して『栄西様』（奈良六大寺大観刊行会編『奈良六大寺大観』第九巻「東大寺一」岩波書店、二〇〇〇年一一月）という表現をあたえているほどである」[15]。

つまり、重源は、日宋の技術集団を調和させながら、外来の新技術と伝統の在来技術との融合を図り、創造的に学び取らせるようにしむけたものと思われる。その結果、「天平建築の遺構と天平彫刻の遺作とは新しい芸術のよき手本となり、豊かな養分をこれに提供した」[16]。未知の文化圏から新知識や新技術を最初に学び取って来る、異文化の狩猟者〈語学教師〉にとって、重源が採った柔軟かつ創造的な摂取の姿勢は、豊かな創造に繋がる立派な選択であった、と言ってよい。そういう異文化摂取の創造的柔軟性が、シャルトルにも東大寺にも見出せることは興味深い。

こうした大事業の采配を振った重源の姿を、康慶一派の第一流の彫刻家が座像に彫り上げている。国宝となって東大寺に残る座像は、気迫と意志に溢れた聖がもつ存在感を伝えている。それは、オルセイ美術館で、他の印象派の絵画を飛び越えて、部屋の隅から圧倒的な力を放射してくるセザンヌの静物画を思わせる。しかし、強力なリーダーであった重源は、同時に、貧しく弱き人々に対する細やかな心遣いを忘れない天性の宗教者であった。『沙石集』（一二八三）には、そういう重源（＝春乗坊上人）の人柄を示すエピソードが拾われている。

南都ノ春乗坊ノ上人、東大寺ノ大佛殿造立ノ為ニ、安藝・周防、兩國ノ山ニテ杣作［植林した山の用材林を伐採させること］セサセテ、其間ノ食物ノタワラ多ク打積テ置タリケルヲ、アル時俵ヲ盗テ逃ケル物ヲ見付テ搦テケリ。痩カレタル童ニテゾアリケル。上人、「何ナル物ニテ、斯ル不當ノワザヲシ、佛物ヲ犯ゾ」ト問レケレバ、童申ケルハ、「云甲斐ナク、貧キ者［ニ］テスギ侘テ侍ル上［生活しかねる］、盲目ナル老母ノ一人候ヲ、薪ヲ取テ遙ナル里ニ出テ、替テ養ヒ育ミ候ヘドモ、身モ若シ、力モ盡テ、ハカ〴〵シクタスケ、心安クスグル事モ侍ラネバ、此杣ノ食ハ多モ候。佛事ナレバ御事モカケズ［不足することもなく］、盡ル事モアラジト思テ、少分盗テ母ヲ扶バヤト思計ニテ、斯ル不當ヲ仕テ、恥ヲサラシ候コソ、先業マデモ［前世の業因まで］、イマサラ恥カシク、口惜ク覺ヘ侍レ」トテ、サメ〴〵ト泣ケリ。[17]

子供の訴えに、いたく心を動かされた上人は、人をやって申し立ての真偽を確かめさせた上、「童ガ詞ニタガハザリケリトテ、哀ニ思ハレケレバ、……サテ佛物ナレバ、徒ニ與ンモ恐アリトテ、杣作ノ間ハ童召ツカヒケリ」[18]、という処分を下した。重源は、東大寺再建の勧進と現場監督に忙殺されながら、盗みを働いた子供からねんごろに理由を聞き出し、申し立ての真偽も調べさせた上で、労働奉仕によって償わせることにしたのである。極貧の親子を餓死させるかと思うと、パチンコに生活保護費を注ぎ込んでしまう若者を放置しておく、無責任な社会福祉課のお役人より、よほど肌理こまかく条理を尽し、血の通った社会福祉を重源は実践していたことになる。

こうした社会的視野をもった重源の東大寺再建は、「それを介しての王法・仏法興隆であったから、その活動意図も東大寺を超えた広がりをもち多分に自律的なものだった」[19]。そのため、次に進めるべきは、シンボル的な七重御塔再建であると、重源は展望していた。しかし、東大寺僧綱大法師らにとっては、彼らが東大寺内で行う諸活動の場、講堂・僧房の方がはるかに重要であった。当然、両者の間には齟齬が生じ、東大寺僧綱大法師らは朝廷に働きかけて、重源は、老いぼれて、もう長くはないから、早目に首をすげかえてはいかがか？　とえげつない意見書を奏上し、事実上の退任に重源を追い込んだ。目を垣根の外まで向けてものごとの全体を眺めている先覚者たちをよく見舞う悲劇で、吉田松陰や佐久間象山の運命を思い起こさせる。

　重源は、東大寺の僧ではなかったから、その主眼は、東大寺再建にとどまらず、戦後復興と社会秩序の再建にあった。そのため聖重源を中心に、東大寺内に、個別の領域である「別所」をもうけ、そこに重源の下に結集した「重源教団」が置かれ、独特の機能をもって活動していた、という。

> 阿弥号をもつ同行衆や、弟子の聖たちは、昼は瓦石材木を運ぶなどの造営活動に従事し、夜は唱名念仏を行っていた（『発心集』七―一三）。さらにその外縁部には鋳物師や石工など重源が編成した技術者や、勧進に応じて結縁した道俗男女もいたであろう。重源はこうした結衆らの別所を東南院のもとに位置づけようと構想したのだろう。重源の意図は、小原嘉記氏もいうように、東大寺構成員らの「人法」よりも「仏法」総体を重視していた。したがって重源が没すると、ただちに東大寺は彼が集積した奉加物・施入地・材木などの接収をはかり、重源の尽力で成立した荘園についても、早くから支配下におくことになる。[20]

　ようやるわ、といったていの仕打ちで、重源とは似ても似つかない因業な坊さんたちも、たんといたんだ、と納得させられる話だが、東大寺の堂々たる大仏殿は、人間の欲望を超越した佇まいを、今にとどめている。そこを訪ねたときの印象を私はかつてこう記した。

春、東大寺の門を入ると、想いもかけない空間が目の前に開けます。視線をさえぎるもののない庭を回廊がゆっくりとめぐり、左右の回廊が出会う正面に、黄金の鴟尾と浄らかな甍をいただいた大仏殿が、息をのむような均整を見せて鎮まっています。幾本か櫻木があって、したたるような光を発しながら花が散りそそぐ。人は、浮き世の屈託や苦労を、一瞬にして忘れ去り、何か大きなものにつつまれます。

後ろで、「オレ、日本人に生まれてよかった！」と声がする。振り返ると、茶髪のアンちゃんがカノジョと手をつなぎながら甍を見上げていました。[21]

重源が再建した当時とは異なっていようが、東大寺がもつ大らかで囚われのない風格は、昔から変わらなかったに違いない。現代に伝わる古代建築の豪放さに触れると、セコくて浅ましい東大寺僧綱大法師らは、散って消え去り、重源は、康慶一派の第一流の彫刻家が彫った座像や、多くの記録とともに生き残っていることに救いを感じる。栄西の僚友重源の後半生に立ち入ってきたが、栄西に話は戻る。

5　第二回入宋

栄西が二十年の空白を経て入宋を決意した経緯は定かではないが、多賀によれば、少なくともその動機は、「わが国の仏法の衰退を、天竺の正法によって救わんとする志」[1]にあったらしい。一一八七年四月、四十七歳の栄西は、南宋の杭州湾奥に位置する臨安（杭州）に赴き、入竺許可を申請した。だが、却下されて、やむなく再び乗船し、奄美大島から沖縄くらいの距離を、大陸沿岸沿いに南下し、浙江省温州に上陸した。そこから陸路を北上して天台山万年寺に至り、虚菴懐敞（こあんえじょう）禅師のもとで参禅する。禅師が、一一八九年、天台山北東の天童山に移ると、後に従い、一一九一年まで師事した。この間の記録は乏しいが、一一八八年、天台山に喜捨して修営を助け、翌八九年、菩提樹を日本に送り、『出家大綱』を起草した。一一九一年、虚菴懐敞より禅宗嗣法（しほう）の印可を受け、平戸に帰着した。

在宋中の栄西は、虚菴懐敞から、「密教が禅と本質を同じくする」[2]、と教えられ、もっぱら、禅の修行に励んだ。師の仏法が、臨済義玄に発する臨済宗から二派に別れた黄竜（おうりょう）派と楊岐（ようぎ）派のうち、黄竜派であったので、栄西は、直接、この派から、「禅門の一大事也」[3]という「菩薩戒」を受けた唯一の日本僧となった。

記録に乏しい在宋時の栄西だが、日本に残してきた母親を慕う一首が入っていて、人間らしい一面を覗かせている。

もろこしにわたり侍りける時、秋の風身にしみける夕
日本にのこりとまりける母のことなど思ひてよめる
もろこしの梢（こずえ）もさびしし日のもとのは、その紅葉ちりやしぬらん[4]

多賀は、一一九五年十月十日に付した『出家大綱』の跋に、母親の喪を暗示することばがあり、おそらく病の母親を残しての入宋だったのではないか、[5]と推測している。前にも書いたとおり、中世のお坊様たちは、みなさん、母親思いで、その愛情の深さには、ほだされることがある。禅の高僧となった栄西も例外ではなかった。

6 「出家大綱」に見る文化源泉へのアプローチ

「出家大綱」は、虚菴懐敞の下で学んだ知見を、一一八九年に、後の参考のためにまとめた一遍で、ソッシュールの弟子たちが師匠の説いた話を記録したノートのような趣がある。帰国してから、一一八九年に起草、一一九五年と一二〇〇年に改訂、一二〇四年、跋文を付した。これを入門書として使用して現場体験をフィードバックさせながら、改稿を重ねたらしい。禅の道に入ろうとする初心者がいだく疑問や弟子に生じる問題をめぐる具体的状況が存在し、それと取り組みながら道を説く様子が見て取れる。そのため、栄西とその弟子たちが共有する文脈は省略されていて、部外者には分かりづらいところもある。師匠が弟子に残す語録やノートの類いは、簡潔すぎたり、妙なところが詳しすぎたりして、第三者には、ちんぷんかんぷんであることが希ではない。ラカンの『エクリ』などはそういった悪しき典型であろう。しかし、栄西は、日本の習慣を相対化してくれる在外経験をもてずにいる初心者にも分かりやすくするため、海外の例を引いて比較する方法を採った。そこに〈語学教師〉らしい国際的センスが見出されるので、この一篇を取り上げてみる。

「出家大綱」は、「斎戒」（自らの身心を清浄に慎むこと）の目的と方法を説いた入門書である。例えば、「衣食は人間の塵労であり、人の一日も離れることの出来ぬ累いであって、人間にとって最も恐るべきものを含んでいる」[1]、と衣食に対する注意を、まず喚起する。「『斎』とは時間外に食事をとらないことであり、『戒』とは大乗の菩薩戒である」[2]。「斎戒を守る者にとっては、夜明けに物の形が見え始めたころから、正午までが食事をするための時間である。太陽がわずかに西に傾けば、食事をとる時間ではなくなる。もしその後に食事をとれば、仏陀の戒めを犯すことになる」[3]、と説く。これを「持斎」という。正午までに、一日に食べるものを食べた後はどうするか。「午後は、『漉水嚢（水を漉す袋）』で濾過した水を、浄瓶に蓄えて必要に応じて飲めばよい。これを『非時水』という。ただし常用の食器を使ってはいけない。別に非時水のための食器を準備すべきである」[4]、と指示する。ちなみに、「非時」とは、「僧が食事をしてはならないと定められた時。正午から翌朝の日の出前までの間。僧侶は正式には一日一食で、午後の食事は禁止されていた」、と「デジタル大辞泉」は述べている。一日の立ち居振る舞い、作業、身支度、排泄など生活の一切が、茶道の作法に劣らず細かく処方されていて、作法の迷路を、迷うことなく抜けられるように修練を積む。しかし、作法の実際となると、うへーっ！　なるほど、面倒くさい。

斎戒を守る人は黄昏(たそがれ)の頃に便所を使う。その作法は、「浄・触の二瓶」を持って便所の入口に至り、「浄瓶」を清潔な場所に置く。十四塊の土を「浄板」の上に置く。七個ずつ二列に置くほかに、もう一個の土塊を置く。そして「触瓶」と（別に）三個の土を持って便所に入る。排便がすんだら、一個で小便処（尿道口）を洗い、一個で肛門を洗い、その後、残りの一個で汚れた手を洗う。外に出たら「触瓶」を排便した所に置き、浄瓶の所で、十四個のうち七個の土を使って汚れた手を洗う。その後で、残りの七個を使って両手を洗う。もし童子がついている場合は、「浄瓶」を持たせて水をかけながら洗う。その場合は、土塊は七個でよいことになるだろう。その後でまた両足を洗い、きれいな水で手を洗い、別に置いた一個の土塊で浄瓶を洗う。中国では桑の葉を使っているが、汚れを取り除くのによい。以上はあくまで略儀であるから、これをそのまま模範とすべきではない。今「黄昏の頃に」といったのは、そのほかの時間は忙しくて、暇がないからである。[5]

茶道さながらの作法にのっとって、排便排尿、後始末の一挙手一投足までさばかなければならなかった禅僧たちも楽ではなかっただろう。この一文を読むと、いろいろ疑問が湧く。「トイレットペーパーは一回三〇センチまで」とか、「給食はパン（ご飯）→おかず→味噌汁の順に食べる」とか、「肩に付く長さになったら髪を結ぶ」などという校則も、袱紗(ふくさ)さばきから茶筅(ちゃせん)の置き場所まで寸分たがわずに定められた茶道も、みな栄西起源だったのかしら？土塊で尿道口を洗うって、破傷風とか炭疽菌がいるからヤバいんじゃないか？　抗菌・殺菌ママが聞いたら卒倒しそうな話だ。それに黄昏までおしっこやウンコを我慢して、寸前に雪隠に飛び込んで、七めんどくさい作法どおりに用を足すまで我慢するんじゃ尿毒症にならないかしら？　など俗人は心配してしまう。それはともかく、栄西は、中国では桑の葉を用いる、とか、「以上はあくまで略儀である」、と言って、作法を絶対化せず、作法の根底にある精神を見失わないように論を展開している点に注目したい。なお、このしち面倒臭いトイレット・マナーは、そっくり道元にも受け継がれていく。

衣に関する作法について、栄西は、次のように説いている。衣には、「法衣」と「俗衣」があり、「法衣」は「三衣」といい、僧伽梨、鬱多羅僧、安陀会の三つの袈裟（法衣）からなる。「俗衣とは、日本で言うところの衣帷・小袖・長衣・袴などである。本文で言う中国の祇支（履脇衣）である。（これは外国の衣服である。）方裾・褌・袴・袍・襦あるいは筒袖・連脊などは、すべて着用すれば律儀を犯すこととなる」[6]。

栄西は、こう考えているのではないか。日本では、僧侶が俗衣をよく着ている。例えば、腹巻きなども義浄三蔵（六三五〜七一三）が認めているから、普通の俗衣もかまわないのではないか、という勝手な拡大解釈が横行しているが、これはよろしくない。そもそもなぜ腹巻きを義浄三蔵が認めたのか、原点に帰って理解し、その精神を掬みとらなければならない、と。

寒冷地においては、仏陀も冬の間は俗衣を着ることを許可して、「立播の服」を用いている。「立播」とは梵語の音訳で、中国語では「裏服衣」という。……これはヒマラヤ山中の国々の出家者が着用するものである。それらの国の僧が着用してインドに行ったとしても、インドの僧は着用しないであろう。それは（インドが）極めて熱い土地だからである。寒暖ということを十分に考慮して、寒冷地のために「裏腹（服）衣」を作られた。ヒマラヤ地方の諸国の出家者は皆これを着用しているのである。俗衣を用いているわけではない。中国や日本の寒さと、それらの国の寒さを比べてみるに、日中両国の寒さは高々十分の一程度のものである。ヒマラヤ山中の国では、冬に飛ぶ鳥が落ちて死ぬという。また中国北方の黄河では、水が凍って人も馬も歩いて渡るというが、それでも飛ぶ鳥は落ちない。また日本ではかつて河の流水が凍るというようなことはなかった。まして人馬が歩いて渡るというようなこともなかった。ヒマラヤ山中の諸国は冬も夏も雪があり、もし大風が吹けば六月でも雪が飛ぶという。義浄三蔵が言われている、インドに来てみて、多くの僧侶の姿や居ずまいを見てひそかに考えた。昔、中国にいたころに、自ら律を十分理解したと言ったが、ここに来て何もわかっていなかったことに気がついた。インドに来ることがなかったならば、どうして正しい律儀を知ることができたであろう、できなかったにちがいない、と。[7]

日本とは、まったく異なるヒマラヤの風土に立ち帰り、「立播」のサンスクリット語にまで遡って、俗衣と法衣との線引きに潜む曖昧さを、歴史的・風土的起源から解明してみせたところに、〈語学教師〉らしいアプローチを見出すことができるだろう。

栄西は、「斎戒」など、戒律の源流に遡及して、本来的意味を捉え直そうとする、原則的な姿勢をもっていた。

食事をしようとする時は、まず手を清めなさい。そうでなければ斎戒を守ることにはならない。インドでは直接手で食べるのが、諸天も用いる方法である。釈尊もこの方法を使って、戒を定めたのである。しかし東方の諸国はそうではなく、匙(さじ)や箸を用いるが、これはよくない。あるいは郷土の風俗であると言う人もあろうが、そうであれば仏陀はどうしてそのように定められなかったのか。義浄三蔵が「インドの食事方法は、右手だけを使う。ただ病気の時は匙を使うことが許されているが、箸についてはインドのどの地方でも、出家・在家共に使っているとは聞かない」と言われている。ただ中国と日本だけにこのこと〈箸を使うこと〉がある。[8]

箸の方が、ノロ・ウィールスやO－157に感染しないで済むという認識などなかった時代、栄西は、仏法が存亡の危機にある当節、とにもかくにも、斎戒の原点である天竺の習慣に回帰すべきだ、と考えたのであろう。平和憲法が脅かされると、トクヴィルだのモンテスキューだのを持ち出す現代日本文化人のパターンに似ているかも知れない。もっとも現代の禅寺の食事風景などをドキュメンタリー番組で眺めてみると、みなさん、お箸で召し上がっているから、栄西の提案も文化と風土の壁に阻まれて、歴史の闇に消えてしまったらしい。

しかし、大切なことは、栄西が、二回目の入宋当初から、天竺を目指していたことで、それは実現されなかったが、栄西は、手垢のついていない、生まれたての仏教の姿に迫ろうとしたのである。手垢というのは、受容者側が持っている文化的バイアスや歴史・地理的な事情のことで、それが、オリジナルの像を、免れがたく変質させ、歪めずにはおかない、文化受容の必然である。そうした言語や文化の受容過程を、異文化との境界にいて、もっともよく知るのが〈語学教師〉であり、そういう意味で『出家大綱』は、栄西の〈語学教師〉的側面を、遺憾なく浮かび上がらせている。

こうした細々した作法にこだわるのは、かつて栄西自身が、大乗戒的な細部の軽視に陥って、意図したわけではないとは言え、堕落した仏教に与しかねない言動をしてしまった過去を悔いているからである。

私も昔、斎戒を守る人にそれを破らせたり、断酒している人に酒を飲ませたりしたのは、なんと悔しいことだ。その時には別に考えがあってしたことだが、すべては自分の罪となってしまった。願わくは仏陀よ、（その罪を）消し去ってください。[9]

しかし、栄西は、重箱の隅をつつくような小乗戒的些事に埋没して、大乗の大事を見失ったわけではない。「末世の修行者のたいていが大乗に趣くので、細かな過失を犯さないようにするために（小乗の修行者と）同じように小乗の戒律を学ぶのである」[10]。つまり、「嚢穿の小隙を護し針穴の大非を慎む」[11]という義浄の精神に基づきながら、「戒には本質的に大小の別無し」[12]、という立場を守り、「円頓戒そのものを新しい時代に実践的に活かす」[13]工夫をしたのが「出家大綱」であった。「栄西の戒思想の特色は戒に大小の差を見ず、微小を慎むにあった。小を慎めとおしえる点において義浄と栄西とはまさに符節を合するものがある」[14]、と多賀は見ている。

当時は、叡山の座主が鳥羽法王に酒をすすめ、法王が躊躇するような場面が珍しくなかった。[15]「叡山の円頓戒という、大乗戒の最も徹底した立場」[16]が尊重され、「煩悩即菩提をかかげて小節をかえりみず、いたずらに理想を談じて足もとの実践を忘れてもってみずから高しとするという気風が、円頓戒の誤解や曲解の上にかもし出されるという危険」[17]が充満していた時代だった。栄西もかつてその文脈を呼吸していた。だからこそ、戒律の大切さを栄西は強調する。他方、『出家大綱』にはQ＆Aがあって、栄西はこう答えている。

問　律儀はそうであるにしても、末法の世の人達は、心根が粗暴であるために律儀に従わないであろう。

答　各々の意志に任せるしかない。無理強いして勧めることはできない。ただ（正しい律儀を）知ろうとする者のために示しただけである。詳しくは経典類をよくよく見なさい。[18]

栄西は、上辺だけ見ると、トイレットペーパーは一回三〇センチ、とか、必ず制服着用のこと、などと校則に負けず口うるさく見えるが、暴力や恫喝を日常としているごろつき教師や、やくざコーチとは根本的に異なるセンスを具えた〈語学教師〉であった。「各々の意志に任せるしかない。無理強いして勧めることはできない」、そう言い切ったところに、相手に対する深い信と、個人を重んじる覚悟を感ぜずにはいられないからである。

栄西は、教えの源泉に遡るために、戒律の具体的細部に即して検討する方法を採っている。これは、〈レアーリア〉を尊重する〈語学教師〉的アプローチである。源泉への遡及は、抽象的な教理を並べるより、具体的細部に密着して、その受容過程に起こってくる変質や歪曲、単純化や誇張の実状を、より効果的に明らかにすることができる。それは、あたかも微物の分析によって、犯人像を浮かび上がらせる科学捜査や、わずかな痕跡から失われた古代を復元する考古学の手法に似ている。

〈語学教師〉は、受け手の経験的枠組みに、受け手が経験してはいない事象を関係づけ、受け手の既知と未知とを架橋し、受け手の心に、未知の言語・文化世界への親しみや関心を芽生えさせる。語学的なるものは、あくまで、生活の細部、感情や思念が生きている具体的世界に宿っている。語学は、生活や生身の人間の感情や思念から離れて、観念的・抽象的に存在しているわけではない。語学は、個人に属する一回的個別具体性は捨てるにせよ、万人の中に息づいている喜怒哀楽や情理を超えたところにまで、抽象化や捨象化を押し進めたりはしない。アルファ澱粉と同様、体内に入れば、たちどころに、消化吸収され、血となって流れ、心身をめぐるのが語学的経験知である。哲学や、高等数学が、こちこちに乾燥させた保存食品であるとすれば、語学は、すぐ食べられる生ものであって、数の子や高野豆腐、棒鱈のように、何日もかけて戻さないと食べられない干物ではない。瑞々しさが語学知識の身上であり、〈語学教師〉の感性は、対象がもつ生命感や温もりを、逃さず掬い取る機敏な繊細さに支えられている。『出家大綱』は、そういう意味で、栄西の〈語学教師〉的一面を浮かび上がせる一巻である。

7　『喫茶養生記』

「出家大綱」からも分かるとおり、栄西は、書斎の学僧ではなく、自分が学んだことを、工夫をこらして、禅に関心のある、できるだけ多くの人々に伝えようとした、啓蒙・民衆派の禅僧であった。平安時代から輸入され、貴族の間で喫されてきた茶を、その栽培法・製茶法を万人に広めることによって、茶の薬効・効能・性質を周知させ、できるだけ多くの人々を、茶の恩恵に浴させたいと願って書かれた日本初の茶の本が、『喫茶養生記』[1]である。

この書の眼目は、茶と桑の薬効を具体的に知らせ、医療的救済をもたらすことであったと見て間違いない。したがって、医薬的効果以外の記述は、いわば、刺身のつまのごときもので、組織立て委曲を尽すというよりは、そのつど思い付いたり、思い出したりした事柄を、無造作に並べた感じが強い。そうした部分には、茶の名称や植物学的形状、茶摘みの時期や茶摘みの方法などが含まれているが、記述はそっけなく簡単である。他方、茶の効能と茶の調整の仕方にはより多くのページが割かれている。

下巻は、茶のことは、どこかへ行ってしまい、もっぱら、桑の薬効について、五つの病名（飲水病、中風、不食の病、瘡病、脚気）をあげて効能を説き、残りの紙幅は、桑の処方に費やされている。桑粥、桑茶を服用すれば、「病いは平復して、百に一つもわざわいになることはない」[2]、と通販のコマーシャルみたいな口ぶり、栄西が営業マンだったら、全国一の売り上げを誇れたんじゃないか、と思わせる熱弁を揮い、桑の功徳を説いている。最後に、喫茶の方法も短く付け加えてある。なお、末尾に作者不明の跋文「茶を喫することによっての養生の記」[3]が加えられている。

栄西が、あまりに熱心にお茶や桑の薬効を説くので、医学的根拠があるのかしら、といぶかる人もいるであろう。もちろん、茶は、現代科学の分析によって、老化を促進する活性酸素を抑え、癌の発生を制するなどの事実が明らかにされている。特に深蒸しの掛川茶は、茶葉の成分を十二分に侵出させるので、それを毎日何度もたしなむ掛川市民の癌死亡率は、日本一低いことも判明した。[4] 二十一世紀になって科学的に証明された茶の効能を、栄西は直感的に理解し、万人に解放しようとした点で、まぎれもなく大乗仏教の系譜に属する僧であり、言葉をもってその由来を尋ね、効用を書にしたため、周知させようとした点では、日本の〈語学教師〉の伝統に連なる一人であるといってよい。

茶はともかく、桑粥とか桑茶はどうなんだ？ と好奇心が湧く。調べてみると、なかなか頼もしい民間療法のチャンピオンであるようだ。「食物繊維含有量が一四・五％、野菜類の比ではない。クワの葉の乾燥粉末中のカルシウムはキャベツの約六〇倍、鉄はカブの約一五〇倍ある。ビタミン類がAとB_1、カロチン、エルゴステロール、フラボノイド類のルチン、血圧降下作用のあるガンマーアミノ酪酸、血糖を下げる多糖類の『モランA』、血圧を下げるクワノンG、クワノンHが含まれ、発ガン抑制効果もある。血圧降下作用は、動脈硬化、脳出血、脳軟化症、糖尿病、口の渇き、のぼせ、頭痛などに有効で、補血効果もあり、神経炎を抑え、脚気などからくるムクミを解消する」[5]。漢方で昔から知られていた桑の薬効を、栄西は、中国で学び取ってきたのであろう。

　こうした薬効以外にも、栄西は、茶の名称を論じ、中国で言う「檟、茆、茗、苦茶、皐、盧、蔎、荈［ピンインでは chuǎn／チュアン、日本語では該当音なし、とされるが、古田のテキストでは、「せん」と読ませている、塩田］」などの茶名は、採取の季節、産地、出典などの違いによることを明らかにしている。次に、葉の形状、花付きや色などに触れ、第三節が一番詳しく、茶の効能を説く。栄西は、〈語学教師〉らしく、諸文献にあたって説いている。「本草に曰く、『茶の味は甘く苦く、微寒［体をわずかに冷やす作用、塩田］にして毒無し。服すれば、即ち瘻瘡無きなり。小便は利に、睡は少くし、疾渇を去り、宿食［胃もたれ、塩田］を消す。一切の病は宿食より発す』と」[6]。栄西は、『白氏文集』の「午茶［食後のお茶、塩田］は能く睡りを散ず」[7]も引いている。禅の修行中に襲う眠気を払うのに、茶は、戒律生活を助けるありがたい一服だったのである。さらに栄西は、古今の茶の賛辞を列挙し、「本草拾遺に云く、『上湯は疫を除く、貴きかな、茶か』と。上は諸天の境界に通じ、下は人倫を資く。諸薬　各　一病を治す。唯茶のみ能く万病を治するのみ」[8]、と賛辞で結んでいる。こうした記述の仕方から、栄西が、漢方にかなり詳しかったことが分かるであろう。

　第四節、採茶の時期については、インド産の紅茶の「ファースト・フラッシュ」の起源かと思える事柄が記されている。「茶の美称は早春といい、芽茗といわれるが、それが春のことであったことから起こったのである。……正月の三ガ日の……次の日に茶の新芽の一分か二分かが出たのを、銀の毛抜きでもってつまみ採らせて、その後に蝋（蠟）茶を作るのである。この茶の一匙の価は千貫もするのである」[9]。ちなみに蠟茶とは、団茶（固形茶）の一種で、『日葡辞書』に、「Raccha ラッチャ（蠟茶）中に茶（Cha）の入った、小さな塊のような薬」で、「これまで中国・唐代に福州で作られたお茶で、点てた時に表面が蠟をとかしたようになるものと、説明されてき」[10]た、という。

第五節、採茶法は、二、三、四月に採り、雨や雲のある日を避け、晴天に摘む[11]、と数行で片付けている。

第六節「茶を調ふる様を明かす」は、製茶法を叙す。

宋朝にて茶を焙る様を見るに、朝に採つて即ち蒸し、即ち焙る。懈倦怠慢の者は事をなさざるなり、其調火なり。焙棚には紙を敷き、紙の焦れざる様に工夫して之を焙る。緩ならず、急ならず、竟夜眠らず、夜の内に焙り畢つて即ち好き缾に盛り、竹葉を以て堅く缾の口を封じて、風をして内に入れしめざれば、則ち年歳を経ても損せず。[12]

好奇心の強い栄西が、宋の地で、製茶の一部始終を見守り、茶師とことばを交わした様子が感じ取れる記述である。陶磁器を生産する登り窯の焼成工も、三十時間、一三〇〇度前後に温度を保つため、夜っぴて窯の中を見詰め、薪を足し炎の色を窺いながら番をする。蠟茶の焙煎もそれに似た忍耐とスタミナを要求する作業であったことを、栄西は、「懈倦怠慢の者は事をなさざるなり、其調火なり」、と簡潔に伝えている。そして栄西は、「抑我が国の人、茶を採る法を知らず。故に之を用ひず。反つて之を譏つて曰く、『薬に非ず』と。是れ則ち茶徳を知らざるの致す所なり」[13]、と述べ、宋では、忠臣や高僧にお茶を贈るくらい、ありがたい貴重品であるから、「庶幾くは末代の良医、之を悉かにせよ」[14]、と上巻を結んでいる。

本文は、漢文で書かれているから、知識人を啓蒙教化して、津々浦々まで茶の恵に預かれるようにすべきだ、と説いているわけであるが、この時点から、八百年を経た現代日本では、お陰で、万人が茶の恵（茶徳）にあずかっている。そればかりではない。二〇三〇年までに太り過ぎ人口が四四パーセントを超えると騒がれているアメリカでは、「ニューヨークのマイケル・ブルームバーグ市長が、二〇一二年、レストラン、総菜屋（デリ）、劇場、競技場、フードコート（ショッピング・センターなどの食品屋台区画）における、約四八〇ミリリットル以上の容器入り甘味飲料の発売禁止を提案し、ニューヨーク市保健委員会は、それを是認した」[15]、という。

米国では、飲み物に必ず砂糖を入れる習慣が根強かったが、伊藤園が、ペットボトルの「おーいお茶」を持ち込んだところ、シリコン・バレーのIT研究者たちが、カロリーが少なく頭のすっきりするお茶の効果に目覚め、定番になりつつある[16]、という。栄西が聞いたら、平鉢頭（ひらばちあたま）をかしげて喜んだことだろう。

栄西が、万人の幸せと健康に資する茶に注目したのは、中世においては、僧は医師でもあったからである。『喫茶養生記』には、漢方書からの引用や医薬用語も多く、かなり漢方医学に詳しかったことを伺わせるが、西欧でも修道院は、伝染病などが発生した場合、仮設救急病棟となり、汚れた石の床は、水で洗い流せば汚水がはけるよう、中央部を高く、カマボコ型に設計されていた。修道士たちは、薬草に詳しく、それを修道院で栽培し、処方もこなした。聖ロカ病院などは、そうした伝統のなごりである。日本も同じで、薬師如来などを祀った寺院は、昔、施薬院の役割をはたしていたし、一般に、寺院は病院でもあった。そういう中世の医療現場にいた僧侶たちの関心や常識を、栄西もたっぷり持ち合わせている。「出家大綱」で見せた、広く啓蒙的な目で、栄西は、茶の社会的可能性を見て取り、日本に茶の種や苗をもたらしたのだが、最澄も、江戸時代に書かれた『天台霞標（てんだいかひょう）』によると、「伝教大師、茶子を得て帰り、台麓［比叡山麓、塩田］の茶園、今に現存す」[17]、と伝えられ、円仁・円珍などは、いずれも中国で茶を常用していたから、比叡山とお茶との関わりは、元来、深く長い。そういう伝統があって、栄西も茶種を持ち帰ったのであろう。

栄西が最初に茶を植えたのは、肥前（佐賀・長崎県の一部）の背振山（せふりさん）だと言われ、その後、京都北部の栂野（とがのお）から、大和・伊賀などに広まっていったらしい。栂尾から広がった京都のお茶は、仁和寺、醍醐寺、宇治、葉室（はむろ）、般若寺、神応寺など、寺院が中心となり、以後、大和、伊勢、駿河、武蔵へ産地が広がっていった。

栄西は、一二一五年に没するが、その六十年後に生まれた夢窓国師（一二七五～一三五一）は、栄西の茶をこう記している。

昔シ盧同（ろどう）［お茶好きな唐の詩人、塩田］陸羽（りくう）［唐代の『茶経』の作者、塩田］等ガ茶ヲ好ミケルハ困睡（こんすい）ヲサマシ蒙気（もうき）ヲ散ジテ学ヲタシナマンタメナリト申シ伝ヘタリ。我朝ノ栂ノ尾ノ上人、建仁寺ノ開山、茶ヲ愛シ玉ヒケルハ蒙ヲ散ジネブリヲサマシテ道行（どうぎょう）ノ資トナシ玉ハンタメナリキ。[18]

栄西は、まだ漢文で書いていたが、それから半世紀後には、漢字仮名交じり文に変わっているところが印象的である。栄西は、そういう意味で、文字の民衆化に先駆けて、茶や桑など、福祉的恵みを民衆にもたらした中世の僧であった。

8 座禅

こうして、栄西が行き着いたのは、禅宗の実践としての座禅であった。栄西は、仏教の根本を戒にあると見なし、戒の大小を弁ぜず、戒は実践が命であり、実践とは座禅にほかならないと信じた。「諸縁を放下（ほうげ）し万事を休息して心身一如、動静へだてなく、飲食を量（はか）つて多からず少からず、睡眠をとゝのへて節せず恣（ほしいまま）にせず、結跏趺坐（けっかふざ）して目須（すべから）く微開し、気息すでに調へて久々にして縁を忘（ぼう）ぜば自（おのずか）ら一片とならん」[1]、と説き、少聞薄解(はくげ)の輩といふと雖も、大鈍少智の類と云ふと雖も、若し専心に坐禅せば則ち必ず道を得ん。[2]（『護国論』）

と結論づけている。これは、英語学の碩学中島文雄や酒井聡樹（東北大学大学院生命科学研究科准教授）や福澤健一（トラスト学院学院長）やスペイン探偵局長のような巷の〈語学教師〉の鑑と云える大学者がしばしば引用する、本居宣長の言葉を想起させずにはいない。

詮(セン)ずるところ學問は、たゞ年月長く倦(ウマ)ずおこたらずして、はげみつとむるぞ肝要にて、……いかほど學びかたよくても怠(オコタ)りてつとめざれば、功はなし。又……才と不才とによりて、其功いたく異なれども、……大抵は、不才なる人といへども、おこたらずつとめだにすれば、それだけの功は有ル物也。又晩學の人も、つとめはげめば、思ひの外功をなすことあり。又暇(イトマ)のなき人も、思ひの外、……功をなすもの也。されば才のともしきや、學ぶ事の晩(オソ)きや、暇(イトマ)のなきやによりて、思ひくづをれて、止(ヤム)ることなかれ。とてもかくても、つとめだにすれば、出來るものと心得べし。[3]

この箇所は、私の恩師でもあった中島文雄の『英語学研究方法論』にも引用されている。[4] さらに歳月が過ぎて、一九七〇年、國弘正雄は、『英語の話し方』でこう説いた。[5]

只管(しかん)朗読ということばは、読者の方々にとってはおそらく耳なれないことばだと思いますが、読んで字のごとくで「ひたすら朗読する」という意味です。

私がこの只管朗読ということばを思いついたのは、鎌倉期における曹洞宗の開祖、道元禅師が、「只管打坐(しかんたざ)」

［ルビ塩田］ということをいっていることからです。道元禅師の説いた「只管打坐」というのは「ひたすら坐りなさい」ということです。つまり道元禅においては、臨済禅などとはちがって、公案を一生懸命考えさせるようなことはあまりしません。

公案というのは、たとえば隻手の声、つまり片方の手がどういう音を出すかとか、犬の子が果たして仏性を持っているかどうかといった一種の謎解きのようなものを与え、一生懸命考えさせることによって、われわれの非常に世間的な常識のようなものを打ち破り新しい境界に飛び込んでゆくのを助けることを目的としています。これは禅、あるいは悟りということに対する、いわばアプローチだと思うのですが、それに反して道元禅師の説かれた「只管打坐」は、とにかく黙ってお坐りなさいということなのです。これが新しい境界に到達するための最短距離なのだと説かれたわけです。

そこで私も道元禅師にならって、英語に上達しようと志ざされる方には、黙って朗読しなさい、ひたすら朗読しなさいと申し上げたいと思います。実はこの朗読ということが、英語にとって一番効果的でしかもお金のかからない、いつどこでも自分自身が主体的に場所なり時間なりを決めて行なうことのできる、その意味では最も容易な方法であると思うのです。道元禅師は坐禅をさして安楽の法門といいましたが、私は朗続こそが安楽の英語上達への道であると主張したいのです。

国弘は、道元の名前を挙げているが、道元が栄西を師として尊敬していたことは明らかであるから、国弘が唱えた「只管朗読」のルーツは、栄西であると言ってもよい。道元が栄西を讃えたエピソードが『正法眼蔵随問記』にある。栄西が、建仁寺にいたとき貧しい人がやって来て慈悲を乞うた。与えるべき品物も手立てもなかった栄西は、薬師如来像の光背を造らせるために用意した銅ののべ板を打ち折って与え、食べ物と交換して餓えをしのぐように言った。弟子が、仏さまのために使うものを俗人の私用に供するのは罪ではないか、と糺したとき、栄西がこう答えた、と道元は弟子に語っているのである。

誠に然り。但し仏意を思ふに仏は身肉手足を割きて衆生に施こせり。現に餓死すべき衆生には設ひ仏の全体を以て与ふるとも仏意に合ふべし。亦云く、我れは此の罪に依て悪趣に堕すべくとも、只衆生の餓へを救ふべしと云云。[6]

小乗戒にうるさいようでいて、栄西は大乗戒の核心を外さなかった。弱い立場の者や、初心者を励ます心遣いは、栄西から道元へ、宣長から国弘へまっすぐに伝わって、今なお諸学者を力づけている。

栄西の偉大なところは、当時、天台宗から毛筋ほど外れても、異端として許さず、容赦ない圧力・恫喝・暴力を、仏教の新しい傾向や流派に加えた比叡山と、無用な対立を避けるために、天台宗や真言宗の布教も兼備した道場を開きながら、禅の礎を築いた、現実的かつ柔軟な姿勢にあった。そうした実践的精神が、栄西のバックボーンだったのである。[7]

9　むすび

先に書いたように、重源亡きあと、栄西が東大寺復興事業の後を継いだが、多賀は栄西の業績をこう評価している。

寺塔造営などの仕事は、栄西の絶えず直面し接触していた所である。机上に法を説くだけの僧ではなく、人間生活、庶民の日常のひろい面に実際的な体験と知識と理解とを有していた栄西として、仏法と僧侶生活とを、ひろい、生きた社会生活の事実の中で具体的に位置づけて考える余裕と用意とを豊かにもっていたのである。[1]

異文化圏に身を投じて、外国語を通して学び取ってきた宝を、惜しげなく衆生に還元する姿勢は、絶えざる世間との触れ合いの中から生まれてくる。そういう意味で、本論が追及し跡づけようとしている〈語学教師〉の美質を、栄西もたっぷり具えていたと言えるのではないか。

（二〇一三年三月一一日）

謝辞

校正段階で、青木晴男さんと大森夕夏さんに、貴重な指摘をいただきました。厚くお礼申し上げます。

注

一　宋史に残る日本僧たち（承前）——栄西

1　栄西が生きた時代

1　多賀宗隼『栄西』（吉川弘文館、一九六五年六月）。

2　同右、二頁。

3　同右、四～五頁。

4　同右、一一～一二頁。

2　第一回入宋まで

1　同右、一七頁。

2　同右、一九頁。

3　「日宋貿易の実態：『諸国』来着の異客たちと、チャイナタウン『唐房』」『東アジアと日本』二（九州大学21世紀COEプログラム（人文科学）、二〇〇五年二月）、三五頁。

4　久野修義『重源と栄西』（山川出版社、二〇一一年一一月）、三四～三五頁。

5　ちなみに、同じような文化研究の脱中心化は、西欧ギリシアの古典悲劇研究の領域でも起きている。最近、シチリアや黒海沿岸など、アテネから遥かに隔たった植民地だった土地で、古代劇場や古代演劇上演の記録が発掘され、シチリアの独裁者がギリシア悲劇オタクであったり、シチリア訛りのギリシア語で書かれた悲劇も存在したりしたことが判明した。ギリシア悲劇はアッティカ方言で書かれ、アテネの民主主義とセットである考えてきたアテネ中心主義の伝統的悲劇観を、脱中心化させるほどの発見だったのである。（Kathryn Bosher, ed.*Theater Outside Athens-Drama in Greek Scicily and South Italy* (Cambridge University Press, 2013) 参照。

しかし、常にアウトサイダーとして事態を見つめていたエウリピデスは、『メーデイア』を書き、ギリシア本土から見れば最果ての黒海東沿岸の町、コルキスからギリシアに連れてこられた異邦人メーデイアが、ギリシア世界で疎外されてギリシアの父権的体制に一矢報いるに至る復讐劇を描くことによって、ある意味で、ギリシア文化中心主義の脱中心化を先取りした。そうした遠方の異言語や異文化との落差がもたらした問題を、アジアの研究者も、最近、注目し始めている。（呉瑜雲／Yu-Yun Wu, Medea's Mirror: *The Demanded Rehabilitation of Female Despair in Euripidean Tragedy*,『淡江外語論叢』第一六号、淡江大學、二〇一〇年一二月、一～二六頁）。

3　第一回入宋

1 宮脇隆平『栄西　千光祖師の生涯』（禅文化研究所、二〇〇九年一一月）、五四頁。
2 同右、五一頁。
3 多賀、三八頁。
4 同右、三九頁。

4 重源のこと

1 久野、一七頁。
2 同右、四〇頁。
3 同右、四六頁。
4 多賀、一四四頁。
5 同右、一四六～一四七頁。
6 以上久野、四七頁。
7 同右、四九頁。
8 『奈良六大寺大観　第一一巻　東大寺三』（岩波書店、二〇〇〇年三月）。ならびに、山川均「重源と宋人石工」『論集　鎌倉期の東大寺復興――重源上人とその周辺』（法蔵館、二〇〇七年一二月）、一〇三頁参照。
9 久野、五一頁。
10 ケネス・クラーク、河野徹訳『芸術と文明』（法政大学出版局、一九七五年一二月）、五七頁。
11 同右、四九頁。
12 多賀、一四六頁。
13 クラーク、五四頁。
14 田中淡「大仏様建築――宋様の受容と変質」『論集　鎌倉期の東大寺復興――重源上人とその周辺』（法蔵館、二一〇〇七年一二月)、四八～六〇頁。
15 久野、五一～五三頁。括弧割り注塩田。
16 多賀、一四七頁。
17 「盲目ノ母ヲ養(ヤシナヘ)ル童の事」渡邊綱也校注『沙石集』巻九・八、『日本古典文學大系』第八五巻、(岩波書店、一九六六年五月)、三八一頁。なお、括弧内割り注は塩田。
18 同右、三八二頁。
19 久野、七二頁。
20 同右、七四～七五頁。この記事のソースとして、次の文献が挙げられている。小原嘉記「〈重源遺産〉その後――初期勧進所と東大寺」『日本史研究』五六六号、二〇〇九年一〇月、一～二八頁。
21 向後恵里子編『年々の花』(三美印刷株式会社、二〇一一年五月)、三～四頁。

5 第二回入宋

1 多賀、七三頁。
2 同右、七六頁。
3 同右、八一頁。
4 同右、八二頁。
5 同右、八三頁。

6 「出家大綱」に見る文化源泉へのアプローチ

1 多賀、二六一頁。
2 中尾良信訳「出家大綱」『大乗仏典〈中国・日本〉』(中央公論社、一九八八年一〇月)、五三頁。以下、引用は、この版による。

3 同右、三八頁。
4 同右、四五頁。
5 同右、四五頁。
6 同右、三四頁。
7 同右、三三〜三四頁。
8 同右、四一頁。
9 同右、三九〜四〇頁。
11 同右、四七頁。
12 多賀、二三九頁。
13 同右、二四二頁。
14 同右、二六〇頁。
15 同右、二六七頁。
16 同右、二六八頁。
17 同右、二六八頁。
18 同右、三七頁。

7 『喫茶養生記』

1 古田紹欽『栄西　喫茶養生記』（講談社、二〇〇〇年九月）、以下、引用は、同書の現代訳に従い頁を示す。
2 同右、六三頁。
3 同右、七四〜七六頁。
4 「掛川市ホームページ」（http://www.city.kakegawa.shizuoka.jp/kakegawatya/PR/tvdewadai.html）、アクセス日、

二〇一三年三月一日。

5 「絹蚕桑多目的利用協議会ホームページ」(http://www.kkmt.net/kss/index.php)、アクセス日 二〇一三年三月一日、からの要約。

6 古田、一八頁。

7 同右、一九頁。

8 同右、二〇頁。

9 同右、五八頁。

10 「文教日本史」(http://blog.goo.ne.jp/shuya1128/e/cee626b7da157b96249 2be50e1da28a1/#comment-form)、アクセス日、二〇一三年三月二日。

11 古田、二一頁。

12 同右、二一~二二頁。

13 同右、二二頁。

14 同右、二二頁。

15 "It's For Your Own Good!", *The New York Review of Books*, March 7, 2013, p.8. ちなみに、二〇一三年三月一一日『東京新聞』夕刊、「肥満人口率1位アメリカ」によれば、アメリカの肥満人口率は、男性が三二・二パーセント、女性が三四・五パーセントで、日本のそれぞれ、八倍(男性)と一〇倍(女性)である。日本の肥満人口率は、世界三三位だが、七位までに、アメリカ、ニュージーランド(三位)、オーストラリア(五位)、カナダ(六位)、イギリス(七位)など、アングロ・サクソン系の国が占めている。ラテン系のフランスは二八位、イタリアは三〇位である。

16 「『お~いお茶』が米国で人気　シリコンバレーでは定番商品に」J-CASTニュース、二〇一二年七月八日

（http://www.j-cast.com/2012/07/0813800７.html?p=all）、アクセス日二〇一三年三月二日。

17 多賀、一九一頁。

18 同右、一九三頁。

8 座禅

1 同右、二四九～二五〇頁。

2 同右、二五〇頁。

3 本居宣長、村岡典嗣校訂『うひ山ふみ　鈴屋問答録』（岩波書店、一九三四年四月）、一五～一六頁。

4 （研究社、一九四一年一〇月）、四三頁。

5 （サイマル出版、一九七〇年九月）、一二六～一二七頁。

6 懐奘（えじょう）、和辻哲郎校訂『正法眼蔵随問記』（岩波書店、一九二九年六月）、四四頁。

7 「比叡山は、自らの拠り所とする天台宗のほかに、新しい宗旨や信仰のおこることを警戒し、すでに念仏宗の布教を停止させ、さかのぼる建久五年（一一九四）には、大日能忍の日本達磨宗や、栄西の禅宗の停止を朝廷に奏請（天皇に申し上げて裁可を願う）し、日本達磨宗の能忍は、京都にいられなくなって多武峯（奈良県）に逃れ、その後、非業の死をとげていました」（http://joen-ji.jp/道元禅師の御生涯/）、アクセス日、二〇一三年六月一一日。

9 むすび

1 多賀、二九九頁。

VIII

中世——道元

一　宋史に残る日本僧――道元

1　はじめに

北宋（九六〇～一一二六）と南宋（一一二七～一二七九）の時代、入宋した日本僧たちの最後を飾る道元（一二〇〇～一二五三）は、南宋末期、五年半を大陸で過ごした。今回は、異文化の理解・解釈・媒介・移植者、すなわち本論で構想している〈語学教師〉として道元が果たした役割を、禅をめぐる実践をたどりながら、掘り起こし、同じころ、日中間を往来した日本僧や中国僧たちの群像を描きたい。

2　道元の生い立ち

福井県宝慶寺の道元画像、[1] オコゼみたいに張った頬骨とオチョボ口、しゃくれた顎にタレ目、白皙（はくせき）のフクスケ頭、道具がちぐはぐで、覚えやすいお顔ではあるが、イケメン離れした面相である。しかしながら、道元の母親であった伊子（いし）（一一六七?～一二〇七）は、類いまれな魅力と教養をそなえた、やんごとなき姫君であった。父松殿基房（藤原基房とも）は、安徳天皇に仕えた太政大臣、弟には『愚管抄』を著した慈円もいた。当時、十六、七歳だった伊子を、基房は木曾義仲の側室として送り込む。下り坂になった家運再興を狙った政略結婚で、山出しの義仲は、雅やかで教養ゆたかな伊子に、手もなく心を奪われてしまった。平家討伐で都に兵を進めた義仲ではあったが、一年も経ぬうちに手勢は群盗と化し、頼朝が差し向けた源氏連合軍に追われ窮地に陥った。追いつめられた義仲は、宇治川の橋板をはずし、千六百余騎をもって六万の連合軍をむかえ討つ局面となり、一刻を争う土壇場に臨む。ところが、義仲は伊子から離れようとしない。『平家物語』「河原合戦」は、こう語る。

　六条高倉（でうたかくら）なるところに、はじめて見そめたる女房（にようばう）のおはしければ、それへうちいり最後の名ごりおしまんとて、とみにいでもやらざりけり。

「はじめて見そめたる女房」とは伊子、決戦を前に愛人となじみすぎて出撃する気配がない。「いかにかうはうちとけてわたらせ給ひ候ぞ。御敵（おんてき）すでに河原（かはら）までせめ入（いり）て候に、犬死（いぬじ）にせさせ給（たまひ）なんず」、忠臣家光（いえみつ）がしびれを切らすほどグズグズしたから、家光は絶望して「腹（はら）かききッてぞ死（し（に））にける」[2]最期をとげた。死を賭した家光の諫言に重い腰を上げたものの、伊子に腰抜けにされ、頭も矢で抜かれて、義仲はあっけなく三十一歳の最期をとげた。源平時代の猛者義仲を骨抜きにした伊子は、アントニーをぐにゃぐにゃにしたクレオパトラに劣らぬファム・ファタールだったのだろうか。

義仲の死後、野心家だった父親は、家運再興のため傷心の娘を引き取って政略結婚の機会をうかがい、当時、権力を揮っていた源通親（みなもとのみちちか）のもとにまたもや伊子を送り込んだ。伊子はバツイチのアラサー、通親は五十を超えたオジサン、いい加減、年の差婚だったが、相見えた瞬間、通親は、二回りも若い伊子の虜になった。

『千載集』や『新古今和歌集』に選ばれた歌人通親は、伊子のもとから帰った明け方、「おもへただ　いりやらざりし　あり明けの　月より先に　いでし心を」と書き送り、歌心あふれる伊子も、「あぢきなく　人さへありそ侘びぬべき　物思ふみの　かげになりなば」と返し、ラブラブとなった通親は、三日とあげず通いつめ、ほどなく身ごもった伊子に産ませたのが道元だった。通親は、「文殊」と名付けよ、と命じ、幼い道元は、「文殊」と呼ばれた。[3]

謹厳が服を着たような道元だが、時代の英雄たちを愛欲の淵に沈めた魔性の女性を母として生を受けたとは、皮肉な巡りあわせである。おちょぼ口やほっそりした顎、白い肌は、美貌のかかさまゆずりだろうが、「マルコメ味噌」の小僧さんをデコボコにしたような頭、たれ目にごっつい頬骨などは、ととさまの血が混じてデフォルメされたんじゃろ、かわいそうな文殊や、そう周囲は噂したに違いない。

文殊三歳、通親は急逝した。美女を妻にした野獣は長生きできない。ただちに文殊の異母兄にあたる通親の次子大納言久我通具が育父になった。通具も、『新古今和歌集』の選者の一人、文殊は、教養豊かな久我の家で暮らしながら、時折、母親にまみえ、希有の記憶力にまかせて、『法華経』や、唐代詩集『李嶠百詠』、『春秋左氏伝』、『詩経』などを諳んじてしまう少年となった。文殊を取り巻く、高度に文化的な環境が、神童の才能を目覚めさせたに違いなかった。

通親亡き後、通具の薫陶によって神童ぶりを顕しはじめた甥に、伊子の弟松殿師家（一一七二〜一二三八）が目をつけ、養子に取ろうと画策しはじめた。文殊が愛してやまなかった母親は、一二〇七年秋、風邪をこじらせてはかない生涯を閉じる。身まかる寸前、伊子は、八歳になった文殊にこう伝えたらしい。わらわが死んだら、ぜひとも出家のうえ学問をして、わらわや祖母さま、叔母さまたちの菩提を弔ってたもれ、と。[4] 道元は、母の遺言を盾にとって、師家からの養子縁組を断り、十三歳（一二一二）のとき、比叡山の僧であった母方の叔父良観（良顕とも）を頼って入山した。翌年、十四歳で剃髪得度、以後「道元」を名乗って、出家としての人生を歩みはじめた。

幼少年期の道元について特記すべきことは、当時最高水準の文化と教養をもった貴族の家で養育されたこと、その結果、天賦の才を遺憾なく開花させ、古典や経典にいち早く親しむようになれたこと、才媛の一人息子として育まれ、母への深い敬慕をたもちつづけたから、出家は、当時の僧侶たちが共有した、ある種マザコン的傾向と無縁ではなかったと思われる点である。平安から鎌倉にかけて、入唐・入宋した高僧たちの多くは母親に対する愛着が強く、彼らの生涯に母親は深く影を落としていた。

3　入宋するまで

当時、仏教界は、信仰の探求よりも、いかにして出世するかに腐心し、道元も周囲から、天台座主になることが母への供養ぞ、と言い聞かされて経典の勉学に励んでいた。その猛勉強ぶりは、道元が、『一切経』(『大蔵経』)を二回読破したほどであったという。後に、大正時代「大正一切経刊行会」が十年かけて編纂した『大正新脩大藏經(たいしょうしんしゅうだいぞうきょう)』は、全百巻、各巻一千頁、仮に道元が読んだ『一切経』と同じだとすれば、全巻読破は十万頁の読書量を意味した。記憶力のお化け同様の道元が、十万頁の中国語経典を二回通読した影響は甚大である。これだけの量を読み込めば、中国語は中国語の語順で頭に入るようになったことは間違いない。話し言葉はともかく、文語中国語の読解力は、道元の場合、日本語のそれに限りなく近かった、と想定しても差し支えないであろう。ちなみに、「不立文字」という悟りも、経典を読み尽くした果てに現れてくる境地であった、と考えてもそれほど的外れではあるまい。

これほど、出世のための勉学に集中した道元であったが、やがて、『高僧伝』を読んで、天竺や中国の名僧たちの生き方に触れ、いずれの高僧も地位や名誉、富とは無縁に生きたことを知った。すると、気がかりなことが心に浮かびあがるようになる。それは、天台教学では、人は生まれながらに清らかで、本来、悟りを得ている、と教えているのに、なぜ苦労して勉学せねばならぬのか、という疑問である。道元は、周囲の高僧たちにこの問いをぶつけてみる。納得のいく答えは得られない。三井寺の公胤を訪ねてみる。「公胤は、顕密の教義に通暁するといわれ……新しい仏教界の動きに寛容な、幅広い精神の持ち主だったようだ」[1]が、道元が疑問をぶつけると、京都建仁寺の栄西が宋から禅宗をもたらしたから、栄西を尋ねてみるがよい、と、ある意味、たらい回しをされてしまう。さっそく建仁寺に栄西を尋ねてみたが、栄西は、すでに没し、後任者の明全に引き会わされ、弟子入りすることになったものの依然として疑問は解けない。しかし、師となった明全も、禅を究めるために宋に渡りたいと考えていたので、道元も、疑問を解決するためには入宋しかない、と考えるに至り、師弟こもごも留学を決意した。

　ここから、道元の中国語学習は本格化する。大谷によれば、「かつて建仁寺にも寓居し、栄西とも親交があり、東山泉涌寺開山となった入宋僧、不可棄法師とも称した我禅房俊芿（一一六六～一二二七）に中国語を習い、また数年前に宋から帰国していた行勇の法嗣である般若房と称した大歇了心が建仁寺にくると中国事情について学んだ」[2]、という。

　ちなみに、俊芿は、一一九九年、入宋、十二年間、天台・律・禅・儒学などを学んだのち各地を遍歴して帰朝、二千一百三巻の典籍を将来して京都に泉涌寺を開いた。その弟子聞陽湛海・同法孫の明観智鏡・自性道玄なども入宋し律宗の戒律をもたらした、という。俊芿は、北条政子などから庶民にいたるまで幅広い帰依者をもつカリスマ僧で、中国語教師としての実力もなかなかのものであったようだ。[3]よき師を得て、十万頁にわたる漢訳仏典を二度読破し、誰にも負けない求道心と、抜群の記憶力をそなえていた道元は、中国語会話も、入宋以前からかなりのレベルに達していたと見て間違いないであろう。

　入宋費用は、道元の荘園処分、建仁寺の運営費からの助成、鎌倉武士の名門佐竹秀義から贈られた金品、明全・道元の外護者である俗系一族・寺院関係者・個人の篤信者・知人などからの浄財寄進によってまかなわれ余裕があった。さらに、明全は、栄西の十回忌法要を天童山で営むための資金を、十分、用意した。道元は、事前に宋銭や楮券（紙幣）まで調達した。今ならドル建ての紙幣やコインを、銀行の外貨交換窓口で受け取るが、それに匹敵する手続きを鎌倉時代に踏むことができたのである。[4] 背景には、造船技術や航海術の進歩と、南宋になってからの海への進出政策に助けられて、日宋間の僧侶の往来が以前には考えられなかったほど活発になり、その結果、大量の文物が宋からもたらされ、寺院には宋風の雰囲気がみなぎり、宋に渡ることが、きわめて身近な経歴モデルとなっていた事情がある。鎌倉以前の入宋僧侶は、身分の高い者に限られていたが、このころになると無学文盲の性才法心などまで、九年半も在宋し、帰国後、陸奥松島円福寺の開山となっている。[5]

4 道元がいだいた疑問──本覚思想をめぐる考察

ここでしばらく伝記から離れ、仏教・思想・文化史的流れにおける「本覚思想」を論じておかなければならない。そうしないと、道元の疑問が、どのような歴史文脈から芽生え、その解決が、どのような独自性をもっていたのか見落とす虞れがある。そこで、天台本覚思想の誕生と内容、道元がいだいた疑問との関係、その後、本覚思想が、親鸞などを経て、近代に流れ込み、太平洋戦争の「八紘一宇」のイデオロギー、近代文学や思潮に甚大な影響を揮い、戦後もまた、思想、文学、マンガはもとより、A級戦犯を合祀した靖国神社参拝、事故直後からの原発再稼働是認などに現れた政治姿勢まで染め上げていく、ある種、文化的宿命となったこの思想を粗描しておきたい。この問題を深く掘り下げるためには、独立した著作が要るが、ここでは、ある外来思想がポピュリズムに堕するとき、源泉に立ち戻って、外来の思想を本筋に引き戻す〈語学教師〉の役割を、歴史の流れの中で確認するための舞台の書き割りとして、ざっくりと捉えた本覚思想の系譜を述べておきたい。

ちなみに「ポピュリズム」とは、「政治に関して理性的に判断する知的な市民よりも、情緒や感情によって態度を決める大衆を重視し、その支持を求める手法あるいはそうした大衆の基盤に立つ運動をポピュリズムと呼ぶ。ポピュリズムは諸刃の剣である。庶民の素朴な常識によってエリートの腐敗や特権を是正するという方向に向かうとき、ポピュリズムは改革のエネルギーとなることもある。しかし、大衆の欲求不満や不安をあおってリーダーへの支持の源泉とするという手法が乱用されれば、民主政治は衆愚政治に堕し、庶民のエネルギーは自由の破壊、集団的熱狂に向かいうる。例えば、共産主義への恐怖を背景にした一九五〇年代前半の米国におけるマッカーシズムなどがその代表例である。民主政治は常にポピュリズムに堕する危険性を持つ。そのような場合、問題を単純化し、思考や議論を回避することがどのような害悪をもたらすか、国民に語りかけ、考えさせるのがリーダーの役割である」[1]、と定義されている。

まず、末木文美士の前掲書に基づきながら、当時の仏教史を俯瞰しておきたい。道元が抱いた疑問は、院政期（一〇八六〜一一八六）ごろから発展してきた「本覚(ほんがく)思想」にまつわる疑問である。「本覚」とは、「仏性」とか「如来蔵」と呼ばれる、「衆生に内在する悟りの本性」[2]にかよう概念で、「すべての衆生に悟りの可能性があるという考え方は、如来蔵思想・仏性思想などとよばれ、インドの中期の大乗仏教において主張され」たものである。つまり「可能性」として主張された万人の悟りを、「現実」に開かれた悟りとして読み替えたわけである。[3]院政期になると、「仏性」は「本覚」と呼ばれはじめ、「本覚」は、悟りの可能性から、悟っている現状を指すタームに変わり、「あるがままの具体的な現象世界をそのまま悟りの世界として肯定する」「天台本覚思想」[4]として定着した。その根拠とされたのは『大乗涅槃経』[5]である。当時は、鎌倉の大地震（一二二七）、大風・大地震・寒波（一二二七〜一二二八）、旱魃・飢饉・疫病など災害にはこと欠かず、世の中が乱れ、不安な民衆が否定的ポピュリズムに傾斜する土壌が醸成されていた。

この思想が流布された結果、悟るための修行は意味を失い、低次元の事柄とみなされ、「草木国土悉皆成仏(しっかいじょうぶつ)」という教えが、中世の歌謡にまでなって人々の間に広まった。「修行は不要、凡夫は凡夫のままでよい」とする本覚思想は、「安易な現実肯定に陥」る「危険な思想」[6]でもあった。浅慮の聖職者が誘い込まれ、無数の堕落僧・破戒僧にとめどなく転落していった。道元が、「人は生まれながらに清らかで、本来、悟りを得ている、と教えているのに、なぜ苦労して勉学せねばならぬのか」、という疑問をいだき、周囲に質すが、誰も満足のいく回答を与えてくれなかったのは、それが、権威ある天台本覚思想を批判する問いかけであったからであり、また多くの聖職者たちが、その罠にはまって客観的に批判する力を失っていたからでもあろう。しかし、道元は、堕落僧たちとは一線を画し、仏教の本来の真理に立ち戻る道を模索しようとした。

末木は、こう述べている。

そもそもインドでは、同じ生命体でも六道に輪廻(りんね)する衆生と植物とは截然(せつぜん)と区別され、悟りを開く可能性は前者にのみ認められるものであったから、草木成仏はほとんど問題にもならなかった。それが問題になるのは仏教が中国にはいってからである。……中国における草木成仏の論拠は、衆生と草木の相互関係性、あるいは「空(くう)」の絶対の立場からみた両者の同質性に求められている。……あるいは、仏の絶対の立場からみると、全世界が平等に真理そのものであって、そこでは衆生と草木との区別もなくなるという観点から草木成仏がいわれる。……

このような中国の議論に対して、日本でもそのまま受け入れている面があると同時に、さらにそれをもう一歩発展させている。……衆生との関係や空の絶対の立場を離れて、一本一本の草や木がそれぞれそれ自体で完結し成仏しているというものである。ここでは仏の絶対の立場からみるという前提がきわめて弱くなり、平等の真理性といういわば抽象的な次元でなく、個別的具体的なこの現象世界のいちいちの事物のあり方がそのまま悟りを実現しているという面が強くなる。[7]

つまり、末木によれば、『涅槃経』に「一切衆生悉有仏性(いっさいしゅじょうしつうぶっしょう)」という文言が加えられたのは、中国で『大乗涅槃経』が成立してからであり、さらに、それが「山川草木悉皆成佛（さんせんそうもくしつかいじょうぶつ）」と、自然と同質化する解釈に変化したのは日本に入ってからだ、という。自然の変化に富む日本では、無常を悲しむよりは、「世はさだめなきこそ、いみじけれ」[8]、「折節の移りかはるこそ、ものごとにあはれなれ」[9]、「花はさかりに、月はくまなきをのみ見るものかは」[10]、といった季節や自然と一体化する本覚思想へ、『涅槃経』が舵を切ったのはごく自然なことであった。仏典も、解釈改憲と同じ運命をたどるのである。そこから「うつろひ盛り」、「うつろひ菊」「さくら散る」といった、寂れたり朽ちたりして時間の浸食に身を任せる人や物を愛でる美学に磨きがかかっていった。末木は、こうした事情を、謡曲の『芭蕉』を引いて、「秋の情趣が一本の芭蕉に凝縮され、それが『序の舞』を舞う盛りをすぎた女性の姿によって象徴されるところに尽きない感興がある」[11]、と指摘している。

こうした立場から、うつろいゆく自然な時と一体化し、「つれづれわぶる人は、いかなる心ならん」[12]、と無為を楽しむ姿勢も生まれた。無為に積極的な価値を見出したのである。他方、西欧では、うつろいゆく時間に身を任せ、万象と一体化していく姿勢は、ディドロ（一七五一～一七七二）の私信になってやっと現れる。そこでは、「百科全書派のふだんの傾向からは著しく外れた諸観念が披瀝され」、こう語られる。

その甘美な感覚は、それが持続していくと、気づかぬうちに、激しさを極めた情動を静めてくれます。絶えずあたりを領している自然のこの穏やかさを私たちは避けたりはしません。それが感じ取れないほどひそやかに作用するだけにいっそう私たちは避けようとはしなくなるのです。それは、耳に聞こえる雄弁などではまったくなく大気のごとく吸い込むことのできる説得です。それが、眼前の森羅万象に同調しようとする自然な性向によって、私たちが従っている手本なんですね。……自然の中では、私たちは、本能的に、腰を下ろし、安らい、見るともなしに見守り、心も魂も精神も感覚も、自由の手に委ねます。つまり、万象の側に調子を合せようなんていっさい考えませんせん。彼らは彼ら、我らは我らですから。万物有用、万物奉仕、万物競合、万物善根、何の努力もしないでいると私たちの己れは空しくなります。……おやすみ、おやすみ、まわりのみんながそうするように、みんなみんながそうするように、やすんでおいで、そのまんま、……時々(じじ)、日々(にちにち)、年々(ねんねん)のくさぐさはうっちゃって、まわりのみんながそうするように、消えておゆきな、これが終らぬ自然の教え。[13]

さらに、シュピッツァーは、この一節を、ルソーの『孤独な散歩者の夢想』と比べている。[14] 石もて追われたルソーが、スイスのビエンヌ湖中のサン・ピエール島で、ひっそりと一夏過ごしたのは、吉田兼好より四三〇年も後のことになるが、ルソーは、そのとき初めて無為の楽しみを見出した。

たそがれが近づくと、島の峰をくだって、湖水のほとりに行き、砂浜の人目につかない場所に坐る。そこにそうしていると、波の音と、水の激動が、僕の感覚を定着させ、僕の魂から他の一切の激動を駆逐して、魂をあるこころよい夢想の中にひたしてしまう。

……この水の干満、水の持続した、だが間をおいて膨張(ぼうちょう)する音が、僕の目と耳を撓(たゆ)まず打っては、僕の裡(うち)にあって、夢想が消してゆく内的活動の埋め合わせをしてくれる。そして、僕が存在していることを、心地よく感じさせてくれるので、わざわざ考えなくてもいい。水の面を見ると、それから連想して、うつし世の無常を思う念が、ふと、かすかに浮かんでくることもある。しかし、その淡い印象とて、僕をゆすぶっている波の絶えまない運動の均等性の中に消えてしまう。[15]

西欧で啓蒙思想家たちに訪れた自然との一体化による自己救済は、日本では、はるかに古くから文化の基層に織り込まれ、現代日本の文化や思想にまで沁みわたっていた。そうした本覚思想に繋がる神秘主義的傾向が日本文化に及ぼした影響は量り知れない。いくつか例を見ておこう。

俳句が、汎神論的傾向をもつのは当然であるが、正岡子規は、「草木国土悉皆成仏」と題して「糸瓜さへ佛になるぞ後る、な」[16]と詠んだ。河東碧梧桐は、松山市大蓮寺で俳夏行に参加し、「山川艸木悉有佛性」（一九一〇）と書き残す。

終戦後のアナキー状態を描き出した藤枝静男の『田紳有楽』には、「山川草木悉皆成仏」という言葉が、戦後の混乱を象徴する通奏低音のように響いている。[17]筒井康隆は、「幻想文学」に関するインタビューを「山川草木文房具悉皆成仏虚構戦記」[18]と名付けた。

本覚思想のロゴマーク「山川草木悉皆成仏」は丸ごと使われるだけではなく、本覚思想トレンドとなって、戦後のマンガ界を彩る。「非人間界と人間界の境界を越える発想は、手塚によって受容され、現代のマンガ・アニメの中にしっかり根を下ろした。境界を撤廃する手塚の手法を徹底させたのは鳥山明の『アラレちゃん』である。鳥や獣、ロボットや化物、童話のキャラクター、月や星、ウンコにいたるまで、人間と区別なく口をきき合う世界が『ペンギン村』だからだ。さらにそれを異星人や異界の次元に広げたのが『ドラゴンボール』である。異界のキャラクターを遊び相手として身近にさせたのは藤子不二雄の『オバケのQ太郎』、ロボットをともだちにさせたのも藤子不二雄の『ドラえもん』だった」[19]。

最近の例を挙げれば、悪人も善人もみな現実のまま悟っており救われている、という考えに通うトーンが、村上春樹の『1Q84』（二〇〇九～二〇一〇）にも認められる。オウム真理教のグルーを思わせる深田保と彼と対立するはずの天吾、および悪の集団リトル・ピープルと彼らと対立するはずの青豆、こうした登場人物たちは、対立を越えて互いに類似する特徴を帯び、善悪のけじめを曖昧にさせながら互いに同化し、社会正義に反する行為を免罪させかねない、本覚思想に近づく危うさを湛えるにいたる。[20]

直近の例としては、羽田真樹の「百回のさよなら」が、福島の原発事故後をこう歌っている。

お前は濃く淡く百人の人を愛し
大いなる不満と大いなる苦言を吐き
大いなる妄想(もうそう)と夢の多くは挫折に終り
それでも精いっぱい生き
魂を燃やし続けて終った故(ゆえ)に大いにほめてつかわそう。
褒美(ほうび)はそれだけ。山川草木悉皆成佛(さんせんそうもくしっかいじょうぶつ)。[21]

平成になっても「草木悉皆成仏」は、最先端技術の原発に対して発せられる呪文である。さらに、藤井貞和は「水牛のように」で、「爆発! うたの発生か!/嘘か! ばれにばれ、/水素よ、冷却の音!/露白く、炉心か、……」、と原発の水素にまで呼びかけている。[22]「炉心よ、語れ」「炉心よ、眠れ」(同書帯)などは、「山川草木悉皆成仏」ならではの詩的発想であろう。

批判精神を麻痺させる本覚思想の毒は、最近、封切られた宮崎駿の『風立ちぬ』にも、微量ながら含まれているように思う。宮崎は、このアニメの企画書の中で次のように述べている。

少年期から青年期へ、私達の主人公が生きた時代は今日の日本にただよう閉塞感のもっと激しい時代だった。関東大震災、世界恐慌、失業、貧困と結核、革命とファシズム、言論弾圧と戦争につぐ戦争、一方大衆文化が開花し、モダニズムとニヒリズム、享楽主義が横行した。詩人は旅に病み死んでいく時代だった。

私達の主人公二郎が飛行機設計にたずさわった時代は、日本帝国が破滅にむかってつき進み、ついに崩壊する過程であった。しかし、この映画は戦争を糾弾しようというものではない。ゼロ戦の優秀さで日本の若者を鼓舞しようというものでもない。本当は民間機を作りたかったなどとかばう心算もない。

自分の夢に忠実にまっすぐ進んだ人物を描きたいのである。夢は狂気をはらむ、その毒もかくしてはならない。美しすぎるものへの憬れは、人生の罠でもある。美に傾く代償は少くない。二郎はズタズタにひきさかれ、挫折し、設計者人生をたちきられる。それにもかかわらず、二郎は独創性と才能においてもっとも抜きんでていた人間である。それを描こうというのである。[23]

ただ、美しい飛行機をつくりたい、そう、ひたむきに生きた天才的設計技師堀越二郎は、巻き込まれた戦争、カタストロフィを予測するゆとりもなく、特攻に奉仕するゼロ戦機開発に没頭させられる。懸命に生きるほかなかったあの時代、堀越は、善悪の判断を超えて、技と美に己を捧げた現代の匠として描かれる。そういう名人肌の一徹な職人芸には、技術立国日本において、戦争協力に対する批判を吹き飛ばしてしまうオーラがあるのである。零戦のオーラは、東大の航空学科の教授加藤寛一郎が『零戦の秘術』[24]で、天才的な零戦パイロット坂井三郎の飛行技術を分析した文献や、坂井三郎自身の『大空のサムライ かえらざる零戦隊』[25]にも見出すことができる、いわば「匠(たくみ)のアウラ」である。「匠」は、「本覚思想」の魔物を宿している。技の巨匠・名匠・明匠とか、名人・達人・鉄人・超人、大家などを、ほとんど無条件に尊敬する日本人の心理は、天才ファシストや独裁者に、ほとんど無条件に追従して崇める心理と紙一重である。技術立国日本の、これは、アキレス腱かも知れない。そうした心理の延長線上に、暴力を揮う金メダリストを許したり、英語がしゃべれる帰国生を、無条件で評価したり、美人であればなんでも許してしまう、昨今の時弊も現れてくるのかも知れない。

見方を変えれば、堀越二郎は、戦争協力者として生身のまま悟れる者とみなされ、現代版本覚思想のモデルとなっている、かのごとくに見える。戦争協力者も懸命に生きた、罪はない、そのまま悟りの中にいる、と、つい言いたくなるような本覚思想的免罪のトーンは、堀辰雄が『風立ちぬ』に描いた矢野綾子との悲恋を重ねることによって、いっそうロマンチックに際立たされている。

その筆法は、『1Q84』のグールー深田を、ある種の感慨をもって描き上げた村上春樹にも通底する。深田が、「多義的に交わる」と称して不特定多数の少女たちと性交渉をもつところは、オウム真理教の麻原彰晃を彷彿とさせ、その根拠となる『理趣経』も思い起こさせる。[26]『理趣経』の「自性清浄」は、人間は生まれつき汚れた存在なのではなく、性の営みも本来は清浄である、「(男女交合の)妙適なる恍惚境も、清浄なるぼさつの境地である」[27]、と説く教義である。そうした教えは、親鸞さながら、罪人の心の重荷を取り除く力を揮い、悪人を許し肯定する本覚思想に接近する。その普遍的許しは、靖国神社に合祀されているA級戦犯たちをも許し肯定する。それだけではなく、英霊として尊崇させる。大量殺戮兵器による侵略戦争を進めたA級戦犯に対し、「感謝の気持ちと尊崇の念」[28]をもって玉串料を捧げた、と述べた安倍首相は、現代版本覚思想の信者である。しかし、日本の加害者にとって心地よい本覚思想ポピュリズムは、被害者であった近隣諸国をいきり立たせずにはいない。本覚思想が、個人の魂の救済として機能している間はよかったが、クソも味噌も一緒くたに祀った靖国神社を参拝するという、個人を越えた国家主義的本覚思想に変質した刹那、それはもう親鸞でも宗教でもなく、単なるファシズム体制の自己正当化装置と変わらなくなる。巨大な政治文脈に持ち込まれたとたん、本来の無私無欲の慈悲や大悲を、駆逐させてしまう。

　こうした体制と結びついて変質する本覚思想は、世の中が乱れ、先が分からなくなるたびに、不死鳥さながら蘇る。村上春樹は、それを「神話」と呼び、「神話というのは歴史、あるいは人々の集合的な記憶に組み込まれていて、ある状況で突然、力を発揮し始める」[29]、と述べているが、戦犯合祀後の靖国神社は、日本の過去の過ちを肯定し、太平洋戦争に反対したり反省したりする態度を、自虐的歴史観と貶めて開き直らせる。神話はそういう不気味な力を揮う魔物で、神話の正体は、それぞれの時代版「本覚思想」なのではないかと私は考えている。

　他方、現代科学の最先端技術によって、つい最近まで八年を要したヒトゲノム解析が、二十四時間で完了するようになり、進化論の進歩によって、人間が猿から区別されるDNA次元の差異は、驚くほど小さく、遡れば、ヒトも植物も、同じミトコンドリアを内包しており、草木も人間も、ゲノムにおいては繋がっていることが科学的に判明した。そういう意味で、「草木国土悉皆成仏」という本覚思想は、現代科学にもまっすぐ繋がってきて、DNAやゲノム研究による人間と動植物の連続性の再認識は、ある意味で本覚思想を、科学的文脈のなかに蘇らせている。自然科学によって、ある種、お墨付きを得た現代版本覚思想は、梅原猛[30]や司馬遼太郎[31]など、政治家や財界人に人気のある文化人たちの共通分母となった。それに、真正面から戦いを挑めば、村八分にされたり、いじめられたり、黙殺・抹殺・暗殺の憂き目にあいかねない。

こうした本覚思想の歴史文脈を頭に置くと、道元は、善悪のけじめを忘れさせ、分別の根を腐らせる本覚思想に対して敢然と戦いを挑んだ宗教者であり、それ故に、命も狙われ、布教も妨害され、都から雪深い越後に落ちのびなければならなかった。倫理の腐敗に対する防腐剤のような役割を、道元は果たしたからである。道元がいだいた、「人は生まれながらに清らかで、本来、悟りを得ている、と教えているのに、なぜ苦労して勉学せねばならぬのか」、という疑問は、本覚思想を当たり前のこととしていた天台宗に対する、根源的な異議申し立てであり、仏教を正道に戻そうとする挑戦的な問いかけでもあったことを、改めて銘記したい。以下、伝記にもどって、道元の足取りを追ってみよう。

5　宋へ渡る

入宋貿易商船は、モンスーンの交替時期に合わせて、通常、三・四月と八月に出帆した。『建撕記(けんぜいき)』「訂補本」によれば、「筑前ノ博多(ハカタ)ノ津ニ赴キ三月ノ下旬ニ商船ニ乗リテ纜(トモヅナ)ヲ解ケリ。……［一二二三年］四月ノ初ニ明州に著セリ。」[1]、『正法眼蔵随聞記』は、「航海万里、幻身(げんしん)を波濤(はとう)［ルビ塩田］に任せて、遂に大宋に達し、和尚［如浄(にょじょう)、塩田補」の法席に投ずることを得たり」[2]、と記している。ただ、航海中の道元は、暴風雨と下痢に悩まされはしたが。[3]

明州に到着後、手続きに手間取り、道元は船中待機を命じられた。その時、日本からの貿易船だと聞いて、椎茸を求めにやってきた阿育王山禅寺の厨房をまかなう老僧があった。日本で学んだ中国語を、生の中国僧をつかまえて試す好機である。中国の禅事情も知りたかった道元は、その老典座をお茶にさそい、一晩、船に泊まっていかぬか、と持ちかけた。禅寺のシェフは、「典座」と呼ばれるが、この典座は道元の思想上の転機のきっかけをつくった人物である。この出会いの顚末は、『典座教訓』という生活禅を支える指南書に詳しい。この書は、中国の禅寺で発達した懐石料理の手法と精神を伝え、和食の味を生み出すことにも貢献した。

道元の誘いに対して、老典座は、明日の食事は自分が作らなければならないから帰りましょう、と言下に辞退した。『大蔵経』を二度も通読する読経三昧の日常を過ごしてきた道元は、老典座が食材獲得に走り回る存念が呑み込めず、阿育王山ほどの名刹であれば、食事係は、あなたのほかにもいるでしょうに、と、引き止める。すると、典座は呵々大笑して、「外国の好人、未だ弁道を了得せず、未だ文字を知得せざる在り」(「外国のお若いの、お前さまはまだ弁道ちゅうものがわかっておいでではないようじゃ。文字もおわかりじゃないようにお見受けするが」[4])、と応えた、という。「弁道」とは仏陀の教えを勉強することである。道元は、はっと胸を衝かれる思いに恥じ入った。後に、道元は、「山僧［自分のこと］、聊か文字を知り、弁道を了ずるは、乃ち彼の典座の大恩なり」[5]、と回顧している。仏法の本質は、経典の文字を読み、記憶するだけでは得られず、日常の作務や坐禅という実践をとおしてのみ会得できる、そう老典座から教えられたのである。

もうひとつ注目すべきことは、道元が、入宋当初から、生身の中国人との筆談や会話によって、禅の本質を直接学び、経験知を積み上げていく道を選んだことである。昔の円珍や成尋のように直接会話の労をとらず、もっぱら通事に頼った世代とは、根本的に異なる姿勢を、道元は留学生活の滑り出しの時点から貫いていたわけで、いかにも生の現実から学ぶ道元らしい態度である。道元にとっては、中国語の会話能力が、ある意味で禅習得の命綱にほかならなかったことの証左であろう。上垣外憲一も「道元の宋での思い出話を見ると、道元が自由に中国語を操って僧俗の人々と会話していた様子がうかがわれるが、禅は経典の研究を重んじない代わりに、こうした短い会話によって真理を伝えようとするから、道元の中国語の能力は禅というものの習得にとくに必須のものだったと考えられる」[6]、と述べている。

道元の中国語運用能力が、並外れた求道精神と結びついて進歩したことは、語録や『随聞記』などから疑いをいれない。学習者の好奇心や知識欲、向上心などを的確につかみ、学びの原動力に転換させることが、〈語学教師〉にとってどれほど大切かを、道元の目覚しい進歩は教えてくれる。そういう意味で、道元の聴解能力と、弁道への情熱とのかかわりを示す次のエピソードは興味深い。

予、在宋のそのかみ、長連牀に功夫せしとき、斉肩の隣単［肩を並べた隣の席］をみるに、開静［席を離れること］のときごとに、袈裟をさゝげて頂上に安じ、合掌恭敬し、一偈を黙誦す。その偈にいはく、

大哉解脱服、［大いなるかな、解脱服よ、］
無相福田衣、［迷いを超えた福を生む袈裟よ、］
披奉如来教、［如来の教えを身に被って、］
広度諸衆生。［広く衆生の済度いたします。］

ときに予、未曾見のおもひを生じ、歓喜身にあまり、感涙ひそかに落ちて衣襟をひたす。[7]

つまり、道元は、中国僧が、低く唱える偈を聞き取って理解している。テレビで外国語ニュースを視聴する場合、音量を上げないと細部まで聞き取れない私などは、隣でつぶやく中国語を、聞き取った道元の聴解力は半端じゃない、と思うのだが、飽くなき探求心によって、道元の聴解力も鋭敏化し、進歩も加速されたに違いない。

6 道元が求めた古風禅

入宋した道元は、禅宗の正師を求め、如浄と出会い、弁道生活を極めて帰国するのだが、その前に、中国において道元が選択した「古風禅」[1]について紹介しておかなければならない。

道元が入宋した一二二三年当時、北方から女真族の金に追われて江南に移った南宋の国威は大いに失墜した。金の背後には、中国全土を席巻するにいたる蒙古帝国の台頭があり、中国本土は、蒙古・金・西夏・南宋の微妙なパワー・バランスの上にあった。仏教は、会昌の廃仏（八四五）以来、衰微して、念仏を中心とした宗教結社がはびこり、随唐仏教の祖述継承に明け暮れる既存仏教は、往時の溌剌さを失って久しかった。ひとり禅宗だけが、伽藍建立や経論など形式的経営にこだわらず、「以心伝心」「教外別伝」「不立文字」など、心事に集注する新機軸を打ち出して、俗権と厳しく一線を画しながら発展しつつあった。

「禅」は、インドの俗語、「ジュハーナ」に由来するが、独立した宗派となったのは、五世紀後半、インドから中国にやって来た菩提達磨（ボーディダルマ、五三四以前寂）以降で、六祖慧能（六三八〜七一三）までの約二五〇年間に、宗派としての形がととのった。

もっとも、近年、敦煌から新資料が出土して、禅も達磨系統だけではなかったことが判明している。しかし、道元が、当時、求めたのは、達磨を始祖とする禅宗にほかならなかった。四祖までは、行雲流水、ジプシーを思わせる放浪生活であったが、五祖からは共同定住生活に入り、勤労雑役が坐禅弁道の中に位置づけられた。つまり最初、遊牧民族的だった禅は農耕民族化し、在家の信者も禅が行えるとする普遍的傾向を獲得したのである。こうしたコンセプト拡張期には、各自勝手な解釈や主張が錯綜して乱脈と混脈が生じる。その結果、弁道生活の規則を定めた

「清規」[2]が作られるようになった。

六祖慧能から出た、馬祖道一（七〇九〜七八八）、石頭希遷（七〇〇〜七九〇）は、南宗禅を代表、馬祖道一系の大梅法常（七五二〜八三九）と、馬祖の法孫趙州従諗（七七八〜八九七）などは、「道元が恋慕讃嘆してやまなかった」[3]、祖師たちであった。道元は、同時代的禅宗ではなく、八世紀のころの高僧たちを祖型とした「古風禅」から学ぼうとしたのである。帰国後、留学中の経験や見聞を、『正法眼蔵』に綴った道元は、古風禅を代表する従諗についてこう記している。

> 六十一歳なりしに、はじめて発心求道をこゝろざす。……八十のとき、はじめて趙州城東観音院に住して、人天を化導すること四十年来なり。（中略）四十年のあひだ、世財をたくはへず、常住に米穀なし、あるいは栗子・椎子をひろうて食物にあつ。あるいは施転飯食す。まことに……恋慕すべき操行なり。[4]

つまり、「栗の実や椎の実を拾って食事にあて」「一日の食料を翌日に引き延ばして食べた」、そんな清貧の求道生活を送った祖師を絶賛したのである。従諗は百二十歳まで生きた、という。

他方、「石頭希遷の法系は、薬山惟儼（七四五〜八二八）・丹霞天然（七三九〜八二四）・天皇道悟（七四八〜八〇七）なども現れ、……雲巌曇晟（七八〇〜八四一）・洞山良价（八〇七〜八六九）を経て、その弟子雲居道膺（〜九〇二）・曹山本寂（八四〇〜九〇一）と続いてここに中国の曹洞宗が形成された」[5]。道元は、法系的にはこの系統に属していたが、彼が熱心に求めたのは、馬祖・石頭の二世・三世法孫以前の祖師たちの「古風禅」であった。しかし、道元が宋を訪れたとき、「古風禅の伝灯は全く失われ俗権追随の風潮がみなぎっていた……」[6]。「当時の中国禅の主流派は、臨済宗の大慧派であり、大慧派は文筆を重んじ、中国の支配階級である士大夫層との交際を重んずることに特徴があった。したがって、世俗化、貴族化が激し」[7]かった。士大夫とは、儒教に通じた知識階級のことで、科挙を通過した為政者や官僚予備軍のような人々を指す。

昔の健やかで力強い風格をもった古風禅はほとんど死に絶え、絶滅危惧種となって久しかった。道元は、古風禅を体現している清潔峻厳の正師を求め浙江省を中心に旅をつづけた。それは、絶滅危惧種となったイリオモテヤマネコやニホンウナギを探訪する旅に似ていた。あるいは、明治維新、古武術が打ち捨てられ、柔術を体系化しようとした嘉納治五郎が、柔術実践家を探したところ、かつての柔術師は接骨師などに転職して久しく絶滅しかけていた明治開化期とも似ていた。嘉納治五郎が秩父で天神真楊流(てんじんしんようりゅう)柔術師福田八之助を見出して入門、のちに柔道を完成させたように、道元も、中国を歩き回って正師とすべき生き残りの古風禅禅師を探し当て、日本の禅を完成させたからである。

すでに見たとおり、道元は、古風禅の片鱗を、明州で待機中の船内で、老典座の中に看て取っていた。竹内は、老典座との出会いに触れ、「古風禅の伝灯が、名もなき禅僧によって維持されていることを知ったことは、道元の最も大きな驚きであったろう」[8]、と述べている。道元が求めたのは、禅の原郷である古風禅と、その正師たりうる実践者であった。道元は、問答を繰り返しながら中国を巡錫(じゅんしゃく)する。

7　正師を探す旅

正師を求める旅の途中、入宋翌年（一二二四）、道元は、浙翁如琰(せつおうにょえん)（一一五一～一二二五）に出会った。その問答が「訂補本」『建撕記(けんぜいき)』[1]に残されている。大谷哲夫の伝記の訳文によれば、問答は次のようなものであったらしい。

「大勢でやってこられたのかな」

「大勢でやってこないときはどうなるのですか」

「……大勢でやってこられたのかな」

「大勢でくればよかったとおっしゃるのですか」

すると、浙翁はいきなり両手を叩いた。

「なんとまあよく口のまわるお人よ。まあ、まあ、坐ってお茶でも飲みなさい」[2]

道元は喧嘩腰だが、竹内は、「中国語で自由に会話ができたことが推測される」[3]とし、大谷は、「道元は、今ではすっかり堪能になっていた中国語を自在にあやつり、日本から中国にやってきた理由や、そして天童山での修行生活、正師を求めての求道の旅にのぼったことなどを熱を込めて一気呵成(かせい)に話した」[4]と、中国語会話力の進歩に注目している。道元が、中身のない「高僧たち」の言い草に、中国語でけんか腰になれたほど会話力をつけていたからである。道元は、先師たちを真似て、「喫茶去」などと二番煎じの問答をする浙翁にいたく失望した。その一方、地位ある堕落僧たちとは似ても似つかぬ求道生活をおくる名もなき貧道僧に深く心を動かされもした。


宋の修行僧たちは、みな貧しく、遠方から来た僧などは所持品もなかった。粗悪な紙で衣服を作りまとっていたが、「起居(たちい)に壊(やぶ)るるをとして、あさましきをも、顧(かえ)りみず、愁(うれえ)ず」、修行していた。見かねた周囲が、一度、帰郷して身なりを整えたら……、と助言すると、「郷里遠方なり。路次(ろし)［道行き］の間に光陰を虚(むなし)くして、学道の時を失(うしなわ)ん」[5]、と歯牙にもかけなかった、という。道元は、だからこそ、大宋国には、名僧が現れるわけじゃ、と感じ入っている。

また、『随聞記（六）』では、「大宋によき僧と、人にも知られたる人は、皆な貧道也［貧しい生活を道とすること］。衣服(えぶく)もやつれ、諸縁［生活の物資］ともしき也」[6]、と回想している。のちに、帰国した道元が建仁寺で目撃した日本僧たちは、地位や財産獲得に腐心するばかりであったから、宋の貧道僧たちがしのばれたのであろう。

こうした感化を受ける一方、道元は、書物に頼ってきた仏法への接近法の見直しを迫られた。書を閲みしていた道元は、ある僧に質される。「何してるんだ?」「帰国して人々を教化したいので」「何するんだ?」「生きとし生ける人々のお役にたちたいんですが」「で、結局、なにするんじゃッ?」[7]。

精神分析学を、茶の間の言葉で書き換え、生活実践に翻訳したエリック・バーンの「交流分析＝トランザクショナル・アナリシス」[8]も、被験者に、「何をしたいのですか?」と繰り返して訊く。相手はそれなりに答える。それでも表層的回答の皮が破れ、心の真皮が剝き出しになるまで、執拗に「何をしたいのですか?」とくり返す。「で、結局、なにするんじゃッ?」と質された道元は、語録や公案を眺め古人の軌跡を知って説くことなど、仏法とはなんの関係もない。心のかたちと軀のかたちをひとつにした坐禅を、どこまでも実践して、生の根本を明らかにする（「只管打坐して大事を明め、心理を明め」[9]る）ならば、目に一丁字なくとも、悟りに至れる、と気付かされる。この経験ののち、道元は、記録や経典、語録など、つまりディスクールへの依存をきっぱりと断ち、ひたすら坐禅を重ねて真理を自証する道へ分け入っていった。竹内は、この経験を、「道元は……仏法の体認という修行の根本的課題に当面した。そして衆生済度の大乗仏教の把握も文字知識によるものではなくて『行』による人格完成が根源であることを知」[10]った、と説明している。知識・教学優先から、坐禅専一の弁道生活へ、一大転換を図ったわけである。

8 嗣書閲覧がもたらした洞察

「嗣書」って何だろう、そう思う読者があるかも知れない。禅僧は法律家に負けず難しいことばを使う。「嗣書」もその一つ。「嗣書」とは、落語でいう「お血脈」のことなのだが、落語は聴かない、というのであれば辞書を見ていただくほかない。辞書には「師から弟子へと代々、仏法を正しく伝えること。また、その仏法相承の系譜」、とある。だが、お血脈のありがたみを、わたしたちなりに理解するには、落語が早道である。

信濃の善光寺で、「お血脈」のご印というものを売り出した。百文出して額にご印を捺してもらうと、どんな罪人でも極楽往生できるという。百文のご印で地獄除けになるんだったら、どんどんもらって極楽へ行こう！が合言葉となり、地獄はシャッター街と化し、閑古鳥さえ鳴きはじめた。閻魔さまたちは、浄玻璃の鏡から、鬼の金棒、虎のフンドシまで、質屋に入れて糊口をしのごうとする。青鬼も赤鬼も栄養失調で肌色もあせ青息吐息。地獄の執行部は鳩首凝議をこらし、腕利きの泥棒に命じて諸悪の根源であるお血脈を盗み取らせようではないか、と衆議一決した。地獄だからドロボウには事欠かない。ミッションのために選ばれたのは石川五右衛門である。お安いご用と、久しぶりの娑婆行きに機嫌をよくして出かけていった。五右衛門はエリートドロだが、芝居がかりすぎてしくじる癖が昔から抜けない。不安がなくもないが、ルパン三世もテークファイヴも地獄入りする以前の話だから、五右衛門で間に合わせるほかなかった。当の五右衛門、難なく善光寺に忍び込み、お血脈のご印を入れた箱を見つけ出す。さっさと持ち帰ればよいものを、見栄を切るのが好きだから、「ははあ、ありがてえ、かたじけねえ。まんまと首尾よく善光寺、その奥殿へとしのびこみ、奪えとったる血脈の御印、これせえありゃあ大願成就、ちぇー、かたじけねえー」と、ご印をおしいただいたから、そのまま極楽へいっちまった、という下げの落語である。[1] ともかく、「お血脈」というのは、善悪を超えて万人を極楽往生させてくださるありがたいお札なのだ。

実は、このお血脈（嗣書）は、古風禅の核心にかかわるもので、入宋した道元が、苦心の末、閲覧を許され、その閲覧体験が、道元の禅理解に深く影響したらしい。竹内は、「嗣書は、禅宗が他宗と異なる根本的な特色を示すもの」[2]、「……道元は、……嘉定十六年（一二二三）、……隆禅という日本僧の斡旋によって楊岐宗の仏眼清遠（一〇六七～一一二〇）の遠孫伝蔵主という人が所持していた竜門仏眼派の嗣書を見ることができた」[3]、と書いている。

道元に嗣書を見せてくれた隆禅は、嗣書の持ち主だった伝蔵主が病のとき献身的な看病をしたことがあった。道元に嗣書閲覧を許すことを願い出た隆禅に、伝蔵主が看病された恩義に報いて許可を与えた、[4]という。
同様にして、道元は、僧侶の智庚（知庾）に懇願し、無際了派の嗣書も見せてもらった。智庚は、一二二四年正月二十一日、嗣書を「ひそかにもちきたりて、了然寮にて道元にみせし。……はじめてこれをみる、喜感いくそばくぞ。すなわち仏祖の冥感なり、焼香礼拝して披看す」[5]、そう道元は記している。

門外不出の文書を、外国僧に閲覧させたのは、道元の人柄や稟質、求道の情熱が尋常ならぬものであったからに違いない。見終わった道元が嗣書を開示してくれた無際和尚に礼を述べると、和尚は「このような事は、珍しいことなのです。いま貴方がご覧になれたのは、それは貴方の学道の致すところです」、と答えているからである。道元は、「歓喜にたえなかった」[6]、と記す。一外国僧であった道元が、中国僧の心を動かし、門外不出の嗣書を、ひそかに閲覧させてもらえるほどの信頼関係を構築できたことは、注目に価するだろう。

竹内は、無際了派の「嗣書の閲覧は、道元の思想形成と悟道の上に画期的な意義をもつものであった」[7]、と述べている。どのような意義であろうか。

まず第一に、仏法の伝承についての根本認識がある。道元は、こう語る。

覚りは覚りへと嗣がれ伝えられる、……相嗣のとき一如とならないことはない。……菊は菊を伝え、松も松を伝える、前の菊と後の菊とは全く同じであり、前の松と後の松とが全く同じであるようなものだ。[8]

つまり、弟子の経験と師の経験は覚りをとおして一体化され、ＤＮＡに匹敵する正確さで、覚者から覚者へ、以心伝心で伝えられる。嗣書とは、わたしの師から受け嗣いだ正しい法を、しかと弟子のお前にも伝えたぞ、という悟りのＤＮＡ判定書、いわば覚者の戸籍謄本を連ねた系譜だと思えばよい。覚りの授受証明書は、弟子が正式の後継者になったことを証明するのである。

道元は、覚りが、「経典・祖録や禅家の語録・史伝」[9]などによってではなく、文字や言葉とは別の方法で伝わることを、嗣書閲覧によって理解した。これは、後に正師の如浄に出会い、「面授」として確認する、仏法伝承の真髄に触れる体験であった。

道元は、嗣書を閲覧して、覚りというものは、「古今を通じて脈絡一貫した仏祖の命脈」[10]の極点に現れる何ものかであり、文字や書物から学べる道理ではなく、生身の覚者から生身の覚者へ、直観をとおして「面授・面受」され、その連綿たる軌跡を嗣書は伝えているという事実を覚った。嗣書とは、各時代の覚者たちが、己が到達した最高到達点を、身心（しんじん）を賭して、竿頭に一歩を進めた修行の極限を示す証（あかし）だ、と道元は看て取った。

昨今は、忙しい世の中になって、外国語が堪能になると、それを手ほどきしてくれた中学校の語学教師など、どこかへ置き忘れてきてしまい、語学は独りで出来るようになった、と思い違いをする者も少なくない。他方、日本人にとって学ぶことが困難な古典語（ギリシア・ラテン・サンスクリット語など）の場合は、独力で古典語を身につけたという思い違いはしにくい。逆に、自分がどういう先生から手ほどきを受けたか記憶し、師匠の師匠にあたる人物の人となりや学風についても聞き及んで覚え、後世に伝えることが珍しくない。古典語が、たいてい、少人数クラスで、かなりの時間、師の尊顔を間近に拝しながら学ぶという、密度の高い師弟関係が、弟子たちが思い上がるのを防いでいるのかも知れない。古典語学者たちに接すると、彼等が、嗣書に似た系譜を背負い、古典文献学の核心を面授され、日本における古典語教育の今を支えているという、ある種、慎ましやかな矜持を感じ取ることができる。

グローバル化とともに、多国籍企業という名の大資本は、人と人との繋がりを、加速度的に無慈悲な金銭関係に換え、「学者を、自分たちのおやといの賃金労働者にかえてしまった」[11]。学生たちが、〈語学教師〉たちを、「師」ではなく、金で雇った「使用人」としてしか扱わなくなった昨今から見ると、道元の禅は、資本主義以前の人間関係を前提としていたことがよくわかる。マルクス・エンゲルスは、一六〇〇年以上前に、「人間をそのうまれながらの目上とむすびつけていた色とりどりの封建的きずなを無慈悲にひきちぎり、人と人とのあいだに、ろこつな利害、無情な『金勘定』のほかには、なんのきずなをものこさなかった」[12]と資本主義がもたらした人間関係の変貌を正確に記述したが、約一世紀遅れて、日本は、この記述の真実性を痛感する時代に入りかけている。「嗣書」や「面授」にも時代が深く刻まれており、時代を超えた〈語学教師〉のコンセプト構築の複雑さを考えさせられずにはいない。

グローバル化の中で忘れられていくのは、言語面授者に対する感謝の念と、そこから生じるそれぞれの時代が要請する言語使用の状況に対する批判的認識である。母語についても、事情は変わらない。世の母親は、文字通り、赤子の目を見詰め、微笑をもって、乳とともに赤子の心に、母語の種を播き、手取り足取り、母語を授けてくれた「言語面授者」である。しかし、その恩を、大人になって思い出すことは不可能もしくは希で、ことばなんて勝手に覚えたものとだれしも考える。母親は恩を忘れられても、子供が話せるようになればただ幸せである。「言語面授者」としての母親のありがたみは、自分が、母親なり〈語学教師〉なり、〈言語面授者〉となって、初めて思い知ることができる微妙な事柄に属している。〈語学教師〉は、〈言語面授〉というコンセプトを自覚し、自身の〈言語面授者〉たちへの感謝と、学習者にそうした感謝を正しく伝える務めを思い出してもいいだろう。そうした〈語学教師〉にも、母親と似た運命が待ち受けている。母の恩を、母親になって初めて知るように、〈語学教師〉の存在理由も、自分が母語の〈言語面授者〉もしくは、職業としての〈言語面授者〉になってみないと実感できない。〈語学教師〉の影が薄いのは、母親業が、仕事としては、シャドーワークであることに通底しているのかも知れない。

9　絶滅危惧種の禅師と出会う

道元は、こうした経験から、ますます、嗣書に名を記された、正師となるべき高僧に出会いたいという願いを深めていったが、堕落した宋代の仏教界には、道元が求める禅師は見当たらなかった。失意の連続のあと、古風禅の正師探しを諦め、帰国するつもりで、ひとまず、明全が修行中の天童山に戻ろうとしたとき、「如浄という禅僧が『明眼ノ知識』[1]」であると、老璡という僧から、たまたま、漏れ聞かされた。偶然にも、如浄は、明全のいる天童山の住持職に就位していた。道元は、ぎりぎりのところで正師となる如浄にまみえる機会をえたのである。[2]

一二二五年五月、道元は、天童山にのぼり、正師となる天童如浄にまみえた。如浄は、「虚堂智愚や無門慧開とともに南宋末期の古風禅発揚の復古的革新家といわれ」[3]た人物である。道元は、如浄に次のような書状を書き送った。

和尚、大慈大悲、外国遠方の小人の願うところは、時候に拘わらず、威儀を具せず、頻々に方丈に上りて愚懐を拝問せんと欲す。無常迅速にして生死事大なり。時は人を待たず、聖を去らば必ず悔いん。……伏して冀わくは慈照。[4]

道元は、「坊つちゃん」のように短兵急で遠慮がない。如浄に、求道上の疑問が生じたとき、普段着のまま、夜討ち朝駆け的にお尋ねすることをお許し願いたい、と申し入れたのである。すると、「元君、質問があらば、今後、袈裟などつけてもつけなくてもよろしいから、わしの部屋に尋ねてくるがよい。親父が息子の無礼を許すのと変わらぬ迎え方をしてあげよう」、と許された。弟子も先生も、率直で飾り気がなく、大らかなものである。[5]

ランチを食べるのに学帽とガウンをつけて食堂にあつまるケンブリッヂ大学で、留学生が、メンターに、「ぼく、時間がないんです、質問があったら、コンビニみたく、パジャマのままセンセの部屋にいっちゃってもかまいませんか?」なんて聞くのと変わらない。表面的には、「あした、バイトが入っちゃってるし、ゼミの面接、翌々日に変えてくれます?」なんて、メールをよこす、グローバル化時代の不埒な学生そっくりで、それくらい、元君も無礼きわまりない留学生であったわけである。

そんな無作法なよそ者に、「堂奥の聴許」を与えた如浄に対し、大人になった道元は、「梅華」『正法眼蔵』でこう述懐している。如浄先生は、外来の訪問僧を僧堂に泊めることを許さなかった。一目で、「道心の無いすれっからし」と見抜き、「あれは本物ではない、ここには不要の者だ」と投宿を禁じた。それが「遠方外国の種子」である自分を受け入れてくださったとは、何故であろうか、[6]と。珍しく、道元は、ちょぴり得意気で嬉しそうだ。

しかし、天童山における如浄道場の修行は峻厳さをきわめた。夜十一時まで坐禅、午前二時半から三時起床・坐禅という日課が続く。居眠りする僧を、如浄は、「或は拳を以て打、或はくつをぬひで打、耻しめ勧めて、覚レ睡。猶、睡時は、行二照堂一、打レ鐘、召二行者一燃二蠟燭一なんどして、卒時に普説して云、……徒に眠りて何の用ぞ」[7]、と厳しく鍛えた。だが、如浄は、鍛えるという口実のもとに暴力で支配する、昨今の教師やスポーツのコーチとは異なる純粋な求道者であった。如浄は、「修行の道を助けるために、住持となった。そこで、あるいはきびしく叱ったり、竹篦で打ちのめしたりするのである。これは、まことに恐れいることである。けれども……慈悲の心をもって、これを許せよ」[8]、と弟子たちに、ねんごろに詫びているからである。

10 如浄が教えたこと

如浄は、道元との初対面を、仏祖たちが子弟たちと交わした印可嗣法に比べている。道元との相見に、尋常ならぬ意味合いを感じていたらしい。釈迦と摩訶迦葉（「霊山の拈華」）、達磨と慧可（「嵩山の得髄」）、弘忍と慧能（「黄梅の伝衣」）、洞山と雲居（「洞山の面授」）など、歴史的な「仏法の契り」場面を持ち出して、道元と自分の想見を意味付けたのだ。[1] 覚者として仏法を伝えるとき、禅師は、覚者となった弟子と相見して、覚りを以心伝心で伝え、それが「面授」もしくは「証契」と呼ばれる。『正法眼蔵』「面授」の冒頭で、「面授」の起源となる釈迦と弟子との挿話が語られている。

そのとき、釈迦牟尼仏は、西天竺国は霊山の法会にあって、百万衆の中で、優曇華の花を手にして目を瞬かせた。そのとき、摩訶迦葉尊者は、顔を綻ばせて微笑した。／釈迦牟尼仏は言った、「私が保持している正法眼蔵涅槃妙心を、摩訶迦葉に付託する」と。（中略）／これこそが、諸々の覚者諸々の仏祖が、正法を面授するときのあるべき言葉を示している。[2]［ルビ塩田］

「拈華微笑」と名付けられた面授がこれで、印可嗣法は、このように行われてきた。迦葉尊者（マハーカッサバ）は、釈迦の直弟子の一人、仏教第二祖となったインド僧である。「釈迦牟尼仏はまさしく迦葉尊者が如来たることを見徹し……迦葉尊者の如来たる姿を礼拝した……、これが面授である。……面と面とを親しく接して、面授し面受した……代々嫡々の祖師は、すべて弟子として師にまみえ、師は弟子を見徹することによって面授してきた……面授によらなければ仏祖たりえないのである」[3]。

仏法の本質が、劣化せずに伝えられてきたのは、「面授」という、DNAによらない方法を人類が編み出したからである。弟子が大悟せんとする刹那を、師は過たず「見徹して」とらえ、経験を伝達する儀式が「面授」である。道元は、それを「啐啄の迅機」（親鶏が卵が孵化するとき時機を逸することなく、殻を外側からついばむ）[4]、こととととらえ、「眼に眼授し眼受す。……面に面授し面受す。……心に心授し、心受す。身を現じて身を身授するなり」[5]、と説明している。
　これほどの奥義が、顔と顔を合わせただけで伝わるであろうか、と疑わしくなるが、オーケストラの指揮者と演奏者の関係を思い起こしてみれば多少納得がいく。指揮者は、総譜を熟知し、整然たる流れと華麗な飛躍とのバランスを量りながら、必要とあらば力の配分や緩急を変化させ、聴衆が納得する形に音楽を打ち出す勘所を、演奏者たちに示す。音楽の機微が、指揮棒にともなう挙措と表情だけで、瞬時にして楽員に伝わるのは、指揮者も演奏者も音楽をとおして行われる厳しい訓練や修業を共有し、音楽をみちびこうとする指揮者に信を置いているからである。同じ楽団でも、指揮者が変われば、音色や音楽ががらりと変わるのはそうした事情による。面授とは、人類が磨き上げてきた、こうした伝達方式洗練化の極限に現れた、一つの完成型ではなかったか、と考えてもよいであろう。

　禅宗の悟りも、仏教の原点にあった、ことばによらない伝達への回帰であり、『一切経』を二度も読破した道元が、不立文字に辿りついたのも、ことばを踏み抜けたところに拓ける「身心脱落」を、実践をとおして知った結果であっただろう。

　経典や語録によらない修行は、日々の一挙手一投足の中に深い意味を見出す。寸暇を惜しんで鍛錬に励み、物欲を捨て、厳格な戒律の中に生きる身体的側面と、経典からえた精神的側面とを、只管打坐をもって統一していく実践・修行を、如浄は徹底的に教え込んだ。

　ことばではなく、正しい生活と感覚を、身体に刻み込むために戒律がある。古風禅の戒律は厳しいものであった。『宝慶記』には、如浄が伝えた戒律の数々が事細かく記されている。[6] 坐禅の障りとなる「長病・遠行・読誦・諌諍・営務」の回避、不浄食の禁「五辛・肉食・飲酒」、娯楽や性の禁、「伎楽・歌詠・舞妓など文芸の鑑賞や男女の淫色、動物の屠殺など耳目の快楽的・刺激的対象となるもの」の見聞の忌避、俗権への接近の禁止、衣服着用の注意、日常茶飯の健康衛生上の留意、精神衛生のための心がけ、食養生、奇形やフリークなど物見の禁等々、詳細をきわめる。そのほかに、道元は、如浄から、「山居思想」、「俗権追随の否定」なども教えられた。[7]

道元は、如浄と、緻密な宗教的問答・対話の日々を送った。如浄は、衆生の中に身を置いて坐禅弁道し、衆生の救済を念願する大乗禅を教えた。古風禅の教えが、水がしみ込むように道元の心底に吸い込まれていく。その密度の高いやり取りをとおして、表現を求めていた道元の思想が、次第に独自な形を整えていった。

悟りに至る修行中の変化を、道元は、『正法眼蔵』の「道得（だうて）」で説いている。後に道元が、よく使った「身心脱落（しんじんだつらく）」ということばもそこに現れる。「不立文字」を強調する道元が、悟りに至る内的な道筋を明かしながら、悟りえた「本来的なもの」を「口に出して語る」行為について語っている。そのことは、〈語学教師〉が、研鑽と内観を重ねて本国人話者の語感に肉薄し、それを学習者に言語化して開示する径庭を示唆していて興味深いので、長さをいとわず引用したい。

もろもろの仏祖は、その仏道についてかならずいい表わすことができている。だから、仏祖が仏祖を選ぶさいには、いい得ているか、いい得ていないかをたずねるのである。その場合に、心でもたずねるし、体でもたずねるし、また拄杖（しゅじょう）（つえ）や払子（ほっす）でも、露柱（露出した柱）や燈籠などの日常的な事物でもたずねるのである。仏祖でなければ、たずねることもないし、答えることもない。というのは、仏祖でない人はそうした状況に到らないからである。仏道についていい表わすということは、他人の力によってできることではない。また自分の力にもとづくのでもない。ただまさしく、仏祖を参究していくうちに、仏祖の言葉が得られるのである。

……仏祖が仏祖を功夫して、仏祖の言葉をうなずくとき、その言葉は、いつの間にか三年・八年・三十年・四十年の功夫となって、渾身の言葉が得られるのである。（……三十年・二十年は、言葉のできあがっていく年月である。この年月が、力をあわせて表現せしめるのである）

……

この功夫をとりしきっていく年月が積みかさなって、さらにこれまでの年月の功夫を脱落するのである。その脱落のさい、皮肉骨髄の体の各所がおなじく脱落をうべなう。国土・山河もともどもに脱落をうなずくのである。……脱落のさいに、待つまでもなくおのずから仏道表現の言葉が実現する。それは心の力でもなく、からだの力でもないが、ひとりでに言葉が出てくる。……

しかしながら、仏道の言葉を表現するとき、言葉でいい得ないものは、いわないのである。たとい言葉でいい得ることを認知体得しても、言葉でいい得ないものをいい得ないものとして証究していかなければ、なお仏祖の境地ということはできないし、仏祖の神髄ではない。

（中略）

……一生のあいだ禅林を離れずに……、坐り抜いた坐禅は、たとい無言でも、実は無数の言葉を表わしている。……無言であることは、言葉による表現の全体なのである。

（中略）

「無言の不動坐禅の十年・五年は、実は表現の十年・五年である」。道元は、こう解き明かした後で、言語・非言語の境界をめぐる内省を披瀝し、謎のようなエピソードを加えている。それは、雪峰山の真覚大師と、その講筵に連なった一人の僧の話である。僧は、山奥で草庵を結び、髪も剃らず、何年もこもっていた。すると、庵の主に、ある僧がこう問いかけた。

僧「祖師西来の意とはどういうことでしょうか」

庵主「谿は深く、それを汲む杓の柄も長い」

理解できなかった僧は、雪峰にたずねた。すると、「それはまことに不思議なことである。そうにはちがいないが、わたしが自分で行って、よく検討してはじめて分かるだろう……」と答えた。「雪峰は突然、侍者にかみそりを持たせて、ただちに草庵にやってきた。庵主を見るや否や、問いかけた。『おまえが、いうべきことをいうならば、おまえの頭を剃るまい』。すると「庵主は頭を洗って雪峰の前にやってきた。いったいかれは、いい得るものとしてきたのか、いい得ないものとしてきたのか。雪峰はただちに庵主の髪を剃った。」

こうした物語に出会うことは希である、そう道元はコメントした後、雪峰は、「仏とは何か」とか「道とはなにか」「三昧とはなにか」とは問わず、ただ、「『いい得るならばおまえの頭を剃るまい』さあおまえはいい得るか、どうか、と問うている。この言葉は問いに似ているようだけれども、また、なにかをいい得ているようにも見える。このところを注意深く参学すべきである」、と語り、心得のない者は、意味がわからず茫然自失するかもしれないが、……と続ける。

……庵主にはまことの仏道があるから、雪峰の言葉に催(うなが)されても、茫然自失しないのである。庵主の家風がよく現われて、ただちに頭を洗ってきた。……これはいわば、庵主みずから真実のからだを表わしたともいえよう。あるいは、庵主の説法ともいえよう。もしくは衆生済度の趣きともいえよう。本当に頭を洗って来たというべきである。

それにつけても、もし雪峰がそれだけの人物でなければ、おそらくかみそりを捨てて、呵呵大笑したことであろう。しかるに雪峰は力もあり、相応の人物でもあるために、ただちに庵主の髪を剃ったのである。まことに雪峰と庵主とは、ただ仏と仏との交わりというごときものでなければ、とてもこうはならないであろう。一方も他方も仏というのでなければ、おそらくこのようにはなるまい。……

よく知るがよい、雪峰は庵主を検討し、庵主は雪峰を見抜いた。いい得るもよく、いい得ざるもよし、庵主は髪を剃られ、雪峰は髪を剃ったのである。こういう次第だから、言葉で表現し得る良友の雪峰は、庵主が期待しないのに訪れてきたし、言葉の表現を越えている庵主は訪れてくる雪峰を待たないのに、すでに知己となっていた。たがいにおのれを知るところの参学があれば、真実の言葉が実現するのである。

仁治三年（一二四二）十月五日、観音導利興聖宝林寺で書いて、僧衆に示す。[8]［ルビ塩田］

以上の記述を、素人の私は次のように理解した。道元は、禅実践において、自らの内奥をくまなく内省し、無意識や本能や生命そのものの領域に肉薄し、普段、意識の薄明かりの中に現れたり消えたりしている、もしくは姿を現さずにいる己の内奥を、言葉にもたらそうと沈黙のうちに工夫を重ねた。そうすることによって、言語化できる領域と、できない領域とのけじめが、ありありと心に映じてくるまで待った。そうした只管打坐の歳月のきわまるところに、代々の仏祖たちが達した本質的なるものが顕れる。そのとき、言語と非言語をもって、己が到達した仏祖の表現者となることができる。かくして仏祖となった者は、他の仏祖をたちどころに知り、それぞれの、言語・非言語の表現法の差異を飛び越えて知り合い、認め合うことができる。雪峰と庵主の逸話は、そうした消息を物語っているのではなかろうか、と。

こうした状態に達することを、如浄は、「身心脱落」と呼んだが、それならば、いかにして「身心脱落」するのか。如浄はこう教えた。「参禅は身心脱落なり。焼香・礼拝・念仏・修懺・看経を用いず。祇管に打坐するのみなり。／拝問す。身心脱落とは何ぞや。／堂頭示して曰く。身心脱落とは坐禅なり。祇管に参禅する時、五欲を離れ、五蓋を除くなり」[9]。また、「祇管打坐の功夫を作し、身心脱落し来るは、乃ち五蓋・五欲等を離るるの術なり。この外に、すべて別事なし」[10]、とも教えている。つまり、禅の修行は、仏典や祖録の文字にはよらず、只管打坐によるのみである、と如浄は説き、それは五蓋・五欲から解放されるための方法である、と教えたのである。

そうしたある日、道元が坐禅していると、「如浄は、……一禅衲が坐睡しているのを責めて、「参禅は須く身心脱落なるべし、只管に打睡して什麼(今話題にしていることがら、ここでは坐禅による悟り)を為すに堪へんや。(原漢文、以下同)」と大喝して警策を加えた。傍らにいて工夫に余念のなかった道元は、この言葉を聞いて豁然として大悟徹底し、円融無碍なる妙境を証得しえたのであった」[11]。

また、「現成公案」では、こうも説明されている。「仏道をならふといふは、自己をならふ也。自己をならふといふは、自己をわするゝなり。自己をわするゝといふは、万法に証せらるゝなり。万法に証せらるゝといふは、自己の身心および他己の身心をして脱落せしむるなり」[12]、と。

こうした修行をとおして、道元は、ますます如浄から厚く信頼されるようになった。そんなある日、「如浄は、外国人タリトイヘドモ、元子器量人ナリ。と言って道元を侍者に迎えようとした」。しかし、道元は、外国人を迎えたのでは、「国ニ人ナキガ如シ」と非難されよう、と辞退した。如浄もそれ以上はこだわらず、道元には、帰国の日が迫った。大悟の後の道元は、しばし、「在俗の宋朝の官士人と詩偈の贈答などを通じて広く親交を結ぶことに努めた」[13]。やがて如浄より嗣書を受け、道元は帰国することになった。

帰国にさいして道元が将来したのは、仏典や仏具などの品物ではなく、「自らの真剣な修行によって体得してきたいわば体験の仏法であった」[14]。それを道元は、「空手にして郷に還る」[15]、と表現している。

帰国直前、如浄は、次のような訓示を与えた。「帰朝あらば、国王大臣に近づくことなかれ。聚洛城邑に居せず、須く深山幽谷に住すべし。雲集閑人を要せず。虚の多きは実の少なきにはしかず。真箇の道人を撰び取りて、以て伴となし、若し一箇半箇も説得すること有らば仏祖の恵命を嗣続せしめて、古仏の家風を起こすものなり」[16]。帰国した道元は、如浄から学んだ古風禅を日本で広め定着させる仕事に着手した。

11　道元が教えたトイレット・マナー

如浄から授けられた戒律の細やかな厳しさは、道元が記した「洗面」「洗浄」(『正法眼蔵』)に現れている。それは、栄西が、かつて説いた内容とも一致する。

洗面

「洗面は西インドから伝わって、東シナに流布した」[1]、と説き起こし、「インドとシナでは、国王王子、その大臣百官、在家人出家人、朝野の男女といわず、百姓万民は、みな洗面する。どの家の調度にも洗面桶がある、……」[2]、と国際比較をまず行い、フェイス・タオルの使い方、歯の磨き方、顔の洗い方など、事細かく教えている。保健師・歯科衛生士・美容師を兼任していたのではないかと思われるほどの指導ぶりである。

フェイス・タオル(手巾(しゅきん))は、こう扱う。

手ぬぐいは二つに折って、一方の端で手を、他方の端で顔を拭う。鼻孔や鼻汁を拭いてはならない。脇の下・背中・腹・臍・腿・脛を拭いてはならない。身体を拭ってはならない、身体には別の布を用いなければならない。垢や脂で汚れたらば直ちに洗浄しなければならない。濡れて湿ったら炙り乾かす。手ぬぐいを沐浴に用いてはならない。[3]

歯はこう磨く。

［歯は、掃除用の楊枝の端を］「よく噛んで、歯の上、歯の裏側を、磨くように研いで洗うのだ。よく磨いたあと、洗い漱がねばならない。歯の根元、歯茎の上も、よく磨いて洗うのだ。歯の間も、よく掻いて、綺麗に洗わねばならない。嗽をたびたびすれば、よく漱いで綺麗にすることができる。次に舌をこそがなければならない。[4]」

ただし、

一つには、三返を過ぎてはならない。
二つには、舌の上に血が出たならば止める。
三つには、手を大きく振って、僧衣や足を汚してはならぬ。
四つには、楊枝を棄てるのに人が歩く道に棄ててはならぬ。
五つには、いつも人目から隠れたところでしなければならない。[5]

歯を掃除する楊枝は、のちに房楊枝（ふさようじ）と呼ばれるようになり、江戸期から大正期まで使用されていた。楊枝といっても、割り箸ほどの太さの木を煮て、その先をかなづちで叩き、繊維を房状にほぐした器具で、房で歯をせせる。

中世の禅僧たちは、歯周病や歯槽膿漏に罹ったり、加齢臭・体臭・口臭を放ったりせぬよう身ぎれいにしていた。着た切り雀で、めったに風呂にも入らなかったイギリス人に比べ、ずいぶん清潔だったのである。道元が歯磨きにうるさいのも、宋の人々の口臭に悩まされたからである。「大宋国でいま楊枝を見ることは絶えてない。……僧侶で楊枝を知っている者はなく、朝廷の貴人も民人も同じように知ることがなかった」。「天下の出家人も在家人も、みなその口の息は非常に臭い。二三尺を隔ててものを云うときでも、口臭が押し寄せてくる。その臭いを嗅ぐ者にとっては耐えがたい。……人天の導師と号する連中も、漱口・刮舌・嚼楊枝の法を、有るとさえも知らないのだ」[6]、と遠慮なく報告している。ちなみに「刮舌の法は、僧正栄西が伝えた」[7]、という。

洗面の法

「つぎにしっかりと洗面する。両手に洗面桶の湯を掬って、額から両眉毛・両目・鼻孔・耳の中・顱頬（ろきょう）［頭と頬］をすべて洗う。まずよく湯を掬い掛けて、そして摩擦しなければならぬ。唾や鼻水を洗面桶の湯のなかに落としてはならない。このように洗うとき、湯をむやみに使って、洗面桶の外に零して、無駄にしてはならない。垢が落ち、油気を除ききるまでよく洗うのだ。耳の裏も洗わなければならない、濡れていてはよくないからだ。眼の裏も洗わなければならない、砂が入っていてはいけないからだ。また頭髪・頂顊（ちょうねい）までも洗う、容儀を整えるためだ。洗面が終わり、洗面桶の湯を棄ててからも、三たび指を弾かねばならぬ。」[8]

トイレット・マナー

ノロウィールスだ、インフルエンザだ、と手洗いを呼びかける保健所や、ウォッシュレットを売り出した当時のＴＯＴＯが感激しそうな内容である。大便の始末は、紙か篦（へら）でおこなったが、そのあと洗浄せよ、と道元は命じている。

「まず小便をした部分を三度洗浄する。次に肛門を洗う。このようによく洗浄して清潔にせねばならぬ。」[9]

手洗いの作法

「次に手を洗わねばならない。右手に灰を掬う匙を取り、まず灰を掬って、瓦石の面に置いて、右手で水を滴らして便に触れた手を洗う。瓦石に手を当てて研ぐように洗うのだ。たとえば、錆の附いた刀を砥石に当てて研ぐようにするのだ。このようにして、灰を使って三度洗わねばならない。次に土を置いて、水を滴らして三度洗わねばならない。次に右手にさいかちの煎汁を取って、小桶の水に差して、両手を併せて揉み洗う。手だけでなく腕までも、よくよく洗うのだ。真心をもって丁寧に洗わねばならない。灰で三度、土で三度、さいかちの煎汁で一度である。併せて七度洗うのがきまりである。次に大桶で洗う。このときには、面薬や土灰などを使わない、ただ水か湯で洗うのである。一度洗って、その水を小桶に移して、その上に新しい水を入れて両手を洗う。[10]」

外科医の両手洗浄に劣らない徹底ぶりである。サイカチとは、五〜六月に淡黄色の花をつけ、十月に巨大なサヤエンドウを思わせる実と莢をつける樹木で、莢にはサポニンが含まれ、水に浸して、もむと石鹸を思わせる泡がたつ。昔は、洗濯に使われる日用品だった。今日でもアレルギー肌に優しい洗剤として珍重されている。[11]

道元が検分する挙措のひとつひとつは、取るに足らないことばかりだが、ささいなことも整然と連ねていくと、仕切りをつけた桐箱に並べられた和菓子のような気品が立ち昇りはじめるから不思議である。汲々如たる作法の中に、道元の鋭い精気のようなものが動いていて、よく聞く「形から入る」ということばの源に触れた思いがする。時代が下って、戦国時代に伝道に訪れたイエズス会士アルメイダは、堺の商人了珪の茶会に招かれた印象をこう述べている。「その席で出される料理ですが、日本は本当においしいものが少ない国ですので、私は出されたものを賞讃しませんが、給仕、秩序、清潔、什器は絶讃に値します」[12]（一五六五年十月二十五日付アルメイダ書簡より）。

道元が定めた立ち居振る舞いの作法は、いずれ茶道に結晶するのだから、こうした細かい規則は、ある意味で日本文化を形づくった要素のひとつだったと言えるかもしれない。しかし、作法や規則の出発点にあった、堕落した日常に対する刷新の精神が風化すると、魂なき伝統・教条主義に堕し、権力と結びついて悪政や暴力の温床ともなるだろう。

如浄が与えた戒律には、「キノコ、梅干し、干し栗、龍眼、茘枝、橄欖、砂糖、霜糖」などの摂食禁止、物見高さや野次馬根性の自重、大魚・大海・セムシ男など珍奇異体の見物の忌避、虎の子・象の子、豚・犬・猫・狸など、ペットの飼育禁止まで含まれていた。[13]

聖書の「申命記」にも、あれこれ食物のタブーを説いた章がある。野ウサギ、ブタなどの獣、ひれとうろこのない海産物（例えば、タコ、イカ、ウニなど）、ダチョウ、カモメ、ムラサキバン、ウ、サギの類などは穢れているから食べてはいけない、[14]と禁じている。穢れた食材をうるさく並べ立てて禁じたあと、ユダヤの神様は、「寄留の他国人に、それを与えて食べさせることができる。またそれを外国人に売ってもよい」[15]、そう、しらーっと宣う。だから、狂牛病の牛肉と知りながら、隣国へ輸出して知らぬ顔の半兵衛を決めこんでいたキリスト教国があっても不思議ではない。ユダヤの法を原理主義的に守ったパリサイ人たちは、キリストに批判されているが、そうした戒律主義は、ピューリタニズムに姿を変えて現代にまで流れ込み、今なお、アメリカで、進化論を認めず、輸血も拒否するようなセクトの中に生き残っている。むろん、ピューリタニズムは、アメリカの良心を代表する立派な人物たちも輩出しているから、思想には二面性があることを忘れてはならないが、禅もリゴリズムからくる否定的影響を、一定程度、及ぼさずにはいなかったであろう、と疑ってみなければならないだろう。

日本でよく見られるリゴリストたち、例えば、極端な清潔好き、抗菌・殺菌マニア、校則至上主義者、マニュアル信奉者、「形から入る」というモットー一つ覚えのコーチなどは、禅宗に一つの淵源を見出せるのではなかろうか。「形」を振りまわす指導者は、「啐啄の機」と呼ばれる指導の好機や、教示内容の急所など、「形」と不即不離である「内容」（禅においては、「本来的なもの」、「仏祖」）に明るいとは限らない。「形から入る」、そう言うと、初心者は、へー、そうなんだ！ とついてきてくれる。中身がお留守になっている先生がもたれかかるのに絶好のお題目である。我が身に照らしても、このおまじないを唱えたとたん、自分の中身を吟味する面倒や責任から解放されて楽になる。教える者の研究心や責任感を麻痺させる毒素が含まれているからだ。毒にしたしむうちに中身が空っぽであることも思い出せなくなってしまう。道元が唾棄したのは、そういう中毒者たちだったのだが、彼の完成させた禅から茶道などが生まれ、作法の細則が分岐し、末流に至ると、中身は限りなく薄められ、道元が唾棄した「形から入る」エセ信者が跋扈するようになるとは、優れた思想がたどらされる運命は皮肉である。

言うまでもなく道元は、些事ひとつひとつを、ただひとたびの所作としてこなしていく弁道生活をイメージしていた。だが、仏祖の原質へのひたむきな精進が風化すると、「形」のみを振りまわすエセ仏祖がわいてくる。それが厳しい戒律主義のもたらすもう一つの側面でもあったとは言えまいか。どうか、わたしも、ウジ虫同様にわき、ハエ同然に群がる「語学教師」になり下がりませんように。

優れた思想や運動が溌剌たる生命をたもちうる時間が短いのは、経験が言葉では伝わらないからであろう。言葉で伝えようとした刹那、経験は骸と化す。災害や戦争の記憶が、二、三世代で消えてしまうのは、言葉に頼る人類の宿命である。道元の禅は、だから、先師たちの経験を内側からなぞって追体験し、わがものとして自証する道を歩んだ。しかし、やがて、瑩山紹瑾（一二六八～一三二五）が出るにおよんで、道元の純粋禅は捨てられ、加持祈禱や儀礼的要素を大幅に取り入れた商売禅に変質していく。[16]

何か本質的なものごとを、外国から学び取ってきた〈語学教師〉たちが経験知を次世代に根付かせようとしたら、禅の面授・面受と同様、語学学習や留学体験を人々と共有し、それを多くの学習者にも直接体験してもらう制度を準備する必要がある。自らのそういう意欲を失わせないためにも、〈語学教師〉は、不断に、初心の新鮮な気分や手始めの緊張とおののきを思い返してみるだけでなく、改めて学習の悦びと苦労を、新しい外国語にチャレンジしたり、学生の海外研修に同行して自らも再研修することによって、更新し、刷新していく必要があるだろう。初体験の瑞々しい感動を眠り込ませない努力は、ピアニストが鍵盤練習を行い、歌手が、日々、歌唱の訓練をするのと同様、〈語学教師〉が〈語学教師〉でありつづけるために欠かせない自己鍛錬ではなかろうか。未知の文化のフロンティアで味わった感動を、ことばの学びをとおして、伝えていく。外国語と出会う感動や喜びを、鮮度を落とさずに、次世代に手渡していく。そうしたリレーが、〈語学教師〉の物語を縫う一本の銀糸となるために。

ただ、海外研修や旅行を企画する場合、ともすると、旅行業者や留学ビジネス業者に付け込まれて食い物にされ、対象から生の経験を学び取ってくる機会を奪われる虞れがある。業者によってお膳立てされ操作された営業用外国像を、高いお金と引き換えに押し付けられる、そんな罠にかからぬよう用心しないと、業者とつるんだ土産物店やレストランで時間を浪費させられ、外国語を使って、直接、現地の人々に接しながら、自分の目でなんでも見つけ出すという、人生に何度もない機会を無駄にしてしまう。その意味では、〈語学教師〉は、学習者を、業者の企みから守り、対象と混じり気のない交渉ができるよう計らう、見張番でなければならないであろう。

12　道元が説いた平等思想

歴代の仏教僧と同様、道元も、対等・平等思想を、仏教から学び取って説いた。文明発達の度合い、階級や性別、文化の差異、才能の有無、出家や在家、学歴や門閥など、あらゆる差別因子を取り払って普遍的な平等を目指す思想を道元は視野に入れていた。

……諸々の国々はそれぞれ異なっていて、かならずしも仁智の国ばかりではない。……人もまたかならずしも利智聡明の者ばかりではない。しかしながら、釈迦如来の正法は、……時到ればどのような土地にも広まるのである。人はまさに正信修行すれば、利鈍の差別なく、誰であっても等しく得道するのである。わが国は、仁智の国ではない、人の知力も劣っているからといって、仏法を会得することはできないと考えてはならない。……人間にはかならず本来の仏智が豊かに具わっているのであって、……己れにまさしく引き受けて学ぶことがまことに少ないところから、未だに受け入れそれを用いないだけである。[1]

最後の部分の読み下し文は、「人みな般若の正種ゆたかなり、たゞ承当することまれに、受用することいまだしきならし」[2]と、印象的である。

同時に、道元は、性別や身分に対する差別からも自由であった。パワハラ・アカハラ・セクハラ、上下・長幼の席次、地位の微差による身分差別が珍しくない現代よりも、道元は、はるかに開けて平等・対等であった。仏教の本質に根ざす思想とは言え、それを実践した姿勢は見習うに価する。「祖師のいはく、仏法を会すること、男女貴賤をえらぶべからずときこゆ」[3]。「得道はいづれも得道す。たゞし、いづれも得法を敬重すべし、男女を論ずることなかれ。これ仏道極妙の法則なり」[4]などは、現代日本が振り返るべき認識であろう。

道元は、いわゆる「女人禁制」を「ナンセンス！」と笑い飛ばしてもいる。

日本国に、ひとつのわらひごとあり。いはゆる、或は結界の地と称し、あるいは大乗の道場と称して、比丘尼・女人等を来入せしめず。邪風ひさしくつたはれて、人、わきまふることなし。稽古の人、あらためず、博達の士も、かんがふることなし。或は権者の所為と称し、あるいは古先の遺風と号して、更に論ずることなき、笑はば腸も断じぬべし。[5]

フェミニズムやジェンダー・スタディーズよりはるかに古く、男女差別を改めようとせず、昔からのしきたり、と片付けてきた宗教関係者を、「わらひごと」「腸も」ちぎれるほど笑止、と喝破した道元に驚かされる。道元から九〇〇年を経た日本でも「わらひごと」は、未だ改まっていない。

他方、道元は、いかなる学習者・修行者にも機会は均等であると励ました。「[禅定は]、上智下愚を論ぜず、利人鈍者を簡ぶことなかれ。専一に功夫せば、正にこれ弁道なり」[6]、「帝位にして万機いとしげかりし」、皇帝たちや、「臣位にはべりて、一天の股肱たりし」、大臣たちも坐禅修行して覚りをえる。「ただこれこゝろざしのありなしによるべし、身の在家出家にはかゝはらじ」[7]、と説いている。教育の機会均等・平等思想の萌芽が見出され、「不断に励まし元気づける」〈語学教師〉の範型を示してくれている。

対等・平等主義は、元来、仏教の本質をなす要素であったから、道元の同時代人であった親鸞も唱えるところであった。「念仏に心を寄せて、阿弥陀仏の救いを信じられようとも、また捨てようとも、あなたがたのお考え次第である」[8]。学習者・修行者の自発性を尊重し、平等にあつかう思想は、宣長が初心者に説いた学問の心得にも見出されたことは、すでに見た。学問における、宣長の姿勢は、日本古来の仏教的平等思想に通うだろう。漢心を嫌った宣長だが、案外、大陸伝来の仏教的平等思想が、伏流水となって心底に留まりつづけていたのかも知れない。[9]

13 帰国後の道元

道元は、西南のモンスーン（季節風）を利用し、一二二七年七月中旬までに明州を出航したようだ。帰国すると、政治は、自由裁量によって北条泰時が行う執権政治が安定期に入り、幕府の合議制が確立していた。[1] そういう意味では、落ち着いた時期に入ったものの、鎌倉の大地震（一二二七）、大風・大地震・寒波（一二二七〜八）、旱魃・飢饉・疫病など、矢継ぎ早に災害に見舞われ、群盗の跋扈、僧兵の闘争・横暴、念仏衆をめぐる争いに国は荒れていた。道元は、恐らく一二二八年三月ごろまでに建仁寺に戻り、入宋中に没した師明全の舎利を葬り、心づくしの供養をいとなんだものと思われる。ともに入宋した明全は、一二二五年、四十二歳の若さで、宋の地に没したからである。京都の建仁寺開山堂庭前には明全の五輪塔が建てられている。

最初は建仁寺に留まっていたものの、やがて、道元は、深草安養院に居を移した。建仁寺僧団の腐敗、堕落が原因だったらしい。帰国した建仁寺で見出した堕落僧に対する憤りが、『正法眼蔵随聞記』に見える。

世間の男女、老少は、よく雑談のついでに、性的まじわりや性的惑溺などのことを語っている。これによって、……とりあえずは心もくつろぎ、退屈しのぎになるかもしれないが、僧はもっとも禁じなければならないことである。……宋国の寺院などでは、すべて雑談などはしないから、問題にはならない。……建仁寺の［栄西］僧正がご在世の時は、まるっきり、かりそめにも、そのような言語は出てこなかった。……近ごろ、七、八年よりこのかた、いまごろの若い人たちは、時どき話している。とんでもないことである。[2]

寺の各部屋に、それぞれ厚い壁で塗りこめた隠し納戸をもち、道具類をもち、美服を好み、財物を貯え、わがまま勝手な言動を好み、挨拶や礼拝などのさまを見ると、よその寺院もおなじ様子なのであろうと推察するのである。[3]

如浄のもとで倫理的感性を研ぎすましてきた道元は、酒や女、美服や物欲に溺れた僧たちに、卑しい崩れやたるみを認め、一刻も早く建仁寺から離れたかったに相違ない。飢饉による荒廃や天童如浄示寂の知らせもあって、道元は、師の教えに従い建仁寺を去り、深草で閑居をはじめたのである。

他方、道元は、如浄という正師に学んだ正法「伝来者としての高い矜持（きょうじ）」[4]を保ち、自分が悟得した仏法を、理論と実践との両面から、誰にでも分かる形にして解き明かそうとする姿勢を崩さなかった。そうした衆生教化と門人育成機関として、道元は、興聖寺（こうしょうじ）を開設し、日本の禅門創設者としての意欲を示した。

他方、専門家の教科書として、唐朝古風禅の古則公案を編んだ『真字正法眼蔵』を著し、「開祖としての道元の凛然たる気概」もうかがわせた。以後、道元は、禅の優れた導きの書となる『典座教訓』、『出家授戒作法』、「一顆明珠」『正法眼蔵』などを、次々と発表し、興聖寺の規矩「重雲堂式」も定めた。[5]

「重雲堂式」は、「道心ありて名利をなげすてんひと、いる［入る］べし。いたづらに、まことなからんもの、いるべからず。……」、「堂中の衆は、乳水のごとくに和合して、たがひに道業を一興すべし。……父母はしばらく生死のなかの親なり、この衆はながく仏道のともにてあるべし」。「堂のうちにて、たとひ禅冊なりとも文字をみるべからず。堂にしては、究理弁道すべし。明窓下にむかふては、古教照心すべし。寸陰すつることなかれ、専一に功夫すべし」[6]、と述べている。さながら、ラブレーが「テレームの僧院」の門扉に刻んだ「寄るな入るな、偽善の教徒、胡麻くら信者」[7]に始まる銘文や、「わたしよりも父または母を愛する者は、わたしにふさわしくない」[8]、と断言したキリストを思い起こさせるようなくだりである。

この時期、道元は生産的で、『正法眼蔵』の「大悟」「恁麼」「行持」など歴史に残る巻々を完成させた。[9] なお、『正法眼蔵』は、「仏典や祖師の語録・行実、あるいは道元自らが在宋中に見聞し体験したことがら」[10]に基づいた思想・宗教書で、いかめしい書名とは裏腹に、日常の細々したふるまいをめぐって、道元が独自に考案した規範や知恵、めぐりあった禅師たちの言行、長い信仰生活の中で見出した悟りの諸相や、生きた中国語のやり取りをとおして気付かされたり感銘を受けたりした事柄を克明に記している。事細かさと現実尊重は、語学の「レアーリア」に通底する。生の対象に触れた道元の内的反応や直観的認識は、語学の語感に比定されるだろう。レアーリアという外在的知識と、実践によって内在化された直観・感性領域、つまり語感とが併記されている指南書にも通い、〈語学教師〉にとって意味するところは大きい。

『正法眼蔵』は、道元の思想・人生観が集約されているが、この書においては、トイレット・マナーや洗面の作法、無数の戒律などに見るように、思想や人生観が、常に、細部・末端の現象と結びついている。その細密さから湧き出してくる生命感が、禅の宇宙に漲って、細部と全体との絶妙なバランスが、比類ない力を放射してくる。細部に命を宿しながら、強力な力をおよぼす、細かさと巨大さが生む不思議な緊張が、『正法眼蔵』の尽きせぬ魅力であり、禅の覚りを知らぬ読者をも引き込んで離さない。さながら、それは伊藤若冲の細密画が、見る者を引き込む力に似ている。

14　晩年の道元

さて、道元の生涯に戻ると、その後、「道元の俗系村上源氏の土御門家の一門は再び昔日の栄光をとりもどすにいたった。道元が京都にまで教線を拡張し内外ともに驚異的な布教活動をなしえたのは、……縁戚関係にある後嵯峨天皇の即位と土御門家一門の廟堂進出という政治情勢の変化によるもの」[1]らしい。しかし、道元の積極的な活動は、比叡山の迫害を誘い、興聖寺は破却、道元は、一二四三年頃、追放され、在俗信徒教化の断念にまで追い込まれた。[2]宗教改革者は、常に、既成宗教からの弾圧と干渉を被らずにはいない。道元もまた、生命の危険を感じて、北越へ落ちのび永平寺の前身となる大仏寺を開くことになる。雪深い北越に建立された「伽藍は簡素で蕭疎（まばらで淋しい）」[3]であったが、道元が理想とした、深山幽谷の修行には好都合であった。ちなみに、永平寺の名は、「後漢の明帝永平十年（六七）の年号」[4]に由来する、という。

一二四七年、道元は鎌倉行化「修行を終え教化のために歩くこと」を果たした。道元を支援して来た波多野義重や禅師良忠などの懇請により、やむをえず、悩める将軍時頼のカウンセラーを勤めるべく、半年の間、永平寺を離れたからである。そのとき道元が時頼に与えた教訓の歌が残されている。当時の僧侶は、みな、苦もなく歌を詠んだから、百人一首で「坊主めくり」ができるほど、坊主の歌詠みは多いのだが、道元も両親ゆずりの歌人だった。

詠ズ二応無所住而生其心一ヲ
水鳥の行くも帰るも跡たえて、されども道はわすれざりけり[5]

詠ズ二不立文字一ヲ
謂いすてし其言葉の外なれば、筆にも跡を留めざりけり[6]

詠ズ二尽十方界真実人体一ヲ
世の中に真の人やなかるらん、限りも見えぬ大空の色[7]

出家主義と矛盾する鎌倉行化は、「出家人の接得育成と在家人教化の両立という理想主義[8]」に起因したらしい。異論もあるが、「このころ道元は宋僧蘭渓道隆と道交し、書簡の交換を行なった[9]」ともいう。現役の中国語話者としての道元の横顔がうかがえる。ちなみに道隆は、一二四六年に来日し鎌倉建長寺の開山に迎えられたのち、一二五九年、道元亡き後の建仁寺住持となって、堕落した寺風の刷新に努め、純粋禅を称揚した禅僧である。[10]

永平寺帰山後、道元は、出家主義・反世間主義の宗教生活に徹した。一二四九年には『吉祥山永平寺衆寮箴規』により、修道生活の細部にわたる厳格な規則を定めた。大声を出すな、おしゃべりするな、他人の邪魔をするな、ねころんだり、よりかかったりするな、(履物の音、はなかみ、せきばらいなど)耳ざわりな音をたてるな、仏典以外は読むな、武器をたずさえるな、管弦・舞楽の道具を置くな、なまぐさものを持ちこむな、世間話、名利、国土の治乱、供衆の巨細などを話題にするな、と厳しく戒め、「努力よや、閑談して空しく時節を過ごすこと莫れ[11]」、と督励している。

一二五二年の九月以降、道元は健康を損ね活動回数は激減した。翌一二五三年七月八日にいたって病勢革まり、徹通義介（一二三二〜一三〇九）に永平寺の今後を託した。京都六波羅波多野義重の勧説により、八月五日、療養のため上洛、俗弟子覚念（かくねん）の邸宅に身を寄せたが、八月二十五日に、五十三歳で入滅した。類い希な知力、精神力、語学力をもって、禅の核心を日本の土壌に根付かせた人物の早すぎる往生であった。

二　宋史に残るその他の日本僧、そのころ渡来した中国僧

1　日中間を往来した日本僧と中国僧

道元のあと、入宋して、中国仏教の新潮をもたらした僧も多い。無本覚心（一二〇七〜九八）は、一二四九年に入宋、径山のち癡絶道沖、杭州護国寺の無門慧開に師事し、一二五四年帰国した。慧開の公案集『無門関』は、中国では失われ絶えたが、覚心の手で日本にもたらされ、現在も文庫本で読むことができる。[1]『無門関』は、古風禅の質朴な良さを讃える禅書である。この中国禅の公案書は、日本で保存され、中国語ではなく、日本語名「むもんかん」として世界に広まった。ちなみに、同じころ日本に輸入された芸術品に南宋の「曜変天目茶碗」がある。ハッブル望遠鏡がとらえたマゼラン星雲かと見まごうばかりの小宇宙が碗の底に広がる国宝である。窯の中で偶然生じる奇跡（窯変）の茶碗は、世界にたった三個しか残っていない。その三個のどれもが日本に保存され現代に伝わっている。中世の日本人が、いかに宋の文物を珍重し、保全につとめたかをうかがわせる事例である。覚心は、『無門関』だけではなく、径山で作られていた径山寺味噌ももたらし、それが紀州湯浅の名物となっている。さらに、尺八を吹きながら歩く虚無僧スタイルの普化宗も覚心が伝えた。覚心は、現代に残る宋文化のよき紹介者で

あった。

円爾弁円（一二〇二～八〇）は、はじめ天台密教を学んだが、一二三五年に入宋、径山で修行し、六年後に帰国、多岐にわたる三百三十九部一千余巻の書物をもたらし宋学に貢献した。[2] 帰国後、博多の宋商人、謝国明から寄進を受け、承天寺を開山、大宰府にも崇福寺を開いた。中国貿易で栄えた博多は、中国禅の輸入基地さながらの繁栄ぶりであったらしい。栄西も、帰国後、博多で活躍した時期がある。弁円は、関白九条道家が建立した東福寺で後世の指導に当たった。弁円の弟子、無関普門（一二一二～一二九一）は、一二五一年に入宋、十二年後に帰国、東福寺住持を経て、一二九一年、南禅寺の開山となった。

そのころ、中国では、元が南宋と金を滅ぼし（一二七九）ため、中国僧の渡来ラッシュが起きた。コンスタンチノープル陥落（一四五三）にともない、ギリシア人学者たちが、ギリシア古典文学のテキストをたずさえてイタリアへ殺到した事情に酷似する。そうした渡来僧の中で、第一世代に属するのが、蘭溪道隆で、京都の泉涌寺にわらじを脱ぎ、次いで、鎌倉建長寺落成とともにその開山となったのはすでに見たとおりである。

無学祖元（一二二六～一二八六）は、道隆没後、後継者を求めていた北条時宗に招かれて来日、円覚寺の開山となった。折しも元寇が起こり、祖元は、中国外交政策の識者として、時宗の参与として重用された。[3]

上垣外によると、「この時期日本に渡った禅僧は、……主流派……ではなく、……大慧派に押される形であった、虎丘派の流れに連なる人々であった」[ルビ塩田]、という。主流派は士大夫との交際を重んじ、漢文の文芸に走ったが、日本では、士大夫階級が存在せず、主流派でない禅僧が居場所を見出せたからだ、という。[4]

また、南浦紹明（一二三五～一三〇八）は、一二五九～六〇年頃、入宋し、六七年帰国、三十年間、大宰府崇福寺で、悠々と後進の指導にあたった。当時は、宋風禅の絶頂期にあたり、多くの渡来僧を見た。さらに元寇のあと、鎌倉幕府は、平氏の中国貿易政策を踏襲し、自由な貿易を許容したから、商船で中国に渡る日本僧も増えた。そのころ元の皇帝の使者となって来日し、日本に居着いたのが、一山一寧（一二四七～一三一七）である。最初、鎌倉建長寺や円覚寺の住持を兼任して説教し、のちに南禅寺第三世住持となり、五山文学のパイオニアとなる雪村友梅（せっそんゆうばい）や虎関師錬（こかんしれん）を育て、五山文学を開花させた。五山とは、室町時代に確立した制度で、南禅寺を頂点として、天龍・相国・建仁・東福・万寿の諸寺を京の五山、建長・円覚・寿福・浄智・浄妙の五カ寺を鎌倉五山とし、最高の寺格を示すことにより、渡来系学問と文化を奨励・促進させた。五山文学と言えば、漢詩文を思い出すが、新儒学の研究、美術造形の面でも、明から最新の文化を導入して、日本でもっとも開化した高度な文化を、局地的に花咲かせた。[5]

2　五山文学をめぐる日本僧と中国僧

話は、一山にもどる。かつて東ローマからたまたまフィレンツェ公会議に出席したものの、陥落するコンスタンチノープルには帰らず、イタリアに留まってカトリックに改宗し、ギリシア・ラテン人文学の講座を開いたバシレイウス・ベッサリオン（一三九九?〜一四七二）に似た役割を、一山は果たした、と言ってよい。ベッサリオンからの刺激を受けたマルシリオ・フィチーノ（一四三三〜一四九九）は、プラトンの翻訳を完成し、ネオプラトニズムを編み出し、イタリア・ルネサンス美術に多大な影響を及ぼしたように、一山一寧がもたらした学問と文化は、日本に開化僧を育て、その中から、五山文学が生まれたからである。

ここでは深く立ち入れないが、プラトンを翻訳したルネサンスの人文学者フィチーノが、一山に通う〈語学教師〉性に触れてくる西洋文化史的理由を瞥見しておこう。ルネサンスの人文学者は、こう考えていた。「大切なのは、自然であれ、古典語であれ、その本来の形である。本来のものをそのままに受けとることで、抽象はいけない」[1]。西欧中世は、アリストテレスの哲学体系によって神学を説明していた。アリストテレスの哲学は、〈形相〉

や〈質量〉の連鎖がつくりあげる抽象的なヒエラルキーによって、万象を説明した。抽象の階梯の頂点に神があり、底辺に物質が横たわる体系が、キリスト教神学によくなじんだからである。他方、プラトン哲学は、非体系的、文学的で、「抽象になじまない人文主義」[2]に近親性をもっていた。プラトン復興が、ロレンツォ・ヴァラ（一四〇七頃〜一四五七頃）によってもたらされると、フィレンツェのコシモ・デ・メディチはプラトン・アカデミー（学術サークル）を創始し、そこに気鋭のフィチーノを誘い入れた。フィチーノは、抽象よりは具体を尊重するプラトン哲学の研究者でレアーリアに重きを置く点で、また外来文化を導入した点で、ここで扱っている〈語学教師〉たちの属性をたっぷり持った人物であった。

一山との類似点は、それだけにとどまらない。フィチーノの高名を慕って、一四八三年か四年ころ、ピコ・デラ・ミランドラ（一四六三〜一四九四）がやってきた。ピコは、ミランドラ伯爵家の貴公子で、諸学のほか、古典語はもちろんのこと、ヘブライ語、アラビア語に通じ、フランスにも学んだ語学の天才であった。そして、五山が、日中の学問を近づけたように、ピコは、アリストテレスとプラトンとの融合、言い換えれば、キリスト教と、異教の一切合切を融合しようとする研究に乗り出した。惜しむらくは、ローマから破門され、やがて三十歳そこそこの若さで、熱病のため夭逝したことである。一山のもとに、中国語の駿才が集まったこととよく似たケースであった。

フィチーノの弟子ピコのように、一山の弟子からも、雪村友梅（せっそんゆうばい）（一二九〇〜一三四六）のような天才が現れた。五山文学の牽引車となる雪村も、元は、一山一寧が鎌倉の寺の往来につかう駕かきの侍童の一人であった。恐らく小学高学年くらいの少年に、雪村と命名したのも一山である。雪村の生きた時代は、元寇直後で、異国に侵略された事件はトラウマとなり、泣く子に、「ムクリ・コクリ」（蒙古・高麗）と唱えると、ピタリと泣きやんだというほど、玄界灘沿岸に恐怖の記憶を長く留めた[3]という。しかし、日元交易そのものは衰えず、元の成宗は、一山一寧を日本へ送った。一山や蘭渓道隆など中国僧の盛んな渡来の結果、禅寺は、帰朝僧や渡来僧の集う別天地となり、純中国風の生活がいとなまれ、租界に劣らず文化的独立性を享受し、「山門を　出づれば日本ぞ　茶摘み歌」[4]という俳句が作られたほどであった。雪村は、そういう雰囲気の中で、少年時代を過ごした禅僧であった。[5]

雪村の伝記『行道記』によれば、「天稟秀抜、岐嶷として知を生ず。郷塾喧伝す。池中の物に非ずと為すなり」[6]、とある。天稟は抜きん出て、一頭地を抜き堂々と知恵が湧き出る。同郷の衆は盛んに言いはやす。小さな池に閉じこもる玉ではなく、竜となって雲を得ようと天に昇るいきおいの神童ぶりだ、というのである。延暦寺で受戒した雪村は、厳しさをもって鳴る建仁寺に入り、難行苦行の試しのあとで入門の許しを得て僧籍を獲得する「掛搭」に挑んだ。すなわち「庫裏のかまちの石に頭を打ちつけ、ひざまづいた姿勢のまま案内を乞う」、三日間続けてやっと許しが出るという試練である。[7]

やがて、十八歳になった雪村は、一三〇七年、商船に便乗して入元した。二年間、聖蹟を巡礼したのち、ゆく先々の文化人と詩歌のやり取りをしながら、一三〇九年、湖州に戻ってきた。すでに雪村は、「中国語に練達して、人々は中国人と見別けがつかぬくらい」であったと『行道記』は記している。[8] 雪村の記憶力は、「中国の古典を、一読しただけで暗記したという。……小舟で川を下っていたとき、……小本をページごとに読んでは水中に捨てていくので、……その理由を問うたところ、……『このくらい記憶できなくてどうします』と答えた……」[9]、ほどであったし、猛勉強ぶりも尋常ではなかったから、二年間の行脚で、「役に立つ中国語」を完全にものにしたようだ。中国語会話は、抜群の記憶力と、優れた耳によって、実地の体験から吸収し、ネイティヴ・スピーカーのレベルに達したものらしい。よほど才能に恵まれていないと、高校卒業の年齢になってから、達成することは困難なレベルである。

〈語学教師〉の資質には、未知の人々との間に、意味ある人間関係を構築し、思想・文化の受発信の輪を広げていく対人能力が含まれる。雪村は、誰でも魅了して懇意になる人柄と、尊崇の念をもって作詩を交換し合う素養を具え、中国随一の文人、趙孟頫をメル友とするほどの天才ぶりを発揮した。そうした詩歌のやり取りは詩集『岷峨集』に編まれ五山文学の最高峰をなしている。しかし、この類い希な語学力と、人脈を構築する希有な能力は、元寇のころ、日本僧に対して疑い深くなっていた元政府からは、スパイの嫌疑をかけられるという禍いをまねいた。当時、入元した僧は、二百二十余名に及んでいた。これに比べると入宋した日本僧は、百二十数人ではるかに少なかった。しかし、そうした日中交流の隆盛の最中に、一三〇七年、倭人による「焚掠事件」が起きた。元の貿易統制に抗議して日本の商人たちが、慶元（明州・寧波）で市街の焼討ちを行ったのである。昨今は、焼討ちを喰らうのは、在中の日系スーパーやレストラン、自動車販売店などだが、元代の昔は、「貿易の紛議から暴力行為に及ぶというのは、倭冦の基本的なパターン」[10]で、日本人も負けない暴挙を働いていたのである。

日本人商人による暴力沙汰は、元政府に日本僧の取り締まりを厳しくさせ、雪村も、長安に三年、四川に十年、流謫の生活を余儀なくされた。そのとき、命がけで雪村の無罪をうったえてくれた中国僧叔平隆がいて、善意から中国語が堪能な雪村を中国人だと偽って免罪させようとしたが、誣告者がいて投獄され獄死した。孤独な留学生に対する無私の支援は、魯迅を支えた藤野厳九郎教授を想起させる。[11]

雪村が流され十年余りを過ごした幽囚の地は、西方の「蜀」と呼ばれた地域で、三〇〇〇メートル級の山脈が密集し、極端にアクセスが悪かった。いわば奥穂高から西穂高縦走、ジェンダルム走破に劣らない難路である。李白が「蜀道の難」と詠い、「箱根八里」で「蜀の桟道」と呼ばれた危険な隘路が連なり、頑健だった雪村も、拷問の影響もあってか病いに倒れ、「寒熱あい攻めて病は正に作る。耳黒く面は黄ばみ支体枯れ、頭は疼れ目は眩み頻りに呻呼」[12]と栄養失調や肝臓疾患を疑わせる病状を呈していた。

しかし、逆境に投げ込まれながらも、どんな状況下でも学ぶことを無上の悦びとする雪村は、流謫の地で読書三昧の日々を送り、溢れ出す学殖の評判を聞いた当地の学者たちが子弟を入門させようと門前列をなした、という。のちに恩赦をうけ、長安に復帰し、中国の名勝を巡った雪村は、一三二九年、帰国した。希有の才能に培われた素養と中国の詩人にも劣らぬ文筆の才、十数年にわたって僻地でなめた人生の辛酸は、雪村の人格に、並みいる禅僧たちに抜きん出た奥深い陰影を与えた。雪村がスパイの容疑で危うく斬首の刑を受けようとしたとき、無学祖元の七言絶句の偈を、大音声の中国語で唱えた、という。その気魄に、白刃を振り上げた刑吏も仰天して刑の執行を延期、最終的には刑を免れたらしい。雪村の尋常ならぬ精神力を示す逸話である。[13]ドストエフスキーは、ペトラシェフスキー事件に連座して銃殺刑寸前に、仕組まれた特赦によってシベリア送りとなり、五年の服役生活を送ったが、死地に臨んだ経験が人格に奥行きを与えるようになったいきさつが、雪村に似ている。

この他、雪村は、茶道具、水墨画などに対する賛を数多く残し、幅広い素養をうかがわせた。

ただ語学ができるだけでは、普通の本国人話者と変わりない。しかし、自他の文化を深く理解し、外国語で一流の文学作品を創作し、芸術の諸分野に対する柔軟かつ広範な見識をもって、日本人に未知の文化的次元を見せてくれた雪村は、得難い〈語学教師〉の一人であったと言えるだろう。「十代で中国に渡り、中国語を完全に話して当地の文人と自由に交際したという点で、雪村友梅は阿倍仲麻呂に比べられるであろう。しかも日本に帰国して自ら寺を開創するなど、帰国後の活動、文学創作が充実しているという点では、仲麻呂を超えているともいえる」[14]、と讃えられるのも不思議ではない。

中国在住年数が雪村を超えている龍山徳見（一二八四～一三五八）も、一山一寧に学び一三〇五年、二十二歳で入元した。当時、日本僧の都入りは禁じられていたが、徳見は、城壁をよじ上って域内に忍び込み、なんとか天道寺への紹介を得た。しかし、日本の商人が起こした役人とのトラブルのあおりをくらって、首都大都（北京）に移送され、さらに洛陽の白馬寺で禅の公案攻めに合わされた。せいぜい、三、五から十の公案に答えることが、平均的レベルであったが、「徳見は百の公案を通過して、周囲を驚かせたという」[15]。のちに許されて、偈頌作法の第一人者古林清茂に学び、元に四十五年も在住して、六十六歳で帰国した。その後、建仁寺、南禅寺、天龍寺などの住持を勧め、五山文学を代表する義堂周信（一三二五～八八）、絶海中津（一三三六～一四〇五）らを育てるなど、帰国後の活動も、雪村に劣らず目覚ましいものがあった。五山文学をめぐる帰国僧たちは、外国人留学生や帰国生を集め、国際理解や異文化交流を目玉にした国際文化センターに似た交流と研鑽の場所を提供したことになる。いわば、五山は、プチ・チャイナとも呼ぶにふさわしい国内の外地であった。

これほど豊富に言語・文化経験を積んだ文化人たちが、日中間を往来できた背景には、元という国がもつ特質がある。元は、もともと西域の遊牧の民であったが、交戦時以外は、もっぱら、商業・交易にいそしむことを習わしとした民族でもあった。馬を使って、広範におよぶ地域を移動する遊牧生活そのものが、物資の輸送と貿易にぴったりかなったからである。実際、長崎・本光寺と龍谷大学が所有する「混一疆理歴代国都之図」（一四〇二）には、日本・朝鮮、ヨーロッパにおよぶユーラシア全域、アフリカ大陸までが記されている。本光寺本は、二八〇×二二〇センチメートル、畳三枚の広さに匹敵する巨大地図で、陸路と海路が張り巡らされ、通商と情報のネットワーク構築を、クビライが目指していたことをうかがわせている（龍谷大学本は一六三×一五八センチメートル）[16]。

活発に行き来する元の商船に乗って留学した日本僧の多さを裏付ける証言もある。古林清茂に参じた竺仙梵僊（一二九二～一三四八）によれば、「南京保寧寺で古林清茂の侍者を勤めていたときに、自分の寮に三十二人の日本僧がいて、古林和尚が冗談に、お前は日本国の師であるのだから、日本に行ってかの国を教化してみないか、といわれたことがある」[17]、それがきっかけとなって渡来したという。

遣唐使時代の長期留学生は、二名程度であったのに比べ、この時代の留学生の多さは空前であった。以前、円珍がひどい目に合わされた円載（?～八七七）も遣唐使時代の長期中国滞在者で、四十年間、在唐し、一種、昨今の不良外人に劣らぬワルとなって、数千巻の書とともに帰国しようとした矢先、遭難してあえない最期を遂げた。

正式な国交がなかったにもかかわらず日中交流が盛んだった理由は、日本の支配層が、元との交易をひそかに後押ししたからであり、また元帝国は、貿易・出入国管理がもっとも自由な王朝であったからでもある。こうした事情から、日本への渡来僧も増え、竺仙梵僊のほか、明極楚俊（一二六二～一三三六）、清拙正澄（一二七四～一三三九）など、鎌倉五山の住持や、京都南禅寺、建仁寺の住持を勤める中国僧が日本に渡来した。

海洋考古学は、日元貿易時代の沈没船を調査する。韓国木浦近く新安沖に沈没した船からは、東福寺宛の墨札も出て、積載されていた八トンにのぼる銅銭も発見された。道元が入宋前に準備した宋銭もこうしてもたらされたのであろう。こうした商船には、中国の山水画もたくさん載せられていたらしい。「日本人のいわゆる『山水』に対する感受性がはぐくまれたのは、元末のこの時期の中国との交流によってもたらされた水墨画と禅の偈頌によってだった、といえる。後に明に留学して山水画の大家となる雪舟（一四二〇～一五〇六）など、日本水墨画の伝統はやはり元末のころから始まるのである」[18]。この時期の文物交易に禅寺が深くかかわっていたことは、当時、「建長寺船」、「天龍寺船」と呼ばれる禅寺専用の船舶が存在したことからも分かる。「大陸との頻々たる往来のなかで身につけた語学力、あるいは経営能力」[19]は、幕府からも買われ、「荘主」と称して、荘園や公領の経営を請け負う、いわば経営コンサルタントとして、重用された。禅寺は、日中貿易の集荷場のような機能も果たしていた。五山文学も、栄西の茶の木も、道元の禅も、こうした活気にみちた経済活動を背景に展開されたことは、心に留めておかなくてはならない。〈語学教師〉の外国語をめぐる文化的活動も、他分野・他領域の発展、交易や経済の活動というマクロの文脈に浸しながら理解する必要がある。

と言っても、禅僧が、猫も杓子も、大商社の番頭さんみたいになったわけではない。中には出家遁世を貫いた寂室元光（一二九〇～一三六七）のような僧も存在した。入宋した約翁徳倹（一二四二～一三二〇）に学び、三十一歳のとき元に渡り、帰国後も目立たぬよう地味に生きた。寂室は、詩人の魂をもった仏僧でもあった。寂室のほかにも、業海本浄、復庵宗己、遠渓祖雄など、地方の寺に沈潜して、中央には出ようとせず、山住みの仏教の礎を各地に据えた僧侶たちも存在した。[20]

交易が盛んだった元も、一三六八年には明に滅ぼされ、ふたたび、正式な国交が復活する。そのころには、中国趣味の氾濫に対する反動も起こり、吉田兼好（一二八三?～一三五二?）などは、『徒然草』百二十段で、こう述べている。

唐(から)の物は、薬の外は、なくとも事欠くまじ。……もろこし舟の、たやすからぬ道に、無用の物どものみ取り積みて、所せく渡しもて来る、いと愚かなり。[21]

外国品のもの余りは、現代に当てはまりそうな状況で、中国の物は、薬以外、なくても不自由しない。……中国船が困難な航路を、無用の長物ばかり積み込み、所せましと運んでくるのは愚かなことだ、と兼好は斬り捨てている。現代の通販は、買っても使わずに物置や倉庫に死蔵することになる無用の長物を際限なく買わせるシステムである。そんな現代に当てはまりそうな批判である。

3 宋希璟(ソンヒギョン)『老松堂日本行録(ろうしょうどうにほんこうろく)』

このころと時期を同じくして交流した国には、隣国の李氏朝鮮があった。その交流史の中で、来日した外交官宋希璟(ソンヒギョン)は、紀行文『老松堂日本行録(ろうしょうどうにほんこうろく)』[1]を漢文で残した。老松堂(ノションダン)は、宋(ソン)の号である。宋が日本に派遣されたのは、一四一九年に、朝鮮国王太宗が、対馬の倭冦根拠地を攻撃するため、軍船を派遣した事件に由来する。足利義持は、これを蒙古再襲来と誤解したため、朝鮮は、対馬攻撃が海賊討伐を目的とした限定的な作戦であることを説明し、ついでに日本の国情を探索する目的で、宋を派遣した。いわば昨今の竹島問題に劣らぬ緊張が両国間に立ち起こったわけである。練達の外交官宋は、日本側の王使としてソウルに送られた禅僧、無涯亮倪(むがいりょうげい)や、尾道天寧寺の禅僧周冕(しゅうべん)と梵道(ぼんどう)らと茶・香・漢詩の遣り取りを、悠々と楽しんだ。宋は、この交わりを「『言語は異なっていても、理は同じだからである』と言い切って」[2]おり、村井章介はこう述べている。「本書の詩を通覧すると、日本の僧侶の詠詩に韻を和した作品が多いことに気づく。外からの一方的な観察記録ではなく、日本人との交流のなかから生まれた書物であることに、本書の著しい特徴がある。漢詩は、著者にとって、日本側の外交担当者や知識人とのコミュニケーションの有効な手段だった」[3]。

聖地エルサレム奪還のために十字軍を率いて遠征した神聖ローマ皇帝フリードリヒ二世は、イスラム世界のスルタン、アル・カーミルと粘り強い交渉を続け、十年間、無血の平和を築いたが、この二人は当時最高水準にあったイスラムの天文学・医学・科学や、ギリシア哲学に関する造詣が深く、互いに意見を交わしながら交流を深めており、中国古典や禅文化の教養を共有した宋希璟と日本の禅僧たちに通うものがある。フリードリヒ二世もアル・カーミルも、ギリシア・ラテン語、アラビア語などを解したポリグロットで、語学教育によって涵養された教養が、直接、平和に貢献した希有な例であるが、老松堂もそうした例にもれない国際的教養人であった。

李氏朝鮮は、科挙によって才能ある官僚が支配していたが、その重臣であった申叔舟(シンスクチュ)(一四一七〜七五)は、あの合理的なハングルの発明にも参画した学者で見識も広く、『海東諸国紀』(一四一七)を著し、日本を漢語で朝鮮に紹介し、日本の地理、歴代天皇紀、朝鮮から見ると独立国のように見えた北九州の勢力者たち、日韓外交における使節派遣の沿革、外交儀礼の慣例などを記した。「ハングルの創製など、高度な学術を誇った李氏朝鮮が、対外関心という点でも敏感で周到であったことを物語る文献である」[4]、と上垣外は述べている。

4 結語――中世の〈語学教師〉が果たした役割

この時期、中・朝・日の知識人たちは、共有する漢字文化を媒介にして、意味ある交流を活発におこなった。その結果、禅や、水墨画や、陶器や、料理や、作法や、茶などにとどまらず、造船・航海・建築・印刷・製紙など、先進技術の種が、日本で発芽して根付き、開花していったのである。大陸で学んだ多くの日本僧、渡来した多くの中国僧たちに共通するのは、外国に長い間住み、その国の言語を理解し、人々がどのような考え方、感じ方をしているか、肌で学び、異なる文化の間から、新しい文化を生み出していった、創造的な活力である。中国に発祥するそうした活力は、現代中国の香港という中国語と英語文化の鬩ぎあう場所で生まれ、資本主義と共産主義という二つの体制の間を縫いながら、全世界に一万店もの支店をもつ世界最大の金融機関に成長したHSBCを思い起こさせる。

シーナ・アイエンガーによれば、HSBCは、その成功を次のルールに負っている、という。[1] 経営のすべてを現地にまかせ、マーケティングも現地で行い、現地従業員のやる気も現地の文脈に即して引き出す。全従業員には、異文化理解を深める研修を行う。従業員は、複数の地域で働き、ひとつの地域で、最低、三年間は働く、という条件で採用する。現地の人々の感じ方や考え方、言葉、倫理などの習得を何より大切にしてもらう。複数の異文化圏で、三年以上、三地域以上勤務を経験しないと上司にはなれない。こうして異なる文化要素を理解すると、自国と他国をよりよく理解できるようになり、それらを結んだ新しい構図や発明が生まれ、現地のニーズに答えられるようになる、という。アイエンガーは、こうした相互理解には、多言語使用が不可欠であり、多言語能力を身につける努力が、現代人には欠かせない。HSBCの取り組みは、その優れた実践例だ、と指摘している。

HSBCが現地主義に徹しながら、世界全体としてアイデンティティーを維持している原理こそ、〈語学教師〉が、職業として目指してきたところに通うものである。他国の文化や言語、思考法や感性、倫理など、異文化の人間的要素の一切を、経験をとおして身につけ、次世代に伝えていく〈語学教師〉の仕事は、グローバル化と併行して深化するローカル化の時代において、ますます重みを増していくであろう。そうしたHSBCの企業戦略を先取りするような発想をもった契機が、例えば、五山文学運動におけるように、この時期に芽生えたことを、〈語学教師〉として認識しておきたいと思う。

（二〇一三年九月三〇日）

謝辞

校正段階で、青木晴男さんと大森夕夏さんから、貴重なご指摘をいただきました。厚く感謝申し上げます。

注

一 宋史に残る日本僧——道元

1 はじめに

2 道元の生い立ち

1 この姿が最も古いと言われている。

2 高木市之助・小澤正夫・渥美かをる・金田一春彦校注『平家物語』下巻『日本古典文學大系』第三三巻（岩波書店、一九六〇年一一月）、一七二頁。

3 大谷哲夫『永平の風　道元の生涯』（文芸社、二〇〇一年一〇月）、一八～一九頁。

4 「我カ悲母逝去ノ時、遺囑シテ曰ク、汝相ヒ構テ出家學道シテ、我後世ヲ弔フベシト。祖母姨母等、養育ノ恩モ尤モ重シ。我出家シテ彼ノ菩提ヲトムラワントノ玉フ」、河村孝道編集「訂補本建撕記（けんぜいき）」『諸本對校永平開山道元禪師行狀建撕記』（大修館書店、一九七五年四月）、六頁。『建撕記』とは道元の伝記である。

3 入宋するまで

1 上垣外憲一『日本文化交流小史』（中央公論新社、二〇〇〇年四月）、一五一頁。

2 大谷、一一三頁。
3 「僧侶の往来」『新編　森克己著作集第3巻　続々入宋貿易の研究』(勉誠出版、二〇〇九年一〇月)、五七～五八頁。
4 同右、一一三～一一四頁。
5 同右、五七～五八頁。

4 道元がいだいた疑問――本覚思想をめぐる考察

1 山口二郎『日本政治、知恵蔵2007』(朝日新聞社、二〇〇七年一月)、三一七頁。
2 末木文美士『日本仏教史　思想史としてのアプローチ』(新潮社、一九九六年九月)、一五七頁。
3 同右、一五八頁。
4 同右、一七三頁。
5 望月良晃『大乗涅槃経入門――ブッダ最後の教え』(春秋社、一九九八年一二月)参照。「一切衆生悉有仏性」の思想が加えられたのは、オリジナルの「涅槃経」が中国に伝わり、大乗仏教化してからのことで、さらに、日本に輸入されると、「山川草木悉皆成仏」となった、らしい。
6 前掲末木、一六〇頁。
7 同右、一六九～一七一頁。
8 『徒然草』七段。
9 同右、十九段。
10 同右、百三十七段。
11 末木、一六七頁。
12 『徒然草』、七十五段。
13 レオ・シュピッツァー、塩田勉訳『言語学と文学史――文体論事始』(国際文献印刷社、二〇一二年七月)、二五八

〜二五九頁。

14 同右、二六一頁。

15 青柳瑞穂訳「第五の散歩」『孤独な散歩者の夢想』（新潮社、二〇〇六年七月）、九九〜一〇〇頁。

16 「明治三十四年［一九〇一］未定稿」『日本の詩歌』（中央公論社、一九六九年九月）、六三頁。

17 塩田勉『作品論の散歩道——漱石からケータイ小説まで』（書肆アルス、二〇一二年九月）、一五〇〜一五七頁。

18 東雅夫編『幻想文学講義——「幻想文学」インタビュー集成』（国書刊行会、二〇一二年八月）、二〇六頁。

19 塩田勉「エコクリティシズム序説——原理のまとめ、応用としてのマンガ・アニメ論」『NEW PERSPECTIVE』三六一、（新英米文学会、二〇〇五年七月）、三三頁。

20 塩田『作品論の散歩道』、二九四〜三二三頁。

21 藤井貞和『水素よ、炉心露出の詩　三月十一日のために』（大月書店、二〇一三年七月一九日）、六一〜六二頁。

22 同右、九〇頁。

23 (http://kazetachinu.jp/message.html) アクセス日、二〇一三年八月一日。なお、「私は真珠湾のスパイ〜日米開戦ある男の告白〜」『歴史秘話ヒストリア』（ＮＨＫ総合テレビ、二〇一四年一二月三日放映）も、たった一人で真珠湾のアメリカ太平洋艦隊に関する正確な情報をもたらして真珠湾奇襲を成功させた日本海軍軍人吉川猛夫を扱っていた。彼もまた、天才的なスパイとして描かれ、開戦を進めた協力者としての戦争責任は曖昧にされ、同時代の堀越二郎の扱われ方と同じ問題を孕んでいた。

他方、同じスパイの話でも、まったく違った人物を扱った、特集やドラマもある。小野寺信（おのでらまこと）（一八九七〜一九八七）は、太平洋戦争中、スウェーデン公使館附武官となり、ストックホルムで情報収集活動に当たった。小野寺は、終始一貫、戦争に反対する情報を日本に打電したが、すべて無視された。やがて、ヤルタ会談における連合国の密約、「ソ連の対日参戦」という日本敗戦を決定づけた極秘情報をつかみ、和平を進めるべきことを日本に打電し続けたが、日本の軍部は、ソ連が参戦し、原爆が投下されるまで、三カ月間も無益な戦争をつづけた。

戦後、『NHK特集　日米開戦不可ナリ～ストックホルム・小野寺大佐発至急電～』で、最晩年に、取材インタビューが行われて放映され、佐々木譲『ストックホルムの密使』(一九九四)も小野寺をモデルとした大和田市郎の終戦工作が描かれた。さらに、二〇一六年七月三〇日　NHK放映のドラマ『終戦スペシャルドラマ　百合子さんの絵本～陸軍武官・小野寺夫婦の戦争～』でも、小野寺夫妻の反戦情報活動が描かれた。ちなみに妻百合子は、スウェーデンのムーミンを主人公とした児童書の翻訳で知られ、信もドイツ語とロシア語が堪能であり、スウェーデン語もよくしたので、妻とともに、スウェーデンの社会思想家・教育学者・女性運動家・フェミニストであったエレン・ケイの著作を翻訳・紹介している。情報士官には、語学の達人が多く、小野寺のように、日本にとって貴重な情報を探り出し、取ってきた人物も多かった。

命のビザで有名な杉原千畝(ちうね)も正確な対独情報を摑み本国に送っていたことは、白石仁章『諜報の天才杉原千畝』(新潮社、二〇一一年二月)から明らかである。テレビでも『日本のシンドラー杉原千畝物語　六千人の命のビザ』(読売テレビ、二〇〇五年一〇月一一日放映)というドラマとなっている。杉原も、早稲田大学で英語を学んだ後、フランス語、ドイツ語、ロシア語に堪能になって、大戦下で、正確な情報をもたらした。そういう意味では、戦争中の情報関係者は、最前線の異邦の情報を、優れた外国語能力で、正確に獲得・理解し、人々に伝えようとした〈語学教師〉として注目されてよいし、正しい文脈において、情報を意味づけた姿勢も見落とせない。(https://ja.wikipedia.org/wiki/小野寺信)アクセス日、二〇一六八月二日。

24　(講談社、一九九一年六月)。

25　(潮書房光人社、一九九三年一月)。

26　塩田『作品論の散歩道』、三一九頁。

27　中村元代表訳「理趣経」『仏典Ⅱ』『世界古典文学全集』第七巻(筑摩書房、一九六五年七月)三九八頁。

28 「msn産経ニュース」、二〇一三年八月一五日。
29 「村上春樹氏インタビュー」『読売新聞』（二〇〇九年六月一八日）。
30 梅原猛『梅原猛の仏教の授業 法然・親鸞・一遍』（PHP研究所、二〇一二年九月）、『日本の伝統とは何か』（ミネルヴァ書房、二〇一〇年二月）、『人類哲学序説』（岩波書店、二〇一三年四月）などを参照。
31 司馬遼太郎は、本覚思想に接近したことのある親鸞を好んでいたようだ。志村有弘『司馬遼太郎事典』（勉誠出版、二〇〇七年一二月）、三四五頁。

5 宋へ渡る

1 「トモヅナ」のルビと西暦は塩田補。前掲河村孝道編「訂補本建撕記」『諸本對校 永平開山道元禪師行状 建撕記』、一二頁。
2 伊藤秀憲・東隆眞『正法眼蔵随聞記』、『宝慶記・正法眼蔵随聞記』原文対照現代語訳『道元禅師全集』第一六巻、（春秋社、二〇〇三年八月）、三頁。
3 「我も当時み、入宋の時き、船中にして痢病をせしに、悪風出来て船中さわぎし時、病忘て止まりぬ」。前掲「『正法眼蔵随聞記』」、二七六頁。
4 中村璋八／石川力山／中村信幸『典座教訓・赴粥飯法』（講談社、一九九一年七月）、七四～七五頁。
5 同右、八五頁。
6 上垣外、一五二～一五三頁。
7 石井恭二注釈・現代訳「袈裟功徳」『正法眼蔵』別巻（河出書房新社、一九九八年一一月）、一二三九頁。［ ］は塩田補。

6 道元が求めた古風禅

1 竹内道雄（新稿版）『道元』（吉川弘文館、一九九二年二月）、六七～七三頁。

2 同右、七一頁。
3 同右、七二頁。
4 「行持上」前掲『正法眼蔵』第一巻、四一七〜四一九頁。
5 竹内、七二〜七三頁。
6 同右、一二〇頁。
7 上垣外、一五三頁。
8 竹内、一〇三頁。

7 正師を探す旅

1 前掲『建撕記』、一八頁。
2 大谷、一七四頁。なお、竹内、一一八頁によれば、この箇所の原文は、「這ノ多口ノ阿師ヨ」、……「且ク坐シテ茶ヲ喫セヨ」となっている。
3 竹内、一一八頁。
4 大谷、一七四頁。
5 前掲、『正法眼蔵随聞記』、一一〇頁。
6 同右、二五四頁、［ ］は塩田補。
7 「我在宋の時、禅院にして見二古人語録ヲ一時、或西川の僧の道者にて有しが、問レ我云、なにの用ぞ。云く、郷里に帰て人を化せん。僧云、なにの用ぞ。云、利生の為也。僧云、畢竟して何の用ぞ。」、同右、一七八〜一七九頁。
8 Eric Berne,*Beyond Games and Scripts, with selections from his Major Writings; introduced by Claude M. Steiner and Carmen Kerr* (New York: Grove Press, 1976).
9 前掲『正法眼蔵随聞記』、一七九頁。

10　竹内、一〇六頁。

8　嗣書（ししょ）閲覧がもたらした洞察

1　興津要編「お血脈」『古典落語（続々々）』（講談社、一九七三年一一月）、三五九頁以下を参考にした。
2　竹内、一一〇頁。
3　原文は、「嗣」前掲『正法眼蔵』第三巻、九九頁参照。隆禅は、同郷の僧であったらしく、『永平広録』第十42に言及がある。
4　竹内　一一〇頁。
5　「嗣」『正法眼蔵』第三巻、一〇三頁。
6　同右、一〇五頁。
7　竹内、一一三頁。
8　前掲「嗣」『正法眼蔵』第三巻、八六～八七頁。なお、読み下し文は、こうなっている。「仏仏かならず仏仏に嗣法（しほふ）し、祖祖かならず祖祖に嗣法する、これ証契（しようかい）なり、これ単伝なり。（中略）仏仏相嗣するがゆゑに、……仏仏にあらざる時節あらず。……菊も相嗣あり、松も印証するに、みな前菊後菊如如（によによ）なり、前松後松如如なるがごとし。」、（同書、八五～八六頁）。「証契」「単伝」「前菊後菊」などの用語は、メンデルの法則を想起させる趣があり、「嗣書」のイメージ形成を助けている。
9　竹内、一一三頁。
10　同右、一一四頁。
11　マルクス・エンゲルス、マルクス＝レーニン主義研究所訳『共産党宣言』（大月書店、一九五二年七月）。
12　同右、三〇頁。

9 絶滅危惧種の禅師と出会う

1 竹内、一二七頁。
2 同右、一二七頁。
3 同右、一二八頁。
4 伊藤秀憲・東隆眞「随時参問許可に関する書状」(道元から如浄和尚へ)前掲『宝慶記』、三～四頁。
5 「元子が参問、今より已後、昼夜の時候に拘わらず、著衣衩衣にして方丈に来りて道を問わんに妨げなし。老僧は親父の無礼を恕すに一如せん」、同右、四頁。
6 前掲『正法眼蔵』第三巻、四三六頁。
7 前掲『正法眼蔵随聞記』巻三、二〇一頁。
8 同右、一三九～一四〇頁。

10 如浄が教えたこと

1 竹内、一三〇頁。
2 前掲『正法眼蔵』第三巻、三九一～三九二頁。
3 同右、三九五頁。
4 同右、三九五～三九六頁。
5 同右、三九七頁。
6 前掲、『宝慶記・正法眼蔵随聞記』、九～一二頁。
7 竹内、一三七頁。
8 現代訳は以下の文献による。玉城康四郎責任編集『道元』『日本の名著』第七巻(中央公論社、一九八三年八月)、三四九～三五四頁。

この章は、素人にとってチンプンカンプンな、いわゆる「禅問答」の原理が説かれているが、それは、落語の「こんにゃく問答」を見ると、納得できる。「落語【こんにゃく問答】概要」を引きながら、一部、表記などを変えて、引用する。禅の坊さんが、落語家に知恵を貸したのかしら、と思うような出来ばえである。

こんにゃく屋の六兵衛さんと弟分の熊公、無住の寺で酒を飲んでいると、旅の禅僧がやってきて問答を挑んだ。にわか坊主の六兵衛さんは旅僧と対面する。化けの皮がはがれると困るので六兵衛さんは無言。旅僧は、さてはと察し、やおら両の手の指で小さな輪を作り、胸の前からズイと突き出す。

旅僧　ハハッと恐れ入り、今度は両手を広げて突き出す。
六兵衛　片手を開いて応える。
旅僧　再度抵頭し、必死の形相で指を三本差し出す。
六兵衛　すかさず人差し指で右目の下まぶたを引きながらベロを出す。
旅僧　「到底拙僧の及ぶところにあらず。両三年修行を致しまして……」と蒼惶として退散する。

驚いた熊公が逃げ帰ろうとする旅僧をつかまえ事情を聞く。旅僧はこう答えた。

「さては禅家荒行のうち、『無言の行』と拝察し、されば無言には無言にて問わんと、『大和尚、ご胸中は？』とお尋ね致しましたところ『大海の如し』とのお答え、まことに以って恐れ入ったる次第。

続いて、『十方世界は？』とお聞き致しましたところ、『五戒で保つ』とのお答え。何ともはや……。及ばずながら今一問と存じ、『三尊の弥陀は？』との問いには、たちどころに『目の下にあり』と……まことにもって愚僧など遠く及び申しませぬ。今一度修行して出直して参ります。御前体、なにとぞよしなに……」と走り去る。

こんどは、熊公が六兵衛さんにわけを聞く。エセ和尚曰く、「あいつは諸国行脚の雲水なんてとんでもねぇ。どっかの豆腐屋かなんかの回し者に違ぇねぇ。何を訊いても知らん顔をしていてやったら、俺の顔を穴のあくほど眺めてやがって、「ははあこれはこんにゃく屋の六兵衛だ」なと気づきやがったとみえて、

『おめぇんところのコンニャクはこれっぽっちだろう』というから、
『うんにゃ、こんなにでっけぇ』と言ってやった。そしたら
『十丁でいくらだ?』と値を訊いてやがる。少し高えと思ったが、
『五百（文）だ』とふっかけてやったら、しみったれた野郎じゃねぇか
『三百にしろ』と値切ったから
『アカンベエ』をした。」

(http://pippo-jp.com/runde/spot/y03/kon-nyaku.html)、アクセス日、二〇一三年八月一日。

9 前掲『宝慶記』、二〇頁。
10 同右、三九頁。
11 竹内、一四二頁。
12 「現成公按」前掲『正法眼蔵』第一巻、一九～二〇頁。
13 竹内、一四五～一四七頁。
14 同右、一五六頁。
15 同右、一五六頁。
16 前掲『建撕記』、「明州本」「瑞長本」（三二頁）を、芳澤鶴彦『親鸞と道元の同異相』（文芸社、二〇〇四年七月、一二三～一二四頁）に従って読み下した。前掲、大谷、二四二頁も参照。

11 道元が教えたトイレット・マナー

1 「洗面」、前掲『正法眼蔵』第三巻、三六二頁。
2 同右、三九〇頁。
3 同右、三六四～三六五頁。

4　同右、三七〇頁。
5　同右、三七〇頁。
6　同右、三八〇頁。
7　同右、三八四頁。
8　同右、三八六頁。
9　同右、四七五頁。
10　同右、四七六～四七七頁。
11　ムクロジの果皮にも同じ効果があって、落語の「茶の湯」に、茶を立てても泡がたたず困ったにわか趣味人の大家さんが、茶釜にムクロジを入れるとむくむくと泡立ち、始末に負えなくなる。皇太子徳仁(なるひと)親王が英国留学中の自炊生活で、初めて洗濯機をお使いになり、粉石鹸の分量が分からず、一箱丸ごと放り込んだところ、入道さながら泡がそびえ立ち、容易に消えず往生した、という話まで思い出させてしまうのは、度外れな道元の潔癖性が誘う、意外な効果かも知れない。道元は、この他にも「洗浄」の章で、「十指の爪をきるべし。……足指の爪、おなじくきるべし。……爪のながきは、おのづから外道の先蹤(せんしょう)なり。」(同右、四六四頁)、と、インドの行者みたいに、カンピョウそっくりな爪を伸ばしてギネス記録を目指す手合いは外道だ、と手厳しい。
12　東野利夫『南蛮医アルメイダ　戦国日本を生きぬいたポルトガル人』(柏書房、一九九三年九月)、一九二頁。
13　前掲『宝慶記』、八～一二頁。
14　第一四章、『聖書』(日本聖書協会、一九七七年)、二六七頁。
15　同右、「申命記」一四章二一節。
16　前掲末木、二二八頁。

12　道元が説いた平等思想

1 「辨道話」二七、前掲『正法眼蔵』第四巻（一九九六年一〇月）、四六〇頁。
2 同右、四五八頁。
3 同右、四四七頁。
4 「礼拝得髄」前掲『正法眼蔵』第二巻（一九九六年七月）、二九四～二九五頁。
5 「礼拝得随付録」前掲『正法眼蔵』『道元禅師全集』、三一二～三一三頁。
6 鈴木格禅・桜井秀雄・酒井得元・石井修道校註「普勧坐禅儀」『道元禅師全集』第五巻（春秋社、一九八九年九月）、七頁。
7 前掲『辨道話』、四四八頁。
8 石田瑞麿現代訳『歎異抄』、『親鸞』『日本の名著』第六巻（中央公論社、一九六九年七月）、八二頁。原文は、「念仏をとりて信じたてまつらんとも、またすてんとも、面々の御はからひなり」。金子大栄校注改訂版『歎異抄』（岩波書店、一九八一年七月）、四三頁。
9 本居宣長、村岡典嗣校訂『うひ山ふみ 鈴屋問答録』（岩波書店、一九三四年四月）、一四～一六頁。

13 帰国後の道元

1 竹内、一六〇～一六一頁。
2 前掲『正法眼蔵随聞記』二巻、一五四～一五五頁。
3 同右、四巻、二一〇頁。
4 竹内、一八八頁。
5 同右、一九五～一九六頁。
6 同右、一九七～一九八頁。
7 「テレームの僧院」正門銘文、ラブレー『ガルガンチュワ物語』第五四章参照。

8 『マタイの福音書』一〇章三七節。
9 竹内、二〇九頁。
10 同右、二〇〇頁。

14 晩年の道元

1 同右、二〇八頁。
2 同右、二一六頁。
3 同右、二三六頁。
4 同右、二三九頁。
5 「道元禅師和歌集」『道元禅師全集』第七巻（春秋社、一九九〇年二月）、一五九頁。
6 同右、一五九頁。
7 同右、一五六頁。
8 竹内、二五五頁。
9 同右、二五四頁。
10 上垣外、一六〇頁。
11 「吉祥山永平寺衆寮箴規」『道元禅師全集』第六巻（春秋社、一九八九年一月）、七九頁。

二 宋史に残るその他の日本僧、そのころ渡来した中国僧

1 日中間を往来した日本僧と中国僧

1 西村恵信訳注『無門関』（岩波書店、一九九四年六月）。
2 前掲、『新編森克己著作集』第三巻、五九頁。
3 上垣外、一六一頁。

4 同右、一六一頁。

5 前掲末木、二二八頁。

2 五山文学をめぐる日本僧と中国僧

1 島田雄次郎「より広く、より深く」、松田智雄編「近代への序曲」『世界の歴史』第七巻、(中央公論社、一九七五年二月)、二三六頁。

2 同右、二三七頁。

3 今谷明『元朝・中国渡航記――留学僧・雪村友梅の数奇な運命』(宝島社、一九九四年八月)、一七頁。

4 同右、一九頁。

5 この頃、弁円や蘭溪道隆門下からは、入宋する僧が輩出した。「道元門下の寒岩義尹・徹通義介、円爾門下の悟空敬念・心地覚心・無関普門・山叟恵雲・無外爾然・白雲恵暁・無伝聖禅、道隆門下の約翁徳倹・無隠円範・南浦紹明・禅忍・蔵山順空・不退徳温・宗英・直翁智侃・林叟徳瓊・桃渓徳悟・無及徳詮などがそれである。」前掲、『新編森克己著作集』第三巻、五八頁。

6 今谷、二五頁。

7 同右、二六頁。

8 同右、六四頁。

9 同右、九七頁。

10 同右、六八頁。

11 「藤野先生と魯迅」刊行委員会編『藤野先生と魯迅:惜別百年』(東北大学出版会、二〇〇七年三月)、および、今谷、七一頁参照。

12 以上、今谷、九三~九五頁。

13　同右、七二〜七三頁。
14　上垣外、一六六頁。
15　同右、一六七頁。
16　宮紀子「『混一彊理歴代国都之図』への道」『モンゴル時代の出版文化』（名古屋大学出版会、二〇〇六年一月）、四八七〜六五一頁。
17　上垣外、一六九頁。
18　同右、一七三頁。
19　網野善彦『日本社会の歴史』下巻（岩波書店、一九九七年一二月）、四四頁。
20　上垣外、一七二〜一七三頁。
21　木藤才蔵校注『徒然草』（新潮社、一九七七年三月）、一三七頁。

3　宋希璟（ソンヒギョン）『老松堂日本行録（ろうしょうどうにほんこうろく）』

1　宋希璟、村井章介校注『老松堂日本行録：朝鮮使節の見た中世日本』（岩波書店、一九八七年三月）。
2　上垣外、一八一頁。
3　上掲、宋・村井、二九三頁。
4　上垣外、一八三頁。

4　結語――中世の〈語学教師〉が果たした役割

1　「意味のある選択をするには何が必要か」『NHK　DVD　コロンビア白熱教室　DVD　BOX』（4）（NHK、二〇一二）。

【ら行】

【わ行】

【ま行】

【や行】

【は行】

【な行】

【た行】

【さ行】

【か行】

索　引

おもな事項、人名、作品名を50音順に配列した。

【あ行】

本書は、「ワセダ・レビュー」四一号（二〇〇八年一二月）から四七号（二〇一五年二月）に連載発表された「語学教師の物語——日本外国語教育小史——」（一）～（八）に加筆・訂正してまとめました。

塩田　勉（しおだ・つとむ）

1939年，東京生まれ。早稲田大学大学院文学研究科博士課程修了。専攻は文体論と英語教育。イギリス，フランスの大学で応用言語学を研究。ニュージーランドのカンタベリー大学講師，早稲田大学語学教育研究所教授を経て，所長。2004年から2010年まで早稲田大学国際教養学部教授を務め退職。現在，早稲田大学名誉教授。

1999年来，「英語再入門」のクラスを担当する語学のリハビリと「多読授業」のプロ。教育の現場で長年，互いに心を開き相手を量りながら人間関係を構築する，語学本来の学習を展開した。

主著『文学の深層と地平』，『英米文学の新しい読み方』（以上，早稲田大学語学教育研究所），『「言語と文学」講義録――文学的直観のプラクティス』（国文社），『おじさん、語学する』（集英社），『作品論の散歩道――漱石からケータイ小説まで』（書肆アルス），翻訳にレオ・シュピッツアー『言語学と文学史――文体論事始』（国際文献印刷社）など。

〈語学教師〉の物語　日本言語教育小史　第一巻

2017年10月30日　初版第1刷発行

著　者　塩　田　　勉

発行者　山口亜希子
発行所　株式会社書肆アルス
東京都中野区松が丘1-27-5-301
〒165-0024　http://shoshi-ars.com
電話 03-6659-8852　FAX03-6659-8853
印刷／製本：厚徳社

JASRAC 出 1711076-701
ISBN978-4-907078-19-5　C0095